Originalausgabe
Ein Band in der Reihe
»Informationen zur Zeit«

Über dieses Buch Das Thema ›Objektivität in den Medien‹ ist nicht tot; es ist noch gar nicht richtig lebendig. Der Begriff ›Objektivität‹, der manchmal wie eine abgegriffene Ware erscheint, wurde häufig und in vielen Fällen mißbräuchlich genutzt: häufig in medienpolitischen Richtlinien-Debatten, mißbräuchlich meist von politisch Interessierten oder Mediengewaltigen, die ihn als Waffe gegen mißliebige Äußerungen einsetzten.

Journalisten, die in ihrer täglichen Arbeit mit dem Problem konfrontiert sind, und Wissenschaftler diskutieren teilweise recht kontrovers die Ansprüche der Norm ›Objektivität‹ sowie deren Realität in den Medien.

Die Herausgeber Günter Bentele, geb 1948 in Heimenkirch/Allgäu. 1968 Abitur, danach Studium der Germanistik (Linguistik), Soziologie, Politik, Philosophie und Publizistik in München und Berlin. 1974 Staatsexamen für das höhere Lehramt. 1975 bis 1980 Wiss. Assistent am Institut für Publizistik und Dok.wissenschaft der FU Berlin, seit 1980 Wiss. Mitarbeiter im Modellversuch Journalisten-Weiterbildung der FU Berlin. Veröffentlichung u. a.:

Semiotik – Grundlagen und Probleme (zus. mit I. Bystrina), Stuttgart usw. 1978; Semiotik und Massenmedien (Hrsg.), München 1981, sowie zahlreiche Aufsätze insbesondere zu linguistischen, semiotischen und journalistischen Themen.

Robert Ruoff, geb 1944 in Greuchen (Schweiz), Studium der Publizistik, Germanistik und Geschichte in Bern und Berlin. 1972 Abschluß: M. A., bis 1977 Wiss. Assistent am Institut für Publizistik- und Dok.wissenschaft der Freien Universität Berlin. Von 1978 bis 1981 deutsch-französische Forschungsarbeit zur Rolle des Fernsehens in den wechselseitigen Beziehungen (FU Berlin) und praktische publizistische Tätigkeit insbesondere für den Hörfunk; seit August 1981 Redakteur beim Schweizer Fernsehen. Veröffentlichungen u. a. zum Problem der Objektivität sowie zu Fragen der »Alternativmedien« (u. a. in Medien 3/78) und zur internationalen Medienentwicklung (Hörfunkserie: »Medienszene Europa«, (SFB/WDR).

Wie objektiv sind unsere Medien?

Herausgegeben von
Günter Bentele und Robert Ruoff

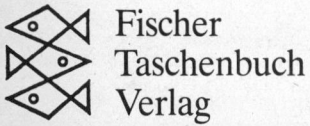

Fischer
Taschenbuch
Verlag

Lektorat: Walter H. Pehle

Für Hella Kellner

Originalausgabe
Fischer Taschenbuch Verlag
Februar 1982

Umschlagentwurf: Jan Buchholz/Reni Hinsch
Foto: Kellner/Sonnenberg

Fischer Taschenbuch Verlag GmbH, Frankfurt am Main
© Fischer Taschenbuch Verlag GmbH, Frankfurt am Main 1982
Gesamtherstellung: Hanseatische Druckanstalt GmbH, Hamburg
1480-ISBN-3-596-24228-2

Inhalt

Vorwort 7

Robert Ruoff — Erfahrungen mit einem Thema:
Objektivität – ein Problemaufriß . 11

Harry Pross — Die Objektivität der Berichterstattung in Presse und Rundfunk . . 38

Ivan Byštřina — Objektivität und Parteilichkeit . . . 56

Jörg Aufermann — Journalistische Objektivität und
Programmausgewogenheit 78

Günter Bentele — Objektivität in den Massenmedien –
Versuch einer historischen und
systematischen Begriffsklärung . . 111

Hella Kellner — Objektivität und offener Kanal
oder: Annäherung
an die Wirklichkeit 156

Michael Abend — »Hast Du sie zittern sehen?«
Das Objektivitätsproblem in der
Nachrichten-Praxis 168

Dietrich
von Thadden — Sind Rundfunknachrichten
objektiv? 188

Gordian Troeller — Objektivität:
ein sinnloser Anspruch 193

Dietrich
Schwarzkopf — Zehn Hindernisse
für die gebotene Objektivität . . . 200

Franz Alt — Es gibt keine Objektivität oder:
Nur Gott ist objektiv 205

Jan Künzler   Standpunkt:
Subjektives Erleben und Handeln . 211

Andreas Ritz   Erfahrungen mit der Objektivität
in der Schülerzeitung 216

Günter Matthes   Die subjektive Sachlichkeit
des Journalisten 222

Günter Struve   Öffentlichkeitsarbeit
und Objektivität 232

Horst Hano   Nur nicht anstößig sein 239

Gert Heidenreich   ›Objektiv‹ ist, wer die Macht hat
Subjektive Anmerkungen
zu einem Kampfbegriff 248

Peter Faecke   Leben und arbeiten in Südwestfalen
– Medienarbeit auf dem Land . . . 257

Johann-Henrich
Wichmann   Über die Schwierigkeiten
der Wirklichkeitstreue 269

Thomas Simeon   Fetisch Objektivität.
Die schillernden Wahrheiten
der ›tageszeitung‹ 276

Uwe Kammann   Kritik und Objektivität:
Ritt auf einer Chimäre 290

Klaus Staeck   Prädikat ausgewogen 302

Textanhang   311

Auswahl-
bibliographie   323

Kurzvita   333

Vorwort

Das Thema »Objektivität in den Medien« ist nicht tot; es ist noch gar nicht richtig lebendig. Gewiß erscheint der Begriff der Objektivität abgegriffen wie eine Ware, die durch zu viele Hände gegangen ist. Er wurde häufig und in vielen Fällen mißbräuchlich genutzt: häufig in medienpolitischen Richtliniendebatten, umschrieben auch als »wahrheitsgemäße Berichterstattung« oder ähnliches, mißbräuchlich meist von Medien-Betroffenen oder politisch Interessierten, die ihn als Waffe einsetzten gegen mißliebige Äußerungen. Das ist sicher ein Grund, weshalb nicht wenige Journalisten den Begriff gerne für tot erklären möchten. Sie übersehen dabei das kritische Potential, das grade in einer Objektivitätsforderung steckt, die sich gegen die alles einebnende Ausgewogenheit wendet.

Diese Unterscheidung deutlich zu machen, ist ein wichtiges Anliegen dieses Sammelbandes, mit dem auch versucht werden soll, wenigstens ansatzweise den Gehalt des Begriffs hinter der abgegriffenen Oberfläche aufzuspüren. Zum einen beschäftigen sich Wissenschaftler mit der Analyse des Objektivitätsproblems, mit einigen besonders wichtigen Aspekten und Lösungsansätzen, zum anderen berichten Praktiker über ihre Erfahrungen und reflektieren die Objektivitätsproblematik im alltäglichen Journalismus. Bei manchen Beiträgen sieht es so aus, als ob ein unüberbrückbarer Graben zwischen Wissenschaftlern und Praktikern klaffen würde, an anderen Stellen wiederum scheinen die Erfahrungen und Gedanken beider Seiten sich ineinander zu verschränken. Wir, die Herausgeber, würden uns wünschen, daß der Band als Material für eine weiterreichende Diskussion dienen könnte. Die hier zunächst gesetzten Positionen könnten so vielleicht in fruchtbare Beziehung gesetzt werden.

Dem sollte auch unsere Absicht dienen, nicht eine einheitliche Auffassung, sondern eine Vielfalt von Erfahrungen und Überzeugungen in einem Band zusammenzufassen. Dabei war allerdings »Ausgewogenheit« der Beiträge nicht unser Ziel. Die

Vielfalt der Überzeugungen zeigt sich sowohl in den Beiträgen der Universitäts-Mitarbeiter, die mal systematischer, mal räsonnierender vorgegangen sind, als auch in den Aufsätzen und Berichten der Praktiker, die aus unterschiedlichen Erfahrungsfeldern stammen. Bei der Auswahl von Beiträgen ließen wir uns von Mutmaßungen wie diesen leiten: das Verhältnis zum Objektivitätsbegriff mag ein anderes sein für einen Pressejournalisten, der eine klare Richtung vertreten kann oder muß, und einen Rundfunkmitarbeiter, der sich dem Gebot der Ausgewogenheit unterworfen sieht. Es mag ein anderes sein für einen »Verantwortlichen« auf hoher Hierarchiestufe und dem Reporter »vor Ort«, der mit der lebendigen Realität unmittelbar konfrontiert ist und auf seine Weise in soziale Bindungen einbezogen. Objektivität mag sich anders darstellen für einen Magazin-Mitarbeiter und einen Nachrichtenredakteur, und schließlich kann die politische oder weltanschauliche Überzeugung eine Rolle spielen. Die Aufsätze in diesem Band geben keine repräsentative Antwort im Sinne der empirischen Sozialforschung. Von den Schlußfolgerungen, die sie zulassen, scheint uns aber eine erwähnenswert: von der politischen Position kann nicht auf die Einstellung zur Objektivitätsproblematik geschlossen werden und umgekehrt.

Wie lebendig die Frage nach der Objektivität ist, zeigen übrigens die Erfahrungen, die wir bei der Vorbereitung des Bandes machen durften: Ein Chefmanager des deutschen Rundfunks empfahl uns beim ersten Gespräch, doch ja auf ausgewogene Vertretung der beiden bundesdeutschen Rundfunksysteme ARD und ZDF und der parteipolitischen Couleur zu achten; ein ehemaliger Intendant zog seine ursprüngliche Zusage zurück, weil ihm ein anderer Autor mit einem wie auch immer gearteten Objektivitäts-Begriff nicht mehr vereinbar erschien; und ein Rundfunkmoderator im Status des freien Mitarbeiters tat desgleichen, weil ihm mit einem undezenten Hinweis auf seinen Arbeitsplatz bedeutet wurde, die offene öffentliche Äußerung über die alltägliche Herstellung von objektiver Berichterstattung liege nicht im Interesse des Hauses. Drei Fälle zu einem schmalen Band, drei objektive Tatsachen. Gibt es da vielleicht einen objektiven Zusammenhang?

Wir danken allen, die zu diesem Band beigetragen haben, insbesondere aber Harry Pross, ohne dessen zuverlässige Hilfe das Buch nicht zustandegekommen wäre. Vor zehn Jahren hat er in seinem Buch »Die meisten Nachrichten sind falsch. Für eine neue Kommunikationspolitik« geschrieben: »Medien, die

Offenheit entbehren, verhindern Kommunikation. Sie sind zwar noch keine Gewaltmittel, aber sie machen den Menschen zur Sache, und die Politik, die über sie vermittelt wird, unterliegt dem Zwang, den die Mittel über den Zweck ausüben«. Das ist heute nicht anders.

Berlin, Frühjahr 1981   Günter Bentele
                                               Robert Ruoff

ROBERT RUOFF

Erfahrungen mit dem Thema:
Objektivität – ein Problemaufriß*

I

Mitleid, freundlichen Spott, milde Duldung, aber auch Miß-
trauen erntet bei vielen deutschen Medienschaffenden, wer die
Frage nach »Objektivität in den Massenmedien« aufwirft.
Während in den skandinavischen Ländern eine ausführliche
Diskussion im Gange war und ist, während in den Vereinigten
Staaten wieder über die Entstehung und Funktion der Objektivitäts-Forderung geforscht und gestritten wird, erscheint in
der Bundesrepublik das Thema als erledigt, bevor es einer
ernsthaften Analyse und Erörterung unterzogen wurde. Die
Befangenheit, ja die Scheu vor dem Thema gründet auch in
vielfältigen Erfahrungen, die sich zum Vorurteil mittlerweile
verfestigt haben. Es sind Erfahrungen, wie auch wir sie bei der
Vorbereitung dieses Sammelbandes gemacht haben.
Die machtvolle Verwechslung von Objektivität und Ausgewogenheit stand am Anfang: Bei der Auswahl der Autoren, so
empfahl uns das einflußreiche Mitglied eines Herausgebergre-
miums (das mit dem Fischer-Taschenbuch-Verlag nicht verbunden ist), sei nicht nur darauf zu achten, neben dem rechtsge-
wirkten Chefredakteur der einen auch den linksgerichteten
Programmdirektor der anderen Anstalt (oder umgekehrt) zu
Wort kommen zu lassen; darüber hinaus dürfe die gleichge-
wichtige Vertretung der beiden bundesdeutschen Rundfunksysteme keinesfalls außer acht gelassen werden. Praktisch
standen wir, die Herausgeber, vor dem Phänomen, das zu
kritisieren wir angetreten waren: vor der Verwirrung der
Begriffe, die sich breit macht in dem Geflecht von Objektivität
und Ausgewogenheit und Selektivität und Vollständigkeit – ein
gordischer Knoten, der allerdings nicht mit einem Hieb zu
zerschlagen, sondern sorgfältig aufzulösen ist. Und faszinierend
erschien uns die Selbstverständlichkeit, mit der das etablierte

---

* Einzelne Teile dieses Aufsatzes entsprechen – überarbeitet und erweitert –
  dem Beitrag »Was ist Objektivität?«. In: Basler Magazin. Politisch-kulturelle
  Beilage der »Basler Zeitung«, 20. Mai 1978

Modell repräsentativer Ausgewogenheit auf alle und jede publizistische Äußerung übertragen werden sollte. Die flinke Routine, mit der da ein Manager des deutschen Rundfunks das Vorurteil umsetzte, zeigte erneut, wie dringend eine Klärung, wenigstens der Beginn einer Klärung geworden ist.

Objektivität und Ausgewogenheit haben zunächst nichts miteinander zu tun – diese Feststellung ist der notwendige erste Schritt zu einer differenzierteren Klärung, wie sie in verschiedenen Beiträgen zu diesem Band versucht wird. Der Begriff der Objektivität meint den Prozeß realitätsgerechter Wahrnehmung und Verarbeitung von Informationen (im weitesten Sinn); er schließt die Analyse von Zusammenhängen ebenso ein wie die Feststellung von Tatsachen, fügt sich also nicht der allzu einfachen Trennung von Tatsachenbericht und wertender Erläuterung; er meint schließlich die realitätshaltige Darstellung des Erkannten in Korrespondenz von Aussage und Wirklichkeit. Letzten Endes ist das Streben nach Objektivität motiviert durch ein existentiell begründetes Erkenntnis-Interesse: die Notwendigkeit, die natürliche und soziale Umwelt, die unmittelbar oder indizienhaft sich darbietende Realität richtig zu erkennen, um sich selber zu erhalten und zu leben. Dem jungen Begriff der Objektivität mit seinen zeitgenössischen Verwicklungen, seiner methodischen Akzentuierung, ist das kaum noch anzusehen, eher noch jenem älteren philosophischen der Wahrheit; in der unterschiedlichen historischen Fassung des Wahrheits- oder Objektivitätsbegriffs realistischer Ausprägung ist aber eine gemeinsame Notwendigkeit, ein kontinuierlicher Überlebensanspruch der Menschen enthalten, ein begrifflicher Kern, der in der jeweils zeitgemäßen Form geschichtlich übergreifenden Gehalt birgt.

Anders das Postulat der Ausgewogenheit: es ist ganz und gar Ausdruck von Gesellschaftsformationen, in denen unterschiedliche, einander entgegengesetzte Interessen von Gruppen, Schichten und Klassen in derselben Öffentlichkeit über dieselben Medien miteinander konkurrieren. Ist Objektivität wahrheits- und in diesem Sinne realitätsbezogen zu begreifen, so bestimmt sich Ausgewogenheit von vornherein durch den Bezug auf die widerstreitenden Interessen. Gewiß verwirklicht sich auch Objektivität nicht in einem interessenfreien Raum; die realitätshaltige »objektive« Aussage bedarf in ihrem Zusammenhang vielmehr der kritischen Auseinandersetzung mit all den subjektiven Beweggründen und Zielen, die den Blick auf die Wirklichkeit ablenken und die unverstellte Aussage deformieren könnten. Ihr Bezugssystem ist aber die zu erkennende und zu vermittelnde Wirklichkeit, während Ausgewogenheit schon auf die Vielfalt der situations- und interessenbezogenen Interpretationen insbesondere sozialer und politischer Realität rekurriert. Der sozialgeschichtliche Ursprung der Ausgewogenheitsforderung liegt in der vielfältigen inneren Teilung des sozialen Zusammenhangs in den jüngeren Gesellschaftsformationen; die Aufgliederung der sozialen Funktionen, der Arbeit bis in die einzelnen Institutionen, kleinen Gruppen, Familien hinein macht einem jeden schon das andere fremd und das Ganze undurchschaubar; in komplexen, arbeitsteilig organisierten Gesellschaften erscheint daher – nimmt man zunächst nur die Erkenntnissituation in den Blick – die im Rundfunksystem organisierte Ausgewogenheit als Akkomodation publizistischer Tätigkeit an die erkenntnishemmenden Bedingungen der sozialen Wirklichkeit; dem Zweifel wird seine zur Erkenntnissuche vorantreibende, allen status quo sprengende Energie entzogen, er wird übersetzt in eine Vielzahl nebeneinander und gegeneinander laufender Erklärungsmodelle und -versuche.

Begründet wird diese publizistisch-organisatorische Relativierung von Erkenntnis- und Interpretationsmodellen der Wirklichkeit aus der Widersprüchlichkeit der sozialen Interessenkonstellation; Ausgewogenheit ist gedacht als »interessenpluralistische(s) und integrative(s) Organisationsprinzip«[1], es ist also ein Reflex der Öffentlichkeit als eines Kampffeldes um Teilhabe an der gesellschaftlichen Macht und am gesellschaftlichen Reichtum. Dabei wird dem öffentlich-rechtlichen Rundfunk gemeinhin eine Haltung zugewiesen, die der des bürgerlichen Staates gegenüber den gesellschaftlichen Gruppen analog ist: Neutralität gegenüber unterschiedlichen, auch konfligierenden Interessen oder anders formuliert: die Negation der sozioökonomischen Bedingungen auch des publizistischen Handelns in der Öffentlichkeit[2]. Diese real unterschiedlichen Voraussetzungen konstituieren aber in der Verwirklichung der Ausgewogenheitsforderung einen fortschreitenden Widerspruch. Die politische Voraussetzung ist jener Grad an Demokratisierung, der prinzipiell jedem einzelnen dasselbe Recht auf öffentliche Meinungsäußerung garantiert (Art. 5 GG). Die Fassung der Meinungsfreiheit und im Gefolge der Presse- und Rundfunkfreiheit als ein Individualrecht – wie es in der gegenwärtigen Diskussion um »Neue Medien« gelegentlich wieder akzentuiert wird – abstrahiert aber, wenn es tale quale in Gesetz, Statut und Organisation umgesetzt wird, nicht nur von den unterschiedlichen sozioökonomischen Realisierungschancen, sondern auch vom politischen Zusammenhang, in dem dieses »Individualrecht« vom Klassen-Recht zum allgemeinen Grundrecht erst wurde: diese Entwicklung steht historisch in unauflöslicher Verbindung mit der Durchsetzung der Koalitionsfreiheit (Art. 9 GG) durch die Arbeiterschaft gegen die neue herrschende Klasse des Bürgertums. Der Begriff der Ausgewogenheit ist insofern auch nicht ein originär bürgerlicher, er ist vielmehr seiner ganzen Natur nach gebunden an eine gesellschaftliche Struktur, die man als »modifizierte Klassengesellschaft« bezeichnen könnte: nicht mehr – in der Marx'schen Begrifflichkeit – die »Diktatur der Bourgeoisie« als »reine« Klassenherrschaft, sondern vielmehr ein durch Arbeiterkämpfe errungener historischer Kompromiß politisch-ökonomischer Natur: Macht- und Interessenausgleich auf der Grundlage prinzipiell unangetasteter Eigentumsverhältnisse und modifizierter Verteilung des gesellschaftlichen Reichtums in den industrialisierten Ländern. Die Verneinung der Möglichkeit von objektiver Erkenntnis im Postulat der Ausgewogenheit produziert und verdeckt daher zugleich einen weiteren historisch bestimmten Widerspruch: in der vielfältigen Meinungsäußerung können die in sich und gelegentlich untereinander koalierenden Schichten und Klassen, die an der gesellschaftlichen Herrschaft und daher auch an der publizistischen Macht nicht originär teilhaben, ihre Chance zur öffentlichen Äußerung zwar realisieren; der pluralistische Zusammenhang, in dem das geschieht, entkleidet diese Äußerung aber zugleich ihres macht- und herrschaftskritischen Wahrheitsanspruchs, reduziert sie auf eine Interessensäußerung unter vielen und produziert den falschen Schein eines Meinungsstreits gleichrangiger, gleichmächtiger gesellschaftlicher Interessengruppen. Diesem Widerspruch entgehen natürlich auch die von Anfang an koalitionsbedürftigen Teile der Bevölkerung nicht (Arbeiterschaft, Frauen usf.): zur Sicherung ihrer eigenen Äußerungsmöglichkeiten müssen sie an der Programmausgewogenheit des Rundfunks festhalten und damit an dem Schein der Gleichheit mitwirken, den sie andererseits im eigenen Interesse – die reale Ungleichheit offenzulegen – durchbrechen müßten. Sie sind gefangen in einem Mechanismus der Ideologie-Produktion, der schon qua Organisationsprinzip Ungleiches gleichsetzt: ohne Ansehen von Wahrheit oder Unwahrheit stellt Programmausgewogenheit Äußerungen gleichrangig nebeneinander, die von sozioökonomisch ungleichen aber als gleich behandelten Interessengruppen präsentiert werden.

Aus dieser Kritik des Ausgewogenheitsdenkens darf man allerdings auch nicht den Fehlschluß ziehen, es sei alle Meinung, Interpretation, Erklärung einfach auf empirische Feststellung zurückzuführen; das wäre eine naive Verkürzung des Erkenntnisproblems. Die Vielschichtigkeit und Komplexität sich wandelnder Wirklichkeit, die Bedingungen und Grenzen menschlicher Wahrnehmung, die aus der besonderen aktuellen und historischen Situation bestimmten Fragestellungen sind nur einige Elemente, die objektiver Erkenntnis jeweils Grenzen setzen. Und auch die plausible Hypothese, es seien Wertungen zurückführbar auf existentiell begründete Interessenlagen, selber also systematischer Erkenntnis zugänglich, führt diesen Zusammenhang noch nicht aus, sondern postuliert ihn erst. Die Einsicht in die je aktuelle Begrenztheit führt aber auf der anderen Seite keineswegs notwendig zu der in der Objektivitätsdebatte häufig zu findenden dualistischen Auffassung, die Objektivität für notwendig oder doch wünschenswert und zugleich für unmöglich erklärt. Der hier vertretene realistische Zugang zum Problem öffnet sich vielmehr von einer prozeßhaften Erkenntnis zu einer Totalität von Wirklichkeit, deren Eigenschaften mit den jeweils geeigneten Methoden grundsätzlich beizukommen ist. Carlo Ginzburg weist unter dem kennzeichnenden Titel »Spurensicherung« darauf hin, wie grade auch Methode in ihrer Entwicklung gebunden ist an die Notwendigkeit von Erkenntnis zur Existenzbewältigung, selbst wenn ihr das in der heutigen abstrahierten Form so leicht nicht mehr anzusehen ist. Er schreibt: »Wenn die Forderung nach systematischer Erkenntnis auch immer anmaßender zu werden scheint, sollte deshalb die Idee von einer Totalität noch nicht aufgegeben werden. Im Gegenteil: die Existenz eines tiefen Zusammenhangs, der die Phänomene der Oberfläche erklärt, sollte man gerade dann betonen, wenn man behauptet, daß eine *direkte* Kenntnis dieses Zusammenhanges unmöglich ist. Wenn auch die Realität ›undurchsichtig‹ ist, so gibt es doch besondere Bereiche – Spuren, Indizien –, die sich entziffern lassen.«[3] Dem sammelnd und jagend durch die Wirklichkeit ziehenden journalistischen Spurensucher sollte solche methodologische Überlegung nicht völlig fremd sein.

Aber das Ausgewogenheitsprinzip in der heutigen Rundfunkorganisation und -praxis – in der Presse liegt der Fall ein wenig anders – hat den Bezug zu solcher Erkenntnissuche – wenn er denn darin jemals mehr als nur hypothetische Wirklichkeit hatte – längst verloren; es ist tatsächlich zur Organisationsform des veröffentlichten Meinungs- und Interessenkampfes geworden – öffentliche Debatte als Public Relations –, in dem jede beteiligte Seite auf die Wirkungslosigkeit der anderen vor allem bedacht ist.[4] Ausgewogenheit erweist sich in dieser Sicht als Organisationsform jener Funktion, die Bert Brecht diagnostiziert hat: »Alle unsere ideologiebildenden Institutionen sehen ihre Hauptaufgabe darin, die Rolle der Ideologie folgenlos zu halten«[5] – Ausgewogenheit ist das publizistische Prinzip einer relativ demokratisierten Gesellschaft, das weniger in Richtung einer weiteren Demokratisierung als ihrer fortdauernden Relativierung wirkt. (Die technischen und ökonomischen Restriktionen von Rundfunk-Veranstaltungen, die als tragende Argumente im Verfassungsgerichts-Urteil für die öffentlich-rechtliche Programmverantwortung und -ausgewogenheit herangezogen wurden, sind heute zumindest teilweise überwunden. Die Problemlage wird dadurch nur klarer: Meinungsäußerungsfreiheit als nicht reguliertes Individualrecht läßt sich weitgehend nach Maßgabe der ökonomischen Stärke realisieren; für die mangels Eigentum auf Koalition verwiesenen Gruppierungen erneuert sich der Widerspruch: festzuhalten am relativierenden Ausgewogenheitsverfahren in der öffentlich-rechtlichen Organisation, oder im privatisierten Rundfunk, im wahrscheinlich übermächtigen Umfeld kommerzialisierten Rundfunks, eine eigene relativ schwache Stimme zu erheben).

Die zwingende publizistische Wendung gegen den Ausgewogenheitszirkel gelingt nur durch den Rückgriff auf den Wahrheits-oder Objektivitätsbegriff. So schreibt Aufermann im Zusammenhang einer rundfunkpolitisch zentrierten Analyse: »Allerdings sind in der Bundesrepublik als einer kapitalistischen Industriegesellschaft die tatsächlichen sozialökonomischen Verhältnisse aufgrund der klassen- und schichtspezifischen Privilegienstruktur ›unausgewogen‹ – gemessen an den grundlegenden Verfassungsnormen demokratischer Chancengleichheit und sozialer Gerechtigkeit. Dieser gesellschaftsstrukturelle Tatbestand läßt sich nur ideologisch bemänteln. Sperrt man sich nicht gegen die verfassungsnormativen Prämissen und gegen das empirische Wissen über den Stand der gesellschaftlichen Entwicklung, muß auch die Schlußfolgerung anerkannt werden: die Ausgewogenheitsforderung findet darin ihre Grenze, daß auch in sich real ›unausgewogene‹ soziale

Tatbestände im Rundfunkprogramm journalistisch objektiv und kritisch behandelt werden müssen.«[6]

Objektivität also vor Ausgewogenheit. Der Widerstand gegen solche Priorität (vgl. dazu den Aufsatz von Gert Heidenreich) hat gesellschaftspolitische Ursache, die Verquickung von Ausgewogenheit und Objektivität ist nicht nur ein Begriffsproblem: Indem Ausgewogenheit den Wahrheitsanspruch pluralistisch entschärft, entzieht sie Objektivität-orientierter publizistischer Arbeit ihr kritisches Potential. Objektive Kritik, das heißt: Kritik aus der Wirklichkeit an der Wirklichkeit, ist doppelt brisant: als analytische Klärung zwischen Wahrheit und Irrtum zum einen (was bekanntlich in der Wissenschaftsgeschichte ganze Denkgebäude gesprengt hat), zum anderen aber als politisch wirksame Entgegensetzung von Wahrheit und Macht. Die Herrschenden haben das von jeher – fast scheint es manchmal: genauer als ihre Kritiker – gewußt, und sie sind radikal dagegen vorgegangen: Sokrates wurde der Schierlingsbecher gereicht, Ossietzky im Konzentrationslager zu Tode entkräftet, das Exil, die Verbannung, die Ausbürgerung ist das Los der Dissidenten. Wie andererseits das Recht auf freie Meinungsäußerung, die Abschaffung aller Zensur – unter welchem Titel auch immer – zu den zentralen Forderungen jeder demokratischen Bewegung gehörte: der internationalen Bewegung gegen den Vietnamkrieg der Vereinigten Staaten ebenso wie der polnischen Arbeiter und Intellektuellen 1980/81. In wirklichkeitsorientierter Kritik steckt Umwälzung: zunächst von Denkweisen, dann aber auch von sozialen Verhältnissen. Beides – Revolutionierung von Denk- wie von Gesellschaftssystemen – ist strukturell (und, wenn auch häufig ungleichzeitig: in der historischen Realität) eng verbunden: die institutionelle Verwirklichung eines Denk- (Lehr-, Methoden-) Systems ist fast immer auch Machtausübung durch Entzug oder Verringerung der materiellen Mittel für andere Denkrichtungen (man nehme als Beispiel die Forschungsmittel für Atomenergie im Verhältnis zu den Mitteln für die Entwicklung »alternativer Energiequellen«, aber auch das trotz mancher Anstrengungen vor allem im Fernsehen fortbestehende Mißverhältnis zwischen dem Transport von Informationen aus den Spitzen-Institutionen, insbesondere der Politik, und dem aus den Alltagserfahrungen der Bevölkerung); umgekehrt ist Bestandteil jeder bekannten Gesellschaftsordnung und ihrer Kultur eine bestimmte Wahrnehmungs-, Denk- und Darstellungsweise (oder zumindest: eine begrenzte Serie von Denkweisen), die andere Erkenntnisweisen, Kulturen, Sprachen ausschließt, unterdrückt, zumindest in ihren institutionell-öffentlichen Entfaltungsmöglichkeiten einschränkt. Der ausdrückliche Verzicht auf einen Wahrheits- oder Objektivitätsanspruch, der sich nicht selten grade bei ausgeprägt kritischen Journalisten findet, mutet unter diesem Blickwinkel wie ein taktischer Zug der Selbst-Relativierung an, mit dem man dem Zugriff der Mächtigen zu entgehen hofft, weil man die kritische Interpretation der Wirklichkeit von vornherein als »bloß subjektiv« deklariert. Es ist eine List, mit der kritische Vernunft ihre Unterdrückung zu erkennen gibt, aber eine schon fast verzweifelt anmutende List, die sich gegen die Kritiker selber wendet: indem sie den Wahrheitsanspruch aufgeben, den die Mächtigen von jeher zu monopolisieren trachten, machen sie das Monopol der Macht erst vollkommen: sie überlassen ihr die schneidende Waffe der Wahrheit.

II

Wahrheits- gegen Machtanspruch – das ist die einfache Sicht der Dinge. In Wirklichkeit treten nicht nur die Mächtigen mit ihrem Wahrheitsanspruch auf – und Macht erleichtert Erkenntnis, wenn sie auch gleichzeitig den Blick verstellt –, sondern Wahrheit wird oft genug ihrerseits mit dem Machtanspruch versehen, der sie erstarren und vor der Wirklichkeit erblinden läßt: die Verquickung des ideologischen Dogmas mit der institutionellen Hierarchie ist nicht nur den religiösen Kirchen vorbehalten: »die Macht *(libido dominandi)* ist da, lauert in jedem Diskurs, den man führt, und wäre es auch von einer Stätte außerhalb der Macht aus«, sagte Roland Barthes[7]. Er spürte das Phänomen in den vielfältigen Ausdrucksweisen des Lebens auf, selbst da, wo die klassische akademische Theorie ihm keinen Ort mehr läßt: »Die moderne ›Einfalt‹ spricht von der Macht, als ob sie einzig wäre: auf der einen Seite jene, die sie besitzen, auf der anderen jene, die sie nicht besitzen; wir haben geglaubt, Macht sei ein beispielhaft politisches Objekt; heute glauben wir, daß sie auch ein ideologisches Objekt ist, daß sie sich dort einschleicht, wo man es nicht sogleich bemerkt, in Institutionen, in das Unterrichtswesen (in die Massenmedien, mag man hinzufügen – R.), aber daß sie alles in allem immer noch einzig ist. Und wenn die Macht in der Mehrzahl vorkäme, wie die Dämonen? ›Mein Name ist Legion‹, könnte sie sagen: überall, auf allen Seiten, Vorgesetzte, gewaltige oder winzige Apparate, Gruppen der Unterdrückung oder zur Ausübung von Druck; überall ›autorisierte‹ Stimmen, die sich selbst autorisiert haben, dem Diskurs jeder Macht Gehör zu verschaffen: dem Diskurs der Überheblichkeit. Wir ahnen jetzt, daß die Macht in den feinsten Mechanismen des gesellschaftlichen Verkehrs gegenwärtig ist: nicht nur im Staat, in den Klassen, den Gruppen, sondern ebenso in den Moden, gängigen Meinungen, Schauspielen, Spiel- und Sportveranstaltungen, Informationen, familiären und privaten Beziehungen bis hin zu den befreienden Aufschwüngen, durch die versucht wird, sie in Frage zu stellen: ich nenne Diskurs der Macht jeden Diskurs, der Schuld erzeugt und infolgedessen Schuldgefühle bei dem, der ihn aufnimmt.«[8]

Barthes' ausführliche Frage – »und wenn die Macht in der Mehrzahl vorkäme?« – zerstört schon das Mißverständnis, es gebe den reinen Gegensatz zwischen Wahrheit und Macht. Macht kleidet sich gerne grade auf der Seite derer, die sie nicht zu besitzen glauben, ins Gewand jener Wahrheit, die nicht nur mit ihrem eigenen Anspruch – wahr zu sein – auftritt, sondern darüber hinaus die Insignien der Ausschließlichkeit trägt. Sie mag ihren Ausdruck finden in der »›autorisierten‹ Stimme« des Moderators, der seine abschließende Schreibtischweisheit den Mitteilungen eines Interviewpartners ebenso draufsetzt wie dem vielleicht drastisch realitätsgeladenen Bericht des Korrespondenten vor Ort; sie kehrt wieder in einer Redaktion oder Abteilung, deren »gängige Meinungen« ganze Sektoren der Wirklichkeit aus der Darstellung vorweg schon ausfiltern können (und das geschieht umso unauffälliger, je näher diese »gängigen Meinungen« der scheinbaren Evidenz des gesellschaftlichen Konsens stehen), und sie verwirklichen sich in einer Informationsgebung, deren Feld von Tabus umgrenzt ist: Macht in der Wortmaske von Wahrheit, Wirklichkeitstreue, Objektivität.

Es war wie eine Paraphrase zu Barthes' Diskurs über die Legion der Mächte, als einer der einflußreichsten Rundfunkintendanten der noch jungen zweiten deutschen Republik seine Zusage zur Mitarbeit an dem vorliegenden Band zurückzog mit der Begründung, es erscheine da in der Autorenliste einer, dessen Name »ja wohl nicht mehr mit einem so oder so gearteten Begriff der Objektivität« verbindbar sei; seine publizistische Gesellschaft wäre demnach zu meiden. Der sozialen Sanktion fehlte in diesem Falle die Verfügungsgewalt; ihr Vollzug richtete sich daher in logischer Konsequenz gegen ihren Verfechter, der selber auf eine Veröffentlichung verzichtete.

Die Erfahrung ist erwähnenswert, weil sie erhellt, daß jeder, der mit dem Wahrheitsanspruch soziale Ausgrenzung verbindet, demselben Verdikt sich unterwirft. Die Ächtung des Irrtums ist – im Unterschied zu argumentierender Kritik – nichts anderes als die Erklärung der eigenen Einsicht oder Überzeugung zum Dogma, in dessen Fesseln der Dogmatiker sich selber verfängt. Die persönlichen Beziehungen des Diskurses, die im klassischen und utopischen Begriff bürgerlicher Öffentlichkeit durch herrschaftsfreien Gedankenaustausch gekennzeichnet sind, werden zu Macht-Verhältnissen, und die Wirkung jedes Dogmas, weitertreibende Erkenntnis abzuschneiden, schlägt auf den Dogmatiker selber zurück. Die Machtfigur des Dogmas ist symmetrisch: das Denkgefängnis, das der »Autorisierte« für seine Klientel, sein Publikum errichtet, umfängt ihn selber; der Gefängniswärter steht nur auf der anderen Seite des Gitters (wo gewiß die Existenz vergleichsweise komfortabler ist). Wahrheit und Macht, so entgegengesetzt sie einander sind, verbindet nicht nur die Neigung der einen, die andere sich zunutze zu machen, sondern auch die Tendenz zur Absolutheit und Ausschließlichkeit. Und jeder publizistisch Tätige verfügt in dem Umfange, in dem er in einem Massenmedium Programmentscheidungen bewirken kann, über die Macht der Ausgrenzung, der Selektion, der Unterdrückung. Den Zwang, dem er sich selber ausgesetzt sieht – Themen auszuscheiden, Nachrichten auszuwählen, Meinungen nicht zu Wort kommen zu lassen (unter dem scheinbar sachlichen Zwang der abstrakten Zeit) –, erzeugt er selber mit. Es gibt keinen ganz Ohnmächtigen, der der öffentlichen Sprache mächtig ist. Und der Kritiker aller Macht, der sich im Namen besserer Erkenntnis des institutionalisierten Apparates bedient, bestätigt unausgesprochen, was er ausdrücklich in Frage stellt.

Die hierarchischen Machtverhältnisse werden allerdings bei Bedarf kompromißlos gegen den einfachen Redakteur durchgesetzt, insbesondere dann, wenn die Produktionsverhältnisse in den öffentlich-rechtlichen Anstalten durchsichtig gemacht werden können. So erhielten die Herausgeber dieses Bandes aus einem zentralen Tätigkeitsbereich der ARD nach einer Zusage folgenden Brief: »Es gibt bei den Chefredakteuren der ARD bestimmte Vorstellungen über die Öffentlichkeitsarbeit ihrer Mitarbeiter der politischen Redaktionen. Aus Gründen, die im Bereich vertraulicher Absprachen liegen, kann ich mich an Ihrem Buchprojekt – so wie Sie es sich vorstellen – nicht beteiligen.« – Wie wir, die Herausgeber, uns die Mitarbeit vorgestellt haben? Sicher nicht als »Öffentlichkeitsarbeit«, sondern als Darstellung des Objektivitätsverständnisses, wie es sich in alltäglicher Informationsarbeit verwirklichen oder nicht verwirklichen läßt. Sicher nicht als Darstellung von »Betriebsgeheimnissen«, aber doch als Versuch zu zeigen, wie Nachrichtengebung auch eingebunden ist in gesellschaftliche Konsensverhältnisse, ihre Erhaltung und mögliche Verschiebung im Verlaufe der Zeit (und man weiß zumindest, daß vor solche Veröffentlichung nur zu gerne der Riegel der »Vertraulichkeit« geschoben wird – als ob es nicht jeden einzelnen Hörer und Zuschauer und Gebührenzahler anginge, nach welchen Richtlinien etwa die Berichterstattung über »Randgruppen« eingeschränkt wird). Die Erfahrung, wie da Äußerung durch existentiellen Druck – auch die arbeitsrechtliche Pression fehlte offenbar nicht – verhindert wird, bringt erhellendere Einsicht in das Informationsverständnis zu vielen Rundfunkhierarchen, als jede theoretische Ausführung das vermöchte. Wo schon die Äußerung unterdrückt wird, wird die Objektivitätsdebatte allerdings obsolet.

III

»Wir ahnen jetzt, daß die Macht in den feinsten Mechanismen des gesellschaftlichen Verkehrs gegenwärtig ist«, sie durchzieht alle menschliche Lebensäußerung, Wahrnehmung, Sprache, Erkenntnis. Eine Verflechtung, aus der es kein Entrinnen gibt, worin aber Bewegung möglich und Veränderung notwendig ist. Ausgedehnt hat sich im Verlauf unserer Geschichte der Existenzraum der Menschen, er ist für jeden einzelnen global geworden – die weltweite Wechselbeziehung wirtschaftlichen, politischen, auch kulturellen Handelns bestätigt sich alltäglich –, und ebenso auszudehnen ist der Raum gegenständlichen Erkennens. Der Mythos der reinen Erkenntnis ist längst zerbrochen, und der Anspruch absoluter Wahrheit/Objektivität zerschellt schon am historischen Wandel, dem die Wirklichkeit selber unterliegt, auf die Erkenntnis sich richtet, und an der geschichtlichen Existenz des erkennenden Subjektes.
Aber das ist nicht die Unterwerfung unter einen beliebigen Relativismus, sondern allein die Verwerfung jener Metaphysik, die sich immer noch verbirgt hinter dem gängigen Dualismus des: notwendig aber unmöglich, erstrebenswert aber unerreichbar. Es ist der Verweis auf die menschenmögliche Objektivität. Der ungarische Philosoph Mihàly Vajda sagte es so: »Dem

Menschen ist die Realität oder die Welt lediglich in seinen und durch seine kognitiven Anschauungen gegeben. Eine von unseren Anschauungen unabhängige Welt bzw. eine vom Menschen unabhängige Objektivität ist, wie Gramsci gesagt hat, ein Überbleibsel der ›mystischen Konzeption eines unbekannten Gottes‹.« Vajda spricht vom erkenntnistheoretischen Standpunkt aus, nicht dem der Seinslogik. Ontologisch geht der hier zugrundegelegte Realismus selbstverständlich von einer unabhängigen Existenz der Welt, der Naturwirklichkeit vom Menschen aus und von einer prinzipiell unabhängigen Existenz (hier allerdings: hoher Grad der Abstraktion) der Gesellschaft vom einzelnen Individuum. Gnoseologisch aber – und das ist hauptsächlich die Ebene der Objektivitätsdebatte – ist die Existenz der Realität *für* die Menschen an die Wahrnehmung dieser Realität gebunden. Wobei die objektive Wirklichkeit der Welt, Natur und Gesellschaft, sich der Wahrnehmung mit schmerzlicher Handfestigkeit sich aufdrängen kann, wo Erkenntnis sie verfehlt hat. Das bestätigt aber nur Vajdas Einsicht: Die Objektivität, derer wir bedürfen und die wir suchen – gegenständliche Erkenntnis – gibt es nur, wenn es sie gibt, unter Menschen. Sie ist nicht nach erdachten absoluten Maßstäben zu untersuchen, nicht an der Vollkommenheit einer Idee zu messen; Objektivität ist von vornherein – dies ein wirkliches a priori – bestimmt durch die realen Eigenschaften der Menschen und der Welt, die sie untersuchen: hier das Subjekt, die erkennenden Menschen – dort das Objekt, die Wirklichkeit, um die es geht und über welche die Medienschaffenden berichten. Diese Zweiheit – als Zweiheit stellt sie sich jedenfalls dar – gibt uns die Fragen auf. Und weil sie als Zweiheit erscheint – Subjekt hier, Objekt dort –, fallen die Antworten so schwierig aus oder verkürzt. Das schematische Denken, das sich im Dualismus von Subjektivität und Objektivität ausdrückt wie in der kritisierten einfachen Entgegensetzung von Macht und Wahrheit, führt in die Sackgassen der Erkenntnisprozesse.

Aber Objektivität ist notwendig. Eine menschliche Gesellschaft kann ohne ein Mindestmaß an öffentlicher, gemeinsamer Wahrheit über sich selber nicht existieren, und die Unterdrückung der Wahrheit über die Gesellschaft bedeutet die Unterdrückung der Menschen. Die These mutet kühn an, es sei das Maß der Unterdrückung – der offenen und der verborgenen, der handfesten und der strukturellen Gewalt – proportional dem Maß der Unwahrheit, der eine Gesellschaft unterworfen ist, an unterdrückter Selbsterkenntnis. Sie folgt aber jener

Logik des Verhältnisses von Interessen und Wahrheit, auf die Max Horkheimer hinweist: »Je mehr... eine gegebene gesellschaftliche Ordnung aus einer Förderung der kulturschaffenden Kräfte zu ihrem Hemmnis wird, desto stärker widerspricht die verifizierbare Wahrheit den mit dieser Form verbundenen Interessen und bringt die Träger der Wahrheit in Gegensatz zur vorhandenen Wirklichkeit.«[9] Wahrheit in ganz praktischem Begriff. Neben anderen schiebt sich das Bild der »kulturschaffenden Kräfte« Polens vor Augen – die Reihung »Arbeiter, Bauern und Intellektuelle« kommt für einmal und zumindest auf Zeit zu ihrem Recht –, die erfahrene Wahrheit der Wirklichkeit, die mit Macht auf das erstarrte Interessengefüge des Staats- und Parteiapparates stößt und nach Veränderung drängt.

Solche objektive Wirklichkeit vor Augen, mutet die Konstellation umso seltsamer an, die hierzulande die Diskussion über Objektivität zu bestimmen scheint: Es sind in der Regel die eher konservativen Politiker, Publizisten, Sozialwissenschaftler, welche auf der Forderung nach Objektivität beharren, und sei es die »bereinigte« Objektivität der nackten Tatsachen, der wertfreien Nachrichten im Gegensatz zum »subjektiv wertenden« Kommentar, zur sinngebenden Interpretation. In ihrer Nähe die liberale Richtung, die letzten Endes sich auf den Sozialwissenschaftler Max Weber beruft, der die Objektivität empirischer Untersuchung – der Erfassung von Tatbeständen – für möglich erklärte, nicht aber die Objektivität theoretischer Darstellung der großen inneren Zusammenhänge, des sogenannten »Wesens« der Sache, handle es sich nun um eine Religion oder ein Wirtschaftssystem; hier, so Max Weber, sei allenfalls die Bildung von Idealvorstellungen möglich (von »Idealtypen«), und zu ihrer Bildung wiederum seien Werturteile, subjektive Wertsetzungen unvermeidlich. Und in der Praxis insbesondere des Rundfunks folgt daraus zunehmend die fatale Verkehrung, jegliches Urteil subjektiver Meinungsäußerung zuzuweisen: die Analyse, Interpretation, schließlich die synthetische Beurteilung verfängt sich so im Dualismus von Nachricht und Kommentar, die – erneut verkehrter Rückschluß – gleichgesetzt werden mit »objektiver Feststellung« und »subjektiver Meinungsäußerung«. Als ob nicht häufig genug die allzu verkürzte Wiedergabe, die falsch gewichtende Reihung von Tatsachen stärker dem subjektiven Wahrnehmungsraster von Redakteuren als den tatsächlichen Abläufen verhaftet wäre, als ob nicht auch das Urteil, die Wertung den Wahrheitswert einer erarbeiteten, durch Analyse und Kombination beispielsweise gewonnenen Feststellung haben könnte, mit größerer Vollständigkeit und Objektivität als die krude Mitteilung des Geschehens (vgl. dazu den Aufsatz von I. Bystrina in diesem Band). Damit wird, wie weiter oben schon gesagt, nicht der einfachen Reduzierbarkeit von Wertungen auf Tatsachen das Wort geredet, sondern allein jenes Dritte neben Tatsachen-Bericht und kommentierender Meinung herausgehoben: das analytisch gewonnene synthetische Urteil, das – selbst wo es eine dem Betroffenen unangenehme Feststellung enthalten sollte – in seinem sachlichen Gehalt der Tatsachenfeststellung und nicht der subjektiven mutmaßenden Meinungsäußerung gleichzusetzen ist. Solche intellektuelle Leistung ist durchaus nicht den umfänglichen Formen des Dokumentarfilms, des Features, des Hintergrundberichts vorbehalten, sie gehört auch in die schnelle, aktuelle Reportage. Aber gerade der aktuelle, gar politische Bericht stößt auf besonders massierte Interessen, auf ein verfeinertes System der Kontrolle, mit dem alle Beurteilung unter dem Verdikt der Subjektivität aus der Berichterstattung ausgefiltert werden soll.

Eine auf bloße Abbildung reduzierte Objektivität ist aber das Gegenteil ihrer selbst, löst sie doch das Einzelne aus dem Zusammenhang, läßt sie den Ausschnitt als das Ganze erscheinen und die oberflächliche Erscheinung für die Wirklichkeit stehen. Gegen solche Objektivitätsforderung richtet sich selbstverständlich die Neigung kritischer Köpfe und oft der oppositionellen Linken, die Möglichkeit der Objektivität überhaupt zu bestreiten, denn die Mächtigen interpretieren nicht nur den Begriff der Objektivität aus der ihnen eigenen Interessenlage, sie haben auch die Mittel, ihre Interpretation durchzusetzen. Die Ablehnung solcher »Objektivität« erweist sich damit als nichts anderes denn als Opposition gegen die herrschende Interpretation der Realität, gegen die Eingrenzung der Erkenntnis von Wirklichkeit auf die anerkennende Abbildung des status quo – und im Ergebnis bringt dieser Verzicht auf den Wahrheitsanspruch nichts anderes als die Entschärfung der Kritik, die Relativierung auf eine voluntaristische Interessenäußerung unter vielen von beliebiger Glaubwürdigkeit.

Aber die Redlichkeit verlangt es, lautet hier der Einwand: all unsere Erkenntnis ist subjektiv – wie könnte sie je zur Objektivität gelangen? Die Zweiheit tritt wieder auf, jene seltsame Entfremdung zwischen Subjekt und Objekt, von der schon die Rede war, scheinbar unüberwindlich. Und doch liegt in der

Überwindung dieses Gegensatzes die Lösung des Problems, wenn es denn eine gibt.

IV

Der statische Begriff der Objektivität hält fest an der Entgegensetzung von Subjekt und Objekt, der Sicht »von innen« und »von außen«, an einer Entgegensetzung, die ihr Abbild – oder ihr Vorbild? – findet in der realen Entgegensetzung der Lebensbereiche von Wissenschaftlern oder Publizisten auf der einen, der Gruppen, Schichten, Klassen der Bevölkerung auf der anderen Seite, deren Lebensverhältnisse untersucht und dargestellt werden sollen. Die Entgegensetzung im Begriff verdeckt den Tatbestand, daß alle Beteiligten an einem solchen Vorgang publizistischer Arbeit unentrinnbar jenen Verhältnissen angehören, um deren Untersuchung und Darstellung es geht, dem Zusammenhang der in sich so vielfältig gegliederten und geteilten Gesellschaft (und dies ist die konkrete Wirklichkeit, in der die Differenz zwischen seinslogischem und gnoseologischem Zugang sich praktisch aufhebt).

Bernward Wember, der eher skeptisch die Möglichkeit von Objektivität beurteilt, hat diese Zugehörigkeit hervorgehoben in seiner bekannten Untersuchung eines Dokumentarfilms über die Lage bolivianischer Bergarbeiter, den er heftig kritisiert: Er kommt nach einer eingehenden Untersuchung unter anderem zum Ergebnis, daß die Darstellung im Film sich umgekehrt proportional zu den Verhältnissen der Realität verhält, die Wirklichkeit also schlicht verfälscht. Und doch, so Wember, sei nicht bewußte Absicht der Autoren zur Manipulation zu unterstellen, die Ursache sei vielmehr – psychologisch gesprochen – Verdrängung, Verdrängung der unbehaglichen Erkenntnis, daß seit Jahrhunderten zwischen Europa und Lateinamerika ein Ausbeutungsverhältnis besteht, welches als reale und erklärende Ursache des Elends der bolivianischen Bergarbeiter gelten muß – und als eine Voraussetzung für den Lebensstandard in den reichen, hochindustrialisierten Gesellschaften.

Wember selbst hält an dieser Erklärung nur mit Anstrengung fest, bestärkt allerdings durch das selbstkritische Bewußtsein eigener Fehlleistungen: »Die Manipulation scheint so perfekt, daß es mir schwerfällt, die eigene These aufrechtzuerhalten, dies alles geschehe unbeabsichtigt und mit dem guten Willen, sachlich zu berichten. Da ich an mir selber erfahren habe, zu welchen Rationalisierungen und Verdrängungsmechanismen man von einer soziokulturellen Umgebung bzw. von einem System gezwungen werden kann, ohne es selber zu bemerken, bleibe ich bei meiner These: sowohl der Film als auch das Begleitmaterial sind mit der subjektiv ehrlichen Überzeugung der Autoren gemacht, einen objektiven Bericht zu erstellen. Aber die Diskrepanz ist erschreckend!«[10]

Die Rede vom Zwang – »von einer soziokulturellen Umgebung bzw. einem System gezwungen« – verweist auf scheinbar Unvermeidliches und ist doch nur Ausdruck fast klassisch zu nennender Entfremdung. Das von Wember genannte »System« – ich unterstelle, daß er den institutionellen Bezugsrahmen von Fernsehproduktionen meint – ist ein von Menschen geschaffener Zusammenhang, dessen »Gesetzmäßigkeiten« sie sich selber auferlegen. Zunächst das technische Instrumentarium: es stellt einen Gewinn, eine technische Verlängerung, Ausdehnung der menschlichen Erkenntnis- (Informations-, Kommunikations-)Möglichkeiten dar und prägt sie zugleich der Form und auch dem Inhalt nach; es schafft mit den Produktions- zugleich Wahrnehmungsgewohnheiten, die Erkenntnis und Darstellung einschränken können, und zwar nicht zuletzt auf seiten der Produzenten selber. Der italienische Filmemacher Alberto Grifi hat im Zusammenhang mit der Auseinandersetzung zwischen Film- und Videotechnik diese Erfahrung bei der dokumentarischen Arbeit in der lebendigen Situation zu seinem und Massimo Sarchiellis Film »Anna« gemacht:

»Die Wahl von Video anstelle der Filmkamera war von höchster Bedeutung. Ich würde sogar sagen, entscheidend. Aber gemerkt haben wir's erst lange Zeit, nachdem wir es schon verwendeten... Wenn ich mich mit der Filmkamera bereithielt, um das zu drehen, was geschah, *während* es geschah, ohne Drehbuch, dann ertappte ich mich beim Gedanken, daß umso mehr Film und Geld rollte, je länger ich den Knopf drückte. Die Angst, das wenige Filmgeld, das wir hatten, für Aufnahmen zu vergeuden, die sich als uninteressant erweisen könnten, trieb mich dazu, *in den Größen des Geldes die Zeit der menschlichen Abenteuer zu bemessen, die ich drehte... Als Regisseur verwaltete ich authentische und spontane menschliche Beziehungen durch eine Regie, die nur scheinbar improvisiert war; in Wirklichkeit war sie, wenn auch unbewußt, organisiert nach dem Modell, der Planung der Ökonomie.*«[11]

Die instrumentelle Ausdehnung menschlicher Wahrnehmungs- und Informationsfähigkeit bewegt sich ganz besonders im Bereich der Massenmedien in dem Widerspruch zwischen dem Streben nach technischer Perfektion und ökonomischer Bedingtheit. Beide, Technik und Ökonomie, sind mittlerweile allerdings gemeinsam zu mächtigen Hindernissen der Annäherung an die Wirklichkeit geworden; sie haben die Ausmaße eines übermächtigen Apparates angenommen, dessen Kriterium eine Kalkulationsweise geworden ist, die andere als vorweg berechenbare Realität fast zwangsläufig aus dem Medieninformationsprozeß ausschließt (und der sich andererseits die interessierten wirtschaftlichen und politischen Institutionen bei ihrer Informationsgebung möglichst perfekt anpassen: die Apparate verkoppeln sich). Die institutionelle Struktur selber – die großen Fernsehanstalten zeigen es allen voran – verlangt die Zubereitung der lebendigen Wirklichkeit für die Anforderungen industrieller Produktion: möglichst ökonomischer Einsatz der Mittel (anstelle des Einsatzes möglichst ökonomischer Mittel, s. u.), das heißt: Herstellung von möglichst viel Sendezeit in möglichst wenig Produktionszeit, anders gesprochen: Reduktion des Eindringens in die Wirklichkeit auf das instrumentell geringste mögliche Maß. Das heißt: Organisation der Produkt-Herstellung (das ist: Information, Bildung, Unterhaltung) nach dem Kriterium maximaler Auslastung und optimaler Planung, anders gesprochen: Anordnung der Gegenstände und Inszenierung von Realität nach dem Organisationsplan der Institution und weitgehender Verzicht auf die Erfassung jener Teile der Wirklichkeit, die diesen Anforderungen nicht genügen, sondern sich nach den Gesetzen lebendiger Zeit bewegen: in wechselndem Rhythmus, spontaner Bewegung, ausschweifender und unvorhersehbar sich verdichtender Unterhaltung.

Tendenzen, die auf der Verkehrung des Verhältnisses zwischen den am Produktionsprozeß beteiligten Organisationsteilen beruhen: Es ist in den Fernsehanstalten mittlerweile üblich, nichtaktuelle Programme sowohl thematisch als auch ökonomisch über Jahre oder doch viele Monate im voraus zu planen und festzulegen, also nach der kennzeichnenden Methode industrieller Großbetriebe und insbesondere bürokratischer Systeme. Es liegt auf der Hand, daß Programmgestaltung unter solchen Voraussetzungen sich vom Prozeß lebendigen Lebens in der Gesellschaft zumindest soweit abschirmen muß, wie dieser störend auf die Programmverwaltung einwirken könnte. Umgekehrt schlägt die innere Arbeitsteilung der Großbetriebe voll durch auf alle lebendige Erfahrung menschlicher Wirklich-

keit, die in den Betrieb eingebracht wird: die Idee, die ihre
Wurzeln in der schöpferischen Beziehung zur Wirklichkeit hat,
durchläuft die institutionalisierten Filter (nicht nur der Redaktion und übergeordneten Hierarchiestufen, sondern ebenso
bestimmend der Produktionsabteilungen, der Technik und der
Honorar- und Lizenzverwaltung), bis sie dem Apparat und den
über Jahre hinaus festgelegten »Sendegefäßen« so angepaßt ist,
daß alle verbleibende Lebendigkeit nur noch der Kunstfertig-
keit der am Programm interessierten Beteiligten zu verdanken
ist – Leben als Kunstprodukt, technisch rein; scheint diese
Anpassungsmaßnahme nicht möglich, wird die Idee in der
Regel erbarmungslos wieder abgestoßen. (Wer an dieser Stelle
»Wildenhahn!« ruft, übersieht, daß dieser Autor exzeptioneller
Dokumentarfilme die Chance genutzt hat, die ihm als Redakteur der Fernsehspiel-Abteilung einer finanzstarken Anstalt
geboten ist; charakteristisch ist nämlich, daß die 1978 von
den ARD-Anstalten eingesetzten Programminutenkosten für
»Spiele« bei 6125 DM lagen, für »Unterhaltung« bei 5235
DM, für »Sportschau« bei 3374 DM, für »Dokumentation«
jedoch bei 2701 DM. Die Durchschnittskosten für die Pro-
gramm-Minute lagen bei 3361 DM, und bei 11 unterschiedlichen Sparten einschließlich »Sonstiges Programm« und
»Wetterkarte« fand sich die Sparte »Dokumentation« auf Platz
7. So berichtet im »ARD-Jahrbuch 1979«, S. 229. Unerfreu-
licher noch als diese Rangfolge ist die Tatsache, daß solche über
Jahre entstandenen Budget-Verhältnisse zur Norm werden;
wie Realität so über einen Leisten geschlagen wird, zeigt auch
die Studie des SFB, bei der die eruierte durchschnittliche
Drehzeit von 12 Tagen flugs in eine Vorschrift für Fernseh-
Features umgewandelt wurde).
Die Verkehrung des Verhältnisses zwischen Programm, Technik und Verwaltung zeigt sich auch in dem Innovationsmotiv,
das die Anstalten immer wieder anführen: die Ökonomie. Die
notwendige Entwicklung und Verbesserung der Technik insbesondere des Fernsehens hat dem Aufbau eines technisch-
organisatorischen Apparates über Jahrzehnte die sachlich logische Legitimation verliehen. Der erreichte technische Stan-
dard wurde jedoch in der Folge gemäß der normativen Kraft
des Faktischen erneut zum Regelmaß, in doppeltem Sinn: zu
einem System technischer Werte einerseits, die Qualitätsanfor-
derungen meßbar machen, andererseits aber zu einem von der
»Technik« gesetzten Zwang für den Produktionsstandard, der
den Einsatz wirtschaftlicherer – und aus der Sicht des Zuschau-

28

ers durchaus vertretbarer – Mittel verhinderte und jeden über längere Zeit dauernden Einstieg in soziale Wirklichkeit mit einem Kostenfaktor belastete, der alles Engagement an der Wirklichkeit, das den Rahmen des gewohnten Dokumentar-Features sprengte, überforderte oder in den *per definitionem* semiprofessionellen Bereich außerhalb der etablierten Institutionen verwies. Erst in der allerjüngsten Zeit beginnen die deutschen Anstalten in breiterem Umfang, sich mit diesen ökonomisch vorteilhaften technischen Möglichkeiten (der »semiprofessionellen« Videotechnik) ernsthaft zu befassen – zu einem Zeitpunkt, zu dem sie bei der ihnen eigenen Produktionsweise mit dem ihnen eigenen aufwendigen Apparat an ihre eigenen ökonomischen Grenzen stoßen. Aber die Innovation ist erneut keine programmpolitisch, sondern eine ökonomisch begründete, und es mutet nur noch an wie bittere Ironie, daß die Ökonomie der Medieninstitution nun vollends ihre Vorherrschaft nicht nur gegenüber dem Programm, sondern auch gegenüber der Technik durchsetzt, die doch ihre Expansion über lange Zeit verursacht hatte.

Noch vor wenigen Jahren erschien die Anforderung nicht mehr utopisch, den subjektiv vermittelten Zwang der Ökonomie, von dem Grifi spricht, durch Einsatz neuer Technik abzubauen; heute wird dieser Einsatz bereits wenig anderes als ein neuer Ausfluß des ökonomischen Zwangs, der als Herrschaftsmoment den Produzenten und den Akteuren, dem Medium und der Realität seine Form aufprägt. Gegen den Vorrang der Wirklichkeit – die in der Vermittlung gewiß zu verdichten ist – setzt sich dann die ökonomisch zurechtgemachte Präsentation durch. Umso utopischer erscheint heute der Gedanke, die Vorherrschaft der ökonomisch-technischen Verhältnisse gegenüber dem Informations- und Kommunikations-, sprich: Erkenntnis-Interesse an einer komplexen sozialen Wirklichkeit wieder zu wenden, wenn diese Hegemonie nur einmal als selbstgeschaffenes Verhältnis erkannt ist, als nur scheinbar sachliche (ökonomische, organisatorische) Bedingung der massenmedialen Produktion. Die schmale Aussicht auf praktische Schlußfolgerungen vermag allerdings die Einsicht nicht zu zerstören, was das Streben nach Objektivität verlangen würde: die Orientierung der Methode, der Produktionsweise, an der Realität, die es einzufangen und darzustellen gilt, die Überwindung des unbewußten Denkens, das die vorgegebenen Produktions-, Vermittlungs-, Erkenntnisbedingungen als naturnotwendig sich selber voraussetzt und tatsächlich die Sachzwangs-

Jacke sich selber anlegt. Dagegen ist zu setzen die Ausbildung eines kritischen Selbst-Bewußtseins der Autoren, das Wembers Film-Analyse als Mangel konstatiert; es geht darum, die Erkenntnis zu entwickeln, daß die Autoren selber zu den Verhältnissen gehören, die sie dokumentieren wollen, und daß sie in einem bestimmten und bestimmbaren Verhältnis zu ihrem Gegenstand stehen, in einem realen Verhältnis, nicht etwa nur in einem gedachten, das denkend aufzulösen wäre. Sie stehen zum Gegenstand als Publizisten, Filmemacher beispielsweise, in bestimmter Absicht (die unmittelbare Beziehung); als Intellektuelle im weitesten Sinn (Bestimmung der Arbeits- und Denkweise ebenso wie der sozialen Lage); als Privilegierte nicht selten im Vergleich zu den Betroffenen oder auch als (mittelbar) Abhängige gegenüber Politikern oder Unternehmern. Hergebrachte, gesellschaftliche Begriffe beherrschen in der Regel ihr Denken – notwendig ist aber »die konsequente Kritik gesellschaftlicher Argumentation ohne Furcht vor den Resultaten« (Wember)[12]; ihre Gestaltungsmittel sind zumeist die hergebrachten medialen Formen: »Auch in der Art, wie man filmt, . zeigt sich ein subjektives Interesse, das von unbewußten ideologischen Wertungen gesteuert wird« (Wember).[13]

»Subjektives Interesse«, »ideologische Wertungen« – in diesen Begriffen bündeln sich die meisten Einwände gegen die Möglichkeit von Objektivität. Allein: auch das subjektive Interesse an einem Gegenstand oder an bestimmten Eigenschaften verhindert nicht zwingend Objektivität; es führt zunächst zu nichts anderem als zur Wahl eines bestimmten Ausschnitts aus der gesamten Wirklichkeit, und daraus folgt eine Einschränkung nicht der Richtigkeit, sondern des Gültigkeitsbereichs von Aussagen. Ein solches »subjektives Interesse« ist nicht mehr und nicht weniger als das berechtigte *Erkenntnis-Interesse*, das zur Entscheidung für einen bestimmten Untersuchungsgegenstand und eine bestimmte Fragestellung führt. (Erst nach dieser legitimen subjektiven Auswahl stellen sich Fragen wie die der Perspektive, der Vollständigkeit oder selektiven Wahrnehmung, der Nachprüfbarkeit usf.; vgl. dazu den Aufsatz von Günter Bentele in diesem Band).

Es steckt im »subjektiven Interesse« aber noch mehr: ein *Existenz-Interesse*; entgeht einem diese Unterscheidung, so sind Mißverständnisse unvermeidlich (wie das angedeutete: Interesse sei schlechthin ein Hindernis von Objektivität). Denn genau dieses Existenz-Interesse führt zu den von Wember festgestellten Fehlleistungen, wenn es nicht vor aller Untersuchung der Gegenstände ins subjektive Bewußtsein gehoben wird. Das Existenz-Interesse – etwa von Wissenschaftlern oder Publizisten – treibt das Erkenntnis-Interesse an und formt es zugleich – nach den Bedingungen der Existenz vor jenen der Erkenntnis. Für die Erkenntnis kann das leicht Verformung bedeuten: Nach dem Maß und der Richtung der Abhängigkeit zum Beispiel, der ein Publizist unterliegt, und die er durch Eingriffe, Zensur, Entzug von Aufträgen oder Kompetenzen erfahren mag, wenn er die je herrschenden Normen verletzt. Allein: solche Deformation ist nicht unvermeidlich; sie ist direkt bestimmt durch den Freiheitsgrad einer Gesellschaft und ihrer Institutionen.

Diese alltäglichen einzelnen Hindernisse von Erkenntnis und ihrer Darstellung verweisen auf das Moment von Arbeit und Praxis, aus dem heraus die Objektivität zu gewinnen ist, wie sie hier begriffen wird. Die Rede ist nicht von einer endgültig abgeschlossenen Wahrheit, sondern vielmehr von »fortschreitender Erkenntnis«, mit Horkheimer zu reden. Es geht um die fortschreitende Überwindung von fälschlich absolut gesetzten Einseitigkeiten und Bedingtheiten der Realität in einem Prozeß der Erkenntnis, der seine eigene Geschichtlichkeit ebenso wie die ihn leitenden Interessen mitreflektiert. Die von Wember gefundenen Fehlleistungen des unbewußten Denkens gehören in diesen Zusammenhang: die Existenzweise und die herrschende Denkweise in einer bestehenden Gesellschaft bilden einen soziokulturellen Komplex – die »soziokulturelle Umgebung« –, der von gewaltigen Existenz-Interessen zusammengehalten und geformt wird – ein Zusammenhang, dessen Zwangscharakter allein deshalb weniger stark empfunden werden mag, weil er den einzelnen vorgegeben ist, selbstverständlich, quasi »natürlich«. Und so nehmen die Individuen in ihren »subjektiven Standpunkt« diese Existenz-Interessen und die damit verbundenen »ideologischen Wertungen« wie selbstverständlich auf: die Wertungen ihrer Familie, Gruppe, Schicht, Klasse, Gesellschaft – und sie nehmen sie auf als die allgemeingültigen, »natürlichen« Werte, Normen, Verhaltensweisen, an denen alles andere, insbesonders auch das Fremde, zu messen ist. Mehr noch: diese Werte, Normen, Verhaltensweisen gilt es, als Bestandteile der eigenen Existenz vor aller Bedrohung zu schützen, vor der Anfeindung auch durch das »schlechte Gewissen«, von dem Wember spricht: Die elende Existenz der bolivianischen Bergarbeiter wird dann – so weit geht leicht der

Selbstschutz, die Deformation des Erkenntnis-Interesses – als ihre Herkunft und ihr Gegenstand – ist der erste Schritt zu ihrer Überwindung. Der subjektive Standpunkt ist unvermeidlich, verkürzt aber ist die Schlußfolgerung, es sei daher nur subjektiv verformte, keineswegs objektive Erkenntnis und Darstellung möglich. Notwendig ist vielmehr – damit Objektivität jemals möglich *wird* –, sich den subjektiven Standpunkt mit seinen vielfältigen Implikationen bewußt zu machen, die Struktur der eigenen Beziehungen zur Umwelt zuallererst und kontinuierlich zu klären und von da her das Bild der Wirklichkeit so getreu, so angemessen, so objektiv wie möglich zu formen.

V

So entsteht eine Perspektive auf Objektivität in subjektiver Absicht, die paradox erscheinen mag und doch die einzige mögliche ist; alle Erkenntnis ist nur möglich als Erkenntnis von menschlichen Subjekten, ein sinnvoller Begriff von Objektivität muß daher dieses subjektive Moment immer enthalten: objektive Erkenntnis von Menschen. So begriffene Objektivität braucht sich nicht selber aufzugeben und weiß doch um die Schwierigkeit ihrer Verwirklichung, gerade auch, solange die gesellschaftlichen Verhältnisse undurchsichtig bleiben und der subjektive Standpunkt dem Subjekt selber auf eine Weise verschleiert wird, daß es ihn für den allgemeinen Standpunkt nimmt. Eine enorme Anstrengung ist erforderlich.

Zur Relativierung des subjektiven Standpunkts gehört die Relativierung der Wertungen – was wiederum nicht gleichzusetzen ist mit einer nur relativen Gültigkeit aller Werte, im Gegenteil: zweifellos sind Werte und Werturteile subjektiver Natur, aber gerade diese Einsicht in ihre ursprüngliche Gebundenheit an die Menschen und ihre Existenz, an das subjektive Existenz-Interesse, ermöglicht die Unterscheidung zwischen subjektiven Wertungen von einzelnen oder Gruppen und den subjektiven Wertungen allgemeiner Gültigkeit, die in einem allen Menschen gemeinsamen Interesse wurzeln: dem Interesse zum Beispiel an einer unbeschadeten Existenz (das Recht auf die Unversehrtheit von Leib und Leben); dem Interesse an unbedrohter Entfaltung der menschlichen Fähigkeiten (die Unantastbarkeit der Menschenwürde, die Freiheit der Meinungsäußerung usw.); dem Interesse an einer gesicherten Existenz (das Recht auf Arbeit usf.). Alle diese Werte beruhen nicht nur auf einem allen Menschen gemeinsamen Interesse, ihre Gültigkeit setzt auch ihre allgemeine, wechselseitige Anerkennung voraus, sie gründen – einer metaphysischen Stütze bedarf es nicht – auf den Notwendigkeiten menschlicher Existenz.

So begründete Wertungen unterliegen in ihrer praktischen Ausgestaltung in einer bestimmten Gesellschaftsordnung zwar immer einer interessenspezifischen Interpretation, aber gerade ihre Allgemeingültigkeit aus Existenznotwendigkeit – Verstöße dagegen also unter Gefährdung oder zumindest Einschränkung von Existenz – liefert den Angelpunkt für die objektive Kritik interessenbestimmter Verformungen, für die Aufklärung »unbewußter ideologischer Wertungen«. Das ist der schwierige Weg zu selbstbewußter Publizistik: Relativierung des eigenen, *besonderen* Standpunkts, Bewußtmachen der eigenen, *besonderen* Wertungen und bewußte Einordnung (nicht etwa Akkomodation) in den größeren sozialen Zusammenhang, in das Netz sozialer Beziehungen, in welchen der Publizist selber an bestimmtem Ort sich befindet. So wird der *besondere* oder *individuelle* subjektive Standpunkt nicht – wie in dem von Wember untersuchten Fall – hinterrücks zum Normpunkt in der gesellschaftlichen Topographie; er relativiert sich vielmehr, wie der Standort der Landschaftsvermesser, zum Blickpunkt, von dem aus Einsicht genommen wird in das Gelände oder von dem aus das Gelände begangen werden kann.

Die Auflösung der Zweiheit von Subjekt und Objekt geht damit in eins mit der Überwindung von Fremdheit. Der Publizist, der seine unkündbare Zugehörigkeit zum Netz sozialer Beziehungen, Interessen und Wertungen erkennt, muß nicht mehr – einer abstrakten Objektivitäts-Forderung gehorchend – von sich selber sich distanzieren, sein eigenes Bewußtsein herrichten wie eine Tabula rasa, befreit von allen subjektiven Interessen und Wertungen, aufnahmebereit für die »wertfreie« Erfassung der Wirklichkeit; er kann vielmehr die Persönlichkeits-Spaltung zwischen dem privaten oder politischen Subjekt auf der einen und dem »uninteressierten« beruflichen Subjekt überwinden, indem er selbst-bewußt seine Identität einbringt ohne sie zur Norm zu machen. Und dieser selbst-bewußte Publizist kann dann auch eintreten in die untersuchte Wirklichkeit, sich öffnen für die subjektiven Erfahrungen der Betroffenen, über die berichtet werden soll – in einer von den Betroffenen selber mitgestalteten Form. Die Arbeit des Medienmachers, wie sie heute meist sich vollzieht, bleibt ja immer noch Anschauung, Sicht von außen, und sie ermangelt daher jener subjektiven Erfahrung, die im objektiven Bild der Verhältnisse wiedererscheinen muß.

Die Anschauung des Beobachters bedarf der Vermittlung mit
der subjektiven Erfahrung der Betroffenen, einer Vermittlung,
die für alle Beteiligten erkenntnisfördernd ist und die Realitätshaltigkeit der Darstellung erst gewährleistet. Die Rede ist hier
von jener mehrschichtigen Wirklichkeit, die sich der distanzier-
ten Anschauung, dem uninteressierten Auge der Kamera nicht
unmittelbar erschließt. Überwindung der Fremdheit zwischen
Anschauung und Erfahrung, zwischen Beobachtern und Beobachteten, Berichtenden und Betroffenen, ohne zwangsläufigen
Verlust der Objektivität (vgl. dazu insb. den Aufsatz von Hella
Kellner): Durch die Erkenntnis der realen Begründung aller
menschlichen Wertung in der *allgemeinen* subjektiven Exi-
stenz-Notwendigkeit gewinnt der Versuch, in dem scheinbar
alles relativierenden Geflecht menschlicher Beziehungen,
Handlungen, Wertungen sich zurechtzufinden, einen allgemeingültigen und gemeinschaftlichen Bezugspunkt, der dem
subjektiven Anspruch auf Objektivität – selber Existenz-Not-
wendigkeit, wie anfangs dargestellt wurde – Aussicht auf
Verwirklichung erst schenkt.
Aussicht auf Verwirklichung: dieser Einschränkung unterliegt
alles Bestreben nach Objektivität, nämlich gebunden zu sein an
den historischen Stand der Erkenntnis über die Menschen und
ihre Notwendigkeiten und an die jeweils gegenwärtigen Exi-
stenz-Bedingungen, unter denen Erkenntnis sich vollzieht; die
vielfältige innere Teilung des sozialen Zusammenhangs, der
sozialen Funktionen, der Arbeit bis in die einzelnen Institutionen, kleinen Gruppen, Familien hinein, macht gegenwärtig
einem jeden schon das andere fremd und das Ganze undurchschaubar. Objektivität, so zeigt sich damit, ist nicht nur eine
Forderung an das Denken und seine Methoden, sie erweist sich
ebenso als Aufforderung zur Veränderung der sozialen Wirklichkeit selber, die der Notwendigkeit sich beugen soll, überschaubar und durchschaubar zu sein für die Menschen.
So begriffen, entwickelt Objektivität eine doppelte Dynamik,
indem sie (zum einen) die Bewegungsmomente in der Wirklichkeit selber aufgreift; es sind nicht zuletzt jene Momente, die
über den Status quo hinausdrängen und die sozusagen der
ureigene Gegenstand eines Bestrebens nach Objektivität sein
müssen, das sich (zum anderen) eine angemessene – will
heißen: der menschlichen Notwendigkeit adäquate –, über-
schaubare, soziale Wirklichkeit erst noch schaffen muß. Es
wäre indes eine fatale Fehlinterpretation, dieses Bestreben mit
seinem genauen Gegenteil gleichzusetzen: dem Zurechtbiegen

von Wirklichkeit zu ihrer bequemeren intellektuellen oder existentiellen Bewältigung. Der hier unternommene Versuch, mit der Forderung nach Objektivität zurechtzukommen, hält fest am Vorrang der äußeren Wirklichkeit; er richtet sich gegen den Subjektivismus, der die Möglichkeit von Objektivität verneint und dann zum Rettungsanker nicht weiter begründeter moralischer Bestimmungen greift, Redlichkeit und so fort –, um nicht vollends an sich und der Welt zu verzweifeln.

Das Bemühen um den Begriff der Objektivität richtet sich aber ebenso gegen die absurde Position, die Objektivität zugleich für wünschenswert und unmöglich erklärt, eine Position, die sich der wirklichen Problematik entledigt – die auch hier selbstverständlich nur ausschnittweise skizziert werden konnte –, indem sie eine abstrakte Idealvorstellung von Objektivität erdenkt, an der dann die Realisierung gemessen wird, anstatt die Bestimmung möglicher Objektivität aus den realen Voraussetzungen aller Erkenntnis zu entwickeln. Der jenseits aller menschlichen Erkenntnismöglichkeit angesiedelte Objektivitäts-Begriff ist abstrakt, das heißt auch: leer, und er öffnet daher einen Raum der Interpretation, der – durch gegenständliche Erkenntnis nicht zu füllen – zum Kampfplatz der besonderen Existenz-Interessen wird: Interpretation nach den Graden der Macht. Die Einschränkung der statischen Objektivität auf die oberflächliche Abbildung – »Es ist objektiv, wie es sich darstellt« – geht dann nur zu leicht in eins mit der Objektivität des Status quo.

Dagegen der Versuch einer dynamischen Objektivität, die ihren Fixpunkt findet in der menschlichen Existenz und ihren Notwendigkeiten, durch fortschreitende Erkenntnis daher (gewiß nicht leicht) überprüfbar wird und zugleich kritikfähig gegenüber den besonderen Interessen, die für sich Allgemeingültigkeit beanspruchen; sie wahrt durch ihren Fixpunkt die Kontinuität und bleibt zugleich offen für die konkrete Entwicklung der Erkenntnis selber – auch über ihren Orientierungspunkt, jenes allgemeine menschliche Interesse an einer würdigen Existenz, das zu seinem Recht erst noch kommen muß. Offen bleibt sie auch für die innere Widersprüchlichkeit und Dynamik der Wirklichkeit, die selber, wie wir gesehen haben, jener objektiven Erkenntnis Fesseln anlegt, die ihr zur freien Bewegung verhelfen könnte.

Die Rede von der Zusammengehörigkeit von Objektivität und Demokratie wäre in einem solchen Begriff nicht mehr tautologisch sondern kritisch, als Auftrag an eine selbst-bewußte

Publizistik, der Realität auf den Grund zu gehen, ihre Bewegungsprozesse und inneren Zusammenhänge zu untersuchen und der Wirklichkeit, wie sie sich darstellt, das Bild der Wirklichkeit entgegenzuhalten, wie sie ist.

VI

Es wird ein Rest bleiben, der weitertreibt. Das Streben nach Objektivität wird sich immer gegen den erstarrten Konsens, das scheinbar Selbstverständliche wenden müssen: »Es gäbe keinen Irrtum ohne das Gefühl der Evidenz. Besäße man dieses Gefühl nicht, würde man beim Irrtum nie stehenbleiben.« (Louis Aragon)[14]

Anmerkungen

1 Aufermann, Jörg (1977), »›Programmausgewogenheit‹ als rundfunkpolitisches Schibboleth«. In: ders. und Karsten Renckstorf (Hrsg.) (1977), Thema: Ausgewogenheit. Beiträge zur Klärung eines kommunikationspolitischen Konzepts. Medien, 1/1977, S. 38, Berlin: Spiess
2 vgl. dazu: Marx, Karl (1970), Zur Judenfrage. In: Marx, Karl/ Friedrich Engels, Werke, Bd. 1, Berlin: Dietz, hier insb.: S. 354 ff
3 Ginzburg, Carlo (1980), »Spurensicherung. Der Jäger entziffert die Fährte, Sherlock Holmes nimmt die Lupe, Freud liest Morelli – die Wissenschaft auf der Suche nach sich selbst (Schluß)«. In: Freibeuter, 4, 1980, S. 32, Berlin: Wagenbach
4 vgl. dazu: Ruoff, Robert (1978), »Etablierte Schwierigkeiten mit einer demokratischen Alternative – Notizen für eine Diagnose«. In: Bodo Rolla u. Volker Spiess (Hrsg.): Thema: Alternativmedien. Medien, 3/1978, insb. S. 21 ff, Berlin: Spiess
5 Brecht, Bert (1972), Der Rundfunk als Kommunikationsapparat. Rede über die Funktion des Rundfunks, zit. nach: Dieter Prokop (1972), Massenkommunikationsforschung 1: Produktion, S. 33, Frankfurt/M.: Fischer Taschenbuch
6 Aufermann, Jörg, a. a. O., S. 43
7 Barthes, Roland (1980), Leçon/Lektion. Antrittsvorlesung im Collège de France. Gehalten am 7. Januar 1977, S. 13, Frankfurt/M.: Suhrkamp
8 a. a. O., S. 15
9 Horkheimer, Max (1968), »Zum Problem der Wahrheit«. In: ders., Kritische Theorie. Eine Dokumentation, Bd. I, hrsg. von Alfred Schmidt, S. 252, Frankfurt/M.: S. Fischer

10 Wember, Bernward (1972), Objektiver Dokumentarfilm? Modell einer Analyse und Materialien für den Unterricht, S. 58. Berlin: Colloquium

11 Alberto Grifi/Massimo Sarchielli im Informationsblatt zu ihrem Videofilm »Anna«, s. d. s. l., Übersetzung: Ruoff

12 Wember, Bernward, a. a. O., S. 58

13 a. a. O., S. 43

14 Aragon, Louis (1975), Pariser Landleben – Le Paysan de Paris, S. 9., München: Rogner & Bernhard, 2. Aufl.

HARRY PROSS

Die Objektivität der Berichterstattung in Presse und Rundfunk

»...But what he creates is not a new substantial thing; it is a representation, an objektive description of the empirical world...«

Ernst Cassirer, Language and art (1942)

Selektion, Nützlichkeit, Objektivität

Die große Veranstaltung von Presse und Rundfunk, die in den 150 Staaten der Erde alltäglich zelebriert wird, hat auch etwas mit der Annahme zu tun, daß es nützlicher sei, sich das Wahre vorzustellen als das Falsche. Daß es eine Wahrheit gebe, die zu erfassen den praktischen Bedürfnissen der menschlichen Subjekte nützlich sei, ist die Voraussetzung des langwierigen Streites um das Begriffspaar Objekt-Subjekt, wie der Leugnung oder der Bestätigung von Subjektivität und Objektivität.

Da Nützlichkeit im Spiele ist, die ihrerseits nicht für alle gleich begründbar erscheint, variiert der Sprachgebrauch in dieser Sache erheblich. Die heute oft gehörte Redensart, »das kann doch nicht wahr sein!«, für einen Ausdruck des Erstaunens enthält sowohl Zweifel an der Gegenständlichkeit des Wahrnehmens, Erkennens, Denkens und Handelns, wie an dem Gegenstand dieses Wahrnehmens, Erkennens und Denkens, den man gewöhnlich als Objekt bezeichnet.

Evolutionistische Notwendigkeiten?

Der Zweifel an der Wahrheit im Hinblick auf ihre Nützlichkeit mag daher rühren, daß »auch die Denkformen, die die Welt als Vorstellung erzeugen, von den praktischen Wirkungen und Gegenwirkungen bestimmt werden, die unsere geistige Konstitution, nicht anders wie unsere körperliche, nach evolutionistischen Notwendigkeiten formen«. Hieraus folgerte Georg Simmel: »Die Nützlichkeit des Erkennens erzeugt zugleich für uns die Gegenstände des Erkennens.« (Simmel, 1922, S. 125) Und der Evolutionsforscher C. D. Darlington schließt, »daß das animalische Prinzip des individuellen Eigennutzes, häufig aufgeklärt und erweitert, wie wir wissen, das einzige Motiv ist, auf das man sich bei der Handhabung menschlicher Angelegenheiten unfehlbar verlassen kann. Dieser Eigennutz wird, wie wir in allen Teilen unserer Erörterung gesehen haben, in Form zweier Impulse ausgedrückt, in Wettstreit und Kooperation.« (Darlington 1980, S. 368)

Unter diesem Gesichtspunkt von Selektion und Nützlichkeit betrachtet, erscheint die Frage nach der Gegenständlichkeit der periodischen Berichterstattung in Presse und Rundfunk als eine Antwort auf die Probleme der Subjekte, die sie stellen. Nach Objektivität wird gefragt, weil unwahre Mitteilung die »evolutionistischen Notwendigkeiten« (Simmel) verfehlt, indem sie den »Eigennutz« von Personen oder Gruppen in die Irre führt. Das gilt für den Leser, der einem betrügerischen Inserat aufsitzt, ebenso wie für ganze Völker, wie wir spätestens seit der lügnerischen Massenregie des Dritten Reiches wissen könnten. (Speier 1980)

Vorstellung des Wahren

Irreführung ist jederzeit möglich, weil »das animalische Prinzip des individuellen Eigennutzes« (Darlington) keineswegs alle Handlungen und schon gar nicht jegliches Wahrnehmen und Erkennen lenkt, die das Subjekt in seiner Umwelt konstituieren. Trotz aller Gesellschaftstheorien, die seit dem 18. Jh. das aufgeklärte eigennützige Subjekt voraussetzen und in dieser Hinsicht argumentativ und institutionell wirken, haben wir Grund zur Annahme, daß das Subjekt, in seinem Bestreben, sich zu erneuern, sowohl seinen eigenen Nutzen verkennt, wie gegen ihn handelt. Die »Impulse« von Wettstreit und Kooperation, die nach der genetischen Theorie den Eigennutz ausdrükken, garantieren keineswegs Objektivität im Sinne sachgemäßen Erkennens und Darstellens, im Gegenteil begründen Verhältnisse der Konkurrenz wie der Kooperation Beziehungen, die außerhalb ihrer Räume und Zeiten keine Geltung beanspruchen können, aber für die ihnen unterworfenen Subjekte die Vorstellung des Wahren bewirken.

Solche Vorstellung nimmt dogmatische Züge an, wo sie zur Handlungsanweisung gerinnt, wie in der marxistisch-leninistischen Denunziation des Strebens nach gegenständlicher Darstellung als »Objektivismus« (vgl. Bystrina, hier S. 57 ff) oder, auf der anderen Seite des konventionellen politischen Spektrums, in Gehlens Auffassung, daß »zu allen Zeiten der Dienst an einer organisierten Gemeinschaft einen unvergleichlichen Erfüllungswert auch für die Sinnfrage hatte ... Sich von den Institutionen konsumieren zu lassen, gibt einen Weg zur Würde für jedermann frei, und wer seine Pflicht tut, hat ein Motiv, das von jedem anderen her unbestreitbar ist.« (Gehlen 1969, S. 75)

In der Konkurrenz der mehr oder weniger kooperativen Innenverhältnisse mit anderen, die sich im Besitze ihrer Wahrheiten glauben, entwickelt sich die Unterstellung, daß wahr sein müsse, was dem jeweiligen Nutzen frommt, oder dem dient, was man für diesen Nutzen hält. Die weltweiten Auseinandersetzungen von Religionen und »Sozialreligionen« (Alfred Weber) sind von dieser Art.

Objektivitätsvorstellung und Objektivierung der Vorstellungen

Publizistik ereignet sich 1981 in einer Welt von *Objektivitätsvorstellungen*, die sich gegenseitig ausschließen, und sie reproduziert diese Jeweiligkeiten.

Der auch gegen die eigene Position skeptische Ansatz muß deshalb davon ausgehen, daß »objektiv« mehrdeutig ist sowohl als Bezeichnung der Eigenschaften der Objekte wie als Bezeichnung der Fähigkeit zum gegenständlichen Wahrnehmen, Erkennen, wie für sachgerechte Darstellung des Erkannten, abhängig von wiederum körperlosen Wertvorstellungen, die hierarchisch gedacht werden. Sie weisen dem Begriff der »Objektivität« einen Platz zu zwischen »höchsten« und »niedrigsten« Werten, weil alle Wertvorstellungen vertikal orientiert sind.

Gegenständlichkeit der Bezeichnung

Die Umsetzung vertikaler Wertvorstellungen in wahrnehmbare und wiederholbare Zeichen verweist auf das räumliche Nebeneinander in der Horizontalen. Erst hier entsteht mit der

Konkretisierung abstrakter Vorstellungen in ein- oder mehrdimensionalen Zeichen Gegenständlichkeit (Pross 1974). *Bezeichnung*, in Ausweitung der Kant'schen Erkenntnistheorie »Objektivierung« als »Selbstoffenbarung des Geistes« in »symbolischen Gestaltungen« (Cassirer 1964, S. 9.) genannt, schafft erst die Möglichkeit »Objektivität«, indem sie materielle Mittel für die Idee einsetzt. Auch die »Offenbarung« ist ohne optische oder akustische Signale nicht denkbar, die eine Vorstellung in eine Aussage verwandeln und sie damit intersubjektiv zugänglich machen. Nicht der Geist, sondern die *Mitteilung* wird zum Gegenstand der Frage nach der Gegenständlichkeit, denn jener ist unfaßbar, die Mitteilung hingegen ermöglicht Reduktion auf andere Zeichen und deren Vergleich Bild an Bild, Wort an Wort und Wort-Bildvergleiche. Nicht nur ist die Bezeichnung ein Vehikel der Objektivierung (Cassirer); diese offenbart Vorstellungen, die sich in der Begegnung des Subjekts mit seiner Umwelt (Weizsäcker 1950) gebildet haben. Insofern ist auch die Objektivierung ein Vehikel der in dieser Umwelt vorhandenen Zeichen, die deren Ordnungen konstituieren. Die Gegenständlichkeit der Zeichen verbindet Objektvorstellungen und die Objektivierung der Vorstellungen miteinander, und sie ermöglicht Aussagen zur »Objektivität« aufgrund der Objektivität, die Zeichen dank der materiellen Beschaffenheit ihrer Träger (Signale) besitzen. Darum kategorisiert das Streben nach Objektivität das Hören-Sagen als flüchtig, das Schwarz-auf-weiß von Schrift und Druck als dauerhaft und verlangt für Verträge die Schriftform. Gesetzestafeln und Denkmale werden in Stein gehauen, um der Mitteilung etwas von der soliden Konstanz des Trägers mitzugeben. Ein naiver Begriff vom Ding soll den Zeichenrelationen Dauer verleihen und damit deren Geltung objektivieren.

Objektivität und Wandel

Die Dinge aber sind wiederum Zeichen. In der sozialen Praxis kommt ihnen durch andauernde Wiederholung Bedeutung zu, die sie zu den Konstanten macht, die Objektivität begründen. Diese Konstanten aber sind dem Vergang ausgeliefert. Die Gesetzestafeln verwandeln sich zu einem Stück Stein zurück, und ein Vertrag wird ein Fetzen Papier, wenn die Relation von gegenständlichem Signal und ungegenständlicher Vorstellung sich im Kommunikationsprozeß (Beth/Pross 1976) ändert. Saxa loquntur. Die Auflösung des naiven Dingbegriffes folgt der sozialen Erfahrung, daß die Wahrnehmung bestimmte wiederkehrende »typische« Eigenschaften der Objekte mit der Zeit gegen andere vertauscht, die wiederum für eine Weile für »objektive Merkmale« gelten, indem sie in einer Gesamtheit von Konstanten zum Inbegriff von Bedeutungen werden. Der rasche Wandel der Objektivität begründenden Konstanten in der sozialen Praxis lenkt die Aufmerksamkeit zunehmend auf wissenschaftliche und hier besonders naturwissenschaftliche Objektivitätsbegriffe der Mathematik, Physik und Biologie. Da aber die soziale Praxis kein System rein funktionaler Bestimmungen darstellt und im Gegensatz zu den Naturwissenschaften nicht von »außen« axiomatisch begründet werden kann, vielmehr ihre theoretischen Fundamente immer in sich selber hat, lenkt der Rückgriff auf naturwissenschaftliche Objektivitätsbegriffe hier von der Frage nach den Motiven ab, die zur Selektion bestimmter Wahrnehmungen und Darstellungen führen. Dabei nehmen dann theoretische Setzungen, wie der Zahlbegriff, die Geltung an, die das naive Begreifen der Dinge deren Materialität zumißt. Die Suche nach einem angemessenen Begriff von Objektivität in der Kommunikation bewegt sich so zwischen den naiven Begriffen von Ding und Zahl, die beide bewußt oder unbewußt verwendet werden, um Sympathie und Antipathien, Privation und Identifikation, immer aber Wertungen zur Geltung zu bringen.

Zeitrechnung und Periodizität

Der Wandel der Konstanten, die Objektivität begründen, vollzieht sich innerhalb der Population eines Raumes in einer Zeit. Für »Zeit« kommen infrage 1) die biologische Zeit des Wachsens und Vergehens des erkennenden Subjekts, ohne dessen Subjektivität der Begriff der Objektivität sein Korrelat verliert; 2) die Dauer als mathematische Zeit entsprechend den vorhandenen Chronometern, mit deren Verfeinerung andere Konstanten zur Begründung von entsprechender Objektivität geliefert werden, zum Beispiel die Messung von »Höchstleistungen« in Technik und Sport, von Minuten auf Sekunden, Zehntel-, Hundertstelsekunden und darüber hinaus; 3) die soziologische Zeitrechnung der Kalender mit den ihnen anhängenden symbolischen Formen von Mythos, Geschichte, Chronologie und periodischer Berichterstattung.

Die periodische Berichterstattung geht nach der Uhr, welche Zeitmessung und Zeitrechnung vermittelt, und versucht, beiden symbolischen Gewalten gerecht zu werden: der Zeitrechnung, nach der sie geht und die sie interpretiert, und der Zeitmessung nach Dauer und Moment. Der konstante Terminzwang, unter dem die periodische Berichterstattung steht, engt ihre Möglichkeiten, etwas »objektiv« zu erforschen, darzustellen und subjektive Faktoren auszuscheiden, entscheidend ein. Die Vorgabe von Erscheinungsterminen der Presse, die auf Tage und Bruchteile von Stunden fixiert sind, und Sendezeiten in Rundfunkprogrammen ist ein Merkmal dieser Kommunikationsmittel.

Als »objektive« Bedingung nimmt die Periodizität alle teilnehmenden Subjekte, freilich in unterschiedlicher Weise, in ihren Zwang. Sie zwingt die publizierenden Subjekte, sich unter Zeitdruck mitzuteilen, und scheidet damit aus, was an objektiver Betrachtung und Wiedergabe diesen Zeitvorgaben zuwiderläuft. Der verkürzte Diskurs und die Momentaufnahme gehen unter Terminzwang und Zeitdruck als objektive Bedingungen in die Möglichkeiten subjektiver Mitteilung ein. Sie verringern die Chance, zur Objektivität zu gelangen. Die Wahrheit braucht Zeit. Sie geht nicht nach dem Terminkalender der Journalisten, noch nach einem anderen. Als Selektionskriterium der Mitteilung wird der Zeitzwang zu einer Konstante, die Objektivität medienspezifisch bestimmt. Dieser Zeitzwang geht als Selektionskriterium in die Produktion ein und wird als Wertung in Gestalt der Veröffentlichung vom Rezipienten aufgenommen, der ja außerhalb seines subjektiven Kommunikationsraumes nicht wahrnehmen kann, was ihm nicht zugetragen wird. Besteht die spezifische Leistung der periodischen Berichterstattung in Presse und Rundfunk darin, daß sie die rezipierenden Subjekte (Konsumenten) durch den Ritualismus von Programm und Erscheinungsrhythmus sozial integriert, so schließt sie auch aus dieser Integration aus, was sie unter den Bedingungen der verfügbaren Zeit *nicht* berichtet. Das heißt, zu den Beschränkungen, die dem sachgemäßen Denken, Forschen, Erkennen und Mitteilen der Subjekte allgemein entgegenstehen, kommen die medienspezifischen Beschränkungen der Selektion hinzu, um auf der Rezipientenseite wieder auf die ungeklärte Fähigkeit und Bereitschaft zur Objektivität zu treffen.

Objektivität und Nachfrage

Objektivität als Fähigkeit der Produzenten von Mitteilung trifft ins Leere, wo dieselbe Fähigkeit bei den Konsumenten fehlt. Diese sind ihrerseits durch die Bedingungen ihrer Teilnahme am Programmritual und an der Periodik der Presse vorherbestimmt, vor allem aber durch die Werte, die in ihrer sozialen Praxis Geltung besitzen. Die unbestreitbaren Tendenzen zur Dissonanzminderung (Festinger 1957) sind nicht beliebig. Sie beziehen sich auf das jeweilige Ambiente (Pross 1976) und letztlich auf die psycho-physischen Defizite, die Kommunikation ausgleichen soll (Spitz o. J., Watzlawick 1969, Wyss 1976). Die Unterscheidung von Fiktion und Information, die vom Angebot beabsichtigt ist, liegt nicht in jedem Falle auch in den Bedürfnissen der jeweiligen Teilnehmer, und die Objektivitätsproblematik bleibt fern. Wenn wir nach dem Übergewicht von Unterhaltung gegenüber der sachorientierten Presse-, Rundfunk- und Film-Publizistik (Medienbericht 1978 der Bundesregierung) annehmen müssen, daß für Unterhaltung, die emotionale Defizite deckt, größere Nachfrage besteht, so wäre auch die Frage nach dem Nutzen neu zu überdenken, welcher der Objektivitätsforderung zugrunde liegt. Es kann zweifellos dem subjektiven Empfinden nützen, der sachgemäßen, auf konstante Merkmale gründenden Mitteilung zu entkommen und das Nichtobjektive zu konsumieren in Fiktion und Traum (Gaube 1978). Andererseits ist auch bei geringer Nachfrage möglichst objektive Berichterstattung unerläßlich, wo der Unkenntnis abgeholfen werden soll.

Signalökonomie und Objektivität

Der entscheidende Unterschied zwischen elementarer Kommunikation im Umgang von Mensch zu Mensch und der Massenkommunikation besteht darin, daß letzere ohne Geräte nicht zustande kommen kann. Geräte sind immer gegenständlich, und aus ihrer Objektivität erwachsen »objektive« Bedingungen, die der Objektivität der Mitteilung abträglich sind. Die materielle Beschaffenheit der Träger (s. o. S.) reduziert die Wahrnehmungschancen gegenüber dem unmittelbaren Kontakt. Wenn in jeder unmittelbaren Wahrnehmung ein Stück Für-wahr-nehmen steckt, so weil alle Sinne beteiligt sind, einschließlich dem instinkthaften Gespür für Situationen, die das Subjekt bestimmen. Die Pressemitteilung erreicht uns nur über das Auge, der Rundfunk nur über das Ohr, Fernsehen und Film nur audiovisuell, weil die vermittelnden Geräte Geruch, Geschmack, Tastsinn ausschließen. Die Blindenschrift, die den Tastsinn nutzt, erscheint als ein Sonderfall beschränkter Wahrnehmungsfähigkeit, es ist aber daran zu erinnern, daß auch Sehen und Hören nicht das ganze Instrumentarium ausmachen, das uns die Gegenstände wahrnehmen läßt. Die damit gegebene Einschränkung sachgemäßen Erkennens wird durch die technische Entwicklung der Medien nicht aufgehoben. Diese Entwicklung scheint dem Prinzip zu folgen, den Signalaufwand für den Kommunikator im Hinblick auf die Einzelmitteilung zu verringern (Pross 1972). In immer kürzerer Zeit über immer weitere Räume eine immer größere Zahl von Rezipienten zu erreichen, ist die Tendenz. Diese immanente Ökonomie der Signale bestimmt ihre Vermarktung, wie sie Baudrillard (1972) beschrieben hat; aber sie erzwingt auch immer mehr und immer kürzere Aussagen, um den Träger profitabel zu nutzen. Signal-ökonomie geht einher mit Bedeutungsschwund (Pross 1980). Insofern eine direkte Relation zwischen verfügbarem Raum in der Presse und verfügbarer Zeit im Rundfunk einerseits und kommerziellen oder politischen Interessen andererseits besteht, wirkt diese Beziehung der Objektivität der Berichterstattung entgegen, weil die subjektiven Interessen den Ausschlag für die Quantität gegen die Qualität der Aussage geben.

Presse

Einschränkungen der Objektivität, verstanden als Fähigkeit, etwas sachgerecht wahrzunehmen, zu erkennen, zu erforschen und wiederum mitzuteilen, ergeben sich aus der notwendigen Subjektivität und Wertorientierung der Urheber, der Transporteure und der Rezipienten von Mitteilung, wie aus der Gegenständlichkeit der zur Kommunikation dienenden Mittel (vom Symbol bis zum Zeitungspapier und Rundfunkgerät), und nicht zuletzt durch die symbolische Gewalt des Zeitdrucks, unter dem alles geschieht. Sie gelten für alle Medien der periodischen Berichterstattung.

Die Presse arbeitet mit den Zeichensystemen Sprache und Bild in diesem vorgegebenen Rahmen. In der Gestalt der einzelnen

Zeitung oder Zeitschrift bietet sie die unterschiedlichen Symbolismen (Langer 1965) der visuellen Wahrnehmung dar. Das zwingt zur Hervorhebung durch unterschiedliche Schriftgrade und Plazierung und damit zur Steuerung des Blickkontaktes der Leser. Links oben rangiert vor rechts oben, rechts unten und letztlich links unten in der Aufmachung und somit auch in der Wahrnehmung. In der Folge der ausgebreiteten Seiten geht rechts vor links. Das heißt, daß die Zeitung zuerst »simultane integrale Präsentation« (Langer) ist, und erst in zweiter Linie sprachlicher Diskurs. Insofern ergreift der Leser mit einer gewissen Intensität das »Objekt« Zeitung in einem bestimmten Augenblick, ohne diesen Augenblick auf die damit gegebene Wertung zu beziehen und den Stellenwert des Gedruckten zu relativieren. Geschweige denn, daß es in seiner Präsentation schon einem Nicht-Mitgeteilten verglichen und in seiner Gegenständlichkeit kritisiert wird. Die Anordnung der Aussagen schafft dem Leser gegenüber Gegenständlichkeit, ohne einen anderen Maßstab zu deren Erkenntnis mitzugeben als eben diese subjektive Anordnung.

Es ist diese durch Hervorhebung einschränkende Objektivität, in der die Sprache der Presse zu einer Metasprache für die Sprache wird, aus deren Praxis sie berichtet. Die Ereignisse, die Presse in ihr Zeichensystem übersetzt (Pross 1970), erscheinen nicht in der Sprache, in der sie sich ereignen, sondern in der medienspezifischen Form, die Wörter der Praxis als Objekt für die Berichterstattung zurechtmacht. Der Zeitungssprache gegenüber sind alle anderen sprachlichen Äußerungen eine Art von »Objektsprache« (Tarski 1936). Sie werden in der Berichterstattung zitiert, nicht gebraucht. Die Rede eines Politikers wird ebenso zum Objekt, wie die Aussagen eines Zeugen oder Angeklagten vor den Schranken des Gerichts in das juristische Fachidiom hineingenommen werden, um sie justiziabel zu machen. Im Unterschied zur Rechtsprechung erhebt aber die Mediensprache nicht den Anspruch, durch diese Objektivierung ein Subjektives in eine vom Subjekt unabhängige Wirklichkeit zu überführen. Sie leugnet vielmehr das in ihr angelegte Verhältnis von medienspezifischer Sprache als *Metasprache* zu den anderen Idiomen als Objektsprachen und gibt vor, den Leuten aufs Maul zu schauen und möglichst authentisch zu vermitteln, sie thematisiert (Rühl 1980, S. 329).

Das führt zu Kontroversen über die Möglichkeiten der Vermittlung, wie über die Subjektivität als Korrelat der Objektivität in der Pressekritik publizistischer wie juristischer und wissenschaftlicher Provenienz. Da in der sozialen Praxis sowohl Gegenstände wie Meinungen ohne wertende Stellungnahmen undenkbar sind, ist die zum *Prinzip der Objektivität* erhobene Trennung von überprüfbaren Tatsachenangaben und Meinungen theoretisch erst dann erfüllt, wenn auch die Subjektbedingtheit der Gegenstände über ihren bloßen Eindruck hinaus mitteilbar wird. Die bloße Konfrontation von Fakten und Meinungen führt von der Objektivität weg auf einen naiven Dingbegriff und verfehlt die der Bewußtwerdung notwendigen Kriterien, die Verhältnismäßigkeit der Gegenstände zu anderen zu erschließen.

Das Berichtete in seiner Objektivität anzuzweifeln und diese Objektivität durch Vergleich mit Kenntnis einzuschränken, ist der erste Gedankengang zum Sachverhalt für den Reporter wie den Rezipienten; aber auch da, wo nicht die Trägheit des Hinnehmens äußerer Eindrücke regiert, ist diese Möglichkeit durch den Zeitzwang der Produktion und die Flüchtigkeit der Rezeption verstellt. Die *Aufmachung* entscheidet, was aus dem großen Feld der Indifferenz durch Wahrnehmung Objektivität gewinnt. Die Presse ist keine bloße Vermittlerin von mehr oder weniger naiv verstandenen Dingen. Sie vergegenständlicht vielmehr in der Periodizität ihres Erscheinens und der visuellen Anordnung von Wort und Bild *Vorstellungen von den Dingen*, die sie recherchiert oder die ihr durch Agenturen und Autoren berichtet werden. Dies und nichts anderes kann die Objektivität der Presse ausmachen, das Recherchierte und Berichtete so weiterzugeben, wie es unter den medienspezifischen Einschränkungen berichtet werden *kann* unter deutlicher Kennzeichnung der Meinungen, die den erforderlichen Vergleich ermöglichen.

Die Objektivität beginnt nicht erst auf der Meinungsseite der Redaktion, sondern freilich schon in der Kennzeichnung der berichteten Meinungen als solchen. Wer deutsche Zeitungen liest, hat mitunter den Eindruck, daß Subjekte von einer gewissen Prominenz an nicht mehr »meinen«, sondern nur noch »erklären«, »ankündigen«, »sagen«, »verurteilen«.

Hörfunk

Ist bei der Zeitung alles aufs Auge abgestellt, so beim Radio alles aufs Ohr. Wie die Zeitung, spricht der Hörfunk nur *einen* Sinn an und ignoriert die übrigen. Das führt in der intensiven

Rezeption gelegentlich zu unbewußten Körperreflexen des »versunkenen Lesers« oder des »angespannten Hörers«. In der großen Zahl aber verwendet der Rezipient beim Rundfunkhören die dadurch nicht beanspruchten Sinne gleichzeitig anders. Der Hörfunk wurde in den Jahrzehnten seines massenhaften Gebrauchs zum »Begleitmedium«. Das heißt, daß seine Mitteilungen im Moment der Wahrnehmung mit anderen Sinneseindrücken zusammengehen, insbesondere des Auges. Das ist bei der Erörterung seiner Objektivität im Hinblick auf die rezipierenden Subjekte ebenso zu beachten wie die Flüchtigkeit des Blickkontakts beim Zeitungsleser. Objektivität als Korrelat von Subjektivität war ursprünglich als zweiseitige Beziehung gedacht. In allen Massenmedien ist diese Beziehung mehrseitig. Der Radioempfänger ist das »Objekt« des Hörers, aber ein tönendes Objekt, das vom Blick unbeeinflußt bleibt: Musik und *gesprochene Sprache*, die freilich in den allermeisten Fällen *abgelesene Sprache* ist, und ihren Gewinn aus der Körperlosigkeit zieht: »Wieviel intelligenter sind die entkörperten Stimmen der Ansager und Diskussionsteilnehmer im Rundfunk, als das überflüssige Gehabe all dieser Herrschaften auf dem Bildschirm, die da in voller Sicht unbehaglich umhersitzen und mit ihren Papieren hantieren ...« (Arnheim 1979)

Was in der Presse die Plazierung auf der bedruckten Seite für die Objektivität der Berichterstattung bedeutet, machen in Hörfunk und Fernsehen Sendezeit und Sendedauer aus. Da aber die elektronische Mitteilung innerhalb eines vorausgeplanten Ablaufes auf Kalendertag und -stunde programmiert ist, besteht hier eine sehr viel direktere Beziehung zum Momentanen als in den Printmedien. Die Zeitung kann weggelegt und wiederaufgenommen werden, ihre Mitteilung bleibt, das Radio kann eingeschaltet und wieder ausgeschaltet werden, aber seine Mitteilung ist dahin. Ohne Zusatzgerät ist sie auch nicht wiederholbar. Das Gehörte mit anderem zu vergleichen, es in einen Zusammenhang einzuordnen und endlich daraus Kriterien für die Objektivität zu gewinnen, muß im Moment des Hörens geschehen, und schon läuft der Text weiter und davon.

Unter diesen Bedingungen schaffen die Anordnungen Sinn, welche die Produktion für ein »Weltbild des Ohres« (Arnheim) trifft, indem sie Richtung und Abstand, Nacheinander und Nebeneinander, Raumhall, Natur- und Kunstklang inszeniert und durch kalkulierten Einsatz mehrerer Mikrophone den Ausdruck akzentuiert.

Der Laut unterstützt nicht nur das in der Sprache Gemeinte, er betont den abstrakten Sinn und bestimmt daher auch das Vorverständnis. Auf diese Weise bewirken melodisch-rhythmische Intonationen Vorstellungen von Räumen und Sprechern, die, durch *produzierte Unterstellungen* verursacht, die abstrakte logische Struktur konstituieren.

Wo bleibt da die Objektivität der Berichterstattung, welche die Rundfunkgesetze der deutschen Länder postulieren? Es ist wiederum, wie in der Presse, *nicht* die juristische Auffassung von Objektivität, die hier angewendet werden kann, sondern die Frage nach der Konstitution von Objekten durch die Sprache. Juristischer Objektivität, wie sie in der Bezeichnung normativer Vorschriften als objektiver Bedingungen von Strafbarkeit unabhängig von Verschulden und Vorsatz des Täters verstanden wird, liegt ein an der *codifizierten Sprachnorm* des Gesetzes orientierter Begriff von Gegenständlichkeit zugrunde. Die journalistische Berichterstattung hat die Umgangssprachen zum Hauptgegenstand und diese nicht nur in codifizierter Form, sondern in der ununterbrochenen Entwicklung, die in der neuen Verknüpfung von Gegenständen und deren Bezeichnung sich vollzieht, also nichts Definitives hat, das einem in Kraft gesetzten Gesetzestext vergleichbar wäre, außer der *Geltung.*

Im Hörfunk kommen zur abgelesenen und gesprochenen Sprache (vgl. Bentele 1981) die Symbolismen der Musik als wichtiger Faktor der Berichterstattung hinzu, in Presse und Fernsehen die simultane Präsentation der visuellen Zeichen. Zur gesprochenen Sprache gehört die »Sprachmelodie« wie zum Abbild die Perspektive, in der es steht, beides wesentliche Merkmale, die sich dem codifizierten Denken entziehen, aber das Bewußtsein ergreifen und in der dialektischen Bewegung des Denkens zu jenen Konstanten führen, die uns erst ermöglichen, »Objektivität« zu denken.

Es liegt in der Technik des Hörfunks begründet, daß seine Produktionen sprachlich die Vorstellungen von den Dingen ansprechen müssen, welche die Hörer in ihren Köpfen haben, ohne – wie im elementaren Umgang durch Gestik und Mimik, oder in Presse und Fernsehen durch Foto und Film – dem Verstehen über andere Sinne nachhelfen zu können. Ob diese *Vorstellungen* der Hörer mit den Dingen etwas gemeinsam haben, muß immer zweifelhaft bleiben; aber die Objektivitätsforderung der Rundfunkgesetze ist soweit einlösbar, daß die Kommunikatoren das Berichtete, das sie zu berichten haben, möglichst ohne Schönung so weitergeben, wie es sich selbst jeweils momentan darstellt in seinen sozialen Bezügen. Deshalb spricht viel für die Authentizität der live-Sendung und das Einschalten der Mikrophone in den ununterbrochenen Diskurs der Gesellschaft und wenig für die verkürzte Meldung, die über Subjekt, Prädikat, Objekt hinausgeht. Die Angst mancher Rundfunkautoren und -redakteure vor dem Verbum, dem *Tätigkeits*wort, das durch Substantivierungen ins Passiv versetzt wird (»Die Einstellung der Nebenbahn von x nach y wurde zur Durchführung gebracht«), verweist auf das Zentralproblem: nicht die Dinge an sich, sondern die sprachliche Bestimmung ihrer Objektivität eröffnet eine Vorstellung von den Konsequenzen, die sich aus dem beobachteten Gegenstand möglicherweise ergeben. Die Dinge beim Namen nennen und nicht um sie herumreden: das ermuntert die Vorstellungswelt der Hörer und führt günstigenfalls dazu, daß sie »wie an Modellen in kurzer Zeit die Folgen entwickeln, welche in der äußeren Welt erst in längerer Zeit oder als Folgen unseres eigenen Eingreifens auftreten werden...« (Hertz, 1894, 1). Auch die aktuelle Nachricht erschließt sich aus bisherigen Erfahrungen und dem Mut zum Risiko der Voraussicht. Jene bestimmen die Auswahl, dieser den Schritt auf die Wahrheit zu.

Fernsehen

Im Fernsehen haben wir es mit der Illusion laufender Bilder zu tun. Die Flüchtigkeit des Radios nähert sich *dem* Bild, das wir von der interpersonalen Kommunikation hätten, wenn wir es durch eine sorgfältig gehandhabte Optik sähen. Das Objektiv der Kamera sieht aber anders, als jeder einzelne sieht. Es bestimmt, daß alle etwas zu sehen bekommen, aber nicht, *wie* es alle wahrnehmen. Die individuellen Nuancen der Wahrnehmung gehen als Faktoren der Subjektivität auf der Produzenten- wie auf der Konsumentenseite in den Kommunikationsprozeß ein. Das vor die Dinge gehaltene Gerät kann sie nur angleichen, etwa in der Verzerrung der normalen Perspektive durch Teleobjektive mit großer Brennweite für Fernaufnahmen mit kleinem Gesichtswinkel oder durch Weitwinkelobjektive, die erlauben, große Objekte aus geringer Entfernung aufzunehmen. Die Gummilinsen (Varioglaukar, Zoom) mit veränderlichen Brennweiten ermöglichen etwa gleich große, scharfe Bilder eines sich entfernenden oder nähernden Gegenstandes und den Übergang von der Nahaufnahme zur Totalen und umgekehrt.

Im Gebrauch der Objektive, wie in der Wahrnehmung der von ihnen erfaßten Gegenstände bleiben immer die psycho-physiologischen Differenzen des Sehens (Metzger, 1953) im Spiel, die letztlich Subjektivität und Objektivität korrelieren. Der Kameramann interpretiert, indem er aufnimmt und sein Gerät so oder so führt, auf der Suche nach seiner Identität, aber unter dem Zwang des Auftrags, der natürlichen und sozialen Fremdbestimmungen (Licht, Ambiente, Termin, Materialvorgabe der Signal-Ökonomie). Der Konsument rezipiert ebenfalls deutend und unter anderen natürlichen und sozialen Fremdbestimmungen, wenn er seinen Bildschirm ansieht (Pross 1976). In beiden Fällen erneuert die Interpretation die betreffenden Subjekte, sie schafft, in der Sprache der psychoanalytisch orientierten Psychologie gesagt, »erneut Identität, die spezifisch als Abwehr, Phantasie und Ich-Stil aufgefaßt wird«. (Holland 1979)

Beim Fernsehen kommt aber nicht alles aufs Anschauen an, wie Goethe in der Einleitung zu den »Propyläen« für die Interpretation des Kunstwerks vermerkt hat. Fernsehen ist (noch?) in aller Regel von und für Sprache gemacht. Das bedeutet für seine Gegenständlichkeit, daß in der Produktion der geschriebene Text und die Filmsequenz *und* in der Rezeption die gesprochene Sprache *und* die Bewegung und die Schnittlänge des Bildes einen Sachverhalt veranschaulichen. Die Objektivierung kann dabei Wort auf Bild oder Bild auf Wort zurückführen, oder auch beide scheinbar beziehungslos nebeneinander herlaufen lassen.

In jedem Falle sind die Bilder Prädikate des produzierenden Subjekts: Fernsehaufnahmen werden nur als Kern der Aussage des Subjekts zum Objekt. Diese »Satzaussage« besteht zumindest aus den Tätigkeiten der Selektion aus Wahrgenommenem, der Wahl des Kameraobjektivs, und der Kameraführung, im weiteren durch zusätzliche Tätigkeiten anderer Subjekte (Beleuchtung, Ton, Mischen, Schneiden etc.), die *ihre* Subjektivität einbringen.

Der Bild-Inhalt kann als Objekt nur in Beziehung zu Subjekt und Aussage verstanden werden. Er gibt nicht die Realität wieder im Sinne der Widerspiegelung einer von der Wahrnehmung unabhängigen Außenwelt; Bild und Sequenz sind immer Aussagen des Kameramannes x unter den Bedingungen der

Fernsehproduktion y und des Sendernetzes z *über* etwas Gesehenes. Wie in Presse und Hörfunk die Mediensprachen zu Metasprachen werden, in denen über die Idiome der Wissenschaften, der Politik, der Wirtschaft, Dialekte undsoweiter gesprochen und aus ihnen zitiert wird, so auch im Fernsehen – Wort und Ton.

Obwohl auch die Bildproduktion als Aussage zu verstehen ist, würde es in die Irre führen, von einer Bildersprache des Fernsehens zu sprechen, denn die simultane integrale Präsentation des Bildes ist ein anderer Symbolismus als der Diskurs der Sprache und von anderer Gegenständlichkeit. Fernsehen ist auch keine Bilderschrift im Sinne des allegorisch-emblematischen Genre (Penkert 1978), sondern ein aus Ton und Bild beweglich kombiniertes Zeichensystem. Auch wenn es als bildlicher Schriftersatz verwendet werden kann, so ist die Objektivität seiner Mitteilung doch nicht auf Sprache, bewegtes Bild und Ton allein zu reduzieren, sondern auf die Fähigkeit, einen Sachverhalt mit der *Kombination* dieser Produktionsfaktoren aufzunehmen und wiederzugeben. »Sprachmelodie« und Perspektive können dabei dem Gegenstand ebenso zuwiderlaufen wie ein falscher Text oder ein Bild, das für etwas ausgegeben wird, was es nicht darstellt. Die Verknüpfung des Abgebildeten mit dem Wort ist immer schon eine Relativierung. Ob sie in die »richtige«, d. h. den Anspruch der bloßen Präsentation einschränkenden Richtung geht, indem sie das Gezeigte mit anderen Faktoren der Wirklichkeitserfassung zusammenschließt, oder ob diese Vergleichsmöglichkeit, etwa durch musikalische Untertöne, manipuliert wird, das ist letztlich die entscheidende Frage zur Objektivität des Fernsehens.

Die Frage kann nicht beantwortet werden, ohne die Bedingungen der Rezeption in Betracht zu ziehen. Rezipiert wird immer über den kleinen rechteckigen Bildschirm, der einen Rahmen hat und den Blick nach innen lenkt: Ein Guckkasten ohne Tiefe.

Die Ikonologie des Fernsehens unterscheidet sich infolgedessen nicht von den Rahmenbedingungen der europäischen Kunst seit der Renaissance: Man sucht in den Bildern bzw. Sequenzen Sinn und versucht andererseits, für diese Rahmen *Sinnbilder* herzustellen. In der Kunst ist die sprachliche Benennung des Bildes der Aufhänger für diese Sinnsuche, im Fernsehen der fortlaufende gesprochene Text. Sie führt notwendig zu Widersprüchen der Interpretation, da ja das Sinnbild gerade darin seine Funktion hat, verschiedene Motive und Interpretationen in einem Gemeinsamen zu vereinen. Ob ein Sinnbild »objektiv« dies oder jenes bedeute, läßt sich nicht feststellen, weil es vielen etwas bedeuten soll. Deshalb gehen Streite um Fernsehbilder, denen Sinnbildhaftigkeit zugesprochen wird, in der Regel aus wie das Hornberger Schießen: Zur Verschiedenheit der primären Sinneseindrücke der Betrachter kommen die verschiedenen sozialen Voraussetzungen des Sehens und die damit gegebenen Kommunikationsbedürfnisse als Motive der Identitätssuche hinzu. Aussichtslos, hier entscheiden zu wollen, was Objektivität und was Subjektivität ist.

Freilich stehen wir auch nicht ganz hilflos vor den Illusionen, die Kamera, Schnitt, Montage und Plazierung im Programmritus bewirken. »Fernsehen als Bedeutungsträger« ist wichtig, weil es die »Gesetze des Sehens« (Metzger 1953) bei Millionen Teilnehmern *zur selben Stunde* für dieselbe Darbietung aktiviert. Es hat die Konstanten eines »sozialen Rituals« (Turner 1969 u.v.a.) und verleiht auf dem Bildschirm die Prädikate hell oder dunkel, oben oder unten, innen oder außen an Gegenstände, Sachverhalte und Personen, über die es berichtet. Die Prädikate gründen auf vorprädikativen Erfahrungen (Pross 1974) und haben im Kommunikationsprozeß eindeutige Wertungen, die in jahrtausendelanger Einübung in das Unbewußte der Wahrnehmung (Koeppler 1972, Salomon 1979, Sturm/ Brown 1979) eingegangen sind. Im Rechteck des Bildschirms koordinieren sie die Interpretation. Die rechteckige Fläche ist ein altes Symbol der Welt.

Wir sehen mit »wissenden Augen«, auch wenn wir nicht wissen *wie*. Wir nehmen wahr und deuten schon die verschiedenen Ebenen, welche die Horizontale durch das Bild zieht, ehe wir uns klar machen, daß der oben Stehende dem Unteren überlegen ist, auch ohne zu reflektieren, wie die Regie das wieder gemacht hat. Wir nehmen wahr und deuten schon die Vertikale des Auftritts in der Mitte als wichtig, ehe wir erkennen, daß der beliebte Showmaster bzw. Staatsmann Fritzchen Fritz auftritt. Und wir nehmen wahr und deuten schon das Dunkel am Rand, in dem einige »Randfiguren« verschwinden, ehe wir hören, wie man sie benennt.

Erst *Ikonologie* erschließt die Objektivität des Visuellen im Fernsehen. Ikonologie als Methode zu entwickeln und deren Gebrauch zu popularisieren, ist eine der wichtigsten Aufgaben der Kommunikationswissenschaft in nächster Zeit. Dabei ist das immer parteiliche Interesse an der »Wirkung« umzulenken auf die Vorfrage der *Geltung* einiger Formstrukturen für den

Bildgehalt. Weiter ohne Klärung der Geltung Wirkung erforschen zu wollen, bringt uns den Eigenschaften des Objektiven nicht näher und fördert auch nicht das auf die Sachverhalte gerichtete Denken.

Literatur

Arnheim, Rudolf (1979), Rundfunk als Hörfunk. München: Hanser.

Baudrillard, Jean (1972), Pour une critique de l'économie politique du signe. Paris: Gallimard.

Cassirer, Ernst (1964), Philosophie der symbolischen Formen. Darmstadt: Wissenschaftliche Buchgesellschaft, II, S. 9

Bentele, Günter (Hrsg.) (1981), Semiotik und Massenmedien. München: Ölschläger.

Darlington, Cyrill D. (1980), Die Wiederentdeckung der Ungleichheit. Frankfurt a. M.: Umschau.

Festinger, Leon (1957), A Theory of cognitive Dissonance. New York: Row, Peterson & Co.

Gaube, Uwe (1978), Film und Traum. München: Fink.

Gehlen, Arnold (1969), Moral und Hypermoral. Bonn: Athenäum. S. 75.

Hertz, Heinrich (1894), Die Prinzipien der Mechanik. Leipzig: Barth.

Holland, Norman N. (1979), »Einheit, Identität, Text, Selbst« In: Psyche, Zeitschrift für Psychoanalyse und ihre Anwendungen, 12, XXXIII, 1979, S. 1127–1148.

Koeppler, Karlfritz (1972), Unterschwellig wahrnehmen – unterschwellig lernen. Stuttgart: Kohlhammer.

Langer, Susanne K. (1965), Philosophie auf neuem Wege. Das Symbol im Denken, im Ritus und in der Kunst. Frankfurt a. M.: S. Fischer.

Metzger, Wolfgang (1953), Gesetze des Sehens. Frankfurt a. M.: Kramer.

Penkert, Sibylle (Hrsg.) (1978), Emblem und Emblematikrezeption. Vergleichende Studien zur Wirkungsgeschichte vom 16. bis 20. Jahrhundert. Darmstadt: Wissenschaftliche Buchgesellschaft.

Pross, Harry (1970), Publizistik. Thesen zu einem Grundcolloquium. Neuwied: Luchterhand.

Pross, Harry (1972), Medienforschung. Film, Funk, Presse, Fernsehen. Darmstadt: Carl Habel.

Pross, Harry (1974), Politische Symbolik. Theorie und Praxis der öffentlichen Kommunikation. Stuttgart: Kohlhammer.

Pross, Harry (1976), »Soziale Determinanten des Fernsehempfanges«. In: Brüssau, Werner / Stolte, Dieter / Wisser, Richard (Hrsg.) (1976), Fernsehen. Ein Medium sieht sich selbst. Mainz: v. Hase & Koehler.

Pross, Harry (1980), »Signalökonomie und Bedeutungsschwund«. In: Pross, Harry, Politik und Publizistik in Deutschland 1949 bis 1980. Zeitbedingte Positionen. München: Piper.

Pross, Harry (1981), Zwänge. Essay über symbolische Gewalt. Berlin: Karin Kramer.

Rühl, Manfred (1980), Journalismus und Gesellschaft. Bestandsaufnahme und Theorieentwurf. Mainz: v. Hase & Koehler.

Salomon, Gavriel (1979), Interaction of Media, Cognition, and Learning. An Exploration of How Symbolic Forms Cultivate Mental Skills and Affect Knowledge Acquisition. San Francisco, Washington. London: Jossey-Bass.

Simmel, Georg (1922), »Über eine Beziehung der Selektionslehre zur Erkenntnistheorie«. In: Simmel, Georg (1922), Zur Philosophie der Kunst, Philosophische und kunstphilosophische Aufsätze. Potsdam: Gustav Kiepenheuer, S. 111–125.

Speier, Hans (1980), »The Communication of Hidden Meaning«. In: Lasswell, Harold D. / Lerner, Daniel / Speier, Hans (Hrsg.) (1980), Propaganda and Communication in World History. Vol. II: Emergence of Public Opinion. Honolulu: The University Press of Hawaii, S. 261–300.

Spitz, René A. (o.J.), Nein und Ja. Die Anfänge der menschlichen Kommunikation (Beiheft z. Psyche).

Sturm, Hertha / Ray. J. Brown (Hrsg.) (1979), Wie Kinder mit dem Fernsehen umgehen. Stuttgart: Klett-Cotta.

Tarski, Alfred (1936), In: Studia Philosophica, 1, 1936.

Turner, Victor W. (1969), The Ritual Process. Structure and Anti-Structure. London: Routledge & Kegan.

Watzlawick, Paul / Janet H. Beavin / Don. D. Jackson (1971), Menschliche Kommunikation. Formen, Störungen, Paradoxien. Bern-Stuttgart-Wien: Hans Huber.

Weizsäcker, Viktor von (1950), Der Gestaltkreis. Theorie der Einheit von Wahrnehmen und Bewegen, Stuttgart: Georg Thieme.

Wyss, Dieter (1976), Mitteilung und Antwort. Untersuchungen zur Biologie, Psychologie und Psychosomatik von Kommunikation. Göttingen: Vandenhoeck & Rupprecht.

IVAN BYSTŘINA

Objektivität und Parteilichkeit

»Objektiv« und »Objektivität«

Das Wort »*Objektivität*« wird in den Wörterbüchern der deutschen Sprache als »objektive Darstellung, Beurteilung o. ä.« (Duden 1980, S. 1908) interpretiert, als »strenge Sachlichkeit; nie ganz erfüllbare Forderung, etwas objektiv, sachlich, sachgemäß unter völliger Ausschaltung des Subjektiven zu beobachten, zu erforschen, darzustellen (Ideal wissenschaftlicher Arbeit) im Gegensatz zur Subjektivität« (Duden 1960, S. 439). Die Bezeichnung der Eigenschaft »*objektiv*«, wovon der Terminus »Objektivität« abgeleitet ist, wird wie folgt entschlüsselt: »nicht von Gefühlen, Vorurteilen bestimmt; sachlich, unvoreingenommen, unparteiisch« (Duden 1980, S. 1907; ähnlich Duden 1960, S. 439). Ungefähr in diesem Sinne wird auch hier das Wort »Objektivität« gebraucht: als eine bestimmte Eigenschaft der »Darstellung« (d. h. der darstellenden Tätigkeit), der Berichterstattung, des Informierens, der Benachrichtigung; als eine Eigenschaft der *Zeichenhandlungen,* der Sprechakte und ihrer Träger.

In der traditionellen philosophischen und erkenntnistheoretischen Literatur sowie in Sprachwörterbüchern wird das Wort »objektiv« noch in einem anderen Sinne benutzt: »unabhängig von einem Subjekt u. seinem Bewußtsein existierend; tatsächlich« (Duden 1980, S. 1907), »auf ein Objekt bezüglich, gegenständlich, tatsächlich« (Duden 1960, S. 439).

Der orthodoxe Marxismus-Leninismus hat den Terminus »objektiv« in der Bedeutung »unabhängig vom einzelnen Subjekt und seinem Bewußtsein« (Klaus/Buhr 1972, S. 802) kanonisiert. Zuweilen werden auch folgende Bedeutungen anerkannt, die jedoch als philosophisch weniger wichtig aufgefaßt werden: »wahr«, »unparteiisch, unvoreingenommen« (vgl. SFS 1966, S. 315). In der Hauptbedeutung ist »objektiv« die (vom einzelnen Subjekt unabhängige) Realität und die (»objektive«)

Wahrheit (jedoch: »Wahrheit ist immer objektive Wahrheit«, Klaus/Buhr 1972, S. 1133).
Für die Entscheidung, ob ein Berichterstatter, ob seine Aussageintentionen und seine berichtende Tätigkeit objektiv oder nicht objektiv sind (genauer: in welchem Maße sie objektiv oder nicht objektiv sind), ist der letztgenannte homonyme Terminus »objektiv« nur von sekundärer Bedeutung, wenn nicht ganz belanglos. Eine Aussage ist immer – schon ihrer syntaktischen Struktur nach – (im weitesten Sinne des Wortes) »objektbezogen«, »auf ein Objekt bezüglich«, sie kann dabei jedoch sowohl einer zur Objektivität als auch einer zur Nichtobjektivität tendierenden Aussageintention entspringen. Zweifelsohne ist die Objektivität oder Nichtobjektivität eines Berichterstatters und seiner berichtenden Tätigkeit immer unmittelbar von ihm selbst, von seinem »Subjekt«, seinen Motiven und Intentionen, seinem Bewußtsein und seinen Fähigkeiten abhängig.

Objektivität und Semiose

Der Ort der Objektivität ist irgendwo in der *Semiose* zu suchen, in der komplexen zwischenmenschlichen Situation, in der sich Zeichenprozesse (Nachrichtenprozesse) abspielen (vgl. Bentele/Bystrina 1978, S. 128 ff). Zu einer *Nachrichtensituation* gehören außer den *Nachrichten* selbst und den Sachverhalten (Objekten), von denen berichtet wird, die *Nachrichtenproduzenten* (Berichterstatter) mit ihrer psychischen Persönlichkeitsausstattung sowie das Publikum, die *Nachrichtenrezipienten,* wiederum mit deren psychischem, nachrichtenaufnehmendem und -verarbeitendem Apparat. Um diesen konstitutiven Kern jeder Semiose (jeder Nachrichtensituation) gruppieren sich weitere relevante Komponenten: indirekte Nachrichtenquellen (wenn von Sachverhalten nicht aus eigener Erfahrung heraus berichtet wird), bestehende *Kontexte,* innerhalb welcher Nachrichten produziert, rezipiert und interpretiert werden, die *allgemeine kulturelle* und überhaupt *soziale Situation* (mit deren Tradition und Innovationen), in die jede konkrete Semiose eingebettet ist.
Zwischen den einzelnen Bestandteilen einer Semiose bestehen dynamische Relationen, verlaufen Zeichenprozesse. Die wichtigsten von ihnen werden in der Semiotik als »*Dimension der Semiose*« bezeichnet. Die Beziehungen der Zeichen, der Be-

standteile einer Nachricht, eines Textes (oder auch der Bestandteile eines einzelnen Zeichens) zueinander bilden die *syntaktische* Dimension. Die Relationen zwischen Zeichen und Bezeichnetem, zwischen der Nachricht und dem, worüber man berichtet, konstituieren die *semantischen* Dimensionen der Semiose. Die Produktion und Rezeption von Zeichen, Texten, Nachrichten, also die Zeichenprozesse (bzw. dynamische Relationen), die sowohl zwischen den einzelnen Zeichenbenutzern und der Nachricht wie auch in den Relationen der Zeichenbenutzer zueinander (vermittels der Nachricht) verlaufen, werden als die *pragmatische* Dimension der Semiose bezeichnet.

Es wäre gewiß falsch, das Wesen der Objektivität oder Nichtobjektivität einer Berichterstattung in der *syntaktischen* Dimension, im sprachlichen Aufbau oder in der Komposition der Texte zu suchen. Die sprachlichen oder kompositionellen Mittel werden eher dazu ausgesucht und benutzt, um die beabsichtigte Objektivität (Nichtobjektivität) der Berichterstattung zu erreichen, zu realisieren. Die Syntax ist weder objektiv oder nicht objektiv, ähnlich wie sie weder wahr oder falsch ist. Erst in ihrer (pragmatischen) Benutzung durch den Berichterstatter erlangt sie einen Bezug zur Objektivität.

Komplizierter stellt sich die Frage nach der Objektivität im Bereich der Semantik. Einen wichtigen Aspekt der *semantischen* Dimension bildet der *Wahrheitswert* von Aussagen, Texten, Nachrichten, d. h. die Frage, ob die zu untersuchenden Aussagen bzw. Nachrichten mit den durch sie behaupteten Sachverhalten übereinstimmen oder nicht. Die zu einer falschen Information, zu einer unwahren Nachricht führenden Faktoren werden auch als *Störungen* innerhalb des Informationsflusses aufgefaßt. Sie können auf jeder Stelle der Kommunikationskette, bei jedem Bestandteil der Semiose auftreten: bei dem Nachrichtenproduzenten (in seiner bewußten oder unbewußten Intention, in seiner sprachlichen Inkompetenz oder einer anderen Unfähigkeit oder auch im Druck von außen, dem er ausgesetzt ist, liegend), an der Quelle der zu übermittelnden Information (z. B. falsche Aussagen der Augenzeugen, die der Berichterstatter für wahre hält), im Laufe der Nachrichtenübertragung (Verzerrung der Nachricht durch den technischen Sender oder Empfänger bzw. durch den Kanal, das Medium), bei dem Nachrichtenrezipienten (wo die Behinderung wiederum in seiner sprachlichen Inkompetenz, in Wahrnehmungs- oder anderen psychischen Störungen liegen kann, z. B. in falschen Erwartungen, in Interpretationsfehlern u. dgl.).

Ein mangelhafter syntaktischer, kompositioneller Aufbau des Textes selber kann natürlich auch Rezeptionsstörungen hervorrufen.

»Irrtümer können sich einschleichen bei der Produktion, beim Transport und beim Konsum von Informationen. Sie können aus Unkenntnis, aus Lässigkeit, aus mangelnder Genauigkeit des Sprachgebrauchs entstehen, für die wieder andere Ursachen verantwortlich sind. Übertreibungen haben häufig den Marktmechanismus zur Ursache, dem der Nachrichtenverkehr wie jeder andere Verkehr unterliegt: Man übertreibt, um zu verkaufen. Lügen können läßliche Unwahrheiten sein, sie können absichtlich in die Welt gesetzt werden durch falschen Gebrauch der Wörter und der Begriffe, wie durch Fälschungen von Texten in der Form von Auslassungen oder Hinzufügungen« (Pross 1971, S. 10). Alle diese Störungen produzieren falsche, unwahre Nachrichten (oder mindestens verzerrte Nachrichten, deren Sinn dann nicht oder nur schwer zu entziffern ist).

Obwohl Aussagen von Sprechern, von Zeichenproduzenten gemacht werden (also von diesen unmittelbar abhängig sind), hängt ihr *Wahrheitswert* vom Bewußtsein der Zeichenproduzenten, von ihren Intentionen oder Fähigkeiten offensichtlich *nicht* ab. Eine »objektiv« (d. h. semantisch) an sich wahre Aussage bleibt auch dann wahr, wenn sie von einem Lügner gemacht wird, ja sogar, wenn dieser sie mit der Absicht gemacht hat, um zu lügen. Umgekehrt bleibt eine in sich falsche Aussage auch dann falsch, wenn sie in gutem Glauben, sie sei wahr, ausgesprochen wurde. Inwieweit und mit welcher Sicherheit ein Betrachter (ein Zeichenrezipient) die Wahrheit einer konkreten Aussage beurteilen und feststellen kann, ist eine andere Frage. So ist die Wahrheit oder Falschheit einer Aussage, einer Nachricht, eine rein semantische, keineswegs pragmatische Angelegenheit. Pragmatische Erwägungen (die Kenntnis des Sprechers und seiner Intention) können die Suche nach der Beantwortung der Wahrheitsfrage erleichtern (oder erschweren, z. B. eine »Feststellung« wie: »diese Aussage ist falsch, *weil* sie von einem Lügner, von einem politischen Gegner u. dgl. gemacht worden ist«), stellen jedoch kein Kriterium der Wahrheit dar.

Die Objektivität einer Berichterstattung wird im Alltag oft mit dem Wahrheitswert der rezipierten Nachrichten identifiziert. Es wäre jedoch äußerst unfair, einen Journalisten und seine Berichterstattung aus dem Grunde für *nicht objektiv* zu erklären, weil er irgendeine *unwahre,* falsche Nachricht irrtümlich und in gutem Glauben vermittelt hat. Die Objektivität als ein wichtiger pragmatischer Wert der Nachrichtenerstattung deckt sich nicht unbedingt mit dem (semantischen) Wahrheitswert der produzierten Nachrichten. Wäre es so, würde es sich bei »Objektivität« und »Wahrheit« um Synonyme handeln, und der Begriff der Objektivität wäre überflüssig. Offenkundig steckt die Objektivität irgendwo anders als in der Beziehung zwischen Aussage und Sachverhalt, also irgendwo anders als im semantischen Bereich. Ihr Ort liegt in der *Pragmatik* der Zeichenprozesse, im Verhältnis des Sprechers, des Berichterstatters zu seinen eigenen Aussagen und Texten, in seiner bewußten oder unbewußten, in jedem Fall aber irgendwie motivierten *Intention,* entweder die Wahrheit oder die Unwahrheit zu sagen, sowie in seiner *Fähigkeit* oder Unfähigkeit, diese Intention in Texten zu realisieren. Aber auch innerhalb der pragmatischen Dimension betrifft die Objektivität als eine wichtige *Eigenschaft menschlicher Zeichenhandlungen* die *Produktion* von Aussagen und Texten. Sie betrifft nicht den Prozeß der Nachrichtenübertragung (es gibt z. B. keine an sich »objektiven« oder »nicht objektiven« technischen Sendungs-, Übertragungs- oder Empfangseinrichtungen), und auch im Bereich der Nachrichtenrezeption können wir von einer Objektivität bzw. Nichtobjektivität nur dann sinnvoll sprechen, wenn die Rezipienten ihre Einstellungen und Intentionen durch Zeichengebung, durch bestimmte Aussagen kundtun, wenn eine Kommunikation zustandekommt, wenn also das Stadium eines reinen Empfangs in dasjenige der Zeichenproduktion umschlägt.

Es erscheint somit inkorrekt, beispielsweise von einem »nicht objektiven« Leitartikel, Kommentar, einer »nicht objektiven« Meldung einer Nachrichtenagentur u. ä. zu sprechen (auch wenn es in der lässigen Ausdrucksweise des Alltags manchmal getan wird). Vielmehr muß hier von einem »nicht objektiv *geschriebenen*« (produzierten) Artikel, einem »nicht objektiv *konzipierten*« Kommentar, von der Nichtobjektivität, der Voreingenommenheit des *Verfassers* die Rede sein. Die rezipierten *Texte* bestehen aus wahren und/oder falschen Aussagen, ihnen ist Wahrheit oder Falschheit inne. Demgegenüber gibt es keine Objektivität oder Nichtobjektivität des *Textes,* wohl aber die des *Autors,* seiner kommunikativen *Intentionen* und der von ihm ausgeübten *Tätigkeit* der *Nachrichtengebung.*

In den konkreten Zeichenprozessen der Nachrichtengebung

durchläuft der Aspekt der Objektivität oder Nichtobjektivität zwei wichtige Etappen. Zunächst tritt er in den *Intentionen* des Autors, des Berichterstatters auf, in seiner bewußten Absicht oder unbewußten Intention und in der darauf basierenden Entscheidung, über Tatsachen entweder »objektiv«, d. h. der Wahrheit *nach,* »nach bestem Wissen und Gewissen« zu berichten, oder umgekehrt: »nicht objektiv«, *gegen* die Wahrheit, zu Täuschungszwecken, etwas auszusagen. Die objektive oder nicht objektive kommunikative Intention kann sich jedoch erst in produzierten, rezeptionsfähigen Texten manifestieren. Die Realisierung dieser Intention hängt weitgehend von den *Fähigkeiten* des Berichterstatters ab, bestimmte Texte zu produzieren, seine Absichten und *Vorsätze* in *Sätzen* zu verwirklichen. Das Resultat, der fertige Text und sein Wahrheitsgehalt, wird natürlich auch von verschiedenen Faktoren beeinflußt, die außerhalb der Intentionen des Autors liegen und gegebenenfalls auch gegen sie wirken (Mangel an erreichbaren Informationen, Störungen beim Empfang oder am Übertragungskanal u. ä. m.). Diese Störungen beeinträchtigen zwar den *Wahrheitswert* der gemachten Aussagen, der gesendeten Nachrichten, keineswegs jedoch deren *Objektivitätswert:* die Objektivität oder Nichtobjektivität von Nachrichten entspringt den »subjektiven«, d. h. im Nachrichtengeber selbst liegenden bzw. wurzelnden Faktoren. *Nicht objektiv* wird eine Berichterstattung nicht automatisch, wenn unwahre Nachrichten und Sätze produziert werden, für die *äußere* Ursachen verantwortlich sind, sondern *erst dann,* wenn die Ursache der Erzeugung von falschen Aussagen im Bereich der *Motivation* beim Nachrichtenproduzenten liegt: entweder entscheidet er sich bewußt, nicht objektiv, nicht der Wahrheit nach zu berichten, oder seine nicht oder nicht völlig bewußt gewordene Motivlage, besonders seine starren Einstellungen oder gar Vorurteile hindern ihn daran, die Wirklichkeit wahrzunehmen, anzuerkennen und die Wahrheit zu sagen.

Motivation

Die Motive, nach denen sich Menschen entscheiden zu handeln, aufgrund deren sie sich auf eine bestimmte Weise verhalten, sind meistens komplex. Auch eine bewußte Entscheidung eines Politikers, Priesters, Funktionärs, Journalisten, Wissen-

schaftlers usw., *nicht objektiv,* d. h. nicht der Wahrheit nach, zu
schreiben oder zu sprechen, zu berichten, wird selten *nur* durch
pure Vorliebe für Unwahrheit, Täuschung und Lüge motiviert.
Meistens sind da andere Gründe und Motive am Werk: Man
will (im Alltagsleben) durch die Wahrheit nicht verletzen. Man
meint (in der Politik), daß das Aussprechen der Wahrheit dem
Gegner Vorteile brächte oder daß es (für die Herrschenden)
gefährlich wäre, dem Volke die Wahrheit zu verkünden. Man
glaubt, daß es für »unsere heilige Sache«, der Reinheit der
Ideologie wegen usw. usf. nicht von Vorteil wäre, objektive
Berichterstattung zuzulassen und zu betreiben.
So können in manchen Fällen dem Berichterstatter Motive
seiner eigenen Nichtobjektivität völlig *bewußt* werden. Oft aber
wirken Motive auf (bewußte) Entscheidungen (und dadurch
auf Handlungen und Verhaltensweisen) der Menschen *unbewußt,* oder sie werden nur teilweise bewußt, werden entstellt,
verschoben, sublimiert, ins Gegenteil verkehrt. Motive (oder
»Wünsche« bzw. »Triebe« in Freuds Terminologie) werden
von den entscheidenden psychischen Instanzen – von dem sich
herausgebildeten psychischen Persönlichkeitskern (das »Ich«),
zusammen mit dem in der Persönlichkeit normativ installierten
Werten, Idealen, Geboten und Verboten (das »Über-Ich«) –
vom Bewußtsein ferngehalten, ins Unbewußte »verdrängt«,
wenn sie mit anderen, höher bewerteten Motiven, mit interna-
lisierten Wertnormen und Idealvorstellungen in Widerspruch,
in Konflikt geraten.
Nicht nur *spezifische* Bedürfnisse, Interessen und Antriebe –
wie Überlebensbedürfnis, Neugier, Leistungsmotivation,
Macht- und Geltungsstreben, Ichentfaltung und Selbstver-
wirklichung usw. – motivieren menschliche Entscheidungen für
Objektivität oder Nichtobjektivität. Ähnlich, wie dem Menschen als »Gattungswesen«, also den Menschen aller Zeiten
und aller Kulturen, der Drang nach Freiheit wesenhaft eigen
ist (ein Drang, der schon im Tierreich angelegt ist), gehört zu
den wichtigsten Triebkräften menschlichen Verhaltens auch
ein – für das Überleben in der Natur und in der Gesellschaft
notwendiger – *Drang nach Wahrheit:* das Streben, die Welt,
»wie sie wirklich ist«, zu erkennen und das Erkannte anderen
mitzuteilen. Die Wahrheit verkünden und verteidigen soll der
Mensch wohl nach den ethischen Normen aller großen Kulturen. Damit ist auch der ideengeschichtlich spätere Begriff der
Objektivität verbunden. Von menschlichen Informationsquel-
len, besonders von den Medien und den Wissenschaftlern wird

– als *Berufsethos* – gefordert, objektiv zu berichten. Der Wille zur Objektivität wird allgemein als Grundvoraussetzung der Wissenschaft angesehen. Ohne seine treibende Kraft hätte sich die Wissenschaft nicht einst als Pendant zur Religion und Mythologie, später zu verschiedenen Ideologien entwickeln können, und auch heute wäre eine (wie auch immer begrenzte) Verständigung über verschiedene individuelle (»subjektive«) Standpunkte ohne den Willen zur Objektivität unmöglich.

Abgesehen von verschiedensten spezifischen Motiven, die die Entscheidung zur Objektivität oder Nichtobjektivität wesentlich beeinflussen können (so kann Lüge und Täuschung in extremem Fall sogar das Überleben eines Organismus oder einer Gruppe ermöglichen), stellt der Drang nach Wahrheit (ähnlich wie sein Gegenstück, die Neigung zur Lüge) eine *intrinsische* Motivierung dar, die auch unabhängig von Zwang, Druck oder Anreizen wirksam ist und Beteiligung von anderen Motiven nicht unbedingt braucht. Wahrheit zu sagen, Verborgenes zu enthüllen, objektiv zu berichten (ähnlich wie das Lügen, besonders bei der Phantasielüge, verwandt mit Fabulieren und mit Kreativität) kann *als solches* lustvoll sein, und es wird *auch* um seiner selbst willen betrieben. Tiefliegende, persönlichkeitsintegrierende Motive beeinflussen in dem oder anderem Maße das Streben nach Erkenntnis und Wahrheit.

Objektivität oder Nichtobjektivität als Intention, als Absicht des Sprechers, die Wahrheit zu sagen oder zu lügen, und zugleich als seine Fähigkeit oder Unfähigkeit, seine Ansicht zu realisieren, hängt also zunächst vom Sprecher selbst ab, von seiner jeweiligen Motivlage, von seinen ererbten und erlernten Eigenschaften und der ihm vorgegebenen Außenweltsituation. Die äußerst komplexe und hierarchisch organisierte Motivationsstruktur eines Berichterstatters ist »im allgemeinen und überwiegend abhängig von dem soziokulturellen Stratum, in das er bei allem Bemühtsein um geistige Eigenständigkeit schicksalhaft eingebettet ist« (so Stachowiak 1965, S. 105, in bezug auf Erfahrungswissenschaftler), insbesondere von den Wertvorstellungen seiner Gesellschaft und seiner Zeit, seiner Klasse und Schicht sowie der anderen sozialen Gruppen, zu denen er gehört.

Die begrenzte Kapazität des informationsverarbeitenden Systems Mensch, die Komplexität der Semiose, in der eine Berichterstattung verläuft, mit möglichen Störungen an allen Stellen der Kommunikationskette, sowie die komplizierte und

widerspruchsvolle Motivstruktur machen die Erreichung einer
»absoluten« Objektivität, einer *totalen Aufhebung* subjekt-,
schicht- und gegenwartsbezogener Aspekte unmöglich. Objektivität ist am besten in den Bereichen erreichbar, die die
Interessen des Berichterstatters nicht berühren, die ihm
»gleichgültig« sind, sie ist in jedem Fall aber nur *annäherungs-
weise* erreichbar. In ihrer gesellschaftlichen Funktion als (uto-
pisches) *Ideal,* als *Richtwert,* bleibt die Forderung nach »*absoluter*« Objektivität gültig – wenn diese eben *nur* als Richtwert
aufgefaßt wird –, in der Praxis muß jedoch das Streben nach
größtmöglicher Objektivität ausreichen.

Einstellungen und Vorurteile

Zu den größten Hindernissen, die sich der Objektivität entgegen-
stellen, gehören *Motivationsstereotypen,* die gleichzeitig mit
kognitiven und *affektiven Stereotypen* verschmolzen sind. Hal-
tungen, Meinungen und Gesinnungen, Glaube und Ideologie,
Wertsysteme, Verhaltensgewohnheiten, Rollenerwartungen
und insbesondere Vorurteile beeinflussen wesentlich die Objektivität der Berichterstattung. Wir können diese Phänomene
meistens als komplexe *Einstellungen* auffassen, als relativ stabile
(lang andauernde, jedoch grundsätzlich veränderbare), auf der
Grundlage erbbedingter Dispositionen erlernte psychische
Strukturmuster bzw. *Bereitschaften,* die sowohl das Wahrnehmen von bestimmten Objekten (bestimmten Klassen von Objekten) wie auch die kognitive Verarbeitung der Information
von diesen Objekten, deren emotional gefärbte Bewertungen,
Verhaltensabsichten und -entscheidungen sowie letztlich *Verhaltensweisen* diesen Objekten gegenüber regeln und beeinflussen (vgl. Allport 1935, Heinerth 1979). *Zeichenhandlungen* (Berichte, Botschaften, Mitteilungen), denen wir Objektivität oder
Nichtobjektivität zusprechen, bilden – als intentionale Handlungen – eine wichtige Art menschlicher Verhaltensweisen.
Die meisten Objektivität beeinflussenden Einstellungen werden innerhalb des Sozialisationsprozesses, in Kindheit und
Jugend, erworben. Sie zeigen oft eine starke Beharrungsten-
denz, Hartnäckigkeit und Widerstandsfähigkeit, sind aber
grundsätzlich nicht unveränderbar. Der Mensch kann *bei günstigen Bedingungen* bis ins hohe Alter aus seinen Erfahrungen
lernen, d. h. auch seine Einstellungen ändern – bis zur totalen

Konversion. Es gilt (allerdings nur im Prinzip): »wie eine Einstellung gelernt wird, so kann sie auch umgelernt werden« (Heinerth 1979, S. 23).

Starre psychische Strukturmuster, Ansichten, Meinungen, Erwartungen und die mit ihnen verbundenen Bereitschaften, die ohne ausreichende eigene Erkenntnisbemühung oder Erfahrungsbasis – als »vorgefaßte Meinungen«, vor der Beweisaufnahme (»praeiudicia«) – entstanden sind und wirken, also *Vorurteile,* beeinträchtigen häufig und im hohen Maße die Objektivität von Aussagen, Berichten und Texten. Denn Vorurteile beim Berichterstatter, deren wahre Motive unbewußt bleiben oder aus dem Bewußtsein verdrängt werden, produzieren ständig nach vorgegebenen Matrizen falsche Aussagen, von deren Wahrheit der Sprecher mehr oder weniger fest überzeugt ist. Er unterscheidet nicht oder nur begrenzt zwischen *Tatsachenangaben,* die *grundsätzlich* jederzeit und von jedem Rezipienten *nachprüfbar* sein müssen (insoweit es die Bedingungen der Semiose erlauben), und seinen eigenen oder von anderen unkritisch übernommenen *Meinungen.* Solche Unterscheidung ist jedoch für jede objektive Darstellungsweise unabdingbar. Von besonderer Bedeutung sind *soziale bzw. Gruppenvorurteile,* die sich entweder negativ (in bezug auf »fremde« Kulturen, Völker, auf andere politische, ideologische und Religionsgemeinschaften, Rassen, Minderheiten u. dgl.) oder positiv (in bezug auf die eigene Gruppe, auf Autoritätspersonen oder -gruppen, aber auch z. B. auf die aus einem Schuldgefühl heraus bemitleideten Gruppen) auswirken.

Zwischen den für Denken und Handeln notwendigen vorläufigen »Vorausurteilen« oder Vorausnahmen (»prolepsis«) und den erstarrten Vorurteilen ist die Grenze fließend. Vorurteile sind (wie schon Francis Bacon wußte) in besonderem Maße geeignet, Zustimmung von manchen zu erzielen, weil sie die (bedrohliche) Komplexität der Wirklichkeit scheinbar – durch Anlegen von vorprogrammierten Rastern – vereinfachen und übersichtlich (d. h. nicht mehr unheimlich) machen, weil sie nur wenige, bekannte Sachverhalte berücksichtigen, somit die durch Orientierungsdefizit erzeugte Angst sowie soziale Unsicherheit abbauen, den Urteilenden psychisch entlasten. Die Bereitschaft, Vorurteile zu erzeugen und zu übernehmen, steigt in der Regel in Krisensituationen und wird durch Manipulationen von Meinungsführern, Demagogen und Ideologen stark beeinflußt. Andererseits können schwere persönliche Erfahrungskrisen zum schnellen (sogar plötzlichen) Abbau von

Vorurteilen führen. Meistens sind Vorurteile mit innovations-
feindlichem und autoritärem Denken, mit Aggressivität und
Intoleranz in einem Syndrom verbunden.

Das Problem der Wertfreiheit

Die Frage nach der Objektivität bezieht sich nur auf das
Formulieren von *Aussagen,* nicht auf *deontische Sätze:* Appel-
le, Anweisungen, Befehle, Regeln, Normen, Gesetze, Verord-
nungen, die an sich keinen Wahrheitswert besitzen. Es ist
sinnlos, von Objektivität oder Nichtobjektivität von Normen-
systemen, von der Objektivität eines Normengebers oder der
Normengebung zu sprechen. Demgegenüber können *wertende
Aussagen* (Werturteile) durchaus objektiv oder nichtobjektiv
sein.
Objektivität wird oft – besonders in bezug auf Wissenschaften –
mit *Wertfreiheit* identifiziert. Das wäre problemlos, wenn man
das Prinzip der Wertfreiheit mit Max Weber (1904 in: 1951,
S. 151) formulierte, der von empirischen Wissenschaften be-
hauptete, sie vermöchten »niemanden zu lehren, was er *soll,*
sondern nur was er *kann* und – unter Umständen – was er *will«.*
Denn Sollsätze entbehren, wie erwähnt, jedes Wahrheitswertes
und entziehen sich dadurch auch allen Objektivitätskriterien.
Werturteile haben jedoch nicht die Form »du sollst etwas tun«,
sondern »*x* ist gut/schlecht« bzw. »*x* ist besser/schlimmer als *y*«.
Erst aufgrund von Werturteilen werden Sollsätze und Normen
aufgebaut. Über solche Sätze wie »du sollst nicht stehlen« oder
»Proletarier aller Länder, vereinigt euch!« kann zwar (meta-
sprachlich) berichtet werden, sie können Gegenstand wissenschaftlicher Untersuchungen sein, sie selbst gehören jedoch
nicht zur Objektsprache eines Wissenschaftlers oder eines
Berichterstatters in dieser ihrer Funktion.
Unerreichbar sind nicht nur absolute Wahrheit und absolute
Objektivität, auch »absolute« Werte sind nicht konstruierbar.
Im Begriff des Wertes selbst ist schon eine Relativität angelegt.
Werte beziehen sich immer auf etwas außerhalb des zu bewer-
tenden Objektes Befindliches: auf das Ziel oder den Zweck, die
zu erreichen sind; auf die Interessen einer Person oder einer
Gruppe (die auch als »gesellschaftliche Ideale«, als »Wohl des
Volkes«, als »Gottes Wille« u. dgl. auftreten können); auf eine
bestehende Norm, öfters auf ein bestehendes Normensystem,

das allerdings selbst auf primären, interessenbezogenen Wertungen und Werturteilen basiert. So sind auch wertende Aussagen eines Berichterstatters durch die Rezipienten *grundsätzlich nachprüfbar* (was ihren Wahrheitswert betrifft), insofern feststellbar ist, ob *x* zum Erreichen des Zieles (Zweckes) *y* geeignet (gut) oder ungeeignet (schlecht) ist (und in welchem Maße), ob *x* den Interessen von *y* oder der Norm *z* entspricht (also wiederum gut oder schlecht ist). Je nach der gegebenen (bewußten oder unbewußten) Intention des Sprechenden können Werturteile mehr oder weniger objektiv bzw. nicht objektiv gefällt werden. Die Objektivität des Werturteilens ist also grundsätzlich ähnlich erkennbar und überprüfbar wie die Objektivität bei der Aufstellung von Beobachtungssätzen, auch wenn der Überprüfungsprozeß wegen höherer Komplexität der Semiose im Falle der wertenden Aussagen schwieriger sein sollte. Die Erklärung eines Objekts oder Sachverhalts für »(wert)neutral« (d. h. weder gut noch schlecht, gleichgültig, außerhalb der Wertung liegend) ist der Natur der Sache nach selbst eine Bewertung, eine wertende Aussage, die – je nach der Intention – entweder objektiv oder nicht objektiv gemacht werden kann. Es gibt also keinen vernünftigen Grund dafür, Werturteile – solange sie nicht einer Täuschungsabsicht oder bestimmten Vorurteilen entstammten, solange sie nicht als Tatsachen-Aussagen maskiert auftauchen, folglich: solange sie nicht in diesem Sinne »nicht objektiv« gemacht worden sind – aus der Wissenschaft und der Berichterstattung im Namen einer postulierten Wertfreiheit zu verbannen.

Ideologie

Da zwischen den Motiven und Intentionen des Berichterstatters und dem manifesten Inhalt des Berichts keine zwangsläufige Äquivalenz besteht, können diese Absichten und Motive den Rezipienten unbekannt bleiben. In *ideologischen Texten* kommen sie auf versteckte Weise oder als vorgeschobene, falsche Ersatzinteressen zum Ausdruck. Plato hat bereits im »Gorgias« gezeigt, »welche extreme, theoretische Leistung vonnöten ist, um die eigenen, wahren Ziele überhaupt zu sehen« (Bubner 1971, S. 166). Desto schwieriger ist es für den Rezipienten, die hinter einem Text versteckten Interessen zu

entdecken, die falschen von den wahren Motiven zu unterscheiden.

Von hier aus geht die ideengeschichtliche Entwicklung zur
Marxschen Auffassung der Ideologie als eines »falschen Bewußtseins«, das Texte mit indirekter Handlungsbegründung
unter Verdeckung der wahren Motivation produziert. Am
klarsten formulierte es Engels, der kurz vor seinem Tod an
Franz Mehring schrieb: »Die Ideologie ist ein Prozeß, der zwar
mit Bewußtsein vom sogenannten Denker vollzogen wird, aber
mit einem falschen Bewußtsein. Die eigentlichen Triebkräfte,
die ihn bewegen, bleiben ihm unbekannt; sonst wäre es eben
kein ideologischer Prozeß. Er imaginiert sich also falsche resp.
scheinbare Triebkräfte« (MEW 39, S. 97). Die Ideologie ist in
dieser Auffassung also keine Lüge, keine bewußte Täuschung,
sondern eher ein Unwissen, eine Selbsttäuschung, die in der –
historisch bedingten – Unfähigkeit des Ideologen, seine eigenen Beweggründe zu erkennen, zu durchschauen, wurzelt.
Wollte man jedoch unter Ideologien große, in der Gesellschaft
real wirkende Denk- und Textsysteme verstehen, die bestimmte, den Mitgliedern von sozialen Gruppen und Klassen mehr
oder weniger gemeinsame Motive in der Form eines »falschen
Bewußtseins« verkehrt zum Ausdruck bringen, müßte man
feststellen, daß in ihnen (abgesehen von manchen wahren
Aussagen) außer Irrtum und Selbsttäuschung auch Betrug und
vorsätzliche Lüge eine wichtige Rolle spielen. Die Ideologie des
heutigen orthodoxen Marxismus, besonders seit sie zur Ideologie einer neuen herrschenden Klasse geworden ist, bringt dafür
selbst viele lehrreiche Beispiele. Ideologie ist gewiß kein einfacher Priester- und Herrentrug, wie sich das naiv die Aufklärer
vorstellten. In ihrer Pragmatik steckt jedoch ein schönes Stück
dieses Trugs.

Interessen

Wie schon Hendrik de Man (1927, S. 281) feststellte, hat
»Marx selber (…) bekanntlich seine Motivlehre niemals formuliert«. Ihn interessierte mehr die Beziehung zwischen Ideen
und Ideologien einerseits und dem »gesellschaftlichen Sein«,
insbesondere den Produktionsverhältnissen, andererseits. Die
»eigentlichen Triebkräfte« eines Ideologen, von denen Engels
sprach, liegen in »den ökonomischen Grundtatsachen« (Engels

l. c.), und sein Bewußtsein ist deswegen »falsch«, weil der wirkliche Zusammenhang seiner Ideen mit der »ökonomischen Basis«, und daher auch ihre tatsächlichen Beschränkungen, nicht in sein Bewußtsein eingehen. Ein bestimmtes Verbindungsglied bilden jedoch die *Interessen*. Für die Marxisten sind beispielsweise Auffassungen der klassischen bürgerlichen Philosophie »theoretische Reflexionen der sich entwickelnden kapitalistischen Warenproduktion und der tatsächlichen Interessen ihrer Träger« (Klaus/Buhr 1972, S. 535).

Eine der besten Bestimmungen des Interesses finden wir bei S. Rubinstein (1958, S. 774): »Das Interesse ist eine Tendenz oder Gerichtetheit der Persönlichkeit, die in der Konzentration ihrer Absichten auf einen bestimmten Gegenstand besteht.« Die gängige Identifizierung von Interessen und Motiven bereitet dagegen erhebliche Schwierigkeiten. Die Konzentration der Aufmerksamkeit, der Gedanken und Absichten auf einen Gegenstand (ein Objekt im breitesten Sinne des Wortes) ist ein Prozeß, der sich notwendigerweise auf der Ebene der *bewußten* psychischen Tätigkeit abspielt. Ein unbewußtes oder ins Unbewußte verdrängtes Motiv kann sich bei bestimmten Bedingungen als bewußtes Interesse manifestieren, oder es muß in ihr Form eines vorgeschobenen Ersatzinteresses auftreten. »Aber ein nicht bewußtgewordenes Bedürfnis ist durchaus ein Bedürfnis, (...) jedoch kein Interesse« (Rubinstein l. c.).

Der Marxismus spaltet den Begriff des Interesses in seiner sozialpsychologischen Ausprägung in zwei schwer zu vereinbarende Bestandteile. Schon Marx unterschied zwischen einem »unmittelbaren« (bewußten, bewußtgewordenen) und dem »wirklichen« Interesse des Proletariats, wobei das letztere mit der postulierten »objektiven« (d. h. vom Bewußtsein des einzelnen unabhängigen) geschichtlichen Position der Arbeiterklasse als »revolutionärer Klasse« identifiziert wurde. Heutige Marxisten-Leninisten sprechen hier eher von »subjektiven« (»eine Gesamtheit von Wünschen, Absichten, Motiven u. ä.«; Klaus/Buhr 1972, S. 536) und »objektiven« Interessen.

Die geschichtliche Position einer Gruppe oder Klasse in der Gesellschaft ist natürlich noch kein Interesse. Sie beeinflußt jedoch – als wahres oder falsches Bewußtsein dieser Position – wesentlich die Motivationsstrukturen der Mitglieder dieser Gruppe. Aus den so bedingten und (echt oder entstellt) bewußtgewordenen Motiven entstehen dann Interessen. »Das Interesse ist (...) ein Motiv, das durch seine bewußt gewordene Bedeutsamkeit und durch seine emotionale Anziehungskraft wirkt« (Rubinstein l. c.). Da es sowohl von der Außenwelt wie auch von den Strukturen der Persönlichkeit (als Individuum und als Mitglied von sozialen Gruppen) abhängt, müßte es in der verworrenen marxistisch-leninistischen Terminologie als »subjektiv« und zugleich »objektiv« bezeichnet werden.

Ein »objektives«, vom Subjekt nicht bewußtgewordenes und von ihm unabhängiges Interesse ist ein Unding. Ein Beobachter oder Denker, der zum Schluß kommt, daß eine andere – als die vorhandene – Gerichtetheit der Absichten der Mitglieder einer Gruppe (Klasse) für das Gedeihen dieser Gruppe (Klasse) günstiger wäre, hat dadurch kein »objektives«, »wahres« *Interesse* dieser Personen entdeckt. Er kann lediglich versuchen, die Menschen für die von ihm als günstig betrachteten Ziele *zu interessieren*. Solange das nicht gelingt, ist selbstverständlich kein Interesse (auch kein »objektives« Interesse) vorhanden.

In der ganzen Geschichte ihrer Tätigkeit stoßen sich die Marxisten daran, daß die von ihnen postulierten »objektiven Interessen«, die »wahren Interessen der Arbeiterklasse« in beträchtlichem Umfang nicht zu »subjektiven« (tatsächlichen) Interessen der Arbeiter werden. Deswegen müssen sie die »Einheit« der »subjektiven« und »objektiven« Interessen fordern, die nur dadurch erreicht (und die objektive geschichtliche Position der Klasse »gerettet«) werden kann, wenn die tatsächlichen (»subjektiven«) Interessen dem postulierten »wahren Interesse der Klasse« *untergeordnet* werden. Hierbei besteht im wesentlichen auch die von Lenin begründete Funktion der kommunistischen Partei.

Obwohl das Wecken von Interessen bei sozialen Gruppen, ja ganzen Bevölkerungsmehrheiten, durch Manipulation, Reklame, politische Demagogie etc. einen bestimmten Spielraum hat und in Krisen- oder Grenzsituationen sogar zu pathologischen oder letalen Folgen führen kann (Drogensucht, Lust am Morden, Rassenhaß usw.), ist es dennoch im allgemeinen äußerst schwer, den von Ideologen postulierten »wahren« Interessen die existierenden (»subjektiven«) Interessen von Gruppen und Klassen unterzuordnen. Das »objektive« oder »allgemeine« Interesse, mit dem die bürgerliche Ideologie kam (und das auch heute noch eine Rolle im politischen Jargon des Westens spielt), wird in den Systemen sowjetischer Prägung in der Partei und im Staat – als »eine von den individuellen Interessen getrennte Wesenheit« (Marcuse 1957 in: 1969, S. 128) – hypostasiert. Gegenüber der offiziellen Ideologie, die »ein besonderes Interesse (der herrschenden Klasse) als allgemeines oder ›das Allgemeine‹ als herrschend« darstellt (Marx in: MEW 3, S. 49), behalten die unterdrückten Schichten ihre (tatsächlichen) besonderen und gemeinsamen Interessen, die ihre Einstellungen, ihre privaten (und zum Teil auch publik gewordenen) Meinungen, Wertungen, Entscheidungen, Handlungen und auch ihre Ideologien prägen und leiten.

Trotz der jahrzehntelangen Vorherrschaft der offiziellen Ideologie, der Indoktrination und der bestehenden Machtverhältnisse »hält (der grundlegende gesellschaftliche Konflikt) in der Bevölkerung das Bedürfnis wach nach ideologischer Transzendenz über die repressive Wirklichkeit hinaus« (Marcuse l. c.). Außer dem Negativen, das in den Momenten der Falschheit, Passivität, reinen Denkarbeit usw. besteht, enthalten die Ideologien und Utopien der unterdrückten Schichten (denn sie haben auch an der Wahrheit teil) – als Positives – die *systemsprengende Kraft der Transzendenz*. »In die Ideologie ist Material eingegangen, das – von Generation zu Generation weitergegeben – die beständigen Hoffnungen, Bestrebungen und Leiden des Menschen enthält, seine unterdrückten Potentialitäten, die Bilder von allgemeiner Gerechtigkeit, Glück und Freiheit« (Marcuse l. c., S. 126). In dem Maße, wie die individuellen und Gruppeninteressen unerfüllt und »von der Wirklichkeit zurückgestoßen« werden, manifestieren sie sich als »bewußte Distanz und Ablösung von der repressiven Wirklichkeit« und letztlich als tatkräftige Opposition gegen diese. Ihre Kraft, die Kraft der Interessen und den von diesen geleiteten Ideen und Taten, wird für das Regime explosiv (vgl. Marcuse l. c., S. 127 f). Die explosive Kraft der *wirklichen* Interessen der osteuropäischen Arbeiterklasse können wir vom Kronstädter Aufstand bis zum polnischen August 1980 verfolgen.

Parteilichkeit

Diese Situation fordert von der offiziellen Ideologie und von der ihr unterstellten Sozialwissenschaft sowie der medialen Berichterstattung in diesen gesellschaftlichen Systemen die Einführung eines neuen, äußerst konfusen und sogar im Rahmen des Marxismus-Leninismus nicht definierbaren Begriffs – der *Parteilichkeit*. Er wird zunächst von Lenin eingeführt (»... Parteilosigkeit ist eine bürgerliche Idee. Parteilichkeit ist eine sozialistische Idee«; Lenin in W 10, S. 66), nicht ohne theoretische Kontinuität mit dem frühen Marxschen Begriff des Proletariats als der objektivierten Wahrheit der kapitalistischen Gesellschaft (vgl. Marcuse l. c., S. 30).

In der deutschen Literatur- und Umgangssprache bedeutet *parteiisch* »einseitig für jemanden oder für eine Gruppe eingenommen; voreingenommen; nicht neutral«, *parteilich* »eine Partei betreffend« und, erst sekundär, nach dem russischen partijnyj, »bewußt oder unbewußt die Interessen einer bestimmten Klasse vertretend« (vgl. Duden 1980, S. 1955).

Die Marxisten-Leninisten bestehen auch weiterhin auf der Forderung der Objektivität von Aussagen, Theorien usw. in dem Sinne, daß für deren Aufstellung nicht »persönliche Wünsche und Meinungen« bestimmend sein sollen, sondern »die Sachverhalte, auf die sich diese Aussagen und Theorien beziehen« (Klaus 1969, S. 108). Zur Parteilichkeit schrieb Klaus (l. c., S. 107): »Wir sagen, jeder Marxist ist parteilich, und wir meinen damit, daß er alle Fragen der Wissenschaft, der Kunst und des praktischen Lebens vom Standpunkt des Marxismus-Leninismus aus beurteilt, daß er Partei ergreift für die Wahrheit, für die Interessen und Ziele der Arbeiterklasse« (ebenda). Aus dem Begriff der Objektivität sind dadurch – als bestimmende Faktoren – *nur* die *persönlichen, individuellen* Wünsche und Meinungen ausgeschlossen, *nicht* jedoch die Interessen der neuen herrschenden Klasse (getarnt als »wahre« Interessen der Arbeiterklasse) sowie die Thesen der Ideologie (des Marxismus-Leninismus). Diese Interessen und Thesen werden mit der *Wahrheit* identifiziert. Der Sprecher ist *deswegen* objektiv und sagt die Wahrheit aus, *weil* er (ungeachtet oder trotz seiner persönlichen Wünsche und Meinungen) für bestimmte Klasseninteressen Partei ergreift.

Für Marx galt noch das Gegenteil: »... je unbefangener und rücksichtsloser die Wissenschaft vorgeht, desto mehr befindet sie sich im Einklang mit den Interessen und Strebungen der Arbeiter« (MEW 21, S. 307). Der Sprecher (der Wissenschaftler) befindet sich also *deswegen* im Einklang mit den Interessen der Arbeiterklasse (die bei Marx aus dem »Sein des Menschen, seinen Existenzbedingungen und Bedürfnissen« erwachsen), *weil* er objektiv, unbefangen ist, weil er rücksichtslos (im Sinne der »rücksichtslosen Kritik alles Bestehenden«; Marx an Ruge 1843) vorgeht. Das letztere darf aber ein Wissenschaftler oder Berichterstatter in den Systemen sowjetischer Prägung eben nicht tun, weil er auf die Interessen der herrschenden Klasse

Rücksicht nehmen muß, weil er verpflichtet ist, für diese Interessen (für die Interessen der herrschenden Partei) *Partei zu nehmen.*

Die ursprüngliche marxistische Lehre kannte kein Ideal einer »Parteilichkeit«, sondern das der *Parteinahme für die erkannte Wahrheit,* die sich innerhalb dieser Lehre mit der Parteinahme für die *Unterdrückten,* nicht – wie heute gefordert wird – für die (in Osteuropa) *Herrschenden,* deckte. Die methodologische Objektivitätsforderung von Engels hieß, die »Dinge so wie sie sind, ohne fremde Zutat« zu betrachten. Der reife Marx formulierte sein Ideal der Objektivität (in der Wissenschaft) am Anfang der sechziger Jahre des vorigen Jahrhunderts wie folgt: »Einen Menschen (...), der die Wissenschaft einem nicht aus ihr selbst (wie irrtümlich sie immer sein mag), sondern von außen, ihr fremden, äußerlichen Interessen entlehnten Standpunkt zu akkommodieren sucht, nenne ich ›gemein‹« (MEW 26, S. 112).

Vergeblich versuchte Georg Klaus zu beweisen, daß die Kategorie der Parteilichkeit die Kategorie der Objektivität »keineswegs entwertet« (Klaus 1969, S. 109). Dazu mußte er sogar folgende ungeheuerliche Behauptung vorbringen: die Wahrheit müsse nicht prinzipiell Schaden nehmen, indem sie von gesellschaftlichen Klassen *manipuliert* wird! (l. c., S. 106). Die gegenteilige Meinung wird als »Objektivismus« bezeichnet, wobei diese Kategorie (nicht die der Objektivität) bei den Marxisten-Leninisten den »Gegensatz zur Parteilichkeit« bildet und u. a. darin besteht, daß jede »willkürliche subjektive Zutat« eliminiert werden müsse (s. Klaus l. c., S. 108). Demnach ist allerdings auch Engels ein wahrer Objektivist.

Schon Lenin führte den Begriff der Parteilichkeit – gegen den Geist des ursprünglichen Marxismus – als eine *Verpflichtung* ein, bei jeder Bewertung eines Ereignisses direkt und offen den Standpunkt einer bestimmten Gesellschaftsgruppe einzunehmen. Nicht mehr eine innere Motivation, »die Dinge so wie sie sind«, zu erkennen und das Erkenntnis mitzuteilen, soll die Objektivität der Berichterstattung leiten, sondern die möglichst volle *Akkommodation* an äußerliche Interessen, die *Unterordnung* des eigenen Standpunktes dem einer Gruppe, Klasse, der Partei und des Staates. Der bisher nur etymologische Zusammenhang zwischen »Partei« und »Parteilichkeit« kam seitdem zu seiner vollen, unheimlichen Verwirklichung. Nicht nur die werden zu dieser »Parteilichkeit« verpflichtet, die sich selbst, aus innerem Antrieb, mit dem Standpunkt der

Gruppe, der Partei, identifizieren, sondern auch diejenigen, für die er ein *fremder, äußerlicher* Standpunkt ist (besonders wenn sie öffentlich tätig sind – als Wissenschaftler, Künstler, Journalist etc.).

In seinen Vorlesungen für die Studenten der Journalistik, die unter dem Titel »Sozialistische Journalistik« in Leipzig 1966 herausgegeben wurden, entwickelt Hermann Budzislawski die Parteilichkeitslehre für den Bereich des Journalismus. Die Parteilichkeit bedeutet hier, zum einen, eine » *Methode des Erfassens* und des Arbeitsstils«, indem das »marxistisch Wesentliche« hervorgehoben wird (Budzislawski 1966, S. 131). Was »marxistisch« ist, wird – weil es im allgemeinen umstritten ist – immer für eine bestimmte Zeitspanne letzten Endes von allgemeinpolitischen Instanzen entschieden, die keine oder nur winzige wissenschaftliche und meistens auch sehr schwache fachliche Qualifikation für solche Entscheidungen besitzen. In konkreten Fällen soll sich der Journalist folgende Fragen stellen: »Dient die journalistische Wiedergabe den Werktätigen? Durch welche Darstellungsweise kann man ihnen mit der Wiedergabe dieses Ereignisses am wirkungsvollsten dienen?« (l. c., S. 132). Was den Werktätigen dient, kann wiederum nur aus den Parteibeschlüssen abgelesen werden. In manchen Fällen wird dieser »wirkungsvolle Dienst« so aussehen, daß man als Instrument journalistischer Arbeit ein »falsches Bewußtsein« einsetzen muß, so daß »Verhältnisse wie in einer Camera obscura auf den Kopf gestellt erscheinen« (Marx in: MEW 3, S. 26). Z. B. werden Werktätige, die bei der Reichsbahn gegen die Ausbeutung, für ihre sozialen Forderungen streiken, als kriminelle Elemente bezeichnet. Das dient zwar nicht den Werktätigen (denen wäre eher eine wahre, objektive Berichterstattung dienlich), jedoch gewiß den Herrschenden in der DDR.

Zum anderen ist Parteilichkeit ein » *Auswahlprinzip* des Journalismus« (Budzislawski 1966, S. 132). Einerseits gilt: »Der Gegner kommt nur zu Wort, falls uns das dient« (l. c.). Und basta! Daß dies die Arbeit eines »sozialistischen Journalisten« ungeheuer erleichtert, wird wohl unumstritten sein. Andererseits handelt es sich um die »Auswahl des Materials«. Hier gilt zwar nicht, daß unbedingt »alles Strittige« weggelassen werden muß, ja in unwichtigen »Einzelfragen« sind sogar »viele gegenteilige Meinungen«, »Polemik und Meinungsstreit« möglich (l. c.). Die Grenzen, wo dies *noch* möglich ist und wo *nicht mehr*, setzt jedoch wieder dieselbe päpstliche Instanz, die auch

mit genug Macht ausgestattet ist, ihre Entscheidungen durchzusetzen. Im Zweifelsfall muß der »sozialistische Journalist« auf
die »Wiedergabe eines Ereignisses« so lange verzichten, bis die
Instanz entscheidet, ob dieses Ereignis existiert oder nicht (z. B.
eine Streikwelle in Polen).

Außerdem ist Parteilichkeit auch ein »Bearbeitungs- und Auf-
machungsprinzip« (l. c., S. 133), was explizit bedeutet, daß jene
Seiten eines Geschehnisses besonders hervorzuheben sind, die
»zum Verständnis des gegenwärtigen, weltweiten Klassenkampfes am meisten beitragen« (l. c.). So werden beispielsweise die Gefahren der Produktion von Kernenergie nicht hervorgehoben, weil sie offenbar nicht zum Verständnis des weltweiten Klassenkampfes beitragen und gewiß die »Richtigkeit
unserer eigenen Politik« in Zweifel ziehen könnten. Die völlig
berechtigte Frage »Doch wer entscheidet darüber, ob sich eine
Meldung zum Druck eignet?« stellt Budzislawski (l. c.) nur den
»bürgerlichen Meinungsorganen«, erstaunlicherweise nicht der
»sozialistischen Journalistik«. Das »Geheimnis der Fabrikation
einer öffentlichen Meinung«, die dazu nur noch vortäuscht,
eine *öffentliche Meinung* zu sein, bleibt in seinem Buch ungelüf-
tet. Es bleibt nur ein »dialektischer« Widerspruch, der nach
seiner Meinung keiner ist: »Unsere Presse ist objektiv und
parteilich ...« (l. c.) und: »Es gibt in der sozialistischen Journalistik keinen Widerspruch zwischen Objektivität und Parteilichkeit« (l. c., S 135).

In den westlichen Ideologien, bei Wissenschaftlern, Journalisten u. a., gibt es nicht wenige Beispiele einer Tendenz zur
Verhüllung, Verschleierung der erkenntnisleitenden Interessen, die unter dem Schleier einer »Unparteilichkeit« verhüllt
werden sollen, jedoch auch manches Beispiel der Tendenz zur
Enthüllung, Entschleierung, Demaskierung (s. dazu Szende
1922), die auch wichtigen menschlichen Interessen entspricht
und entspringt, in Osteuropa aber fast ausschließlich der politisch unterdrückten, ideologiekritischen, systemübergreifen-
den Opposition vorbehalten ist. Die Marxisten-Leninisten brü-
sten sich damit, daß ihre Ideologie (»Philosophie und Wissenschaft«) die Parteilichkeit »offen, klar und eindeutig« aus-
spricht (Klaus/Buhr 1972, S. 820). Diese Parteilichkeit jedoch
verpflichtet alle öffentlich Sprechenden zu einer Anzahl ständig
wiederkehrender und streng kanonisierter Behauptungen, »die
darauf hinauslaufen, daß die Sowjetgesellschaft eine sozialistische Gesellschaft ohne Ausbeutung sei, eine volle Demokratie,
in der die verfassungsmäßigen Rechte aller Bürger garantiert

sind und durchgesetzt werden; oder, auf der anderen Seite, daß
der gegenwärtige Kapitalismus in einem Zustand sich verschär-
fender Klassenkämpfe, eines niedergedrückten Lebensstan-
dards, der Arbeitslosigkeit und so fort existiert. So formuliert
und für sich genommen, sind diese Behauptungen offenkundig
falsch – nach Marxschen wie nach nichtmarxschen Kriterien«
(Marcuse 1957 in: 1969, S. 94). Die »Wahrheit« solcher
Behauptungen besteht in ihrem *Effekt*: sie sind als *Direktiven*
für ein bestimmtes Verhalten zu verstehen. Parteilichkeit wird
so zur »Objektivität«, wahre Aussagen zum Verbrechen.
»Wahrheit und Falschheit sind dann keine Qualitäten von
Erkenntnissen mehr, sondern eines vorgegebenen und vorher
umgrenzten Zustands, an den Denken und Handeln gekettet
werden sollen« (Marcuse l. c., S. 99). So würgt die Schlinge der
– offen erklärten oder verschämt verhüllten – Parteilichkeit, in
Ost und West, wo immer sie anzutreffen ist, die Kehle der
Objektivität.

Literaturhinweise

Allport, G. W. (1935), »Attitudes«. In: Murchison, C. C. (Hrsg.)
(1935), Handbook of Social Psychology, Worcester: Clark Univer-
sity Press.
Bentele, Günter/Ivan Byst\u0159ina (1978), Semiotik. Grundlagen und
Probleme, Stuttgart/Berlin/Köln/Mainz: Kohlhammer.
Bubner, Rüdiger (1971), »Was ist kritische Theorie?«. In: Theorie-
Diskussion. Hermeneutik und Ideologiekritik, Frankfurt/M.: Suhr-
kamp.
Budzislawski, Hermann (1966), Sozialistische Journalistik. Eine wis-
senschaftliche Einführung. Leipzig: VEB Bibliographisches Institut.
Duden (1960), Der Große Duden. Bd. 5. Fremdwörterbuch. Mann-
heim: Bibliographisches Institut.
Duden (1980), Duden. Das große Wörterbuch der deutschen Sprache
in sechs Bänden, Bd. 5. Mannheim/Wien/Zürich: Bibliographisches
Institut.
Engels, Friedrich. In MEW, siehe sub Marx, Karl.
Heinerth, Klaus (1979), »Einstellung, Verhalten und Erleben als
Gegenstand der Veränderung in Psychotherapie und Erziehung«. In:
Heinerth, Klaus (Hrsg.) (1979), Einstellungs- und Verhaltensände-
rung. Ihre Theorie und Praxis in der Klinischen und Pädagogischen
Psychologie, München/Basel: Ernst Reinhardt.

Klaus, Georg (1969), Die Macht des Wortes. Ein erkenntnistheoretisch-pragmatisches Traktat, 5. überarb. u. erweit. Auflage, Berlin (DDR): VEB Dt. Verlag der Wissenschaften.

Klaus, Georg u. Manfred Buhr (Hrsg.) (1972), Marxistisch-leninistisches Wörterbuch der Philosophie, Reinbek: Rowohlt Taschenbuch.

Lenin, Wladimir Iljitsch, W = Werke, dt. Ausgabe 1961 ff.

de Man, Hendrik (1927), Zur Psychologie des Sozialismus, Jena: Diederichs.

Marcuse, Herbert (1957), Soviet-Marxism: A Critical Analysis, Columbia University Press; dt. Die Gesellschaftslehre des sowjetischen Marxismus, Neuwied/Berlin, 2. Aufl. 1969: Luchterhand.

Marx, Karl (1957 ff). In: MEW = Marx/Engels Werke, Berlin (DDR): Dietz.

Pross, Harry (1971), Die meisten Nachrichten sind falsch. Für eine neue Kommunikationspolitik, Stuttgart/Berlin/Köln/Mainz: Kohlhammer.

Rubinstein, Sergej L. (1958), Grundlagen der Allgemeinen Psychologie, Berlin (DDR): VEB Volk und Wissen.

SFS (1966), Stručný filosofický slovník (Kurzes philosophisches Wörterbuch), Praha: Svoboda.

Stachowiak, Herbert (1965), Denken und Erkennen im kybernetischen Modell, Wien/New York: Springer.

Szende, Paul (1922), »Verhüllung und Enthüllung«. In: Archiv für die Geschichte des Sozialismus und der Arbeiterbewegung, 10, S. 185 bis 270.

Weber, Max (1904), »Die ›Objektivität‹ sozialwissenschaftlicher und sozialpolitischer Erkenntnis«. In: Weber, Max (1951), Gesammelte Aufsätze zur Wissenschaftslehre, (2. Aufl.), Tübingen: Mohr.

JÖRG AUFERMANN

Journalistische Objektivität und Programmausgewogenheit

1. Verbindlichkeit des Objektivitäts- und Ausgewogenheitspostulats

Das Informationsangebot der Massenmedien in der Bundesrepublik soll »objektiv«, »wahrheitsgetreu«, »sachlich«, »überparteilich« und »ausgewogen« sein. Eine Vermischung von Nachrichten und Meinungen soll unterbleiben. Entsprechende Grundsätze, die sich auf die journalistische Berichterstattung erstrecken, finden sich u. a. in den Rundfunkgesetzen und im Pressekodex des Deutschen Presserates. (Siehe Anhang zu diesem Buch)

In den Programmgrundsätzen werden die Rundfunkredakteure zu objektiver Berichterstattung verpflichtet, wobei allerdings die normativen Formulierungen eine beträchtliche Variationsbreite aufweisen:

- Objektivität bei der *Nachrichtenauswahl* (BR-Gesetz),
- »*objektiver Überblick* über das Weltgeschehen« (ZDF-Staatsvertrag),
- »hohes Niveau *wahrheitsgetreuer Objektivität*« von Berichtsinhalt, Stil und Wiedergabe (SDR-Gesetz),
- Verpflichtung auf Nachrichtenquellen, »die Beurteilung und Wiedergabe einen *objektiven Standpunkt* erkennen lassen« (RB-Gesetz).

Im Pressebereich drückt sich das entsprechende berufsethische und berufsständische Selbstverständnis in den »Publizistischen Grundsätzen« (Pressekodex) des Deutschen Presserates e. V. aus. Darin wird als oberstes Gebot der Presse die »Achtung vor der Wahrheit und wahrhaftige Unterrichtung der Öffentlichkeit« genannt. Das impliziert, »daß redaktionelle Veröffentlichungen nicht durch private oder geschäftliche Interessen Dritter beeinflußt werden« und daß redaktioneller Text und Werbung klar voneinander getrennt bleiben sollen. Das Postulat der Programmausgewogenheit (Mindestmaß von inhaltlicher Ausgewogenheit des Gesamtprogramms) ist verfassungsnormativ verankert. (BVerfGE 12, 206) Die Gebote der Programmausgewogenheit und Überparteilichkeit der öffentlich-rechtlichen Rundfunkanstalten sind rundfunkrechtlich zwingende Normen, wenn sie auch einen relativ weiten – medienpolitisch weidlich genutzten – Interpretationsspielraum eröffnen.

In den *Empfehlungen* des Deutschen Presserats finden sich Parallelen zur an sich rundfunkspezifischen Ausgewogenheitsnorm. Dazu sah sich der Presserat durch die wettbewerbsverdrängenden Folgen der Pressekonzentration veranlaßt, in deren Verlauf immer mehr Zeitungen eine lokale oder regionale Monopolstellung erlangt haben. Mit Hinweis auf die öffentliche Funktion der Presse, den Vorrang der Informationsfreiheit der Bürger, die Bedeutung der publizistischen Meinungsvielfalt und Chancengleichheit empfiehlt der Presserat den Verlegern und Redakteuren von Monopolzeitungen, »aus allen Lebensgebieten von öffentlichem Interesse unvoreingenommen und unter gewissenhafter Abwägung der Bedeutung der Nachrichten oder Berichte zu informieren; das gilt auch für Auffassungen, die die Zeitung selbst nicht teilt«.

2. Programmausgewogenheit: medien- und gesellschaftspolitischer Stellenwert

Normativer Gehalt

Der Presserat kann nur Empfehlungen aussprechen. Rechtlich sind die privatwirtschaftlich organisierten Pressebetriebe dadurch nicht zur redaktionellen Ausgewogenheit und Überparteilichkeit verpflichtet. Sie können durchaus einseitig parteipolitische, weltanschauliche oder ökonomische Interessen vertreten. Je mehr jedoch durch die ökonomischen Konzentrationsprozesse im privatwirtschaftlichen Medienbereich der publizistische Wettbewerb eingeschränkt und auf einzelnen lokalen/ regionalen Märkten gänzlich »verdrängt« wird, desto dringlicher wird die konsequente Beantwortung der Frage, ob in solchen Monopolsituationen die wettbewerbs- und kartellrechtlichen Eingriffsmöglichkeiten zur Verhinderung eines möglichen Mißbrauchs privater Verfügungsmacht über Medien öffentlicher Kommunikation noch ausreichen. Die Schlußfolgerung des Staatsrechtlers Czajka erscheint konsequent: »Die

Antwort auf diese Frage kann hier im Prinzip nicht anders lauten als beim Rundfunk: Die ursprüngliche äußere Vielgestaltigkeit des Pressewesens, die den natürlichen Ausgleich für die Einseitigkeit der einzelnen Presseerzeugnisse bildete, muß im Innern des monopolistischen Presseunternehmens durch eine geeignete Organisation rekonstruiert werden.« (Czajka 1968, S. 156 f)

Der Rundfunk ist in der Bundesrepublik öffentlich-rechtlich strukturiert. Er steht im Dienst der Allgemeinheit und nicht einer parteipolitischen Richtung oder einer gesellschaftlichen Gruppierung, die ökonomische oder sonstige Sonderinteressen verfolgt. Art. 5 GG verlangt – mit den Worten des Bundesverfassungsgerichts –, »daß dieses moderne Instrument der Meinungsbildung weder dem Staat noch *einer* gesellschaftlichen Gruppe ausgeliefert wird«. (BVerfGE 12, 262; Hervorhebung auch im Original kursiv)

Ausgewogenheit ist als Meinungsvielfalt in den Rundfunkprogrammen zu verstehen und zu gewährleisten: Die gesamte Bandbreite der den gesellschaftlichen Diskussionsprozeß prägenden Interessenpositionen und Meinungsrichtungen muß im Rundfunk publizistisch repräsentiert sein. Das Ausgewogenheits- und Neutralitätsgebot besagt somit, daß sich die Rundfunkanstalten nicht mit bestimmten gesellschaftlichen Sonderinteressen oder parteipolitischen Auffassungen identifizieren dürfen und daß keine gesellschaftliche Gruppe in ihrem berechtigten Anspruch auf öffentliche Meinungskundgabe und Interessenartikulation benachteiligt werden darf.

Die Forderung nach Programmausgewogenheit und Überparteilichkeit bezieht sich auf den öffentlich-rechtlichen Rundfunk als juristische Person. Das Recht des einzelnen Rundfunkjournalisten zu einer prononzierten Meinungsäußerung und kritischen Kommentierung von Vorgängen, Interessenpositionen und (Fehl-) Entwicklungen in Politik, Wirtschaft und Gesellschaft wird dadurch nicht in Frage gestellt. Rechtlich unzulässig ist allerdings – im Unterschied zum privatwirtschaftlich fundierten Pressejournalismus – der rundfunkjournalistische Einsatz für parteipolitische Propagandazwecke oder für Ziele der werbungtreibenden Wirtschaft.

Der Verfassungswert der Rundfunkfreiheit erfüllt sich darin, daß der Prozeß der öffentlichen Meinungsbildung durch eine umfassend informierende, ungehindert kritische und sozialstaatlich engagierte Rundfunkpublizistik unterstützt wird. Die Gebote der Programmausgewogenheit, Überparteilichkeit und

Neutralität sind insofern durchaus »tendenziös«, als sie in einem verfassungsstrukturellen Zusammenhang mit dem Demokratie- und Sozialstaatsgebot stehen. Die rundfunkpublizistische Chancengleichheit aller »gesellschaftlich relevanten Kräfte« muß gesichert bleiben. Die geforderte Ausgewogenheit des Gesamtprogramms öffentlich-rechtlicher Rundfunkanstalten in der Bundesrepublik ist also wertgebunden an die Prinzipien demokratischer Öffentlichkeit, kommunikativer Chancengleichheit und journalistischer Fairneß. In diesem verfassungsnormativen Kontext stehen auch die Sendegrundsätze der Rundfunkanstalten, in denen von den Programmverantwortlichen und -mitarbeitern u. a. gefordert wird: demokratische Gesinnung, Förderung der internationalen Verständigung, des Friedens und der sozialen Gerechtigkeit, Verteidigung der demokratischen Freiheit, Verpflichtung zur Wahrheit.

Da es über die »richtige« Auslegung dieser Programmgrundsätze häufig Meinungsdifferenzen gibt, wird mitunter der Versuch unternommen, die journalistische Arbeit durch (vermeintlich) präziser formulierte Bestimmungen zu normieren. Werden allerdings verbindliche Programmgrundsätze zu eng definiert, wird die Rundfunkfreiheit eher gefährdet als geschützt. Zu eng gefaßte Programmrichtlinien können leicht in staatlich verordnete Sprachregelungen übergehen. Diese Sorge erscheint nicht unbegründet, wenn man z. B. die folgende Programmrichtlinie liest, die in dem 1978 vorgelegten Entwurf der schleswig-holsteinischen Landesregierung für einen neuen Staatsvertrag über den NDR (§ 6, Abs. 2) enthalten war: »Die Programmausgewogenheit und die Förderung des inneren und äußeren Friedens erfordern, die politische und gesellschaftliche Wirklichkeit nicht überwiegend unter Konfliktgesichtspunkten darzustellen.«

Programmausgewogenheit
und gesellschaftliche Interessenkonflikte

Kapitalistische Industriegesellschaften sind durch tiefgreifende sozialökonomische Interessenwidersprüche und -konflikte gekennzeichnet. Gemessen an den grundlegenden Verfassungsnormen demokratischer Chancengleichheit und sozialer Gerechtigkeit kann z. B. die Einkommens- und Vermögensverteilung keineswegs als »ausgewogen« bezeichnet werden. Dieser gesellschaftsstrukturelle Tatbestand läßt sich nur ideologisch

bemänteln. Sperrt man sich nicht gegen die verfassungsnormativen Prämissen und gegen das empirische Wissen über den
Stand der gesellschaftlichen Entwicklung, muß auch die publizistisch bedeutsame Schlußfolgerung anerkannt werden:
Programmausgewogenheit besagt nicht, daß reale Interessenwidersprüche und politische Konflikte im Rundfunkprogramm
zu glätten, zu bagatellisieren oder gar zu leugnen sind. Politisch
auszuhandelnde Kompromisse zwischen unvereinbaren Interessen können nicht publizistisch vorweggenommen werden.
Andernfalls würde die Ausgewogenheitsforderung als publizistische Harmonielehre bzw. realitätsverzerrende Gemeinwohl-
ideologie mißverstanden. Das wäre ein Verstoß gegen das
Objektivitätspostulat, wonach die gesellschaftlichen Interessen
auch in ihrer tatsächlichen Unterschiedlichkeit und Gegensätz-
lichkeit darzustellen sind.
Dadurch, daß solchen Vorgängen und Ereignissen, in denen
sich schicht- oder gruppenspezifische Chancenungleichheit und
soziale Ungerechtigkeit dokumentieren, ein Nachrichten*wert*
zuerkannt wird, wird eine legitime journalistische Selektionsentscheidung getroffen. Dagegen läßt sich im Namen des
Ausgewogenheitspostulats kein Einspruch erheben. Andernfalls hätten wir es mit einer »Ausgewogenheit der Etablierten«
(Schwarzkopf 1975, S. 36) oder genauer: mit einer interessenspezifischen Unausgewogenheit zur ideologischen Privilegien-
absicherung im sozialökonomischen Verteilungskampf zu
tun.
Das Ausgewogenheitspostulat gebietet es demnach nicht, soziale Konflikte und Interessengegensätze zu verschleiern und
veränderungsbedürftige soziale Mißstände oder politische
Fehlentwicklungen publizistisch zu meiden. Einen apologe-
tischen Anpassungsjournalismus zu betreiben, wäre eine pro-
fessionswidrige Zumutung, die durch das interessenpluralisti-
sche Ausgewogenheitsprinzip nicht legitimiert ist. Unabhängige Programmverantwortliche werden daher in ihre Programmverantwortung auch die Pflicht einbegreifen, sich im Konflikt-
fall vor die Journalisten zu stellen, deren kritische, aber professionell einwandfreie Beiträge die Etablierten und Mächtigen zu
einschüchternden Sanktionsandrohungen veranlassen. In diesem Sinne hat z. B. der Chefredakteur des ZDF, Reinhard
Appel, sein Verständnis von Rundfunkfreiheit, Programmviel-
falt und -verantwortung ausgedrückt: »Eine Pflicht der Programmverantwortlichen ist es ..., diejenigen Journalisten besonders zu schützen, die sich in ihrer Arbeit nicht in der allseits

geliebten Mitte bewegen, sondern mutig auch unpopuläre, anstoßerregende Themen anpacken. Aufgabe der Massenmedien ist es, alle Facetten der Wirklichkeit im Programm zur Geltung zu bringen.« (Appel 1976, S. 14)

3. Objektivität in Wissenschaft, Kunst und Publizistik

In den voraufgegangenen Ausführungen ist bereits der Begriff der Objektivität – zunächst noch nicht näher expliziert – verwendet worden. Bevor das Verhältnis zwischen Objektivität und Ausgewogenheit untersucht werden kann, muß nun noch der dabei zugrundeliegende Objektivitätsbegriff näher erläutert werden. Es erscheint sinnvoll, einen Blick auf die Tragweite dieses Begriffs im Bereich von Wissenschaft und Kunst zu werfen. Das könnte einen aufschlußreichen Hintergrund abgeben, vor dem erst das Postulat journalistischer Objektivität deutliche Konturen gewinnt. Dementsprechend sollten deshalb im folgenden den Ausführungen über die Bedeutung des journalistischen Objektivitätsprinzips einige allgemeinere Betrachtungen vorangestellt werden.

Objektivität in der Wissenschaft

Der Objektivitätsanspruch wird heute ganz selbstverständlich an die Wissenschaft gerichtet und gehört zum Credo jedes ernstzunehmenden Wissenschaftlers. Ihre Erkenntnisinteressen und wissenschaftstheoretischen Auffassungen mögen sehr unterschiedlich sein; aber es besteht eine verbindende Grundlage, die es überhaupt erst ermöglicht, von einer »scientific community« zu reden, nämlich das allen gemeinsame *subjektive* Streben nach »Wahrheit« bzw. »objektiver Erkenntnis«, mit anderen Worten: die allgemeine Anerkennung des Objektivitätspostulats in diesem Sinne als verfahrensrationaler Leitidee der Forschungstätigkeit.
Das war keineswegs schon immer und in jeder Kultur der Fall. Vielmehr muß man sich bewußt machen, das das Objektivitätsprinzip erst mit der Entwicklung der modernen Naturwissenschaft allgemeine Geltung erlangt hat. Nur langsam hat sich die Erwartung verallgemeinert, daß wissenschaftliche Aussagen über erklärungsbedürftige Erscheinungen – Kräfte in Natur und Gesellschaft – empirisch richtig oder wahr, das heißt (prin-

zipiell) objektiv überprüfbar sein müssen. Objektivität wurde
zum höchsten Wertmesser für die Stichhaltigkeit und Überzeugungskraft wissenschaftlicher Versuche, die realen Phänomene
zu erklären. Man konnte sich nicht mehr auf metaphysische,
religiöse und herrschaftliche Instanzen zur Bestätigung der
Richtigkeit von Hypothesen und Theorien berufen.

Mit dem Objektivitätsprinzip als formaler Richtschnur und
rationalem Maßstab der Erkenntnisgewinnung verwissen-
schaftlichte sich das allgemeine Wirklichkeitsverständnis –
zunächst häufig gegen den Widerstand kirchlicher und säkula-
rer Machtinstanzen. Die absolutistische bzw. selbstherrliche
Begründung ihres Herrschaftsanspruches wurde brüchig, als
ihm im Zeitalter der Aufklärung eine rationale Legitimation
abverlangt wurde. Die klerikal-feudalistische Obrigkeit konnte
ihre Interpretationsherrschaft und geistige Autorität nicht
mehr mit allumfassendem Unfehlbarkeits- bzw. Ausschließ-
lichkeitsanspruch aufrechterhalten, als sich praktisch und theoretisch zeigte, welche Antriebskraft für den Erkenntnisfortschritt in dem Objektivitätspostulat und im Modell des kritischen Diskussionsrationalismus steckte. Dieses Postulat mußte sich also – historisch betrachtet – als wissenschaftstheoreti-
sches Axiom rationalen Erkenntnisstrebens erst gegen hier-
archische Autoritäten und obrigkeitliche Zensurinstanzen
durchsetzen, die in vorbürgerlichen Epochen Weltbild und
Denkweise prägten und damit zugleich die soziale Realität
bestimmten.

Schon hierin zeigt sich das kritische Potential des Objektivitätsanspruchs im Rahmen öffentlicher Diskussion und rationaler
Argumentation. Immanuel Kant hat in der Vorrede zur ersten
Auflage (1781) der »Kritik der reinen Vernunft« den Geltungsanspruch der kritischen Vernunft gegenüber dem absolu-
tistischen Staat artikuliert. Aufklärerisch zitierte er den Staat
vor den »bürgerlichen Gerichtshof« der öffentlichen Kritik.
Damit schwand die Möglichkeit, die staatliche Autorität abso-
lutistisch, das heißt kraft eigener Machtvollkommenheit zu
begründen: »Unser Zeitalter ist das eigentliche Zeitalter der
Kritik, der sich alles unterwerfen muß. *Religion*, durch ihre
Heiligkeit, und *Gesetz*gebung, durch ihre *Majestät*, wollen sich
gemeiniglich derselben entziehen. Aber alsdenn erregen sie
gerechten Verdacht wider sich, und können auf unverstellte
Achtung nicht Anspruch machen, die die Vernunft nur demje-
nigen bewilligt, was ihre freie und öffentliche Prüfung hat
aushalten können.« (Kant 1968, S. 13)

Danach läßt sich bereits sagen: Erkenntnisse sind objektiv, wenn sie allgemeingültig sind, also für alle gleichermaßen gelten, unabhängig und ungetrübt von subjektiven Besonderheiten, persönlichen Sympathien oder Antipathien, gesellschaftlichem Status und politischen Anschauungen. Ein solcher Anspruch mußte natürlich auf den hinhaltenden Widerstand derjenigen stoßen, die sich unter Berufung auf religiöse oder traditionale Richtwerte im Besitz absoluter Wahrheit glaubten – und, weil sie dies andere glauben machen konnten, im Besitz der Macht waren.

Die beste Rechtfertigung für ein kritisches Infragestellen herrschender Dogmen bestand (und besteht) nicht darin, dem herrschenden Standpunkt bzw. Gesichtspunkt auf gleicher Ebene einen anderen entgegenzusetzen. Dogmatisches Denken läßt sich nur im Streben nach objektiver bzw. allgemeingültiger Erkenntnis und nach rationalen, interessenkritischen Begründungen von Geltungsansprüchen bestimmter Ansichten überwinden. Die praktische Voraussetzung dazu besteht in der Möglichkeit ungehinderter Diskussion und Kritik (Religions-, Presse- und Wissenschaftsfreiheit).

Daß nun trotzdem häufig die Tragfähigkeit des Objektivitätsprinzips als Eckpfeiler eines kritisch-rationalen Weltbildes und Wissenschaftsverständnisses angezweifelt wird, hängt nicht nur damit zusammen, daß die skizzierten historisch-gesellschaftlichen Bedingungen des wissenschaftlichen Fortschritts mitunter nicht genügend beachtet werden. Im Verlauf der modernen Wissenschaftsgeschichte wurde deutlich, daß die Geistes- und Sozialwissenschaften nicht in gleicher Weise wie die Naturwissenschaften dem Objektivitätspostulat genügen können. In den Geistes- und Sozialwissenschaften gehören der Forschungsprozeß und das Erkenntnissubjekt selbst zum Erkenntnisgegenstand. Als Voraussetzung objektiver Erkenntnis kann deshalb in diesen Wissenschaften nicht die »Eliminierung des subjektiven Faktors«, sondern nur dessen erkenntniskritische Relativierung bzw. Thematisierung als Einflußfaktor im Forschungsprozeß gefordert werden. In den Naturwissenschaften gibt es z. B. nicht das sozialkommunikative Rückkopplungsphänomen einer »selffulfilling prophecy« oder »self-destroying prophecy«. Sozialwissenschaftler können sich nicht aus den sozialen, politischen, wirtschaftlichen und kulturellen Wirkungszusammenhängen, die sie zum Untersuchungsgegenstand haben, völlig herauslösen. Sie können sich als Erkenntnissubjekt nicht soweit neutralisieren, daß sie als Wissenschaftler gänzlich unbeeinflußt von allen interessenbezogenen Argumentationen und ideologischen Anschauungen bleiben.

Diese Probleme können hier nicht weiter verfolgt werden, sollten aber doch zumindest angesprochen sein, weil sie gerade für die Frage nach der Möglichkeit und den Bedingungen journalistischer Objektivität von beispielhafter Bedeutung sind. Festzuhalten ist, daß sich in den Geistes- und Sozialwissenschaften nicht so weitgehend wie in den Naturwissenschaften Wertvorstellungen, ästhetische und politische Standpunkte eliminieren lassen. Das liegt nicht etwa an der subjektiven Unzulänglichkeit der Wissenschaftler. Unvermeidlich fließen Werturteile in die Auswahl der für untersuchungswürdig befundenen Problemstellungen ein, wirken darüber hinaus auch auf die Problemsicht ein, auf die Konstruktion des Untersuchungsinstrumentariums und schließlich auch auf die Ergebnisse, insbesondere auf den Zuschnitt der Tatbestandsaufnahmen und die Interpretation der Befunde – damit letztlich wieder auch auf die soziale Realität als Untersuchungsgegenstand.

Daher ist es z. B. auch konsequent, daß bei Berufungen von Wissenschaftlern als beamtete Professoren das wissenschaftspluralistische Auswahlprinzip beachtet werden soll. Dagegen können sich nur diejenigen wenden, die sich im Besitz eines unfehlbaren gesellschaftstheoretischen Generalstabsplans wähnen; ein solcher Plan müßte immerhin dazu taugen, alle Interessenwidersprüche in der Gesellschaft, damit zusammenhängende Begriffskonflikte und Meinungskämpfe im normativen Konsens aufzulösen, bzw. in der Identität von Subjekt und Objekt sozialen Handelns »aufzuheben«. (Dann allerdings könnten auch die sozialwissenschaftlichen Lehrstühle unbesetzt bleiben. Bis dahin jedoch sollten solche visionären Ansichten den pluralistisch erschwerten geistigen Wettbewerbsbedingungen ausgesetzt bleiben.)

Trotz dieser gesellschaftlichen Interessenbedingtheit und Werturteilsbasis historischer und sozialwissenschaftlicher Erkenntnisbemühungen ist der subjektiven Willkür nicht etwa Tür und Tor geöffnet. Das Prinzip der Objektivität ist in den Sozialwissenschaften nicht gegenstandslos. Allerdings ist dieses wissenschaftstheoretische Prinzip – als Ergebnis erkenntniskritischer Reflexion – zu relativieren. Es bleibt aber dann durchaus noch für die Entscheidung darüber nutzbar, welche von zwei unterschiedlichen empirischen Theorien die soziale Objektivität genauer trifft bzw. erklärt.

Künstlerisches Schaffen zielt nicht auf eine möglichst objektive Abbildung und Wiedergabe von Realität, etwa als Versuch, die Natur zu kopieren oder historische und gesellschaftliche Ereignisse zu imitieren. Im Unterschied zur journalistischen Berichterstattung und Realitätskonstruktion richten sich Wert, Ausdrucks- und Eindruckskraft eines künstlerischen Werks nicht nach dem Grad der dokumentarischen Genauigkeit oder Wirklichkeitstreue der Darstellung. Das besagt aber nichts Negatives über die realitätsbezogenen Darstellungsmöglichkeiten der Kunst; so können z. B. Portraitmalerei oder Karikaturen ihren Gegenstand *charakteristischer* treffen als fotografische Paßbilder oder Pressefotos.

Als künstlerisches Schaffen betrachten wir gerade die besten Reproduktionsleistungen nicht. Das Ziel einer originalgetreuen Reproduktion im Sinne einer *vollständig objektiven* Wiedergabe von Vorlagen ist immer erst dann zu erreichen, wenn bestimmte subjektive Auswahl- und Abstraktionsentscheidungen schon gefällt worden sind, einschließlich der Auswahl der für die Schöpfung der Vorlage anzuwendenden Stil- bzw. Ausdrucksmittel. Bei der Faksimilierung von Vorlagen kann eine hohe artifizielle Meisterschaft erreicht werden, wie die – im ästhetischen Eindruckswert dem Original häufig gleichwertigen – Kunstreproduktionen oder auch die – ihren symbolisch ausgedrückten Tauschwert täuschend echt vorspiegelnden – Banknotenfälschungen zeigen. Mitunter sind die Kopien vom Original nicht mehr zu unterscheiden.

Nur von Vorlagen bzw. Einzeldaten (oder auch von selektierten Datenmengen) ist eine vollständig objektive Wiedergabe möglich. Damit können sich aber Journalisten, auch wenn sie das Objektivitätspostulat anerkennen, in der Regel keineswegs begnügen. Sie müssen selbst immer auch Auswahlentscheidungen treffen. Dennoch werden sich nur wenige Publizisten, journalistische Berichterstatter und Bildreporter mit Künstlern vergleichen. Ein künstlerisches Bild kann man nicht danach bewerten, ob seine Aussage faktisch wahr oder falsch ist, wohl aber eine publizistische Aussage.

Häufig wird die Fotografie als *das* objektivitätsverbürgende Medium oder Ausdrucksmittel bezeichnet: »die Kamera lügt nicht«, »unbestechliches Auge der Kamera«. Der französische Filmtheoretiker André Bazin hat auf das *Objektiv* des Fotoapparates hingewiesen, um die Objektivität des fotografischen

Abbilds von Realitätsausschnitten zu belegen: »Die Originalität der Fotografie im Unterschied zur Malerei besteht also in ihrer Objektivität. So hieß die Kombination der Linsen, die das fotografische Auge an die Stelle des menschlichen Auges setzte, treffend ›Objektiv‹. Zum ersten Mal stellt sich zwischen das auslösende Objekt und seine Darstellung nun ein anderes Objekt, zum ersten Mal – einem rigorosen Determinismus entsprechend – entsteht ein Bild der Außenwelt automatisch, ohne das kreative Eingreifen des Menschen. Die Persönlichkeit des Fotografen spielt nur für die Auswahl und Anordnung des Objekts eine Rolle, und auch für die beabsichtigte Wirkung. Wenn auch auf dem fertigen Werk Spuren der Persönlichkeit des Fotografen erkennbar sind, so sind sie dennoch nicht von gleichem Rang wie die des Malers.« (Bazin 1975, S. 24, cit. nach Honnef 1978, S. 13)

Im Anschluß daran behauptet Honnef in seinem Aufsatz »Fotografie zwischen Authentizität und Fiktion«, daß in der Fotografie die »unverstellte Wirklichkeit« hervorbräche. (Honnef 1978, S. 13) Hier wird m. E. das Auge hinter der Kamera, der intentionale, geistige Blick des Fotografen ungebührlich vernachlässigt. Den technischen, physikalischen und chemischen Determinanten der Fotografie, denen sie die *Möglichkeit ihres Gebrauchs* als bildnerisches Dokumentationsmittel verdankt, wird eine Führungsrolle bei der Realitätsabbildung zugesprochen.

Jedoch gehört zum Kameraobjektiv z. B. auch die Blende, durch die je nach der Aussageintention des Fotografen eine größere oder geringere Tiefenschärfe erzielt werden kann, »störende« Details oder Konturen des – von der Brennweite des verwendeten Objektivs abhängigen – Wirklichkeitsausschnitts ausgeblendet werden können. Zwar werden generell die Grenzen fotografischer Bildaussage, wie bei jedem anderen künstlerischen Ausdrucksmittel bzw. Kommunikationsmedium, durch deren technische Möglichkeiten und die gewählten spezifischen Stilmittel gezogen. Aber innerhalb dieser Grenzen besteht auch bei der Fotografie ein weiter Gestaltungsspielraum, der künstlerische und banale, dokumentarisch genaue und manipulativ irreführende Bildaussagen zuläßt. Die Fotografie als technisches Medium vermittelt also nicht die objektive Realität, sondern Ansichten der Realität. Allerdings werden unsere Umweltansichten (bis hin zur »Weltanschauung«) auch durch die Fotografie wie durch andere Kommunikationsmedien beeinflußt und in mancher Hinsicht sogar erst ermöglicht.

Wie weit dieser Gestaltungsspielraum trotz aller Bindungen durch die physikalischen, chemischen und technischen Bedingungsfaktoren der fotografischen Bildproduktion noch ist, zeigt nicht zuletzt die jedem Fotografen geläufige Tatsache, daß selbst von ein und demselben Negativ sehr unterschiedliche »Kopien« bzw. Vergrößerungen hergestellt werden können. Und noch größer sind die kreativen Eingriffs- und Entscheidungsmöglichkeiten des Fotografen in den Phasen *vor* diesem letzten fotografischen Produktionsschritt, das heißt vor der Umwandlung des Filmnegativs in ein Filmpositiv. (Vgl. Gombrich 1977, S. 52 ff.) Hieran zeigt sich deutlich, daß es hinsichtlich einer objektiven Darstellung von Wirklichkeit(en) zunächst einmal auf eine entsprechende subjektive Zielsetzung ankommt, insbesondere auf die Wahl und die Verwendungsweise der technischen, sprachlichen und sonstigen Darstellungsmöglichkeiten und Stilmittel.

Objektivität und journalistischer Sprachgebrauch

Zur sprachlichen Implikation des Objektivitätspostulats gehört die Forderung, sachlich zu formulieren, treffende Begriffe zu wählen, diese eindeutig zu gebrauchen und unmißverständlich zum Ausdruck zu bringen. Im Unterschied zu Wissenschaftlern mit ihren Fachsprachen müssen sich Journalisten weitgehend der Alltagssprache bedienen, um größtmöglicher Allgemeinverständlichkeit willen. Unser natürlicher Sprachgebrauch ist voller Metaphern und Mehrdeutigkeiten. Diese führen häufig zu semantischen Kommunikationsstörungen, zu Mißverständnissen, Verständigungs- und Verständnisschwierigkeiten. Dennoch können sich Journalisten nicht auf wissenschaftliche Fachsprachen zurückziehen. Das bedeutet aber nicht notwendigerweise, daß man die Sachverhalte nicht sachlich, präzise und zugleich gemeinverständlich beschreiben könnte.
Die Mehrdeutigkeit vieler Ausdrücke der Alltagssprache kann nicht nur Verwirrung stiften, sondern ist zugleich Quelle des sprachlichen Bedeutungsreichtums und Ausdruckspotentials. Ohne lebendigen Bezug zur bedeutungsreichen natürlichen Umgangssprache wäre im übrigen auch Wissenschaft und Logik unergiebig bzw. scholastisch dürr, letztlich sogar unmöglich. Denn jede wissenschaftliche Fachsprache oder Terminologie gründet auf unserer natürlichen Sprache. Sie ist das unverzichtbare Medium unserer Objekterfahrung und reflexiven Selbsterfahrung.

Die Sprache spielt deshalb im Zusammenhang der Objektivitätsdiskussion eine wichtige Rolle. Sprache erfüllt nicht nur symptomatisch-expressive und referierende bzw. deskriptive Funktionen, sondern nicht weniger schöpferisch-sinngebende Gebrauchsfunktionen. Sprache dient dazu, unsere komplexe physische und soziale Umwelt sinnvoll zu strukturieren, das Kaleidoskop von Phänomenen begrifflich zu ordnen, überschaubar und bedeutsam zu machen. Sprachliche Symbole können aber auch manipulativ dazu benutzt werden, objektiv falsche Vorstellungen und interessenspezifisch verzerrte Realitätsmodelle bzw. »Bilder in unseren Köpfen« zu evozieren. Der amerikanische Kolumnist Walter Lippmann hat in seinem erstmals 1922 veröffentlichten Buch über »Die öffentliche Meinung« auf das Spannungsverhältnis zwischen unseren symbolischen Fiktionen bzw. Bildern der Umwelt und den »brutalen Fakten« hingewiesen: »... Die reale Umgebung ist insgesamt zu groß, zu komplex und auch zu fließend, um direkt erfaßt zu werden. Wir sind nicht so ausgerüstet, daß wir es mit so viel Subtilität, mit so großer Vielfalt, mit so vielen Verwandlungen und Kombinationen aufnehmen könnten. Obgleich wir in dieser Umwelt handeln müssen, müssen wir sie erst in einfacherem Modell rekonstruieren, ehe wir damit umgehen können. Um die Umwelt zu durchwandern, müssen die Menschen Karten von dieser Welt haben. Ihre beständige Schwierigkeit besteht darin, daß sie sich Karten beschaffen müssen, auf denen ihre eigenen Bedürfnisse oder die Bedürfnisse irgendeines anderen nicht mit den Notwendigkeiten eines Dritten in Einklang stehen.« (Lippmann 1964, S. 18)

Hieran wird der pragmatische Zusammenhang zwischen Sprache und Sprachbenutzer mit ihren Einstellungen, Ängsten, Wünschen, Bedürfnissen und Interessen deutlich. Denn selbstverständlich ist nicht die Sprache an ihrem möglichen manipulativen Mißbrauch oder aufklärerischen Gebrauch »schuld«, sondern allemal diejenigen, die sie benutzen – als Hilfsmittel zum Zweck der Wahrnehmungsstrukturierung, des Denkens, Erkennens und der Wissensspeicherung, Informationsübertragung sowie, nicht zuletzt, der kommunikativen Beeinflussung: Es macht z. B. einen Unterschied, ob von der *militärischen Stärke* der Armee eines Landes, von ihrer *Kampf- bzw. Schlagkraft* oder aber von ihrem *Tötungs- und Vernichtungspotential* die Rede ist. (Vgl. Edelmann 1976) Wer kritische Schriftsteller als »Ratten und Schmeißfliegen« bezeichnet, ruft heftige Reaktionen hervor, weil es sich hierbei ja nicht (nur) um eine falsche zoologische Klassifikation handelt, sondern um den gezielten metaphorischen Gebrauch dieser Tiernamen zur moralischen Herabwürdigung von Menschen zu Unmenschen.

Zu den gefährlichen Verstößen gegen das Objektivitätsgebot zählen aber nicht die massiven Tatsachenverdrehungen und andere offensichtliche Manipulationen, sondern die in emotionsfreier Nachrichtensprache als Tatsachen ausgegebenen Vermutungen und Wertungen. Dem liegt häufig keine Manipulationsabsicht, sondern ein Mangel an thematischem Wissen oder auch ungenügende Beachtung professioneller Regeln objektiver Nachrichtengebung (z. B. Quellenangabe und deutliche Zitatkennzeichnung) zugrunde. Bedenklich stimmt z. B. die oft benutzte Formel »nach Ansicht informierter Kreise...«, mit der dem Publikum die sachliche Richtigkeit einer Meldung suggeriert wird. Häufig weiß natürlich der Nachrichtenredakteur selbst nicht, ob es diese beglaubigenden »informierten Kreise« überhaupt gibt oder ob sie nur erfunden worden sind, um einen evtl. Mangel an quellenkritischer Recherche zu verdecken.

Der journalistische Sprachgebrauch hängt immer auch von der »herrschenden Meinung« und »politischen Großwetterlage« ab. Zum Beispiel wurde erst seit Anfang der siebziger Jahre in den Nachrichten statt der Bezeichnungen »Ostzone«, »Sowjetzone« oder »›DDR‹« deren offizielle Abkürzung ohne Anführungsstriche üblich. Davor wurde das Weglassen der Anführungsstriche häufig als politische Meinungsbekundung zugunsten der DDR und ihrer Politik gewertet. Heute werden Bezeichnungen wie »Berufsverbot«, »Befreiungsbewegung« oder auch »BRD« (wie von der DDR praktiziert) gemieden. Für dieses sprachliche Rückversicherungsstreben von Journalisten kann es zwei akzeptable Gründe geben: 1. Der Journalist kann nicht immer eindeutig ermitteln, welche von mehreren möglichen Bezeichnungen den gemeinten Gegenstand in sachlicher und normativer Hinsicht am genauesten ausdrücken. 2. Selbst wenn er sich dazu fähig glaubt, will er nicht den Eindruck aufkommen lassen, er nähme in einer öffentlich noch unentschiedenen Kontroverse durch die Wahl bestimmter politisch aufgeladener Ausdrücke Partei. Die journalistische Aufgabe von Reportern oder Nachrichtenredakteuren ist es in der Tat nicht, in einem Meinungsstreit zwischen Parteipolitikern oder gesellschaftlichen Interessengruppen Position zu beziehen.

Damit gerät der Journalist jedoch häufig in ein Dilemma. Wenn er z. B. das Wort »Berufsverbot« meidet, wird er womöglich denen nicht gerecht, die tatsächlich oder doch nach Meinung eines Teils des Publikums ein Berufsverbot erlitten haben. Bei einer solchen objektiv nicht oder nur sehr schwer zu klärenden Kontroverse bleibt dem Journalisten nichts anderes übrig, als beide Meinungspositionen bei der Nachrichtenformulierung zu berücksichtigen und den Nachrichtengegenstand als noch strittig zu kennzeichnen. Sich »nach bestem Wissen und Gewissen« für denjenigen politisch wertenden Ausdruck zu entscheiden, der vermutlich die realen Gegebenheiten und deren Übereinstimmung mit bzw. Abweichung von gesellschaftlichen Normen am besten trifft, kann kaum überzeugen. Launer, ein nachrichtenpublizistisch erfahrener Autor, ist der Ansicht, daß dabei folgendes herauskäme: »Im Zweifelsfalle stellt die Redaktion sich ... immer auf die Seite der Mächtigen; Anfang 1974 wurde ein Tagesschau-Redakteur heftig kritisiert, als er die Frelimo als ›Befreiungsbewegung‹ bezeichnet hatte – nach dem Umsturz in Portugal und den Unabhängigkeitserklärungen ist diese Bezeichnung jetzt offiziell freigegeben.« (Launer 1974, S. 113)

Objektivität in der Publizistik

Objektivität der Nachrichtengebung und Berichterstattung wird zwar in den Programmgrundsätzen der Rundfunkanstalten und in den publizistischen Grundsätzen des Deutschen Presserates gefordert, aber von vielen Seiten wird doch angezweifelt, ob es überhaupt »objektive« Nachrichten gebe, ob es sich hier nicht um einen Fetisch handele, der die Journalisten letztlich überfordere und nur in Mißkredit bringen kann. Auf der anderen Seite gibt es jedoch auch Stimmen, die meinen, daß die Mehrzahl der medienpolitischen Auseinandersetzungen und journalistischen Fehlleistungen nur deshalb entstehen, weil das Gebot eines »sauberen«, objektiven Journalismus nicht genügend beachtet würde. Belegt wird dieser Vorwurf mit Hinweisen auf eine angebliche Einseitigkeit in der Nachrichtenauswahl, unsachliche und voreingenommene Berichterstattung sowie auf die Vermischung von Nachricht und Kommentar.
Damit sind bereits wichtige Bestimmungselemente des Begriffs journalistischer Objektivität genannt: 1. Sachlichkeit, 2. Überparteilichkeit, 3. Trennung von Nachricht und Kommentar, 4. nicht-manipulative, an professionell objektivierbaren Kriterien orientierte Nachrichtenauswahl.

Im Unterschied zu Wissenschaftlern können Journalisten aufgrund ihrer besonderen Arbeitsbedingungen und Berufsnormen (z. B. Zeitdruck, Aktualitätszwang) sicherlich nicht immer erschöpfend überprüfen, ob ihre Berichte den Tatsachen in jeder Hinsicht entsprechen, ob alle Einzelmeldungen faktisch wahr oder falsch sind. Hinzu kommt noch, daß aus objektiv richtigen Tatsachenaussagen bzw. übereinstimmenden Informationen unterschiedliche Schlüsse gezogen werden können. Die Bewertung von Fakten und ausdrückliche Stellungnahme zu den Nachrichtenereignissen ist in erster Linie Aufgabe von Kommentatoren, Kolumnisten und Leitartiklern (publizistisches Räsonnement). Reporter oder Nachrichtenredakteure hingegen recherchieren, beschreiben und referieren, um die Geschehnisse möglichst »selbst sprechen zu lassen«.

Problematisch wird es immer bleiben, ob die möglicherweise gründlich recherchierten und korrekt wiedergegebenen Nachrichten überhaupt die entscheidenden bzw. »wesentlichen« Ereignisse zum Gegenstand haben, ob sie berichtens*wert* sind und ob sie die publizistische Aufmerksamkeit – auf Kosten anderer, publizistisch verdrängter Geschehnisse – verdienen, die ihnen in den Massenmedien zuteil wird. Hiermit ist ein Wertungsproblem angesprochen, das auch der »objektivste« Journalismus nicht umschiffen kann. Insofern besteht eine Parallele zur wissenschaftlichen Wertungsproblematik.

In diesem Abschnitt geht es nur um die Frage, ob journalistische Objektivität wenigstens in dem Sinn zu erreichen sei, daß die Berichte und Nachrichten faktisch stimmen bzw. die Tatsachen richtig wiedergeben. Die Forderung nach Sachlichkeit der Berichterstattung wird allgemein anerkannt, unabhängig von allen weiteren professionellen Überzeugungen, die ein Journalist sonst noch haben kann. Nun ließe sich auch hier grundsätzlich einwenden, es sei keineswegs ausgemacht, was denn »Tatsachen« sind. Außerdem könne mit Fakten und deren Anhäufung durchaus eine manipulative Nachrichtenpolitik getrieben, Interessen verschleiert und Wirklichkeit ideologisch verzerrt dargestellt werden. Auf diese beiden wichtigen Einwände soll im folgenden knapp eingegangen werden.

Es muß unterschieden werden zwischen empirischen, logischen und normativen Elementen einer Aussage oder Aussagetypen. Dementsprechend sind auch faktische und logische Irrtümer sowie normative Divergenzen in wissenschaftlichen wie journalistischen Aussagen zu unterscheiden. Ob eine Aussage logisch folgerichtig ist, kann man an ihrer inneren Form bzw. der logischen Struktur der Beweisführung feststellen; ob sie aber auch empirisch wahr ist, kann man nicht aussagenimmanent, sondern nur durch Bezugnahme auf die beobachtbare und erfahrbare Wirklichkeit – mehr oder weniger zweifelsfrei – feststellen; ob sie normativ überzeugend und schlüssig ist, hängt von der Übereinstimmung in den Wertprämissen und dann von der folgerichtigen Begründung ab.

Wenn in Presseverlautbarungen oder auch in wissenschaftlichen Untersuchungen z. B. das Wirtschaftssystem der Bundesrepublik als »freie und soziale Marktwirtschaft« bezeichnet wird, handelt es sich zunächst nur um eine Definitionswahrheit oder um eine normative Aussage. Durch bloße Anstrengung des Begriffs und logisches Nachdenken läßt sich nicht feststellen, ob dieses System tatsächlich *marktwirtschaftlich, frei* und darüberhinaus auch *sozial* ist. Es kann uns niemand zwingen, lediglich aufgrund von Definitionswahrheiten »einzusehen«, daß etwas der Fall ist.

Andererseits können auch mit den genauesten empirischen Befunden weder Fehler im logischen Aufbau von Aussagen wettgemacht werden, noch können von Tatsachenaussagen allein schon normative Aussagen bzw. praktische Empfehlungen logisch schlüssig abgeleitet werden. Soziale Interessenkonflikte oder individuelle Einstellungsdifferenzen können fortbestehen, selbst wenn die Opponenten alle relevanten Fakten ohne Unterschied beachten und die Regeln logischer Beweisführung übereinstimmend befolgen.

Mit an sich richtigen Tatsachenbehauptungen läßt sich – bei entsprechend einseitiger Nachrichtenauswahl – in der Tat agitieren, manipulieren und desinformieren, besonders wenn das Publikum keine ergänzenden, korrigierenden Informationsmöglichkeiten hat. Darauf weist z. B. die marxistisch-leninistische Bestimmung von »Nachrichten« als »Agitation durch Tatsachen« hin. Aus einer solchen Auffassung kann geschlossen werden, daß sich das journalistische Objektivitätsprinzip als regulative Idee zumindest im Grundsätzlichen zur Beurteilung von Nachrichtenauswahlentscheidungen *negativ* heranziehen läßt: Mit dem Objektivitätsideal ist eine redaktionelle Linie bzw. Programmpolitik unvereinbar, die darauf abzielt, parteipolitisch selektiv oder bewußt einseitig zugunsten bzw. zuungunsten von Interessengruppen und Weltanschauungen Tatsachen zu ermitteln und publizistisch zu vermitteln.

Dem Objektivitätsanspruch werden am ehesten die Darstellungen gerecht, die auf umfassenden und gründlichen Recherchen beruhen; einzubeziehen ist auch, soweit wie möglich, der Nachweis objektiv erkennbarer Zusammenhänge von ereignisrelevanten Tatsachen (Tatsachen – Ursachen; Nachrichten – »Hintergrundnachrichten«).

Aus diesem Grund werden sich auch Journalisten, die den Objektivitätsanspruch als Berufsanforderung ernst nehmen, nicht als »nomadisierende Faktografen« (S. Tretjakow) verstehen. Sie geben sich in ihren Recherchen, Reportagen und Nachrichtensendungen nicht mit oberflächlichen Faktenanhäufungen zufrieden, sondern versuchen, den Zusammenhang der Erscheinungen und deren reale »Hintergründe«, die sozialen Veränderungen und Entwicklungen objektiv zu beschreiben. Das ist auch folgerichtig, denn in der Wissenschaft nicht minder als im Journalismus ist Objektivität nicht gleichzusetzen mit voraussetzungsloser Beobachtung und kruder Abschilderung von Ereignissen bzw. realen Begebenheiten. Vielmehr gründet der Objektivitätsanspruch auf einer Erkenntnis- oder Aufklärungs*absicht*, die sich keine interessierte Seite zur Imagepflege, Faktenmanipulation oder Nachrichtenunterdrückung zunutze machen kann.

»Objektivität« als dokumentarische Sachlichkeit und Folgerichtigkeit journalistischer Aussagen in diesem Sinne zu fordern bzw. zum Ziel zu haben, ist inhaltlich und formal ein hoher Anspruch an die Faktenrecherche und publizistische Vermittlung. Damit die demokratietheoretische Figur des »mündigen Bürgers« kein blasser Schemen bleibt, ist es unabdingbar, daß die Journalisten und Massenmedien die Forderung nach Sachlichkeit und Stimmigkeit der Berichterstattung beachten, das heißt: sich am Objektivitäts*ideal* orientieren – zugunsten einer von der Parteien Gunst und Haß möglichst unverzerrten Informationsvermittlung und eines unverstellten Bildes von der Wirklichkeit.

Überparteilichkeit

Beansprucht die Berichterstattung etwa über eine politische Wahlkampfdiskussion das Prädikat »objektiv«, muß sie *überparteilich* ausgerichtet sein, statt *für oder gegen* eine Partei Stellung zu nehmen. Reporter und Nachrichtenredakteure müssen insofern interessenneutral rundum alles das registrieren, beschreiben und referieren, was sie wahrnehmen können und zur Information des Publikums für mitteilenswert halten. Journalistische Überparteilichkeit besteht nicht darin, es allen Parteien recht machen zu wollen, sondern sich in der Recherche und Berichterstattung von allen Sonderinteressen soweit unabhängig zu machen, daß man dem Objektivitätsprinzip als professioneller Berufsanforderung gerecht werden kann.

Geht es einem Berichterstatter darum, korrekt wiederzugeben, was sich vor ihm als Augen- und Ohrenzeugen abspielt, dann richtet er sich dabei nicht etwa nach pluralistischen Ausgewogenheitskriterien, sondern nach Kriterien der Objektivität, wie: thematische Vollständigkeit der zu berücksichtigenden Aspekte des Nachrichtenereignisses, genaue Ermittlung der Fakten und ihrer Zusammenhänge, wertungsneutrale publizistische Vermittlung. Die Objektivitätskriterien lassen sich nicht aus der Pluralismuskonzeption ableiten, mit anderen Worten: auch die restlose publizistische Berücksichtigung der Darstellungswünsche der verschiedenen politischen Parteien oder Interessengruppen (»publizistisches Totalisatorprinzip«) bietet keine Gewähr für Objektivität. Es wird oft bis zu einem gewissen Grad eine Ermessensfrage bleiben, wie – inhaltlich und formal – dem Objektivitätspostulat durch konkretes berufliches Handeln von Journalisten im öffentlichen Informationsinteresse am besten entsprochen werden kann. Nicht alle Journalisten werden dieselben Ereignisaspekte für bedeutsam halten, auch wenn sie möglichst objektiv über dasselbe Ereignis berichten wollen.

Noch deutlicher werden die möglichen Differenzen am Beispiel der Berichterstattung über neonazistische »Umtriebe« oder antisemitische Hetze. Vielen Journalisten wird es schwerfallen oder sie werden sich erst gar nicht darauf einlassen, gegenüber solchen Erscheinungen eine distanzierte Haltung der Überparteilichkeit zu bewahren und sich wertender Aussagen bzw. Ausdrücke zu enthalten. Mit dem Objektivitätspostulat kann auch keine »kopflos« unpolitische Haltung oder »gesinnungslose« Berichterstattung gemeint sein, die soweit ginge, daß etwa totalitäres Machtstreben oder Rassendiskriminierung nicht deutlich beim Namen genannt und nicht als undemokratisch bzw. inhuman gekennzeichnet würden. Andernfalls würde die Wertbasis und der Sinn des Objektivitätspostulats verkannt und dieses antidogmatische Prinzip damit letztlich aufgegeben. Schon diese wenigen Beispiele zeigen, daß es eine Illusion ist anzunehmen,

- es könnte restlos Konsens über die berufspraktischen Konsequenzen des Objektivitätspostulats erzielt werden,
- oder vermeintliche Verletzungen des Objektivitätsprinzips lägen nur an schlechter journalistischer Berufsausbildung oder falscher Berufsauffassung,
- oder es ließe sich gar durch striktere Medienkontrolle ein Optimum an journalistischer Objektivität erreichen.

Andererseits bedeuten diese Relativierungen nicht, daß das Objektivitätsprinzip im Sinne des Überparteilichkeitsgebots eine völlig unpraktikable journalistische Berufsnorm ist. Sie leitet sich letztlich aus einem Freiheits-, Gesellschafts- und Demokratieverständnis ab, das nicht verordnet werden kann, aber doch allgemein akzeptierte Ideale, Grundrechte, Regeln der Konfliktaustragung zur unstrittigen Grundlage hat. Dazu gehören: das demokratietheoretische Leitbild des mündigen Bürgers, das Regulativ des *publizistischen* Wettbewerbs und die Norm der Chancengleichheit. An Überparteilichkeit als nachrichtenpolitischer Maxime besteht insofern ein allgemeines »öffentliches Interesse«: das allgemeine Interesse an einer die partikularen gesellschaftlichen Interessen umfassenden, gemeinsamen Verständigungsgrundlage, die durch publizistische Institutionen und Berufskommunikatoren (mit-)geschaffen wird. Durch PR-Aktionen, Bekenntnisjournalismus oder parteipolitisch gebundene Publizistik, in welcher Programmausgewogenheit auch immer, ist dies allein nicht zu erreichen. Die Organisation der Nachrichtenmedien muß so angelegt sein, daß das gesamte gesellschaftliche Interessenspektrum berücksichtigt wird, um der Tatsache der politisch-gesellschaftlichen Interessenpluralität gerecht zu werden, statt etwa mit dem Hinweis auf den Vorrang eines Mehrheitsinteresses oder sogenannter »objektiver Interessen« andere Positionen nachrichtenpolitisch auszuschalten.

Ein anderes Begriffsverständnis von Objektivität liegt der marxistisch-leninistischen Pressetheorie und journalistischen Schulung zugrunde. Nach deren Auffassung besteht zwischen Parteilichkeit und Objektivität kein Widerspruch. Diese (m. E. dogmatische) Konzeption gründet sich auf zwei politisch-publizistische Prämissen: 1. Anspruch auf Unfehlbarkeit der politischen Parteilinie, 2. Abwertung des publizistischen Objektivitätsgebots, sofern es – wie skizziert – ein liberales Demokratieverständnis zur Voraussetzung hat und stützt; diese Auffassung von Objektivität wird als bürgerlicher »Objektivismus« abgelehnt.

Nachrichten können unter solchen Voraussetzungen, die einer liberalen, kritischen Publizistik den Boden entziehen, als »Agitation durch Tatsachen« definiert werden. Zugleich wird damit die bewußte Vermischung von Nachricht und Meinung, das Einschmuggeln von Kommentaren in Nachrichten nicht nur politisch-ideologisch gerechtfertigt, sondern informationspolitisch gefordert. Wenn bestimmte Nachrichtenereignisse (noch) nicht ins ideologische Konzept passen, werden sie dementsprechend publizistisch »justiert« oder einfach negiert. (Beispielsweise fand eine Berichterstattung über den Kurdenaufstand im Iran in der »Aktuellen Kamera« des DDR-Fernsehens nicht statt. In der Nahostberichterstattung wurde einseitig zugunsten der palästinensischen Interessenposition Partei ergriffen. Aber auch der ARD-Tagesschau muß Einseitigkeit – zugunsten der israelischen Position – vorgeworfen werden.)

Trennung von Nachricht und Kommentar

Zwar wird von den meisten Journalisten in der Bundesrepublik die Forderung, Nachrichten und Kommentare auseinanderzuhalten, anerkannt; dennoch ist auch dieses Trennungsgebot in seiner tatsächlichen Bedeutung zu relativieren. (Vgl. Schönbach 1977) Und zwar nicht nur aufgrund der immer wieder festzustellenden Fälle eindeutiger Vermischung von Nachrichten und Meinungen, sondern auch grundsätzlich: nicht nur in die Auswahl und Formulierung von einzelnen Nachrichten fließen unvermeidlich Wertungen ein, sondern auch in ihre textlich-graphische Präsentation (Plazierung, Reihenfolge, Hervorhebung, Umfangs- und Anordnungsentscheidungen in Abhängigkeit zum Beispiel vom Anzeigenteil) und optisch-artikulatorische Darbietung (Mimik, Gestik, Sprechweise).
Trotz dieser Schwierigkeiten bleibt die Trennungsnorm für die journalistische Praxis bedeutsam. Eine gezielte Vermischung von Tatsachenaussagen (einschließlich quellenbezogen zitierter Meinungsäußerungen) mit Meinungsäußerungen oder Stellungnahmen von Journalisten wird negativ sanktioniert. Wenn das Objektivitätspostulat berufspraktische Geltung haben soll, kann auf die prinzipielle Unterscheidung zwischen intentional wertungsfreier Berichterstattung über ausgewählte Ereignisse und deren journalistische Kommentierung nicht verzichtet werden, auch nicht, wenn die Gegner dieses Trennungsgebots aufklärerische Absichten reklamieren und darauf hinweisen,

daß »reine« Nachrichten dem Publikum kein hinreichend klares Bild von den komplexen Vorgängen und deren »Relevanz« vermitteln können.

Die Abgrenzbarkeit zwischen Nachricht und Kommentar wird m. E. auch nicht in Frage gestellt, wenn man sich der Meinung anschließt, die schon John St. Mill wie folgt formuliert hat: »Nur wenige Tatsachen vermögen ihre Geschichte selbst zu erzählen, ohne Hilfe von Erläuterungen, die uns ihren Sinn erst klarmachen.« (Mill 1945, S. 144) Daraus läßt sich noch nicht die Schlußfolgerung ziehen, daß Nachrichten im Sinne von Tatsachenaussagen nur in Verbindung mit einem interpretierenden Kommentar aussagekräftig und verständlich wären.

Wort- und Bildnachrichten sollen zwar streng sachlich, eng ereignisbezogen, nüchtern und knapp im Ausdruck sein, aber nicht auf Kosten der Verständlichkeit. Das Objektivitätspostulat wird nicht durch erhöhte Redundanz bzw. dadurch verletzt, daß Nachrichten auch für diejenigen allgemeinverständlich dargeboten werden, die z. B. über Fachkenntnisse und andere spezielle Verständnisvoraussetzungen nicht verfügen. Dazu gehören nicht nur Verständnishilfen wie die Auflösung von Abkürzungen, Erläuterungen von Fremdwörtern, Übersetzung von Fachjargon oder Funktionärsdeutsch in Umgangssprache. Mitunter sind auch sogenannte »Hintergrundnachrichten« unvermeidlich, weil sonst die »vordergründige« Meldung das zugrundeliegende Ereignis nicht verständlich abbildete und – von wenigen Insidern abgesehen – ohne Nachrichten*wert* bliebe.

Häufig wird dem Kommentar die Funktion eines Interpretationsrahmens zugeschrieben, ohne den das ausgewählte Nachrichtenmaterial nur oberflächliches »Informationshäcksel« bliebe, sofern es in keinem bedeutungsstiftenden Zusammenhang steht. Dann ist aber die gedachte Grenzlinie zwischen Nachricht und Kommentar schnell verschoben und die Trennung zwischen objektiver Berichterstattung und subjektiver Meinungsäußerung tendenziell aufgehoben. Diese Gefahr besteht jedoch nur, wenn Kommentare als erklärende »Hintergrundnachrichten« konzipiert werden. Hintergrundnachrichten, die zum Verständnis einzelner Meldungen erforderlich sind, dürfen deshalb nicht erst mit dem Kommentar geliefert werden. Sonst gerieten die Nachrichten unvermeidlich in den Meinungssog des Kommentars. Außerdem könnte bei mangelnder Pluralität der Kommentatorstimmen dieses publizistische Genre in seiner Zielsetzung leicht mißverstanden werden, etwa als »Agitation durch Tatsachen«.

Mit der Anerkennung der Norm der Trennung zwischen Nachricht und Kommentar geht ein anderes Begriffsverständnis einher: der Kommentar beleuchtet und beurteilt die Nachrichtenereignisse von einem – mehr oder weniger überzeugenden – subjektiven Interpretationsstandpunkt. Dabei kommt es darauf an, den subjektiven Gesichtspunkt bzw. die Deutungsperspektive unmißverständlich zum Ausdruck zu bringen. Das Publikum muß erkennen können, daß es sich um einen von mehreren möglichen Gesichts- oder Standpunkten handelt.

Die Forderung nach Einbeziehung von Hintergrundnachrichten und sachlichen Erläuterungen in die Nachrichtenprogramme verschärft natürlich die redaktionellen Auswahlprobleme. Vieles spricht dafür, beim Versuch, diese Selektionsentscheidungen professionell zu begründen, der Forderung nach größtmöglicher Nachrichtenverständlichkeit vorrangige Beachtung zu zollen. Da ohnehin nicht alle Ereignisse gemeldet werden können, wäre eine thematische Konzentration um optimaler Verständlichkeit willen vollauf zu rechtfertigen. Dem Objektivitätsideal entspräche es im übrigen, wenn knapp mitgeteilt würde, welche (beachtenswerten) Nachrichten und Berichte in der jeweiligen Ausgabe u. a. *nicht* berücksichtigt werden konnten.

Mit diesen Ausführungen soll die Bedeutung und Berechtigung journalistischer Meinungsbeiträge der verschiedensten Art nicht bestritten werden. Vielmehr wären die aktuell informierenden Massenmedien ohne pointierte Kommentare, ohne politisch und sozial engagierte publizistische Bewertung des Zeitgeschehens – mit Joseph Görres' Worten – in der Tat nur der »magre geist- und kraftlose Index dessen, was geschehen«. Dennoch braucht die Forderung nicht aufgegeben zu werden, daß dem Publikum immer erkennbar bleiben müsse, auf welche Tatsachen sich publizistische Meinungsäußerungen stützen. Anlässe und Gegenstände von Kommentierungen müssen zunächst einmal unvoreingenommen recherchiert, dokumentiert und durch unparteiisch prüfende Nachrichtenbearbeiter vermeldet werden. Sonst könnte sich das Publikum über viele Ereignisse weder ein eigenständiges Urteil bilden, noch ließe sich die Begründetheit einer journalistischen Meinungsäußerung sachlich prüfen.

Die Problematik der Nachrichtenselektion scheint mit dem Objektivitätspostulat nach den bisherigen Ausführungen kaum in Verbindung zu stehen. In jeder Selektionsentscheidung für bestimmte Nachrichtenereignisse aus der insgesamt nicht zu bewältigenden Ereignis- und Nachrichtenfülle drückt sich auch eine – mehr oder weniger bewußte – Präferenz aus. Und dies scheint von vornherein auszuschließen, daß die Nachrichtenauswahl nach Objektivitätskriterien getroffen werden kann. Wenn gegen bestimmte Nachrichtenprogramme von Politikern, die sich nicht genügend publizistisch beachtet fühlen, der Vorwurf der Einseitigkeit erhoben wird, dann wird den Journalisten häufig als Remedur ein »objektiver Standpunkt« anempfohlen. Dadurch sei es zu erreichen, daß die Nachrichtenauswahl nicht zugunsten dieser oder jener Interessenrichtung verzerrt wird. Dem muß zunächst entgegengehalten werden, daß jede nicht-zufällige Nachrichtenauswahl durch einen intentionalen Standpunkt gekennzeichnet ist, der allerdings durch Angabe der Selektionskriterien professionell begründet werden können muß.

Häufig wird die Ansicht geäußert, Journalisten, denen es um objektive Berichterstattung zu tun ist, müßten im Grunde als neutrale »Mediatoren« alle möglichen Interessenstandpunkte wechselnd einnehmen können. Damit wird aber meines Erachtens die Objektivitätsforderung überdehnt und zugleich entwertet. Denn das journalistische Objektivitätsideal erfüllt sich nicht in der Beliebigkeit selektionswirksamer Standpunkte. Sonst wären Journalisten letztlich nichts weiter als publizistische Erfüllungsgehilfen der jeweils dominanten politisch-weltanschaulichen und/oder ökonomischen Interessen. Das Resultat wäre Hofberichterstattung oder Verlautbarungsjournalismus, womit das Gegenteil dessen erreicht würde, was Objektivität als journalistische Berufsanforderung u. a. bedeutet, nämlich: sich weder in der Recherche und Nachrichtenwahl, noch in der publizistischen Vermittlung von gesellschaftlichen Sonderinteressen abhängig zu machen. Insofern wird ein gesellschaftspolitisch und berufsethisch reflektierter, »professionell kritischer« Standpunkt gerade von den Journalisten verlangt, die sich einer objektiven Berichterstattung verschrieben haben und sich weder die Form und Tendenz, noch die Gegenstände ihrer Berichterstattung durch nichtprofessionelle Instanzen vorschreiben lassen wollen.

Im Interessen- und Einstellungskonflikt über die »richtige« Nachrichtenauswahl kann das Objektivitätsprinzip jedoch nicht als hinreichende Bezugsnorm zur Entscheidung herangezogen werden. Folglich gibt es keinen zwingenden Grund zu der Annahme, man könne sich im Meinungsstreit über die jeweilige Zusammenstellung konkreter Inhalte von aktuell informierenden Massenmedien auf wissenschaftlicher Grundlage einigen; auch der möglicherweise erreichte Wertkonsens über das Objektivitätspostulat hilft hierbei nicht weiter.

Sonst könnten z. B. professionell einwandfreie Tatsachenberichte leichthin von interessierter Seite im politischen Meinungs- und Machtkampf mit dem inadäquaten Argument kritisiert werden, die Auswahl der Nachrichtenereignisse sei »einseitig« oder »zu konfliktorientiert«: z. B. Reportagen über Umweltverschmutzung, Betriebssicherheit von Atomkraftwerken, politische Korruption, Verteilung von Einkommen und Bildungschancen, Lebensbedingungen in Slums, Kriminalität, Hungersnöte.

Auf diese Probleme der Auswahl und der Gewichtung von Nachrichtenereignissen trifft das Postulat der Ausgewogenheit zu. Wenn man dies nicht auseinander hält, kommt man leicht zu den meines Erachtens unzutreffenden Bewertungen des Objektivitätsgebots und dessen publizistischen Auswirkungen als »konservativ«, »bürgerlich-ideologisch«, »systemstabilisierend«, »steril«, »entpolitisierend«, »manipulativ« usw.

Meinungsbeiträge kann man aufgrund anderer normativer Prämissen und Interessen, als sie der kommentierende, glossierende oder polemisierende Publizist vertritt, kritisieren und relativieren. Dagegen kann eine objektive Berichterstattung über bestimmte Vorgänge nicht so einfach konterkariert werden, auch wenn gewisse Interessenvertreter oder -gruppen dadurch ihre Pläne durchkreuzt sehen. Als Verstoß gegen berufliche Kommunikationsnormen können solche Berichte nicht disqualifiziert werden, solange in ihnen nicht der Versuch gemacht wird, »mit Tatsachen zu agitieren« oder Werturteile im Tarnkleid objektiver Erkenntnis zu verbreiten.

Wer solche Unterscheidungen nicht trifft, kommt leicht zu Schlußfolgerungen wie etwa der folgenden: »Wenn aber die Nachricht von Anfang an eine solche Nähe zu Interessen hat, zu gesellschaftlich und politisch von einander geschiedenen Gruppen und Parteien, dann sind die Nachrichten, wie sie letztlich über den Rundfunk ausgestrahlt werden, zunächst nicht ›wahrheitsgetreue‹ und ›objektive‹ Ausdrücke, sondern sie sind

subjektive Wahrheiten und nur Teilaspekte der ›Objektivität‹.«
(Paetzold 1973, S. 491) Dagegen ist einzuwenden, daß intentional objektiver Journalismus im Spannungsfeld von ideologischen Meinungsverschiedenheiten und politischen Zielkonflikten nicht darauf aus sein kann, unterschiedliche Meinungspositionen als *richtig* oder *falsch* zu bezeichnen. Vielmehr geht
es darum, den Meinungsstreit selbst möglichst objektiv publizistisch wiederzugeben und verständlich zu machen. Das heißt:
Es ist – verankert an berufsethischen Maximen wie sachliche
Unbestechlichkeit und unparteiische journalistische Aufmerksamkeit – darüber aufzuklären, worin sich die Meinungspositionen unterscheiden, welche Gründe von ihren Verfechtern
zur Überzeugung anderer vorgebracht werden und welche
Einwände oder Ablehnungsgründe von den Gegnern vorgetragen werden.
Bis zu einer solchen – sachlichen und überparteilichen –
Aufklärung über die vielen Meldungen zugrundeliegenden
Interessenlagen kann und sollte meines Erachtens ein kritischer, objektiver Journalismus vordringen. Hierbei tun sich
natürlich berufliche Gefahrenzonen auf. Denn diejenigen Interessenvertreter, deren Argumente aufgrund unbestechlicher
publizistischer Berichterstattung von einem informierten Publikum als nicht stichhaltig erkannt werden können, erheben
aus Selbstschutzgründen schnell den Vorwurf mangelnder
journalistischer Objektivität. Die publizistische Aufwertung
von Sonderinteressen zu Allgemeininteressen verträgt sich
allerdings nicht mit dem Objektivitätsprinzip als journalistischer Berufsanforderung.

4. Zum Verhältnis zwischen Objektivität und Ausgewogenheit

Wir können unsere Wirklichkeit oder Umwelt immer nur unter
bestimmten Perspektiven sehen und begreifen. Die kollektive
Übereinstimmung individueller Perspektiven bzw. Orientierungsmuster konstituiert kulturspezifische, soziale Realitäten.
Die Konstruktionen von sozialer Realität können manchmal
bis zum kollektiven Wahn von den objektiven Gegebenheiten
abweichen. Die Abweichungen lassen sich jedoch nicht von der
Position eines naiven erkenntnistheoretischen Realismus aus
bestimmen, wonach sich die in Raum und Zeit real existieren-

den Gegebenheiten im empirischen Einzelbewußtsein der Erkenntnissubjekte objektiv widerspiegeln. Demnach wäre es auch allzu undifferenziert zu sagen, die Objektivität einer Aussage bestehe in ihrer Übereinstimmung mit der Realität.

Wissenschaftliche und journalistische Objektivität lassen sich 1. nur *in dem Rahmen* erzielen, in dem unsere Wahrnehmungsperspektiven und Codierungen von Information, die wir aus der Umwelt herausfiltern, intersubjektiv übereinstimmen oder kommunikativ zur Übereinstimmung gebracht werden können und 2. nur *in dem Maße* erzielen, in dem unsere Aussagen, Hypothesen und Theorien mit empirischem Informationsgehalt reale Erklärungskraft besitzen, das heißt: die Phänomenwelt kartieren und begreifbar machen durch die Offenlegung der Strukturen und Bedingungszusammenhänge der erfahrbaren Sachverhalte.

Das Objektivitätsgebot ist leicht zu erfüllen, wenn empirisch klar feststellbare und eindeutig symbolisierbare (meßbare, zählbare) Oberflächenphänomene registriert und wiedergegeben werden sollen. Das trifft z. B. auf die Meldung der Wasserstände, Börsenkurse oder Lottozahlen zu. Anders verhält es sich schon bei längerfristigen Wettervorhersagen: die sachliche Richtigkeit der prognostischen Aussage kann zwar nicht völlig verbürgt werden, aber es kommt doch kein Zweifel an der Wertneutralität dieser Meldung auf. Wenn aber Nachrichtenereignisse mit gesellschaftlichen Interessen verknüpft sind, wird das Objektivitätsgebot schwerer einlösbar. Naturwissenschaftliche Exaktheit und Objektivität läßt sich nicht erreichen, sobald die »Objekte« sozialwissenschaftlicher Forschung bzw. publizistischer Berichterstattung an dem, was über sie geforscht und gesagt wird, Interesse haben und darauf bewußt reagieren.

Daraus kann man zweierlei schließen: 1. Objektivität in der Publizistik ist als Ziel- und Näherungswert zu betrachten. 2. Das Objektivitätsprinzip ist für viele journalistische Entscheidungsprobleme, insbesondere solche der »richtigen« Nachrichtenauswahl nicht »zuständig«. Aber es weist insofern noch *konsequent* über sich hinaus, als es im Interesse der Wahrheit bzw. größtmöglicher Annäherung an die Wahrheit eine umfassende Beachtung unterschiedlicher Ansichten bzw. Antworten auf strittige Fragen, also die Berücksichtigung von Pro und Contra im Meinungsstreit fordert.

Insoweit hängen die Prinzipien der journalistischen Objektivität und Programmausgewogenheit miteinander zusammen. Ihr

Verhältnis zueinander läßt sich wie folgt kennzeichnen: Die Forderung nach Programmausgewogenheit (als Ausdruck der faktischen Interessenpluralität) ist immer dann gegenstandslos, wenn die anzustrebende Objektivität journalistischer Bericht-erstattung erreicht werden kann (und darüber Konsens be-steht); vereinfacht und formelhaft könnte man sagen: Je mehr Objektivitität (Eindeutigkeit) möglich ist, desto weniger Aus-gewogenheit ist nötig. Das gilt mit Abwandlungen auch für die Wissenschaft. Sobald z. B. eine Theorie (wie etwa die Phlo-gistontheorie) eindeutig widerlegt ist, kann sie nicht mehr Anspruch auf Berücksichtigung in der wissenschaftlichen Dis-kussion über den Geltungsanspruch konkurrierender Theorien erheben.

Objektive Erkenntnis und wissenschaftlicher Fortschritt ebenso wie journalistische Objektivität und publizistische Auf-klärung lassen sich in Zweifelsfällen erfahrungsgemäß am besten durch kritische, öffentliche Diskussion der unterschied-lichen Ansichten, Theorien und Ideologien erreichen. Insofern ist das pluralistische Meinungswettbewerbs- bzw. Ausgewo-genheitsprinzip solange unverzichtbar, bis für ein wissenschaft-liches oder politisch-soziales Problem eine objektiv richtige bzw. einhellig akzeptierte Lösung gefunden worden ist. Auf diese Weise stellt sich am ehesten heraus, ob und von welcher Seite eventuell manipuliert und durch bewußt *falsche Darstel-lungen* eindeutig gegen das Objektivitätspostulat verstoßen wird; oder ob lediglich mangelnde Sachkenntnis oder undurch-schaute Interessenabhängigkeit zu *falschen Vorstellungen* und Aussagen führen; oder ob schließlich die Meinungsdifferenzen auf gleichgut begründbaren, dennoch divergierenden Interes-senpositionen bzw. normativen Prämissen beruhen. Im letzten Fall kommt als *vernünftige* Problemlösung nur ein *fairer* Kom-promiß in Frage.

5. Schlußbemerkungen

Mit den voraufgegangenen Ausführungen über das Objektivi-täts- und Ausgewogenheitspostulat als einander ergänzende, grundlegende Kommunikationsnormen ist natürlich nur eine Ausgangsposition für die Untersuchung weiterer, speziellerer Aspekte der Thematik markiert. Wichtig wäre es z. B., genauer auf die massenmedialen Besonderheiten der kommunikativen

Realitätskonstruktion einzugehen und dabei zu zeigen, wie sehr und warum die publizistische Darstellung bestimmter Ereignisse in Wort und Bild – ohne bewußte Manipulationsabsicht! – häufig von den Eindrücken abweicht, die Augen- und Ohrenzeugen von denselben Ereignissen haben (vgl. Halloran/Elliot/Murdock 1970; Lang/Lang 1968; Smythe 1954). Manche Sachverhalte unserer politisch-sozialen Realität sind überhaupt erst durch Massenmedien produziert worden, verdanken sich also massenkommunikativ-symbolischer Ereignisbildung. Auch auf die Faktoren des Nachrichtenflusses und die »Nachrichtenwerte« bzw. Relevanzkriterien publizistischer Informationsvermittlung wäre näher einzugehen. (Vgl. Galtung/Ruge 1965; Östgaard 1965; Rosengren 1970; Roshco 1975; Schulz 1976)

Solche Fragestellungen verdienen auch in Zukunft große wissenschaftliche Aufmerksamkeit. Denn steigender Medienkonsum kann vor allem dann leicht zur Realitätsillusion führen, wenn die direkten sozialen Kommunikationsbeziehungen und die Möglichkeiten zur Gewinnung persönlich überprüfbarer Information massenmedial immer stärker »absorbiert« werden. Ein solcher Hinweis auf die wachsenden Schwierigkeiten konkreter Handlungsorientierung der Gesellschaftsmitglieder im politisch-sozialen Umfeld kann nicht als überholte kulturkritische Attitüde abgetan werden. Die Gefahr ist real, daß demokratische Partizipation an der res publica sich in der Rezeption von schier unerschöpflichen Massenkommunikationsangeboten erschöpft und damit gewissermaßen im Flugsand der massenmedialen Ersatzrealität verläuft. Dann würde sich der vom wachsenden politisch-sozialen Problemdruck direkt betroffene »mündige Bürger« als bloß medienkonsumorientierter, inaktiver »Informationssammler« (»insider dopester«, nach David Riesman) entpuppen.

Angesichts dieser Problemkonstellation gilt es nicht nur, den Organisationsbedingungen eines demokratiefunktionalen Mediensystems, sondern auch den Maßstäben journalistischen Berufshandelns verstärkte kommunikationswissenschaftliche und -politische Beachtung zu schenken. Der Realisierung der Objektivitäts- und Ausgewogenheitsnorm stehen unterschiedliche »Medienzwänge« und einschränkende Situationsbedingungen des journalistischen Berufsalltags im Wege. Insbesondere können mit dem Ideal und den Kriterien journalistischer Objektivität andere Berufsnormen – wie etwa das Aktualitätsprinzip – leicht in Konflikt geraten. Diese Einschränkungen führen häufig zu immer weitergehenden Abstrichen von Qualitäts- und Objektivitätsansprüchen zugunsten selbstgefälliger Konzessionen an das sog. Sensationsbedürfnis des »Massenpublikums«. (Vgl. Kübler 1975)

Zweifellos müssen Journalisten aktualitätsbewußter sein als Wissenschaftler. Journalisten handeln unter wesentlich stärkerem Zeitdruck, im Interesse unverzüglicher und kontinuierlicher Information der Öffentlichkeit. Daraus können leicht Falschmeldungen bzw. politisch-publizistische Fehleinschätzungen resultieren, was jedoch unter drei Bedingungen in Kauf genommen werden kann:

1. Die Veröffentlichung von Nachrichten, die zum Zeitpunkt der Veröffentlichung nicht mit hinreichender Sicherheit überprüfbar sind, muß im öffentlichen Informationsinteresse liegen. Ein auf Aktualitätszwang zurückgehendes Manko an letzter Nachrichtenüberprüfung läßt sich nur rechtfertigen, wenn sonst aufgrund des Zurückhaltens von noch nicht restlos verbürgten, wichtigen Meldungen z. B. eine dem Demokratieprinzip zuwiderlaufende Politik der »faits accomplis« praktiziert würde.

2. Auf diesen Umstand, daß für die Richtigkeit der betreffenden Nachricht noch keine volle Gewähr übernommen werden kann, muß zugleich hingewiesen werden, d. h. die Nachricht muß unter deutlichem Vorbehalt gemeldet werden. 3. Gegebenenfalls muß – als Implikation des Objektivitätsprinzips – die sofortige und völlige Richtigstellung einer Falschmeldung erfolgen.

Diese drei Bedingungen müssen gemeinsam akzeptiert werden. Bei der Beschränkung auf die erste Bedingung ließe sich wegen der Vagheit der Kriterien (Vielzahl und Unklarheit der Publikumsinteressen) z. B. das Geschäftsinteresse am Sensationsjournalismus allzu leicht berufsethisch verbrämen. Beruft man sich allein auf die dritte Bedingung, ließe sich im Extremfall auch eine verantwortungslose Redaktionspolitik der Dementis rechtfertigen.

Die Zielsetzung einer journalistischen Praxis, die den Postulaten der Objektivität und Programmausgewogenheit verpflichtet ist, ist anti-manipulativ und beschränkt sich keineswegs auf nur vordergründig registrierbare Tatsachen bzw. auf die Faktizität gesellschaftlicher Oberflächenphänomene. Vielmehr bezieht sich ein solcher Journalismus auf die gesellschaftliche Objektivität als »Inbegriff all der Verhältnisse, Institutionen, Kräfte, innerhalb deren die Menschen agieren« (Adorno 1972,

S. 84 f.). Journalisten müssen nach Ausbildung und Einstellung in der Lage sein, sich von dieser gesellschaftlichen Objektivität ein realistisches Bild zu machen, wenn sie ihre berufliche Vermittlerrolle kompetent und verantwortungsbewußt ausfüllen wollen. Insofern kann die Tragweite des Objektivitätsanspruchs für die Berufsausbildung und -ausübung von Journalisten kaum überschätzt werden. Nicht nur der Erwerb fach-, ressort- und kommunikationsspezifischer Kenntnisse ist wichtig, sondern ebenso die damit einhergehende Ausbildung bzw. Verankerung einer kritisch-rationalen Denkhaltung oder Einstellung. Darauf basieren Möglichkeit und Bereitschaft, den Objektivitätsanspruch zu erfüllen. Nur wenn Journalisten sich beruflich an dieser Bezugsnorm überzeugend orientieren können, gewinnen sie das nötige Ausmaß an professioneller Unabhängigkeit von Interessendruck und unfachmännischer Kritik. Subjektive Entschlossenheit zu größtmöglicher Objektivität ist etwas ganz anderes als unkritischer, »gesinnungsloser« Journalismus. Mit anderen Worten: Befangenheit in einer parteipolitischen Programmatik oder in einer partikularen Interessenperspektive verträgt sich nicht mit den Gütekriterien objektiver Berichterstattung sowie eines professionell kritischen Journalismus. Das gilt in vergleichbarer Weise auch für Wissenschaftler.

Wenn man bereit ist, Journalisten eine Abweichung von der Objektivitätsnorm eher nachzusehen als Wissenschaftlern, so vor allem deshalb, weil die journalistische Praxis unter stärkerem Aktualitätsdruck steht. Zwar irren sich auch Wissenschaftler häufig, was dem Erkenntnisfortschritt durchaus dienlich sein kann; nicht selten führt die Fehlersuche und Irrtumsbeseitigung zu neuen theoretischen Ansichten oder heuristisch fruchtbaren Erklärungsmodellen. Aber Wissenschaftler müssen nicht etwa konkurrierende Theorien vertreten, solange ihre eigene Theorie nicht objektiv widerlegt ist. Nachrichtenmedien und -journalisten hingegen müssen dem Publikum die unterschiedlichen Auffassungen zu kontroversen Themen öffentlichen Interesses, d. h. Pro und Contra im Meinungskampf vermitteln, solange nicht eine Ansicht als allgemein richtig erkannt oder anerkannt ist.

Das spezifisch journalistische Ausgewogenheitspostulat verlangt somit keineswegs eine entpolitisierende Meinungsnivellierung, sondern vielmehr informative Meinungsvielfalt als publizistischer Ausdruck unterschiedlicher gesellschaftlicher Interessen und Anschauungen. In dieser historisch veränderlichen Größe spiegeln sich wissenschaftlicher Fortschritt, staatliche Herrschaftsform, Machtverhältnisse und politische Kultur eines Landes wider. Mit Programmausgewogenheit ist journalistische Objektivität zwar nicht kommensurabel, aber beide Kommunikationsnormen stehen doch in einem bedeutsamen Zusammenhang miteinander: soweit hinsichtlich bestimmter Nachrichtenereignisse journalistische Objektivität erreicht werden kann, ist das Ausgewogenheitspostulat gegenstandslos. Andererseits ist Programmausgewogenheit im Sinne von chancengleichem publizistischen Wettbewerb und Meinungsvielfalt die beste Gewähr für das ständige Bemühen um Annäherung an den Zielwert journalistischer Objektivität, Wahrheitsfindung und -verbreitung.

Literatur

Adorno, Theodor W. (1972), »Soziologie und empirische Forschung.« In: ders. et al. : Der Positivismus – Streit in der deutschen Ideologie. Neuwied/Berlin: Luchterhand, S. 81-101.

Appel, Reinhard (1976), »Auf Journalisten warten viele Schlepptaue.« In: Frankfurter Rundschau, Nr. 252, 8. 11. 1976, S. 14.

Bazin, André: (1975), Was ist Kino. Köln: Du Mont.

Czajka, Dieter: (1968), Pressefreiheit und »öffentliche Aufgabe« der Presse. Stuttgart, München, Berlin: Kohlhammer.

Edelmann, Murray: (1976), Politik als Ritual. Frankfurt/New York: Campus.

Galtung, Johan/M. H. Ruge: (1965), »The Structure of Foreign News.« In: Journal of Peace Research, Vol. 1, S. 64–90.

Gombrich, Ernst Hans Josef: (1977), Kunst und Illusion. Stuttgart usw.: Belser.

Halloran, James D./Phillip Elliot/Graham Murdock: (1970), Demonstrations and Communications: A Case Study. Hermondsworth; bearb. dt. Übersetzung des Schlußkapitels in: Aufermann, Jörg/ Hans Bohrmann/Rolf Sülzer (Hrsg.): (1973), Gesellschaftliche Kommunikation und Information. Bd. II, Frankfurt a. M., S. 633 bis 651, unter dem Titel: »Politische Demonstration und gesellschaftliche Kommunikation.«

Honnef, Klaus: (1978), Fotografie zwischen Authentizität und Fiktion. Kassel (= documenta 6, Katalog Bd. II).

Kant, Immanuel: (1968), Werke in 10 Bänden. Hrsg. von W. Weischedel. Bd. 3: Kritik der reinen Vernunft. 1. Teil. Darmstadt: Wissenschaftliche Buchgesellschaft.

Kübler, Friedrich (Hrsg.): (1975), Medienwirkung und Medienverant-
wortung. Baden-Baden (zum Lebach-Urteil des BVerfG).

Lang, Kurt/Gladys Engel Lang: (1968), Politics and Television. Chicago; dt. Übersetzung des 2. Kap. in: Jörg Aufermann/Hans Bohr-
mann/Rolf Sülzer (Hg.) (1973), Gesellschaftliche Kommunikation
und Information. Bd. II, Frankfurt a. M., S. 498–525, unter dem
Titel: »McArtur Day in Chicago: Die Einseitigkeit des Fernsehens
und ihre Wirkungen.«

Launer, Ekkehard: (1974), Analyse und Kritik aktueller politischer
Berichterstattung im Fernsehen. Göttingen (unveröff. sozialwiss.
Diplomarbeit).

Lippmann, Walter: (1964), Die öffentliche Meinung. München: Rüt-
ten und Loening.

Mill, John Stuart: (1945), Die Freiheit (On Liberty). Zürich: Pan.

Östgaard, Einar: (1965), »Factors Influencing the Flow of News.« In:
Journal of Peace Research, Vol. 1, S. 39–63.

Pätzoldt, Ulrich: (1973), »Wie objektiv können Nachrichten sein?« In:
Gewerkschaftliche Monatshefte, H. 8, S. 488–495.

Rosengren, Karl Erik: (1970), »International News: Intra and Extra
Media Data.« In: Acta Sociologica, Vol. 13, S. 96–109.

Roshco, Bernard: (1975), Newsmaking. Chicago/London: University
Press.

Schönbach, Klaus: (1977), Trennung von Nachricht und Meinung.
Freiburg/München: Alber.

Schulz, Winfried: (1976), Die Konstruktion von Realität in den
Nachrichtenmedien. Freiburg/München: Alber.

Schwarzkopf, Dietrich: (1975), »Tatsachen sind nie ausgewogen.« In:
Die Zeit, Nr. 40, 26. 9. 1975, S. 36.

Smythe, Dallas W.: (1954), »Reality as Presented by Television.« In:
Public Opinion Quarterly, Vol. 18, S. 143–156.

GÜNTER BENTELE

Objektivität in den Massenmedien – Versuch einer historischen und systematischen Begriffsklärung

1. Objektivität heute

»Extreme sind nicht objektiv – Extreme sind einseitig. Deshalb sollte eine Zeitung, die nicht manipulieren will, die Dinge von allen Seiten betrachten. Ohne Rot- und Schwarzmalerei. Ohne aus dem Zusammenhang gerissene Einzelheiten, die das Ganze verfälschen. Nur dann bringt sie die Wahrheit. Ungefärbt...«

So wirbt die Süddeutsche Zeitung für sich im Spiegel (Nr. 18, 1980). Daß hier durch semantische Tricks selbst »manipuliert« wird, wird, abgesehen von den Werbetextern, wahrscheinlich kaum jemandem so richtig bewußt.[1]

Obwohl bislang noch keine präzisen empirischen Untersuchungen, weder zum Objektivitätsverständnis der Bevölkerung, noch zu dem der Journalisten vorliegen, kann man wohl davon ausgehen, daß hier ein Verständnis von »Objektivität« als einer »nicht einseitigen«, man könnte auch formulieren »ausgewogenen« Darstellung der Wirklichkeit vorliegt, das hierzulande vorzuherrschen scheint. Unter Journalisten ist, das zeigen eine Reihe von Beiträgen in diesem Band, der Objektivitätsbegriff, der ja eine Norm bezeichnet, die Journalisten laut gesetzlichen und ethischen Imperativen befolgen sollen, sehr umstritten. Während Journalisten »vor Ort« oder in den Redaktionen häufig die Unmöglichkeit, Unpraktizierbarkeit etc. von »Objektivität« betonen, scheint man in den Chefetagen wesentlich mehr Wert auf Objektivität zu legen. Dies legt zumindest eine Untersuchung nahe, die 1973 durchgeführt, zum Ergebnis kommt, daß 93% der Chefredakteure es für »sehr wichtig« erachten, objektiv zu informieren. Das Ergebnis erstaunt um so mehr, als »objektiv zu informieren« innerhalb von 56 abgefragten Tätigkeiten diejenige Tätigkeit ist, die von den befragten Redakteuren die höchste Punktzahl unter der Kategorie »sehr wichtig« bekommen hat. 3% der Befragten halten diese Anforderung nur für

»wichtig«. 2% für »weniger wichtig« (vgl. Langenbucher u. a. 1977, S. 171).

Man muß konstatieren, daß die Diskussion um die Problematik der Objektivität in der Bundesrepublik noch am Anfang steht. In der Öffentlichkeit, insbesondere in Medienkreisen, ist zwar in den letzten 10 Jahren viel Papier zum Thema »Ausgewogenheit« beschrieben worden – aber »Ausgewogenheit« ist nicht »Objektivität«, auch wenn manche Journalisten da keinen großen Unterschied machen und mancher Medienpolitiker diesen Unterschied bewußt verwischt. In journalistischen Kreisen wird die Anforderung objektiver Berichterstattung häufig als Unmöglichkeit kritisiert und abqualifiziert, gerade auch von kritischen und linken Journalisten. Während in der Wissenschaftstheorie (vgl. Objekt und Objektivität etc. 1960; Cunningham 1973, Becker/Hübner 1976) der Soziologie (vgl. Myrdal 1971; Beck 1974) oder der Geschichtswissenschaft (Rüsen 1975) die Debatte um die Objektivität schon seit längerer Zeit zu einem Standardthema gehört, existieren in der deutschsprachigen Publizistik- bzw. Kommunikationswissenschaft, von zwei fast vergessenen Monographien abgesehen (Bäuerlein 1956, Frey 1951), nur ein schwer zugänglicher Sammelband von Saxer (1975) sowie einige wenige Aufsätze zu diesem Thema (vgl. Saxer 1974, Koschwitz 1971). Einzig im Bereich der Nachrichtenforschung findet sich etwas mehr Literatur (vgl. Saxer 1974, Rager 1973, Heun, 1975, La Roche 1978, Schulz 1976, Huth 1977, Pätzold 1973, Scharf, 1981, um nur einige der wichtigsten zu nennen).[2]

Tatsache ist, daß in der medienpolitischen Diskussion und Auseinandersetzung der Objektivitätsbegriff fast ausschließlich von politisch konservativer Seite benutzt wird, um Berichterstattung, die dieser Seite nicht genehm ist (eine solche Berichterstattung muß noch lange nicht kritisch sein) oder gar kritische Berichterstattung anzugreifen, zu diskreditieren und letztlich die betroffenen Journalisten persönlich zu belangen. Ernst Albrecht wollte schon 1976 »sich bemühen... die Objektivität der Berichterstattung im Norddeutschen Rundfunk wiederherzustellen.« (Frankfurter Rundschau 18. 5. 1976). Im Bundestagswahlkampf 1980 gab es viele Fälle, in denen sich insbesondere die CSU und CDU über unobjektive und nichtausgewogene Berichterstattung ausließen. Diese beiden Parteien können sich auch auf »tele-control«, einen Fernseh- und Rundfunkdienst stützen, der es sich zur Aufgabe gemacht hat, »Einseitigkeit, Linkstendenzen, Wirtschaftsfeindlichkeit, Manipulation und Unterschlagung wichtiger Informationen« in unseren Rundfunk- und Fernsehprogrammen aufzuspüren und »durch seine Kritik mehr Qualität, mehr Objektivität, mehr Ausgewogenheit in Rundfunk und Fernsehen« erreichen will, so das Werbeblatt für tele-control des Telcon-Verlags. In einer Reihe von Beiträgen dieses Bandes sind ebenfalls genügend Beispiele für dieses Vorgehen dokumentiert. Nur selten einmal wird von linker Seite auf den »Anspruch des Bürgers auf allseitige, wahrheitsgemäße Berichterstattung« (vgl. Berufsbilddiskussion dju (1980)) hingewiesen oder von journalistischer Seite das Objektivitätsgebot gegen den wachsenden Parteieneinfluß auf die Rundfunkanstalten ins Feld geführt (Der Tagesspiegel, 7. 3. 1981). Aus der eben beschriebenen Tatsache, daß »Objektivität« zum Kampfbegriff konservativer Kreise gegen »normale« oder gar »kritische« Berichterstattung geworden ist, darf und kann aber nicht der Schluß gezogen werden, daß es deshalb müßig wäre, sich mit dem Problem bzw. mit der Norm zu beschäftigen.

Es wäre völlig falsch und defätistisch, die positive Benutzung des Begriffs der konservativen Seite zu überlassen. Dies u. a. deshalb, weil, so meine Behauptung, eine gehörige Portion auch gesellschaftskritischen Potentials in diesem Begriff steckt. Dies wird besonders deutlich dann, wenn von kritisch-journalistischer Seite her Defizite der Berichterstattung, Einseitigkeit der Themenauswahl etc. angesprochen werden sollen. Gerade die Objektivitätsnorm bietet sich hier als wichtige Grundlage solcher Kritik an.

Niemand wird die Tatsache leugnen, daß verzerrende, manipulierende, einseitige journalistische Berichterstattung nicht nur möglich ist, sondern daß sie allerorten auch existiert. An welchen Kriterien aber will man so etwas messen, aufgrund welcher Vorstellungen will man »Verzerrungen« überhaupt als solche erkennen, wenn nicht an denen der »wahrheitsgetreuen« oder eben auch der »objektiven« Berichterstattung. Anders formuliert: Niemand kann an dem Problem »objektiver« Berichterstattung vorbeigehen, niemand, der eine Kritik an der bestehenden Berichterstattung vorbringen will, kann sich letztlich einer positiven Formulierung des Begriffs »Objektivität« entziehen.[3]

Die Tätigkeit journalistischer Berichterstattung ebenso wie die Prüfung journalistischer Texte muß auf positiv formulierten Normen basieren. Eine dieser Normen ist »Objektivität«. Anstatt sich vor einer Diskussion herumzudrücken, anstatt sich immer nur implizit auf diese im Vagen belassene Norm zu beziehen und anstatt den Gebrauch dieses Begriffs den konservativen Medienpolitikern zu überlassen, halte ich es für besser, diesen Begriff und seine Möglichkeiten ausführlich zu diskutieren, ihn zu präzisieren, um ihn letztlich als Instrument wissenschaftlicher und das heißt auch empirischer Untersuchungen einsetzen zu können. Das Anliegen, durch Präzisierung dieser Norm, die in den entsprechenden Gesetzestexten bzw. ethischen Grundlagen nur sehr vage und unbestimmt formuliert ist, der konkreten journalistischen Arbeit eine Hilfe an die Hand zu geben, war ebenfalls von Anfang an ein wichtiges Motiv für die Entstehung dieses Bandes. Mit vorliegendem Beitrag will ich versuchen, diesen Zielen ein wenig näher zu kommen. Dazu halte ich es für notwendig, zunächst die Geschichte dieses Begriffs im Medienbereich zu skizzieren.[4]

2. Zur Geschichte des Begriffs in bezug auf die Massenmedien

Der Begriff der Objektivität in Bezug auf die Massenmedien, d. h. verstanden als Norm, als Leitvorstellung für professionelle Kommunikatoren, ist nicht erst in Zusammenhang mit der Objektivitäts- und Wertfreiheitsdebatte innerhalb der Sozialwissenschaften entstanden, wie noch McReynolds (1959) meint, sondern schon wesentlich früher. So finden sich bestimmte Teilnormen der Objektivität, z. B. das Problem, ob der Journalist »nur« schreiben soll, was geschehen ist, oder ob er seine eigene Meinung zu den historischen Geschehnissen dem Publikum mitteilen soll, ob also eine Trennung zwischen »Darstellung« und »Bewertung« vollzogen werden kann oder soll, praktisch seit der Zeit, als es eine Massenpresse gab.

Schönbach vertritt in einer Arbeit zum Verhältnis von Nachricht und Meinung die Auffassung, daß »Meinung, Urteil, Kritik lange Zeit überhaupt nicht zu den Aufgaben der Zeitung gezählt (wurden). Die Bewertung von Tagesereignissen, der Aufruf zur politischen Tat waren bis ins 18. Jahrhundert hinein allein den Flugschriften, Traktaten und Manifesten vorbehalten.« (Schönbach 1977, S. 15)

Bäuerlein (1956, S. 6) erwähnt den Kopf einer Frankfurter Zeitung, in dem die Formulierung »Einfaltige, unpartheyische und kurze Beschreibung...« auftauchte. In der »Leipziger Zeitung« von 1766 heißt es »Zusammengetragene unpartheyliche Nouvelles« und in Hamburg gab es 1731 einen »Unparteiischen Korrespondenten«.

Erst im Zusammenhang mit dem preußisch-österreichischen Konflikt, mit der Aufklärung und insbesondere der Französischen Revolution wurden in der Tagespresse des 18. Jahrhunderts die offenen Meinungsartikel immer mehr; etwa um 1800 entstand der Leitartikel. Die Zeit bis 1880/1890 war stark von der »Meinungspresse« geprägt. Vor der Jahrhundertwende gewann aber das »Referat«, also die Berichterstattung, die im Gegenteil zum »Räsonnement« nicht mit Werturteilen versehen sein sollte, wieder an Oberhand, u. a. wohl durch Notwendigkeiten, die mit der Industrialisierung einhergingen. »Daraus entwickelte sich eine ausgeprägte Dichotomie zwischen »Meinungspresse« und »Nachrichtenpresse«, die durch den Anteil des Räsonnements am Zeitungsinhalt definiert wurde.« (Schönbach 1977, S. 19).

Diese Dichotomie bestimmte bis zum Ende der Weimarer Republik die Zeitungslandschaft, wobei sich allerdings auch die »Nachrichtenpresse« bzw. der informierende Teil dieser Zeitungen immer mehr der politischen Linie des Blattes unterzuordnen begannen.

Was den *Rundfunkbereich* anbelangt, so ist innerhalb der ersten Reichsrundfunkordnung von 1926 ein zentraler Passus enthalten, nachdem strenge Überparteilichkeit für Nachrichtensendungen als oberster Grundsatz galt (vgl. Lerg 1980, S. 264 ff). Während also hier im praktischen Bereich der Begriff der »Überparteilichkeit« kodifiziert wurde, behandelte Dovifat 1931 in seiner »Zeitungslehre« auch schon den »Objektivitätsbegriff«.[6] Dovifat schreibt im Zusammenhang mit der Schilderung des Einflusses, den Wortschatz und menschliche Vorstellungswelt auf das Verständnis der Nachrichten ausüben, folgendes:

»Die von den verschiedensten Seiten an die Presse immer wieder gerichtete Aufforderung »objektiv-sachlich« zu berichten, ist eine Unmöglichkeit. Die Zeitung ist auch in ihrem Nachrichtenteil ein durch und durch subjektives Unternehmen. Auch der ehrlichste und beste Wille, objektiv zu sein, läßt sie günstigenfalls subjektiv-wahrhaftig sein. Mehr kann sie nicht erreichen. Es sei denn, daß jede Nachricht eine mathematisch meß- und wägbare Formel wäre. Eine »objektive« Zeitung würde danach wie ein Aufbau mathematischer Formeln ausse-

hen. Aber auch der würde beim ersten Rechenfehler stürzen.«
(Dovifat 1931, S. 24 ff)

Hier ist schon das naive Verständnis von »Objektivität« niedergelegt, das später immer wieder perpetuiert wurde (vgl. den Lexikonartikel »Objektivität« in Koszyk/Pruys, 1976), ohne sich dadurch allerdings zu verbessern. »Objektiv« wird als Synonym mit »frei von subjektiven Zutaten« verstanden, im Prinzip eine logische Unmöglichkeit. Die Betonung des »subjektiv wahrhaftig« impliziert die Behauptung, daß prinzipiell nur der Prozeß, nicht aber das *Resultat* journalistischer Aktivität in Zusammenhang mit »Objektivität« diskutiert werden könne. Schließlich offenbart sich in der Dovifatschen Metapher der »mathematischen Formel« auch ein derart verqueres Verständnis sowohl von Mathematik, Naturwissenschaften wie auch von sozialwissenschaftlicher »Wahrheit« bzw. »Objektivität«, daß es heute schwierig scheint, darüber noch ernsthaft zu diskutieren. So paradox es klingen mag, ein solches Verständnis von »Objektivität« scheint auch für die nationalsozialistische Ideologie funktionaler gewesen zu sein als die entgegengesetzte Position, die Krumbach während der Zeit des Nationalsozialismus 1935 in Absetzung von Dovifat formuliert:

»Es steht ebenso fest wie die Objektivität der mathematischen, chemischen oder physikalischen Formeln, wie die Tatsache des Sprach- und Verständigungsvermögens, daß es objektive Nachrichten gibt, daß es wirklich ist, Nachrichten objektiv zu übermitteln. Bedürfte es aber noch eines Beweises, so wäre das allein die vorhandene Möglichkeit der Subjektivität auf dem Boden der Objektivität. Erst in der Erkenntnis des objektiven Tatbestandes liegt die Möglichkeit zu tendieren, subjektive Wendungen zu geben ... Man kann hinzufügen und weglassen, man kann aus einer Summe objektiver Nachrichten durch einseitige Auswahl eine durchaus subjektive Zeitung zusammensetzen, wie einen Filmbericht oder einen Rundfunknachrichtendienst. Aber alles das ist doch erst möglich auf der Grundlage des Glaubens an eine gemeinsame Verständnissphäre, über die hinaus und auf der einzelne und Gruppen ihre Anschauungen errichten«. (Krumbach 1935, S. 110). Wenngleich die Grundlage subjektiver Formulierungen etc. heute sicher nicht mehr als »Glaube« an gemeinsames Verstehen etc. hinreichend erfaßt werden kann, sondern als »biologische Notwendigkeit« erklärt werden muß (s. Kap. 3, These 4), so ist hier im Kern doch ein Objektivitätsbegriff angelegt, der einem erkenntnistheoretischen Realismus bzw. Materialismus näher steht, als der Objektivitätsbegriff, der in seiner ausschließlichen Betonung der subjektiven Seite mehr eine idealistische Position ausdrückt. Gänzlich zynisch ist eine Position, die von einem Hauptvertreter des Nationalsozialismus überliefert ist: »Ich danke meinem Schöpfer, daß ich nicht weiß, was objektiv ist.« (Hermann Göring im Frühjahr 1933, zit. nach Westerståhl 1970).

Nach den Erfahrungen mit der Presse und dem Rundfunk während der Zeit des Nationalsozialismus wurde nach 1945 sicher nicht ganz freiwillig mit der Errichtung der Lizenzpresse und der Neuorganisation des Rundfunks unter öffentlich-rechtlichen Vorzeichen auch die angelsächsische Presseethik inclusive eines Objektivitätsbegriffs übernommen, der vor allem an die strikte Trennung von »Nachricht« und »Kommentar« geknüpft war. Wie aber hatte sich diese Objektivitätsnorm, vor allem in den USA seit längerem explizit formuliert, herausgebildet? Die Entwicklung verlief dort etwas anders als in Deutschland. Zwischen 1830 und 1840 kamen in den USA die sog. »penny-newspapers« auf, billige Tageszeitungen, deren Hauptziel im Gegensatz zu den Parteizeitungen der »geschäftliche Erfolg« war. In diesen zehn Jahren verdoppelte sich die Anzahl der Zeitungen, die Gesamtauflagenhöhe stieg von 68 Mill. Exemplaren auf 196 Mill. Exemplare, also fast um 200 Prozent, während die Bevölkerung nur um 32 Prozent anwuchs. (vgl. Schiller 1979, S. 46).

Parallel zu dieser Entwicklung verlief die Entstehung einer neuen Art von journalistischer Berichterstattung, deren erstes Ziel es war, »ökonomisch« zu sein, d. h. die Interessen möglichst vieler Leser zu befriedigen und damit die Auflagenhöhe der Zeitung zu steigern. Eine parallele Entwicklung vollzog sich im Zuge der anwachsenden Arbeitsteilung im journalistischen Sektor: die Entwicklung zur *Professionalisierung* der Journalisten. Ein fundamental wichtiger Aspekt dieser Entwicklung war auch die immer schnellere Entwicklung von »Objektivität« als einer umfassenden Norm, die die Konstruktion von Nachrichten steuerte. Im Gegensatz zu der Ansicht, daß sich die »Idee« der Objektivität erst nach dem 1. Weltkrieg entwickelt habe, beschreibt Schiller diese frühe Entstehung von Objektivität, wobei der Name »Objektivität« wohl erst Anfang des 20. Jahrhunderts gebraucht wurde. Einer der Belege für die frühe Entstehung dieser Norm in den USA ist folgendes Zitat Prayers von 1855:

»A reporter should be as a mere machine to repeat, in spite of editorial suggestion or dictation. He should know no master but his duty, and that is to give the exact truth ... If he departs from this course, he inflicts an injury on himself, on his profession, and on the journal which employs him.« (Zitat nach Schiller 1979, S. 50)

Dies Zitat verdeutlicht exemplarisch die professionelle Orientierung des »gatekeepers«, die Rolle des unparteilichen Beobachters bzw. Formulierers dessen, was geschieht. Das Rollenbild des »objective reporting« (vgl. Fabris 1979, S. 68 ff) implizierte ursprünglich die Enthaltsamkeit von jeder eigenen Meinung des Journalisten. Die Begründung war, daß es dem Leser, dem Publikum selbst überlassen werden sollte, sich eine eigene Meinung zu bilden. Voraussetzung dazu war die bestmögliche und umfassende Versorgung mit »facts«. Die Begründung der Norm mit bestimmten Interessen des Publikums ist allerdings möglicherweise nur ideologische Zutat zu den eigentlich ökonomischen Notwendigkeiten, die zur Herausbildung der Norm geführt haben.

Zumindest drei Gründe haben nach Schiller die Entwicklung der journalistischen Objektivitätsnorm, als deren primärer historischer Grund wohl das Ziel der Profitmaximierung bei den »penny newspapers« gelten muß, begünstigt:

a) die Entwicklung der Presse als »Stimme der Öffentlichkeit« – beispielsweise mußte der Zugang zu Gerichtsverhandlungen für die Presse unter heftigen Auseinandersetzungen erkämpft werden –,

b) das Klima des Baconianismus, in dem den »Tatsachen« (facts) großes Gewicht beigemessen wurde und

c) die Entwicklung der Fotografie. Die Daguerreotypie, das erste fotografische Verfahren, wurde 1839 in den Vereinigten Staaten eingeführt und war begleitet von dem Glauben, daß hier etwas entstanden sei, das die Wirklichkeit naturgetreu »abbilden« könne. Fotografie wurde, wie später der Film, als eine neue, universelle »Sprache« gefeiert, deren »Wahrheit« sie weit über die Sprache, die Malerei oder die poetische Kunst erhebe.[7]

Zunächst einmal wurde die Objektivitätsnorm nicht explizit kodifiziert, u. a. mit dem Argument, daß es unmöglich und unnötig sei, die Abbildung einer sich ständig ändernden Realität in Regeln zu gießen. Stattdessen wurde von einem Nachrichten»instinkt« bzw. einem »6. Sinn«, den jeder haben müsse, der Journalist werden wolle, gesprochen.

In den ersten beiden Jahrzehnten des 20. Jahrhunderts aber

kam es zu einer »Krise« des unabhängigen Journalismus bzw. der impliziten Regeln objektiver Berichterstattung. Einmal deshalb, weil der Nachrichtenfluß nicht mehr direkt von den Quellen über die Journalisten zum Rezipienten lief, sondern weil sich inzwischen festgefahrene »Nachrichtenvermittler« gebildet hatten, die die Informationen nach den Interessen derer, über die berichtet werden sollte, frisierten; zum anderen deshalb, weil Konflikte innerhalb der kommerziellen Presse darüber, wie man die Leserschaft halten bzw. vergrößern könne, immer heftiger wurden.

Diese Krise wurde nach Schiller u. a. dadurch gelöst, daß die Objektivitätsnorm *explizit* verankert wurde und als Grundlage in die Ausbildungsziele der ersten amerikanischen Journalistenschulen einging. Walter Lippmann argumentierte 1920, daß eine Journalistenausbildung entworfen werden müsse, »in which the ideal of objective testimony is cardinal«. (Schiller 1979, S. 56).

Ein gewisser Vorbehalt gegenüber den Quellen, sowie die Trennung von Tatsache und Bewertung wurden in der Folgezeit zu wichtigen journalistischen Techniken, die Objektivität mitgarantieren.

3. Erkenntnistheoretische Vorüberlegungen

Bevor ich versuche, im 4. Abschnitt einige Positionen zum Objektivitätsbegriff zu markieren, ist es notwendig, ein paar erkenntnistheoretische Bemerkungen vorzuschalten, die die Position erst eigentlich verständlich werden lassen. Dabei kann an dieser Stelle natürlich weder eine systematische Darstellung des menschlichen Erkenntnisprozesses noch eine gleichwohl notwendige »publizistische Erkenntnistheorie«, die schon Frey (Frey 1951, S. 17) gefordert hat, erwartet werden. Die folgenden Bemerkungen sind eher als Gedankensplitter zu verstehen, die die Ausführungen im 4. Abschnitt etwas fundieren sollen.

Menschliche »Erkenntnis« existiert zumindest in zwei Formen oder Stadien: als *Prozeß* und als *Resultat*. Die traditionelle Einengung der Betrachtung menschlicher Erkenntnis auf das Resultat, also beispielsweise den Wahrheitsgehalt, den Wahrheitswert von Sätzen oder Aussagen führt zwar zu Beschreibungen der Relation Welt-Zeichen, kaum aber zu weiterreichenden *Erklärungen* dieser Relation. Als historischer wie

logischer Anfang wird hier deshalb vom Begriff des »Erkenntnisprozesses« ausgegangen. Der Erkenntnisprozeß hat zeitliche Ausdehnung in dreierlei Hinsicht: *phylogenetisch, ontogenetisch* und *aktualgenetisch*. Der phylogenetische Erkenntnisprozeß wird in der aus der modernen Ethologie (Verhaltens-
forschung) entstandenen »evolutionären Erkenntnistheorie«
beschrieben (vgl. Popper 1974, Lorenz 1975, Vollmer 1975,
Riedl 1980). Einer der zentralen Gedanken dieser Perspektive
ist der, daß sich sowohl Erkenntnisform, wie auch die Erkennt-
nisinstrumente selbst (Wahrnehmungsorgane wie Augen, Ohren etc. ebenso wie Sprechwerkzeuge sowie der gesamte kognitive Apparat, das menschliche Gehirn) innerhalb der Evolution
in Anpassung an die Umwelt entwickelt haben. Für die Auffassung, daß sich Erkenntnis auch ontogenetisch *entwickelt* und
letztlich nur sinnvoll in dieser Entwicklung begriffen werden
kann, stehen eine Reihe von Arbeiten innerhalb der Entwick-
lungspsychologie, insbesondere aber die erkenntnistheoretisch
ausgerichteten Arbeiten von Piaget (Piaget 1973).
Die aktualgenetische Dimension des Erkenntnisprozesses, also
die innerhalb kurzer Zeiträume sich abspielenden strukturierten Veränderungen von Wahrnehmungs- und Erkenntnisvor-
gängen werden ebenfalls innerhalb der Entwicklungsspycholo-
gie (Graumann 1959, Schmidt 1977) beschrieben.
Erkenntnisprozesse innerhalb aller drei Dimensionen laufen
nicht chaotisch bzw. zufällig ab, sondern weisen bestimmte
Elemente und Regelmäßigkeiten auf, die sie strukturieren: sie
besitzen bestimmte *Strukturen*.
Die zwei fundamentalen Elemente des menschlichen Erkenntnisprozesses werden traditionell (innerhalb der philosophischen Erkenntnistheorie) bezeichnet als
a) das erkennende *Subjekt* und
b) das zu erkennende oder erkannte *Objekt*.
Zwischen diesen beiden »Polen« spielt sich der Erkenntnisprozeß ab. Stark vereinfacht kann gesagt werden, daß zwischen
diesen beiden Polen *Wechselwirkungen* stattfinden, oder anders ausgedrückt, ein »dialektisches Verhältnis« besteht. Je
nachdem, welchem dieser beiden Pole mehr Gewicht, mehr
Einfluß beigemessen wurde, hat man innerhalb der philosophischen Erkenntnistheorie von *Materialismus* bzw. *Realismus*
(das zu erkennende Objekt existiert unabhängig vom Subjekt;
dieses bildet die Strukturen des Objekts ab) oder von *Idealis-
mus* (es gibt keine vom Subjekt unabhängigen Objekte –
Objekte werden erst durch die Leistungen des erkennenden

Subjekts konstituiert) gesprochen. Beide Konzeptionen abstrahieren weitgehend von zwei zeitlichen Dimensionen: der phylogenetischen wie der ontogenetischen. Im Gegensatz zu naiven materialistischen oder idealistischen Positionen[8] ist innerhalb einer *dynamischen Perspektive* davon auszugehen, daß Wechselwirkungs- bzw. Rückkopplungsprozesse zwischen den beiden Polen stattfinden, die eine *Strukturveränderung* in allen drei zeitlichen Dimensionen bedingen. Der Erkenntnisprozeß ist also weder bloße Widerspiegelung des Objekts im Subjekt, noch bloße Konstitution des Objekts durch das Subjekt. Innerhalb einer solchen Perspektive müssen auch die zentralen Begriffe erheblich differenziert werden. Dies scheint gut möglich mit einer Terminologie, die aus der Informationstheorie, der Systemtheorie und insbesondere der Kybernetik stammt (vgl. Stachowiak 1975).[9] Um aber in der philosophischen Terminologie zu bleiben: Ontologisch gesprochen, ist das »Objekt« zunächst einmal zu differenzieren in »Natur« und »Gesellschaft«, »Natur« zumindest weiter in »unbearbeitete« und »bearbeitete«. Während unbearbeitete Natur, also physikalische und organische Objekte, die nicht durch bewußtes Zutun von menschlichen Subjekten entstanden sind, ontologisch unabhängig bzw. *primär* (im Sinne von zeitlich früher existierend) ist gegenüber den sie erkennenden Subjekten, verhält sich dies bei »bearbeiteter« Natur, also z. B. physikalischen Objekten, die von Menschen hergestellt worden sind, etwas anders: sie enthalten schon eine »subjektive Zutat«, sie sind beispielsweise Ausdruck und Ergebnis einer Intention (z. B. eine im Sand gezeichnete Figur) oder eines komplizierten Plans (z. B. ein Hochhaus). *Erkenntnistheoretisch* oder gnoseologisch gesehen gehen natürlich in *jeden* Erkenntnisakt subjektive Elemente mit ein. Aber nicht nur die *natürliche Realität,* physikalisch beobachtbare Objekte, sondern auch die *soziale Realität* besitzt eine gewisse ontologische *Unabhängigkeit* vom einzelnen erkennenden Individuum, selbst von einzelnen erkennenden Gruppen. Wir müssen nicht nur annehmen – und unzählige Erfahrungen bestätigen dies – daß der Stuhl, den wir sehen und fühlen können, stehen bleibt, wenn wir uns umdrehen oder weggehen, sondern daß auch soziale Realitäten (kleine Gruppen wie Familie, Schulklasse, Redaktion; größere Gruppen wie Verbände, Vereinigungen, geographische, soziale, nationale Gruppierungen etc.) erhalten bleiben, wenn wir uns entfernen oder beispielsweise sterben. Allerdings verändern sie sich dadurch je nach Größe der Gruppe in einem erheblichen Maß (Familie) oder in einem zu vernachlässigenden Maß (Nation). Auf diese *relative Unabhängigkeit* und Eigenständigkeit ist gerade im Hinblick auf die Objektivitätsdiskussion Wert zu legen: es gibt durchaus so etwas wie eine *objektiv existierende soziale Realität.* Diese soziale Realität ist zwar nicht in der absoluten Weise selbständig und von den erkennenden Subjekten abhängig, wie dies manche naiv-materialistischen Positionen nahelegen, weist aber doch eine solche relativ selbständige Qualität auf, daß die Existenz oder Nichtexistenz einzelner erkennender Subjekte praktisch keinen nennenswerten Einfluß auf sie hat. Also ganz banal: nicht nur das Gespräch des Politikers X mit dem Politiker Y findet relativ unabhängig davon statt, ob einzelne Journalisten anwesend sind oder nicht, sondern auch die anschließende Pressekonferenz sowie die Berichterstattung in einem Teil der Medien. Daß diese soziale Realität, die für die unmittelbar Beteiligten wenn auch nicht völlig, so doch zu einem großen Teil *identisch* wahrgenommen wird, dann innerhalb des Mediums X (z. B. einer großen, überregionalen Tageszeitung) und innerhalb des Mediums Y (z. B. dem Zweiten Deutschen Fernsehen) jeweils etwas anders dargestellt wird, dann liegt das an der »subjektiven Komponente«, die bei jedem Erkenntnisakt eine Rolle spielt. Die Berichterstattung wird aber normalerweise nicht total differieren – eben weil sich nur *eine* soziale Realität ereignet hat. Selbst wenn das »Neue Deutschland«, die »Welt« und die »New York Times« völlig unterschiedliche Aspekte darstellen sollten, je nach politischen, geographischen und sonstigen Interessevorgaben, können dies nur *Aspekte* desselben sozialen Ereignisses sein. Es ist wichtig, diesen Unterschied zwischen der Realität und der Aussage über die Realität, auch wenn die Realität selbst aus Aussagen bestehen sollte, nicht zu verwischen. Erkenntnistheoretische Positionen, die diesen Unterschied vernachlässigen und dann nur noch unterschiedslos von »verschiedenen Realitäten« sprechen (vgl. die Position von Schulz (1976) oder, anders begründet, von Simeon, [in diesem Band]) haben vor dem zweifelsohne schwierigen Wahrheitsproblem und dessen Realität kapituliert: sie können letztlich keine Kriterien mehr für die Wahrheit von Aussagen bzw. für »Objektivität« angeben.

Bevor nun auf drei wesentliche *Erkenntnisprinzipien* eingegangen wird, die diese subjektive Erkenntniskomponente konstituieren, noch einige Bemerkungen zu weiteren *Elementen, Ebenen* und *Phasen* des menschlichen Erkenntnisprozesses.

Zunächst ist festzustellen, daß beim menschlichen Erkenntnisprozeß nicht nur »Subjekte« und »Objekte« eine Rolle spielen, sondern daß man traditionell noch zwei weitere Elemente, die eine wichtige Rolle spielen, unterscheidet: *Zeichen* und *Begriffe* (interne Außenweltmodelle). Es ist eine altbekannte Tatsache, daß komplexe kognitive Operationen ohne Begriffe nicht möglich sind und daß, wenn es um den materiellen Ausdruck dieser Begriffe und begrifflichen Operationen geht, dies ohne *Zeichen* nicht möglich ist. Zeichen vermitteln Erkenntnisse oder, allgemeiner formuliert, Informationen zwischen Individuen, zwischen den einzelnen Subjekten. Damit ist auch angesprochen, daß Erkenntnisprozesse nicht nur zwischen Objekten und einzelnen, individuellen Subjekten sich abspielen, sondern vor allem auch *intersubjektiv*, im Prozeß *zwischen* Subjekten. Innerhalb der Philosophie wurde von diesem wesentlichen Faktum lange Zeit abstrahiert: das Subjekt wurde zugleich als *individuelles* Subjekt wie auch als *Gattungssubjekt* aufgefaßt, der Erkenntnisprozeß wurde monologisch interpretiert. Wenn man also nur die bisher aufgeführten Elemente des Erkenntnisprozesses: verschiedene Subjekte, Objekt, Zeichen und Begriff als wesentliche Elemente dieses Prozesses in ein (allerdings statisches) Modell überführt, so erhält man ein Pentagon, das schon die Komplexität der Beziehungen zwischen den Elementen andeutet.

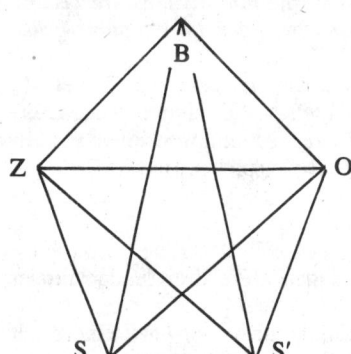

S = Subjekt
S′ = anderes Subjekt
Z = Zeichen
B = Begriff (internes Außenweltmodell)
O = Objekt

Innerhalb eines dynamischen Modells müßten dann insbesondere noch die *Operationen*, z. B. angeborene Wahrnehmungsoperationen, logische Operationen etc. in das Modell aufgenommen werden. Neben den Elementen des Erkenntnisprozesses sind insbesondere mehrere *Ebenen* dieses Prozesses zu unterscheiden: traditionell werden *Empfindungen* (einzelne sensorische Reize) von *Wahrnehmungen* (Bündelung mehrerer Reize zu Reizkomplexen wie Gestalten, Formen, Gegenstände) diese wiederum von der *begrifflichen Erkenntnis* und diese vom *Denken* unterschieden. Phylo- und ontogenetisch entsprechen diesen Ebenen *sukzessive Stufen* oder Phasen; im Erkenntnisprozeß des erwachsenen Menschen finden diese Prozesse auf allen vier Ebenen *gleichzeitig* statt, wobei natürlich zwischen den Ebenen Beziehungen und Beeinflussungen bestehen. Allerdings sind auch hier zeitweise bestimmte Ebenen dominierend. Während bei dem schlafenden Menschen, der von einer Nadel gestochen wird, die Empfindungsebene dominiert, dominiert bei dem Wanderer, der die Natur wahrnimmt und auf sich wirken läßt, die Wahrnehmungsebene. Die Situation eines Schülers, der Gegenstände bestimmten Begriffen zuordnet, bei dem also die begriffliche Erkenntnis dominiert, ist dann wiederum zu unterscheiden von der Situation des Professors, der vor dem Manuskript seines nächsten Buches brütet, bei dem also Denkprozesse dominieren, und der deshalb auch »nichts anderes mehr hört und sieht«. Daß der Erkenntnisprozeß als aktualgenetischer Prozeß auch bestimmte typische Phasen aufweist, gehört praktisch zum Allgemeinwissen. Normalerweise unterscheidet man zumindest die *Informationsaufnahme*, die *Informationsverarbeitung*, die *Informationsspeicherung* sowie die *Informationswiedergabe*.

Drei fundamentale *Prinzipien* des Erkenntnisprozesses, die die Begriffe »Subjektiver Anteil« oder »aktiver Charakter« differenzieren und die auf allen Erkenntnisebenen von der Wahrnehmung aufwärts eine Rolle spielen, sind

a) Selektivität
b) Perspektivität
c) Konstruktivität[10]

Anhand einiger Beispiele sollen diese drei fundamentalen Prinzipien verdeutlicht werden.

Alle Objekte der Außenwelt besitzen *potentiell* eine große Anzahl von Informationen. Innerhalb eines Erkenntnisakts, zu dem informationsnehmende Systeme wie z. B. Menschen benötigt werden, werden aber nur immer ein Teil dieser Informationen *aktualisiert*. Zusätzlich werden diese Informationen innerhalb eines ein- oder mehrstufigen Prozesses, den man als *Selektion* bezeichnet, selegiert (ausgewählt, gefiltert).

Beim einzelnen Individuum kommen normalerweise nur ein Bruchteil der potentiellen Informationen an. Dieser Prozeß ist gleichzeitig auch ein notwendiger Vorgang der *Komplexitätsreduktion*. Dies schon auf der Empfindungs- und Wahrnehmungsebene: aus dem großen elektromagnetischen Spektrum[11] wird beispielsweise vom Auge nur der Bereich zwischen 380 und 760 nm wahrgenommen. Infrarotstrahlung wird noch als Wärme empfunden, ultraviolettes Licht, Röntgenstrahlung etc. zeigt nur noch Wirkungen – unser Wahrnehmungsapparat ist dafür nicht mehr empfindlich. Aber auch schon auf der Wahrnehmungsebene ist die Aufnahme von Informationen von *Interessen*, von dem motivationalen Teilsystem des Organismus gesteuert: wer mit Heißhunger in einer Einkaufsstraße entlanggeht und frische Brötchen kaufen will, wird die Schuhgeschäfte in derselben Straße wenn überhaupt nur am Rande wahrnehmen. Wenn unsere Person zusätzlich blind ist, wenn ihr also die Wahrnehmungsorgane für visuelle Informationen fehlen, ist sie auf ihren Geruchssinn beschränkt, d. h. sie wird nur auf diejenigen Bäckereien aufmerksam, die auch durch ihren Geruch die Ware anzeigen, und das sind sicher weniger als die gesamte Menge der Bäckereien in dieser Straße.

Für jeden, nicht nur den menschlichen Organismus, baut sich so aus seinen spezifischen Empfindungen und Wahrnehmungen (Empfindungsraum) eine je eigene *Umwelt* auf. Für das einzellige Pantoffeltierchen gibt es nur unspezifische Reize, seien sie thermisch, taktil oder durch Veränderung der Helligkeit hervorgerufen, auf die es meist mit *einer* Reaktion, nämlich Flucht, reagiert. Die Seegurke zieht sich bei jeder Verdunkelung, egal von wem oder was diese hervorgerufen wird, zusammen. Das Froschauge meldet nur gleichzeitig gekrümmte und bewegte Objekte sowie Helligkeitsveränderungen – alles andere wird nicht registriert. Die Umwelt des Hundes kann eine »Riechwelt« genannt werden, die der Fledermaus eine »Hörwelt«, beim Menschen dominieren der visuelle und der Stimm-Hör-Kanal. Auf der Empfindungs- und Wahrnehmungsebene ist der Selektionsmechanismus weitgehend »eingebaut« (es sei denn, er wäre durch spezielle Motive gesteuert), er wird genetisch weitergegeben. Auf der bewußteren Begriffs- und vor allem auf der Denkebene findet Selektion natürlich ebenso statt. Insbesondere beim *journalistischen Erkenntnisprozeß* spielt Selektion eine zentrale Rolle durch alle Phasen hindurch. Bei der Informationsaufnahme wählt der Reporter oder der Agenturkorrespondent aus dem Ereignis, dem er beiwohnt oder das er zu beschreiben hat, nach einer Reihe typischer Kriterien, nicht zuletzt auch nach individuell-subjektiven Kriterien aus, was er verarbeitet und weitergibt. Während der nachfolgenden Stufen, die ebenfalls Informationsverarbeitung und Informationsweitergabe darstellen (Auswahl und Redigieren in der Agentur oder der Redaktion) werden wiederum eine Reihe von Informationen herausgefiltert, auch dies nach gewissen vorgegebenen Kriterien und Regeln. Beim Druck bzw. der Sendung ist häufig nur noch ein kleiner Teil der ursprünglich von den Quellen aktualisierten Informationen übrig. Der nächste entscheidende Selektionsprozeß findet dann bei der Rezeption statt.

Der zweite Erkenntnismechanismus, *Perspektivität* existiert ebenfalls auf allen Erkenntnisebenen und ebenfalls nicht nur beim Menschen, sondern bei Organismen, die innerhalb der Evolution lange vorher existiert haben. Jede Wahrnehmung und jede komplexere Informationsaufnahme erfolgt von bestimmten *zeitlichen* und *örtlichen Standpunkten* aus. Aber auch der Bewußtseinszustand (Grad an Vorwissen, Interessen, Ideologie etc.) bedingt eine gewisse Perspektivität. Perspektivlose Wahrnehmung und Erkenntnis ist prinzipiell unmöglich. Beispiele für die Perspektivität der visuellen Wahrnehmung sind die Eisenbahnschienen, die in der Ferne zu konvergieren scheinen oder für die akustische Wahrnehmung die Tonhöhenänderung des Lokomotivpfiffs, wenn der Zug vorbeifährt. Auf den nächsten Ebenen des Erkenntnisprozesses werden individuelle, soziale, politische Standorte wichtig und besitzen eine steuernde Funktion. Die zeitliche und örtliche Perspektivität bleibt hier gleichwohl erhalten: von Europa, speziell der Bundesrepublik, noch spezieller von einem bayerischen Dorf aus, erscheint vieles anders als von der USA oder spezieller einem der New Yorker Slums, und das Ganze vor 100 Jahren wiederum anders als heute. In bezug auf den journalistischen Erkenntnisprozeß spielt die Perspektivität natürlich auch eine Rolle: die *soziale* Perspektivität beispielsweise beim südostasiatischen oder afrikanischen Auslandskorrespondenten, der durch seine Lebensumstände in diesen Ländern sicher eher die Probleme der herrschenden Schicht und weniger die der breiten Bevölkerung kennt, was nicht ohne Auswirkungen auf seine Berichterstattung bleiben kann. Auch sein politischer Standort kann natürlich nicht ganz folgenlos bleiben. Seine individuellen Interessen kommen sicher auch in der Themenwahl, seiner Ressortzugehörigkeit und teilweise auch Art und Weise der Berichterstattung zum Ausdruck. Auch die Geschlechtszugehörigkeit ebenso wie die Altersstufe wird teilweise dadurch, daß unterschiedliche Vorerfahrungen vorliegen, mit in die Berichterstattung eingehen.

Unter dem Stichwort »Konstruktivität« sind ebenfalls schon auf der Wahrnehmungsebene eine Reihe von Phänomenen zu beschreiben, die altbekannt sind. Am Beispiel der Farbwahrnehmung läßt sich die konstruktive Qualität besonders gut demonstrieren: wir nehmen keine Wellenlängen, sondern Farben, also Qualitäten wahr. Die Wellenlängen müssen sich um einen bestimmten Betrag unterscheiden, damit wir sie als verschieden interpretieren können. Normalerweise gelingt es uns, bei optimalen Bedingungen etwa 160 verschiedene Farbtöne zu unterscheiden, wobei das Unterscheidungsvermögen des Auges nicht über das gesamte Spektrum kontinuierlich, sondern bei Gelb und Blaugrün am größten ist. Ebenfalls haben die Menschen schon sehr früh die Farben, obwohl die Wellenlängen auf einem kontinuierlichen Spektrum liegen, auf einem »Farbkreis« angeordnet, bei dem Farbtöne, die sich gut voneinander unterscheiden lassen, weiter voneinander entfernt liegen als »benachbarte« Farben. Farben, die zu gleichen Teilen gemischt, ein neutrales Grau ergeben, heißen »Komplementärfarben«. Weiß und Purpur entstehen nur durch Farbmischung, ebenso wie aus der Mischung zweier Farben eine neue, dritte entsteht. Die Wellenlängen bleiben an sich jedoch getrennt – nur das Auge leistet keine spektrale Zerlegung der Wellenlängen, anders übrigens als das Ohr. Farben hängen aber nicht nur von der Reizung durch Wellenlängen und der Intensität der Reizung ab, sondern auch von psychologischen Momenten, davon, ob beispielsweise bestimmte Muster als bestimmte Gegenstände akzeptiert werden oder nicht.

Die Farbwahrnehmung der Bienen ist ziemlich anders gelagert: ihr »optisches Fenster«, also der Bereich des für sie wahrnehmbaren Spektralbereichs liegt zwischen 300 und 650 nm, sie sind also nicht für rot, dafür aber für Ultraviolett empfindlich. Die Umwelt sieht also für die Biene farblich ganz anders aus als für uns. Viele weitere Beispiele für die konstruktive Qualität der Wahrnehmung lassen sich aus der *Raumwahrnehmung* und insbesondere aus der *Gestaltwahrnehmung* nennen (vgl. Vollmer 1975, S. 49 ff). Auf den bewußteren Stufen des Erkenntnisprozesses ist die konstruktive Qualität offensichtlich: beispielsweise wird durch sprachliche oder andere semiotische Mechanismen eine Zeichenrealität permanent konstruiert, die so vorher noch nicht vorhanden war.[12] Über die rein sprachlichen Mechanismen hinaus wird z. B. innerhalb der journalistischen Produkte, die man als hochkomplexe Zeichengebilde, *Superzeichen* auffassen muß, insbesondere durch die Art und Weise der Zusammenstellung, deren Ordnung und Gewichtung, durch bestimmte »medien-syntaktische« Regeln also, praktisch eine eigene »Medienrea-lität« konstruiert. (vgl. Schulz 1976). Nun wäre es auf der anderen Seite vermessen, zu behaupten, diese Medienrealität hätte nichts mehr mit der sozialen Realität, die sie ja darstellen soll, gemeinsam, wobei wir wieder beim Objektivitätsproblem angelangt wären.

Der gesamte subjektive Anteil am Erkenntnisprozeß, der hier unter den Stichworten »Selektivität«, »Perspektivität« und »Konstruktivität« diskutiert worden ist, ist weitgehend unver-meidlich oder positiv ausgedrückt, *notwendig am Erkenntnisakt* beteiligt. Dennoch wird durch Wahrnehmungen, durch Zei-chen und Begriffe, durch Denken, Realität *nicht völlig neu und beliebig konstruiert,* sondern die Konstruktionen sind der Rea-lität *angemessen.* Innerhalb der evolutionären Erkenntnistheo-rie wird diese Angemessenheit unter dem Begriff »Passungs-charakter« diskutiert. Der Passungscharakter von Wahrneh-mungs-, Denkstrukturen etc. kommt innerhalb der evolutionä-ren Entwicklung durch Anpassung der Organismen an ihre Umwelt mittels der Evolutionsmechanismen Selektion, Muta-tion etc. zustande. Beispiele für den Passungscharakter unseres menschlichen Wahrnehmungsapparates sind das vorhin schon erwähnte »visuelle Fenster«, das eben in Anpassung an die Lichtverhältnisse auf unserer Erde und an unsere Lebensbedin-gungen (der Mensch als »Tagtier«) entstanden ist, ebenso ist unser akustisches Fenster abgestimmt mit unserem Stimmap-parat. Aber auch bei niederen Organismen entspricht jeder Wahrnehmung, und sei sie auch noch so primitiv wie diejenige eines Pantoffeltierchens, etwas »objektiv Existierendes« in der Welt. Die Fluchtreaktion des Pantoffeltierchens wird eben nicht nur, aber eben immer auch dann, wenn eine tatsächliche Gefahr droht, ausgelöst – dieser primitive Erkenntnismecha-nismus ist für das Tier und die Art *überlebensnotwendig.* Der Wahrnehmungsapparat des Frosches ist ebenfalls in Abstim-mung auf seine natürlichen Lebensbedingungen auf sich bewegende kleine gekrümmte Objekte, wie sie beispielsweise Fliegen darstellen, geeicht. Er nimmt kaum etwas außer diesen Objekten wahr, aber das, was er wahrnimmt, ist keine Einbildung, sondern ihm entspricht etwas objektiv Existierendes. Nun ist es nicht so, daß nur die Wahrnehmungsapparate der Organismen so gebaut wären, daß sie diesen Organismen in den Grenzen, die für ihr Überleben ausreichen, objektive Bilder liefern, sondern auch wesentlich komplexere Erkenntnisstrukturen der Spezies Mensch. Die Strukturen des logischen Schließens, der wissenschaftlichen Erkenntnis etc. können nicht völlig beliebig, zufällig oder restlos falsch sein, sondern sie müssen der Realität in etwa (nicht unbedingt völlig) entsprechen, wobei die Beziehung nicht die einer Identität, sondern nur die einer *partiellen Isomorphie* (teilweisen Strukturgleichheit) sein muß. Was würde auch mit Hochhäusern passieren, die nicht »richtig«, und das heißt in Übereinstimmung mit den realen Strukturen des Materials etc. berechnet wären, was mit Staudämmen, die nicht richtig, d. h. in Übereinstimmung mit dem realen Wasserdruck etc. berechnet worden sind? Die erkenntnistheoretische Position, daß wir hypothetisch die Existenz einer realen Außenwelt annehmen müssen (und daß wir an dieser realen Außenwelt sehr häufig scheitern, wenn wir dies nicht tun), ist als »hypothetischer Realismus« bezeichnet worden (vgl. Popper 1974, Lorenz 1975). In Verbindung mit der evolutionären Erkenntnistheorie ergibt der hypothetische Realismus die Basis, auf der heute auch, so meine ich, das Objektivitätsproblem in bezug auf den Medienbereich etwas tiefer und etwas erklärungskräftiger angegangen und fundiert werden könnte.

4. Was ist Objektivität?

Saxer (1974) unterscheidet vier Positionen, die er anhand der beiden Kriterien »Wünschbarkeit« und »Möglichkeit« (auch Realisierbarkeit, Verwirklichungsmöglichkeit etc.) darstellt. Eine schematische Übersicht kann dies etwas deutlicher machen:

	Wünschbarkeit	Möglichkeit
1. »positive« Position	wird bejaht	wird bejaht
2. »positiv-kritische« Position	kritische Bejahung Begründ.: Kommu-nikationsvoraus-setzung für parl. Demokratie	kritische Bejahung
3. »ambiva-lente« Position	wird prinzipiell anerkannt	wird verneint Begründ.: weil immer subjektive Elemente eine Rolle spielen
4. »negative« Position	wird verneint	wird verneint

Diese Aufgliederung ist sicher noch zu undifferenziert, vor allem deshalb, weil die *Begründungen* für einzelne Positionen, die oberflächlich häufig ähnlich sind, oft sehr stark variieren. Zum anderen fehlen bestimmte Positionen, z. B. die Position, bei der die Wünschbarkeit durchaus bejaht wird, die Möglichkeit aber nur unter bestimmten Bedingungen (z. B. sozialisti-sche Gesellschaftsordnung) bejaht wird.[13] Und zum dritten ist diese Aufstellung nur in dem Maße sinnvoll, als unter »Objekti-vität« jeweils dasselbe verstanden wird. Dies ist aber sicher nicht der Fall. Im folgenden versuche ich in 11 Thesen einen Objektivitätsbegriff zu skizzieren, der als Grundlage für weite-re Diskussionen bzw. Untersuchungen dienen soll.

1) Objektivität ist möglich

Objektivität existiert zumindest als Norm, dies dürfte wohl von niemandem bestritten werden, ungeachtet der Frage, ob er die Norm für sinnvoll, sinnlos, nützlich oder gefährlich hält. Objek-tivität ist, so meine ich, auch *realisierbar,* die Norm existiert nicht nur als Fiktion, sondern auch als reale Möglichkeit, dies natürlich nur in dem Rahmen, in dem Normen überhaupt realisierbar sind. Die Realisierbarkeit der Norm oder philoso-phisch ausgedrückt, die »reale Möglichkeit von Objektivität« ist analog zu sehen zu der »Möglichkeit von Wahrheit« oder etwas weniger prosaisch ausgedrückt zur Produktion wahrer Aussagen über die Realität. Hier wird also eine Gegenposition zu der häufig anzutreffenden »ambivalenten« Position (Saxer 1974) eingenommen, die die Möglichkeit von Objektivität primär mit dem Argument bestreitet, daß alle Aussagen über die Realität subjektiv seien. Diese Position basiert auf einem Verständnis von Objektivität, das absurd ist: Objektivität als totales Gegenteil von Subjektivität. Davon zu unterscheiden sind die Überlegungen, daß Objektivität ein anzustrebendes *Ideal* sei, das aber prinzipiell in absoluter Form nicht zu verwirklichen sei. Diese Position ist sinnvoll, muß aber präzisiert werden.

2) *Objektivität ist nur durch subjektive Akte hindurch möglich*

Es ist nicht nur selbstverständlich, sondern auch notwendig so, daß menschliche Aussagen über Realität »subjektive Komponenten« enthalten. Menschliche Aussagen ohne »subjektive Komponenten« sind gar nicht denkbar, es wären dann keine Aussagen mehr. Man kann aber unterscheiden zwischen »konstitutiver Subjektivität« und »fakultativer Subjektivität«, d. h. subjektiven Bestandteilen von Aussagen, die notwendig sind, und solchen, die es nicht sind. Konstitutive Subjektivität läßt sich durch die drei Erkenntnisprinzipien »Selektivität«, »Konstruktivität« und »Perspektivität«, differenzieren (vgl. 3. Abschnitt).

Subjektive Komponenten, die je nach Art der journalistischen Arbeit eingesetzt werden *können*, sind *bestimmte* Meinungen, Bewertungen, Kritik etc. Das soll umgekehrt nicht heißen, daß von objektiver Darstellung von Realität nur dann gesprochen werden kann, wenn diese Elemente nicht auftauchen. Objektive Beschreibungen der Realität können also nicht mit »subjektlosen« Beschreibungen identifiziert werden, das erkennende und mitteilende Subjekt ist als Aussagenproduzent und Aussagenrezipient nicht wegzudenken.

3) *Objektivität ist nicht »absolut«, sondern immer »graduell« zu verstehen*

Ebenso wie es keine Aussage gibt, die keine subjektiven Elemente enthält, so gibt es wohl keine Aussage, die *nur* subjektive Elemente enthält: sprachliche oder sonstige Zeichen beziehen sich immer *auch* auf Realität, sei es gegenwärtige, vergangene oder zukünftige. Wie steht es aber nun mit der Qualität »objektiv« in bezug auf Aussagen? Aussagen können wahr *oder* falsch sein; von »mehr oder weniger wahr« kann höchstens in bezug auf *Texte*, also Satzkomplexen gesprochen werden. Das Prädikat »objektiv« scheint sich aber wesentlich auf die Größenordnung von Texten zu beziehen und von daher ist es besser, nur von »mehr objektiv« und »weniger objektiv« zu sprechen.

Die Auffassung, daß »absolute Objektivität« unmöglich sei, geht darauf zurück, daß wohl kein Standpunkt existiert, von dem aus Ereignisse und Sachverhalte für potentiell *alle* Subjekte gleich objektiv beschrieben werden könnte. Objektivität wird in dieser Auffassung somit als *regulatives Prinzip* oder Idealtyp begriffen, nach dem menschliche Subjekte sich richten und das auch seine Wirkungen hat, das aber selbst nie in »reiner Form« verwirklichbar ist. Die Frage, ob man mehr oder weniger »objektiv« oder mehr oder weniger »subjektiv« sagt, ist letztendlich nur eine Frage der Bezeichnung.

4) Das Objektivitätsprinzip ist begründbar

Objektivität ist nicht nur eine wünschbare Norm, sondern kann als Norm auch begründet werden. Dies wird in der aktuellen Diskussion häufig überhaupt nicht gesehen oder vergessen. Es können mehrere Arten von Argumenten unterschieden werden:

a) logisch-gesellschaftliche Argumente: der Verweis auf mögliche Konsequenzen, die die Nichteinhaltung oder gar die Nichtexistenz dieser Norm hätte (... wenn es diese Norm nicht gäbe, könnte man sich nicht mehr auf Informationen verlassen ...).

b) empirische Argumente, die auf vergangene oder gegenwärtige Erfahrungen mit gesellschaftlichen Systemen verweisen, die die Objektivitätsnorm *nicht* als zentrales journalistisches Prinzip hatten (Beispiele: Nationalsozialismus, Militärdiktaturen, aber auch die osteuropäischen Staaten des »realen Sozialismus«, in denen das Objektivitätsprinzip vom Parteilichkeitsprinzip dominiert wird).

c) Argumente, die die Entstehung der Objektivitätsnorm historisch und politökonomisch erklären (s. 2. Abschnitt).

d) Argumente, die die Objektivitätsnorm funktionalistisch-systemtheoretisch bzw. letztlich biologisch erklären.

Zusammengenommen dürften a) bis d) eine hinreichende Begründung der Objektivitätsnorm abgeben. Neu innerhalb der Diskussion sind Begründungen der Art d), die im nächsten Kapitel kurz angesprochen werden sollen.

5) Objektivität ist existenznotwendig

Wenn man sich die Fragen stellt, warum die Objektivitätsnorm innerhalb der menschlichen Gesellschaft entstanden ist, warum sie zu einem bestimmten Zeitpunkt entstanden ist und warum sie sich danach so stark verbreitet hat, so kommt man zu systemfunktionalistischen und letztlich zu biologischen Dimensionen der Erklärung.

Wenn man ein wesentliches Ergebnis der evolutionären Erkenntnistheorie zusammenfaßt, kann man sagen, daß, obwohl die Wahrnehmung der Außenwelt immer nach bestimmten organismuseigenen (subjektiven) Prinzipien abläuft, die nach Relevanzgesichtspunkten strukturiert sind, also hochgradig selektiv, perspektiv und beim Menschen »konstruktiv« abläuft, sie doch »richtig« in dem Sinn ist, als die zum *Überleben notwendigen* Aspekte der Realität adäquat abgebildet werden. Man kann in diesem Sinn von einer *Notwendigkeit richtiger Wahrnehmung der Außenwelt* sprechen (dies gilt übrigens größtenteils auch für die »Innenwelt«).

Analog zu dieser notwendig richtigen Wahrnehmung kann wahrscheinlich eine gewisse *Notwendigkeit, Informationen richtig weiterzugeben,* zu *transportieren,* hypothetisch formuliert werden. Dies nicht nur auf menschlicher, sondern auch schon auf animalischer Stufe: viele tierische Kommunikationssysteme enthalten gewissermaßen ein Prinzip der »Richtigkeit«: Bienen müssen die ihnen von ihren Artgenossen angezeigten und mitgeteilten Futterstellen tatsächlich auch finden, dem tierischen Signal muß also mit einer gewissen Zuverlässigkeit ein realer Sachverhalt entsprechen, soll nicht das ganze System und damit das Überleben der Art in Frage gestellt sein. Warn- und Lockrufe von Vögeln und Säugetieren müssen ebenfalls »realitätshaltig« bzw. »richtig« in einem gewissen Sinn sein, soll das Warn- bzw. Lockprinzip funktionieren. Daß es auch auf der anderen Seite im tierischen Bereich das weitverbreitete Prinzip der Signaltäuschung oder »Mimikry« (vgl. Wickler 1968) gibt, ist kein Geheimnis. Dies kann aber nur auf Basis eines im tierischen Bereich weitgehend angeborenen »Vertrauens« auf richtige Informationen funktionieren.

Im menschlichen Bereich wird die Weitergabe richtiger Informationen, nicht nur die Aufnahme richtiger Informationen aus der Außenwelt, zu einem gesellschaftlichen Prinzip und wird moralisch schon zu einem frühen Zeitpunkt und wohl bei allen bekannten menschlichen Gesellschaften kodifiziert (»Du sollst nicht lügen«). Auf einer relativ hochentwickelten industriellen Stufe, auf der Massenkommunikation zur Lösung gesellschaftlicher Probleme notwendig wird, muß dieses Prinzip auch in den massenmedialen Bereich eingeführt werden: als *Objektivitätsprinzip.*

Durch größere Komplexität der Gesellschaft, durch verschärfte Konkurrenz auf dem Zeitungsmarkt sowie der Notwendigkeit der Profitmaximierung für den einzelnen Unternehmer wird die Qualität der Information, deren *Verläßlichkeit bzw. Zuverlässigkeit für andere* berührt.[14] Die Informationsweitergabe selbst muß also kodifiziert werden. Dabei ist es nicht nur das unmittelbare Interesse des einzelnen Zeitungsbesitzers an einer möglichst hohen Auflage, sondern auch ein gesamtgesellschaftliches Interesse an der Vermittlung richtiger Informationen, an der Zuverlässigkeit der Informationen, das sich »hinter dem Rücken der Subjekte« durchzusetzen beginnt und die Objektivitätsnorm entstehen läßt. Die Ausgestaltung und Regelung dieser Norm ist natürlich wiederum von speziellen gesellschaftlichen und politischen Strukturen der jeweiligen geographischen Gebiete bzw. Länder abhängig. Innerhalb der westlichen Staaten mit kapitalistischer Wirtschaftsordnung sind ab Mitte des 19. Jahrhunderts andere Formen als nach der russischen Revolution in der Sowjetunion bzw. nach 1945 in den osteuropäischen Staaten oder innerhalb der Staaten der Dritten Welt entstanden. Mittlerweile ist der Zeitpunkt erreicht, da auch die Qualität des Informationsaustausches zwischen den einzelnen Staaten geregelt werden muß: neben einer Weltwirtschaftsordnung wird eine *Weltinformationsordnung* notwendig (vgl. das Stichwort »free flow of information«, Bohrmann u. a. [1979]).

6) Objektivität ist sowohl in bezug auf den publizistischen Prozeß als auch im Hinblick auf das publizistische Produkt zu differenzieren

6.1 Prozeß

Eine Norm muß sich in bestimmten Verhaltensweisen niederschlagen und umgekehrt konstituieren erst eine Reihe be-

134

stimmter Verhaltensweisen eine Norm. Einen der wesentlichen Verhaltensprinzipien, die die Objektivitätsnorm konstituieren, ist die Trennung von *deskriptiven* und *wertenden* Aussagen (Trennung von Nachricht und Kommentar). Darüber hinaus existieren aber eine Reihe von Verhaltensanweisungen an Journalisten, sich in einer ganz bestimmten Weise zu verhalten, wenn sie objektiv sein wollen.

Das zentrale Verfahren, Objektivität zu erreichen, ist wohl das Nachprüfen des Wahrheitsgehaltes von Aussagen, also beispielsweise das Nachprüfen von Fakten durch mündliches oder telefonisches Befragen eines Zeugen oder eines Sachverständigen, das Recherchieren in Bibliotheken, Archiven, Dokumentationen, Datenbanken und anderen Quellen. Über diese Verifikationsverfahren hinaus existieren eine Reihe anderer Verfahren oder Verhaltensweisen, die Objektivität sichern sollen, wie beispielsweise

a) *ohne Emotionen* berichten

b) *sachlich* berichten

c) *neutrale* Ausdrücke wählen zur Bezeichnung von Sachverhalten, die von unterschiedlichen Personengruppen unterschiedlich bewertet und damit bezeichnet werden

d) wörtliche Zitate verwenden (in der mündlichen Berichterstattung meist gekennzeichnet durch Indizes wie »so wörtlich Herr X«, in der schriftlichen Berichterstattung durch Anführungszeichen markiert), die die *Autenthizität* erhöhen sollen

Wenn der Wahrheitsgehalt von Aussagen nicht eindeutig feststellbar ist, wenn also innerhalb des folgenden Schemas

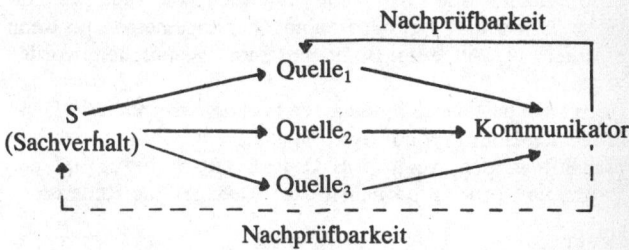

die Möglichkeit der Nachprüfbarkeit nur bis zu den Quellen reicht, so gibt es wiederum Verfahren, dies zu kennzeichnen:

e) Quellenangabe

Falls sich die Quellen widersprechen, so muß dieser Widerspruch angegeben werden. Also:

f) Angabe widersprüchlicher Quellen

Der Begriff der journalistischen »Quelle« kann sich natürlich nicht in Agenturmaterial, Presseverlautbarungen etc. erschöpfen. Quellen sind alle Produzenten von Informationen oder Informationen selbst, die hinreichend *verläßlich* sind. In diesem Verfahren steckt eine Menge von kritischem Potential, z. B. könnte durch verstärkte Anwendung dieses Verfahrens reiner »Verlautbarungsjournalismus« unmöglich gemacht werden.

Tuchmann (1972), für den Objektivität ein »Strategisches Ritual« ist, führt außer der Zitierung und dem letztgenannten Verfahren noch die

g)   Präsentation von zusätzlicher Evidenz

(beispielsweise wird ein Begriff oder ein Prädikat, von dem angenommen wird, daß es nicht allen Zuhörern evident ist, durch die Angabe zusätzlicher Gründe, Indizien etc. legitimiert) sowie die

h)   Strukturierung in einer angemessenen Reihenfolge (Gewichtung, Plazierung etc.) an.

Diese konkreten Verhaltensanforderungen sind allerdings nicht als gleichgewichtig und nicht alle dieser Verfahren als konstitutive Kriterien für Objektivität überhaupt zu betrachten. Es gibt Fälle, da Emotionen und wertende Ausdrücke dem Objektivitätsgebot besser gehorchen als emotionslose (Verfahren a) und neutrale (Verfahren c) sprachliche Formulierungen. Beispielsweise wurde in der Berichterstattung über den Bombenanschlag während des Münchner Oktoberfestes im September 1980 eigentlich im Widerspruch zu dieser Teilnorm von einem »furchtbaren« Bombenanschlag gesprochen, d. h. der Sachverhalt wurde mit einem wertenden Ausdruck prädikatisiert. Nur war er hier der Realität eher angemessen, als wenn nur neutral von dem Bombenattentat gesprochen worden wäre.

Aber auch bestimmte *individuelle Voraussetzungen* (s. 9. These sowie den Beitrag von I. Byström in diesem Band) müssen hier erwähnt werden, wenn von Objektivität in bezug auf den Produktionsprozeß journalistischer Aussagen die Rede ist.

6.2 Produkt

Objektivität wird aber nicht nur durch eine Reihe speziell journalistischer Verfahren hergestellt, sondern ist auch eine *Eigenschaft journalistischer Aussagen.*[15] Analog zu der Redeweise von wahren oder falschen Aussagen kann man von mehr oder weniger objektiven Texten der Berichterstattung sprechen. Dies ist auch nur logische Folgerung aus der Aussage, daß

Objektivität durch bestimmte Verfahren hergestellt werden kann.

Der Text eines Journalisten, der alle ihm zur Verfügung stehenden objektivitätssichernden Verfahren angewendet hat und dennoch wider seine Absicht mit falschen Informationen gearbeitet hat, kann von daher auch nicht objektiv sein (s. 7. These). Umgekehrt ist es allerdings möglich, objektive Texte zu produzieren, obwohl bestimmte objektivitätssichernde Verfahren nicht beachtet worden sind.

Wenn behauptet wird, daß Texte mehr oder weniger objektiv sein können, dann muß dies auch an Kriterien festgemacht werden können.

7) Hauptkriterien objektiver Texte sind »Richtigkeit« und »Vollständigkeit« in bezug auf die jeweiligen Sachverhalte

Es lassen sich fünf Kriterien für objektive journalistische Texte unterscheiden: Richtigkeit, Vollständigkeit, Nachprüfbarkeit, Sachlichkeit und Neutralität. Das Kriterium der *Nachprüfbarkeit*, das innerhalb des kritischen Rationalismus einziges Hauptkriterium für Objektivität ist,[16] wird hier als *Metakriterium*, das für beide Hauptkriterien für Objektivität in Frage kommt, verstanden.

Hauptkriterien für die Objektivität von journalistischen Texten sind *Richtigkeit* und *Vollständigkeit*. Als zusätzliche Kriterien kommen in bestimmten Fällen *Sachlichkeit* und *Neutralität* in Frage. Letzteres, wenn die »Nachrichtenlage« relativ unklar ist, widersprüchliche Informationen vorliegen etc. Beides sind aber keine *konstitutiven Kriterien*, sondern Kriterien, die man fallweise anlegen muß. Ausgewogenheit ist *kein Kriterium* bzw. keine Voraussetzung für objektive Aussagen (vgl. 8.).

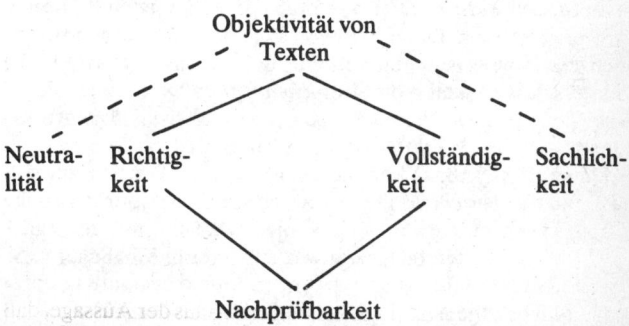

Objektivität von
Texten

Neutra-   Richtig-   Vollständig-   Sachlich-
lität   keit   keit   keit

Nachprüfbarkeit

Eine Schwierigkeit dieser Begriffsbestimmung liegt darin, daß das Kriterium »Richtigkeit« in der journalistischen Praxis häufig nicht zum Tragen kommen kann, weil die Informationen nicht hinreichend nachgeprüft werden können. Eine weitere Schwierigkeit liegt darin, daß das Kriterium der »Vollständigkeit« nicht so präzisierbar ist, daß jeder konkrete Fall damit entschieden werden könnte. Auf der anderen Seite ist es als *Leitprinzip* hinreichend präzise, um für Wissenschaftler wie für Praktiker handhabbar zu sein.

7.1 Richtigkeit

Eine journalistische Aussage muß ebenso wie eine wissenschaftliche Aussage mit der Realität übereinstimmen, sie muß *wahr* sein, um überhaupt objektiv sein zu können. Hier wird also die Auffassung vertreten, daß es nicht ausreicht, die Reihe journalistischer Objektivitäts*verfahren* zu vollziehen, sondern es wird gefordert, daß die Aussagen auch tatsächlich wahr *sind*. Wenn sich also zu einem späteren Zeitpunkt herausstellen sollte, daß eine Meldung unrichtig war, sich als »Ente« entpuppte, so kann damit im Nachhinein auch die Nichtobjektivität bzw. der geringe Objektivitätsgrad der entsprechenden Meldung festgestellt werden, auch wenn die objektivitätssichernden Verfahren alle angewandt wurden.

Die Richtigkeit von deskriptiven Aussagen hat zunächst nichts damit zu tun, daß diese Aussagen dadurch, daß sie innerhalb eines sozialen Kontextes stehen, nicht nur *informative Funktionen* im engeren Sinn, sondern auch andere, z. B. emotionale Funktionen bzw. Wirkungen haben können oder daß sie von bestimmten Leuten als beleidigend, aufstachelnd, deprimierend etc. empfunden werden können. Auch können sie von bestimmten Rezipienten oder Rezipientengruppen als wertend empfunden werden. D. h. hier muß immer die semantische und die pragmatische Dimension von Zeichen und Zeichenprozessen auseinandergehalten werden. Hier wird also die prinzipielle Unterscheidbarkeit von *Tatsachenbehauptungen* und *Tatsachenbewertungen* oder von *deskriptiven* und *evaluativen* Aussagen behauptet. *Präskriptive* Aussagen (Sollaussagen der Form: »Du sollst x, y tun«) kommen in objektiven Texten zwar vor, aber nur als *berichtete*. Die Nachricht selbst, das journalistische Produkt, sollte, soweit es der Objektivitätsnorm unterliegt,[17] nicht selbst werten oder zu etwas auffordern. Möglicherweise ist die Unterscheidung von deskriptiven und evaluativen Aussagen nicht in jedem empirisch auffindbaren Fall eindeutig zu treffen, statistisch gesehen ist diese Trennung bei der großen Mehrzahl der empirisch auffindbaren Aussagen möglich.

Zusammenfassend kann man also sagen, daß das Kriterium der Richtigkeit ein *konstitutives Moment* für die Objektivität von journalistischen Aussagen ist. Richtigkeit allein reicht aber nicht: es ist ein *notwendiges,* aber kein *hinreichendes* Kriterium. Beispielsweise kann ein Sachverhalt ausschnittsweise durchaus richtig wiedergegeben werden, die einzelnen Aussagen sind richtig und dennoch ist der gesamte Text, der den Sachverhalt darstellt, nicht oder nur wenig objektiv, dann nämlich, wenn er Informationen verschweigt, wenn er also *unvollständig* ist.

7.2 Vollständigkeit

Das Kriterium der Vollständigkeit ist u. a. deshalb notwendig, weil es sich bei journalistischer Berichterstattung um Aussagen handelt, die *für andere Subjekte* produziert werden. Diese Subjekte (die Rezipienten), die nicht in der Lage sind, sich Informationen so schnell und umfassend zu beschaffen wie die Journalisten, müssen sich auf die von den Journalisten vermittelten oder produzierten Informationen hinlänglich *verlassen* können. Zu dieser Verläßlichkeit gehört auch, daß die Realität *richtig proportioniert* dargestellt wird. Dies wird durch den Begriff »Vollständigkeit« ausgedrückt. Wann ist nun aber ein Text, der einen Sachverhalt darstellt, vollständig? Eine journalistische Aussage über die Realität ist dann vollständig, wenn sie die *wesentlichen Informationen* über die Realität wiedergibt. Der Begriff »wesentliche Informationen« ist auf den ersten Blick ebenso vage und unpräzise wie der Begriff »vollständig«. Natürlich ist das, was an einem Sachverhalt »wesentlich« ist, in vielen Fällen nicht allgemeingültig bestimmbar, es ist u. a. abhängig von folgenden Faktoren:
- geographische Lage (Standort des »Senders« bestimmt die Selektion der Informationen)
- Zeitpunkt der Berichterstattung
- politisches System, innerhalb dessen die Berichterstattung abläuft
- Informationsinteressen bestimmter Gruppen etc.

Dies alles ist unbestritten. Auf der anderen Seite jedoch dürfte es ebenso unbestreitbar sein, daß die unendlich vielen Informationen, die ein Ereignis oder ein Sachverhalt potentiell enthält, und die vermittelt werden könnten, nicht *gleichgewichtig* sind. Es besteht eine *Hierarchie* innerhalb dieser Informationsmenge: die einen Informationen sind wichtiger als die anderen.

Beispielsweise ist es im Normalfall (hier dürfte wohl auch jeder zustimmen) eine relativ unwichtige Information, welche Farbe die Schuhe von Bundeskanzler Helmut Schmidt bei irgendeinem Staatsbesuch haben bzw. welche Krawatte er trägt. Wichtiger ist das Gesprächsthema und vor allem das Ergebnis. Daß wir uns schon daran gwöhnt haben, nur unwesentliche, unwichtige Informationen gerade auch innerhalb der politischen Berichterstattung vermittelt zu bekommen (Rituale des Staatsbesuches etc.) ist eine wichtige, aber andere Sache, die die Behauptung, daß ein Ereignis/Sachverhalt eine Informationshierarchie enthält, nicht entkräftet.

Was sind nun aber die »wesentlichen Informationen« oder die »Kerninformationen«? Bei Ereignissen von nur kurzer Dauer lassen sich diese Kerninformationen durch die berühmten journalistischen W-Fragen wer, was, wann, wo, wie, warum etc., ausdrücken. Bei komplexeren Ereignissen, politischen, sozioökonomischen Prozessen etc., die nicht beobachtbar, sondern nur erschließbar sind, ist die Beantwortung der Frage nach der Kerninformation sicher etwas schwieriger, aber nicht unmöglich zu beantworten. Zu den Kerninformationen gehören aber sicher nicht nur die Gegenwartsdimension, sondern auch die *Genese* eines Sachverhaltes eines Ereignisses und deren mögliche *Konsequenzen*, also die Vergangenheits- und die Zukunftsdimension.

7.3 Nachprüfbarkeit

Die Nachprüfbarkeit der Richtigkeit und der Vollständigkeit einer journalistischen Realitätsdarstellung wurde oben als Metakriterium angeführt. Was heißt das? Normalerweise ist an journalistische (ebenso wie an wissenschaftliche) Aussagen die Anforderung zu stellen, daß sie nachprüfbar sein müssen. Im Unterschied aber beispielsweise zu Untersuchungsanordnungen empirischer Sozialforschung, in deren Zusammenhang das Nachprüfbarkeitskriterium (gleichgesetzt mit dem Objektivitätskriterium) immer wieder betont wird, und innerhalb derer für potentiell jeden Wissenschaftler der Gang der Untersuchung (nicht unbedingt die Interpretation der Ergebnisse) nachvollziehbar sein muß, ist dies für den Journalisten in der Redaktion sehr oft nicht möglich. Sei es, daß er sich auf das Nachrichtenmaterial, was auch schon stark *bearbeitetes* Material ist, verlassen muß, sei es, daß zu wenig Zeit vorhanden ist (Aktualitäts-»zwang«), Informationen nochmals zu recherchieren etc. Die faktischen Möglichkeiten der Nachprüfung journalistischer Informationen sind also stark eingeschränkt. Aber selbst wenn diese Möglichkeiten vorhanden wären (teilweise können Journalisten diese Möglichkeiten durchaus herstellen) gäbe es immer noch Fälle, die aufgrund beispielsweise der Natur der Ereignisse nicht mehr *eindeutig* rekonstruierbar sind, d. h. auch nicht mehr mit Sicherheit nachprüfbar sind. Die Fälle sind häufig, in denen ein Ereignis (Zusammensturz eines Hauses, einer Brücke, ein Autounfall, eine Geiselnahme etc.) in sehr kurzer *Zeitdauer* stattfindet, so daß Journalisten beispielsweise nur noch die *materiellen Reste* des Ereignisses filmen können. Um den Ereignisablauf zu rekonstruieren, sind sie dann z. B. auf *Augenzeugenschilderungen,* die erfahrungsgemäß und aus vorher dargestellten prinzipiellen Gründen weit voneinander abweichen können, angewiesen. Manchmal fehlen aber auch Augenzeugen und es ist notwendig, aus *Indizien* und anderen Daten unter Zuhilfenahme logischer Überlegungen das Ereignis zu *rekonstruieren.* Rekonstruktionen gehen sicher ein Stück an der Realität vorbei und müssen dies notwendig aufgrund der subjektiven Augenzeugenschilderungen, aufgrund bestimmter Hypothesen etc., die nicht mehr verifizierbar sind, sie enthalten aber immer auch ein Kernstück, das die Augenzeugenschilderungen etc. gemeinsam haben. Das Ereignis, der Sachverhalt selbst hat *einmalig* und relativ unabhängig von irgendwelchen Beobachtungen stattgefunden.

Dieses Problem ist sehr gut bekannt aus der Gerichtsbarkeit. Die Augenzeugenschilderungen über ein Ereignis (z. B. einen Mord) können sehr weit auseinandergehen (dies entspricht der subjektiven Seite der Berichterstattung), alle sind sich aber einig, daß ein Mord stattgefunden hat (dies entspräche der objektiven Seite der Berichterstattung). Wenn keine Augenzeugenschilderungen oder keine Aufzeichnung vorhanden ist (wie bei einem gefilmten Bankraub), so muß das Ereignis aus Indizien unter Zuhilfenahme *logischer Argumentation* und *Wahrscheinlichkeitsüberlegungen* rekonstruiert werden. Aber auch dann gehen alle Beteiligten von der Annahme aus, daß das Ereignis auf eine einmalige und identische Art und Weise sich ereignet hat. Innerhalb der journalistischen Berichterstattung geht es ähnlich wie bei Gerichtsverhandlungen zwar auch teilweise um einmalige, beobachtbare, physikalische Ereignisse, es geht hier aber auch, anders als bei Gerichtsverhandlungen, um die Wiedergabe von Prozessen, komplexen gesellschaftlichen Sachverhalten anhand von berichteten Statements, Presseerklärungen, Verlautbarungen etc. Insofern ist die Möglichkeit der Selektion von Informationen und Konstruktion einer »anderen Realität« vielleicht noch größer, als bei den meisten Fällen, die vor Gericht verhandelt werden.

7.4 Sachlichkeit und Neutralität

Wenn von Objektivität gesprochen wird, so wird häufig auch »sachliche Berichterstattung« und »Neutralität«, insbesondere auf den sprachlichen Ausdruck bezogen, damit assoziiert. (vgl. Heun 1975) Es ist hier wieder primär die politische Berichterstattung angesprochen. Wenn unter »Sachlichkeit« eine Darstellung »ohne Emotionen« gemeint ist, so kann diese Anforderung möglicherweise ein Zusatzkriterium zur Herstellung von Objektivität sein, nicht aber ein konstitutives Kriterium. Zum einen scheint auch politische Berichterstattung mit einer gewissen Emotionalität möglich, ohne daß das Objektivitätsgebot verletzt wird: dies kommt auch in der Realität insbesondere bei bestimmten politischen Anlässen (Wahlen, Vertrauensabstimmungen, Anschläge auf hohe Politiker etc.) vor. In anderen Bereichen, z. B. bei der sportlichen Berichterstattung oder bei der Berichterstattung über künstlerische Ereignisse (nicht identisch mit Unterhaltung) ist sogar eine gewisse Emotionalität von Rezipienten erwünscht und dennoch gilt das Objektivitätsgebot, zumindest im weiteren Sinn. Emotionalität in der Berichterstattung kann also immer dann notwendig werden, wenn der Sachverhalt, über den berichtet wird, selbst zu starken Emotionen Anlaß gibt. Die Emotionalität der Berichterstattung muß dabei nicht das Objektivitätsgebot verletzen.

Etwas anders verhält es sich mit der sprachlichen *Neutralität*: natürlich tut ein Journalist gut daran, nicht sofort offizielle Sprachregelungen der Politiker beispielsweise zu übernehmen (Baader-Meinhof-*Bande, Nach*rüstung, etc.), sondern sich allgemeinerer Begriffe zu bedienen, die nicht von vornherein mit bestimmten Konnotationen belastet sind. Auf der anderen Seite aber muß ein Massaker ein Massaker genannt werden dürfen, ein Mord ein Mord etc. Daß die Wahl eines »richtigen« Begriffs häufig nicht einfach ist und daß diese Problematik immer wieder Anlaß zu inhaltlichen Diskussionen in Redaktionen sein sollten, scheint selbstverständlich zu sein, es kommt allerdings nur zu häufig vor, daß Sprachregelungen per Dekret vom leitenden Redakteur etc. entschieden werden.

In Fällen, in denen die Wortwahl (»Revolution« vs. »Aufstände von Kriminellen«; »Demonstration« vs. »gewalttätige Unruhen« etc.) eindeutig auch eine politische Stellungnahme für die eine oder die andere Seite impliziert, ist es sicher ratsam, die Darstellung beider Parteien in die Berichterstattung aufzunehmen, ebenso allerdings wie die Darstellung der Motivation, Argumentation etc. beider Parteien.

8) »Ausgewogenheit« ist keine Voraussetzung für »Objektivität«

Ein weitverbreitetes Mißverständnis von Objektivität ist es, daß journalistische Aussagen, die den Anspruch haben, objektiv zu sein, »ausgewogen« sein müssen. Dieses Mißverständnis wird sowohl von Saxer (1974) durch seinen Begriff der »additiven« Objektivität reproduziert, es ist aber auch häufig unter Journalisten anzutreffen. Dieser Auffassung muß aus mehreren Gründen widersprochen werden.

Objektivität hat es, darüber besteht in der wissenschaftlichen Literatur weitgehend Konsens, mit der *Beziehung zwischen journalistischen Aussagen* und *der Realität* zu tun, nicht aber mit der Beziehung unterschiedlicher Positionen innerhalb eines Textes. Normalerweise ist die Realität sehr »unausgewogen«: ein Ereignis ereignet sich oder es ereignet sich nicht, nicht aber beides gleichzeitig, oder es existiert zu der Fülle von Ereignissen, Sachverhalten etc. ein breites Spektrum von Meinungen, Bewertungen etc., ohne daß dies »ausgewogen« in irgend einem vernünftigen Sinn wäre. Was den journalistischen Text angeht, so müssen hier *deskriptive* (beschreibende) von *evaluativen* (wertenden) oder *präskriptiven* (vorschreibenden) Sätzen unterschieden werden:

– auf der Ebene der *deskriptiven* Sätze wäre die Forderung nach Ausgewogenheit schlicht Unsinn:
  der Bundeskanzler Schmidt ist entweder am Ort X eingetroffen oder er ist dies nicht. Daß er sowohl eingetroffen als auch nicht eingetroffen ist, (was ausgewogen wäre) ist unlogisch und nicht möglich.

– auf der Ebene der *evaluativen* Sätze wäre die Forderung nach Ausgewogenheit zwar nicht unlogisch, in bezug auf die Objektivitätsforderung aber hätte sie nur dann einen Sinn, wenn die in den Medien berichteten Wertungen und Meinungen *proportional* den in der Gesamtbevölkerung vertretenen Meinungen entsprechen würden. Obwohl diese Forderung durchaus sinnvoll an die Medien als Ganze gestellt werden muß (Artikulations- und Repräsentationsfunktion der Medien), ist dieselbe Forderung auf den einzelnen journalistischen Text bezogen, undurchführbar und auch unsinnig.

Dasselbe gilt für *berichtete* präskriptive Aussagen. Präskriptive Aussagen, die von den Journalisten selbst vollzogen werden, fallen nicht unter das Objektivitätsgebot.

Durch nichts zu rechtfertigen ist aber die Forderung der Herstellung von Objektivität durch »ausgewogene Darstellung« von Wertungen und Meinungen der im Bundestag vertretenen drei politischen Parteien. Um dies an einem konkreten ›Fall‹ deutlich zu machen, der in der Praxis weitverbreitet ist: ein Rundfunk- oder Fernsehnachrichtenredakteur versucht die Objektivität einer Meldung dadurch herzustellen, daß er zusätzlich zum Bericht über ein politisches Ereignis die Stellungnahmen aller drei im Bundestag vertretenen Parteien in die Meldung mitaufnimmt. Erstens hat dieser Redakteur nur eine sehr reduzierte »Ausgewogenheit« in bezug auf das politische Ereignis hergestellt, zum zweiten kann gerade durch diesen Versuch, Ausgewogenheit herzustellen, das Ziel »Objektivität« völlig verfehlt worden sein: dann nämlich, wenn die drei berichteten Wertungen mit den in der Gesamtbevölkerung vertretenen Wertungen zu eben diesem politischen Ereignis »quantitativ«, »qualitativ«, oder unter beiden Aspekten nicht übereinstimmen. Ähnlich wie auch Saxer (1974, S. 233) der Mehrheitsmeinung gegenüber der Minderheitsmeinung kein größeres Recht einräumt, stärker in der Berichterstattung vertreten zu sein, so kann man sagen, daß es argumentationslogisch nicht abzuleiten ist, daß bestimmte Meinungen, Bewertungen, Argumentationen schon deshalb mehr Gewicht hätten, weil sie von offiziellen Institutionen, Parteien, Verbänden etc. stammen. Soweit Meinungen objektivierbar sind, gelten für offizielle Meinungen oder Mehrheitsmeinungen dieselben Kriterien der Wahrheit wie für nichtoffizielle Meinungen oder Minderheitsmeinungen.

9) *Objektivität in der journalistischen Berichterstattung ist an gewisse Voraussetzungen und Bedingungen gebunden.*

Objektivität stellt sich nicht automatisch her, sondern ist nur unter bestimmten Voraussetzungen bzw. Bedingungen möglich. Zu unterscheiden sind zunächst einmal *äußere (oder objektive) Voraussetzungen* und *persönliche (oder subjektive) Voraussetzungen.*
Äußere Bedingungen können sein

- technische Bedingungen
- institutionelle Bedingungen
- soziale und gesellschaftliche Bedingungen.

Äußere Bedingungen sind also Bedingungen, die subjektiv nur in sehr geringem Grad beeinflußbar sind. D. h. nicht, daß sie prinzipiell unveränderbar wären, sie sind aber doch kurzfristig von Einzelnen nur schwer zu verändern. Ein Beispiel ist die Medienstruktur einer Gesellschaft oder, was eine Mischform von technischer und gesellschaftlicher Bedingung ist, der Aktualitäts-»zwang«, der die Herstellung von Objektivität teilweise erheblich erschwert.

Persönliche Bedingungen sind z. B. gewisse *Bildungsvoraussetzungen* der Journalisten, deren *Einstellung, Haltung* etc. aber auch die subjektive *Bereitschaft* von Journalisten, gewisse Verfahren (Fairneßregeln etc.), die zur objektiven Berichterstattung gehören, einzuhalten. Wesentlich scheint auch zu sein, daß innerhalb der Berichterstattung *Information* das wichtigste Ziel der journalistischen Arbeit bleibt und nicht andere Ziele (z. B. Agitation für politische Gruppen, Interessenvertretung für Parteien, Institutionen, Verbände etc.) zu sehr in den Vordergrund geraten. Damit soll natürlich nicht gegen engagierten Meinungsjournalismus, der sehr notwendig ist, Stellung bezogen werden. Meinungsjournalismus kann objektiver sein als oberflächlich sachlich-neutrale Berichterstattung, dann nämlich, wenn dort Meinungen, die in der Realität vertreten werden, in der Berichterstattung zum Ausdruck kommen (Minderheitenberichterstattung), während sie in der »neutralen« Berichterstattung häufig verschwiegen werden. Abgesehen von der Tatsache, daß auch Meinungen nicht rein subjektiv, sondern bis zu einem gewissen Grad durchaus »objektivierbar« sind, weil sie auch auf deskriptiven Aussagen beruhen, sollte allerdings auch hier das Moment der *Informations*-vermittlung im Vordergrund stehen. Sicher ist dieses Interesse in vielen Fällen nicht fein säuberlich von anderen Einzelinteressen und Gruppeninteressen zu trennen. Wenn das Ziel der Informationsvermittlung, Berichterstattung etc. gegenüber anderen Interessen allerdings in den Hintergrund gedrängt wird, ist die Gefahr nichtobjektiver Berichterstattung relativ groß, ebenso die Gefahr des Realitätsverlustes solcher Journalisten.

10)   Objektivität ist feststellbar bzw. meßbar.

Wenn hier behauptet worden ist, daß Objektivität realisierbar ist, daß Objektivität sich auch in journalistischen Texten auffinden lasse, so muß auch die Schlußfolgerung daraus gezogen werden, daß die Objektivität von Texten feststellbar ist. Eine stärkere Formulierung von »feststellbar« wäre »meßbar«. Ich halte auch letzteres nicht für unmöglich, realisieren ließe sich eine solche Messung allerdings nur durch die gleichzeitige Anwendung mehrerer Methoden (Methodenkombination) nicht mit einer Methode allein. Objektivität kann nicht im Westerståhlschen Sinne (s. Anm. 5) gemessen werden, weil hier nicht eigentlich Objektivität, sondern nur Ausgewogenheit mit inhaltsanalytischen Methoden, also ohne den direkten Vergleich mit der Realität gemessen wurde (vgl. Hemánus 1976).

Da die Objektivität eines journalistischen Textes an zwei Hauptkriterien festgemacht wurde, Richtigkeit und Vollständigkeit, ist die Feststellung, ob ein Text mehr oder weniger objektiv ist, an diesen beiden Kriterien zu treffen. Die Feststellung, ob ein journalistischer Text »objektiv« oder »nicht objektiv« ist, kann in dieser Weise, isoliert von anderen Texten, nicht getroffen werden. Die Feststellung kann sich immer nur auf einen höheren oder einen geringeren Grad an Objektivität beziehen. Da »Richtigkeit« und »Vollständigkeit« Bezeichnungen für die Beziehung zwischen der Realität und dem journalistischen Text sind, ist in jedem Fall eine *Prüfung dieses Verhältnisses* und nicht nur eine Prüfung des oder der jeweiligen Texte durch Inhaltsanalysen notwendig.

Um die »Richtigkeit« eines journalistischen Textes festzustellen, sind folgende schon in 7.3 angesprochenen Verfahren denkbar:

a)   unmittelbare Nachprüfung der Daten innerhalb des journalistischen Textes durch Beobachtung an der Realität.

b)   Befragung von Augenzeugen oder anderen zuverlässigen »Quellen«.

c)   Recherchen in Bibliotheken, Archiven, Datenbanken etc.

d)   Studium von Ton- und Bildaufzeichnungen etc.

Um die »Vollständigkeit« von journalistischen Beschreibungen der Realität festzustellen, sind etwas kompliziertere Verfahren notwendig. Hier kommt es darauf an, daß nachgeprüft wird, ob die wesentlichen Informationen eines Ereignisses im

Text enthalten sind. Da oben schon dargelegt worden ist, daß die absolute Feststellung von »wesentlichen« Informationen nicht möglich ist, daß die Entscheidung darüber, was wesentlicher und was nicht so wesentlich ist, von einer Reihe »subjektiver« Faktoren der Zeichenbenutzer abhängt, sind hier auch diese Zeichenbenutzer mit in die Untersuchung miteinzubeziehen. Folgende Verfahren sind u. a. denkbar:

a)   Tests mit einer repräsentativen Bevölkerungsstichprobe, denen das Ausgangsinformationsmaterial des Journalisten und der endgültige journalistische Text zum Vergleich vorgelegt wird.

b)   Befragungen von an einem Ereignis beteiligten Personen, ob die Darstellung, Gewichtung und Proportion der in der journalistischen Berichterstattung ausgewählten Informationen dem realen Sachverhalt entspricht.

c)   vergleichende Inhaltsanalyse.[18]

11)   Die Objektivitätsnorm besitzt (gesellschafts-)kritisches Potential.

Es ist zwar so, daß in der Bundesrepublik in den letzten Jahren die Objektivitätsnorm immer von konservativer Seite in Anspruch genommen worden ist, um Berichterstattung, die sich nicht von vornherein konservativen Standards fügte oder die gar gesellschaftskritisch war, zu diskreditieren und teilweise ganz massiv anzugreifen (s. die Beiträge von M. Abend und G. Heidenreich in diesem Band). Dennoch kann aus dieser Tatsache nicht gefolgert werden, daß die Objektivitätsnorm per se nur gesellschaftsstabilisierende Funktion hätte, ganz abgesehen davon, daß die Inanspruchnahme des Objektivitätspostulats von konservativer Seite häufig auf der Verwechslung von Objektivität mit Ausgewogenheit beruhte. Das gesellschaftskritische Potential der Objektivitätsnorm läßt sich zumindest auf folgenden Ebenen festmachen:

a)   durch die Anwendung des journalistischen Prinzips, ein Ereignis so darzustellen, wie es wirklich war, ist schon allein die Möglichkeit gegeben, Diskrepanzen zwischen demokratischen Normen und der jeweiligen Realität aufzuzeigen. Die Darstellung der Realität der Arbeitslosigkeit, der Realität von Gesinnungsschnüffelei, Berufsverboten, Neonazismus und anderen Phänomenen, die teilweise nach demokratischen Normen nicht existieren dürften, bieten genügend Material für kritischen Journalismus.[19]

b) Durch die Forderung, die Realität so darzustellen, wie sie *ist* und nicht nur wie sie oberflächlich *scheint*, ist ein weiterer Punkt angesprochen. Zur Realität gehören nicht nur oberflächliche Daten, Einzelereignisse etc., sondern auch tiefere strukturelle Zusammenhänge, sowie die, wie schon erwähnt, Genese und die möglichen Folgen von Sachverhalten, also eine »Tiefendimension« und eine »Zeitdimension«, die häufig nur durch intensives (wissenschaftliches) Studium der Ereignisse herstellbar sind.

Die Kritik der Medienberichterstattung selbst findet also ein wichtiges Kriterium in einer richtig verstandenen Objektivitätsnorm. Oberflächliche, sich nur auf Fakten reduzierende Berichterstattung, vorgeblich wertneutraler Journalismus, der gegensätzliche Interessen und Positionen, statt sie zu benennen, verschweigt, kann eben nicht objektiv sein.

c) Die verstärkte Anwendung objektivitätssichernder Verfahren (z. B. Quellenangabe, Angabe widersprüchlicher Quellen etc.) ist eine Möglichkeit, gesellschaftliche Widersprüche nicht zuzudecken, sondern auch darzustellen. Darüber hinaus würden natürlich Formen der Berichterstattung, die bisher nur vereinzelt Realität sind, Formen, in denen der journalistische Selektions-, Formulierungs-, Gewichtungsprozeß etc. *explizit* gemacht wird und damit für die Rezipienten durchschaubar, eine weitere Möglichkeit darstellen, gesellschaftliche Realität selbst transparenter zu machen.

d) Mit der wichtigste Punkt scheint aber zu sein, daß sich aus der Forderung nach objektiver Berichterstattung die *Forderung nach der Herstellung adäquater sozialer, redaktioneller, institutioneller Bedingungen ableiten läßt.*[20] Eingeschränkte Themenwahl, inhaltliche Einflußnahme von Vorgesetzten, Selbstzensur, faktische Behinderung der Berichterstattung über heikle Themen etc. sind in den meisten Fällen Anzeichen dafür, daß solche Bedingungen nicht bestehen. Der in vielen Redaktionen durch Personalnot, Zeitdruck (Aktualitätszwang) etc. entstandene Trend zur oberflächlichen Recherche und Darstellung, zur Hofberichterstattung ist ebenfalls Ausdruck für Arbeitsbedingungen, die dem Objektivitätspostulat nicht genügen. Nicht zuletzt sind auch Defizite innerhalb des Sachwissens, der Fähigkeit zur kritischen Reflexion der eigenen Arbeit und Situation, was häufig die immer noch mangelhafte Ausbildungssituation der Journalisten widerspiegelt, nicht gerade ideale Voraussetzungen für verantwortlichen, fundierten und damit eben auch objektiven Journalismus. Selbstverständlich sind die vielen alltäglichen manchmal fundamentalen Verletzungen journalistischer Grundsätze, für die oft nicht nur der einzelne Journalist verantwortlich gemacht werden kann und die sicher nur zum geringen Teil im Deutschen Presserat zur Sprache kommen, Ausdruck dieser mangelnden subjektiven und objektiven Voraussetzungen für objektive Berichterstattung.

Anmerkungen

1 Die semantischen Tricks sind:
   a) die semantische Bindung von »extrem«, »einseitig« und »manipulieren«, also Begriffen, die mit negativen Konnotationen besetzt sind, an »nicht objektiv«
   b) Verstärkung dieser Beziehung durch weitere negative Begriffe wie »Rot- und Schwarzmalerei«, die mittels eines Wortspiels die Ablehnung von »Einseitigkeit« wiederholen
   c) Ausfüllen der semantischen Leerstelle »objektiv« durch »von allen Seiten betrachten«, »Wahrheit« »ungefärbt«, und konkret dann später »Süddeutsche Zeitung«.
2 In den USA ist die Objektivitätsproblematik in Fachzeitschriften seit längerem immer wieder aber doch nur am Rande behandelt worden. In den skandinavischen Ländern existiert seit etwa 10 Jahren eine relativ umfangreiche Diskussion dazu. Schon 1968 hatte Jörgen Westerståhl zwei Inhaltsanalysen zur Vietnamkriegsberichterstattung sowie zur Wahlkampfberichterstattung 1968 im schwedischen Fernsehen durchgeführt (vgl. Westerståhl 1970, Westerståhl 1972). Westerståhl ging dabei von folgendem Begriffsmodell aus:

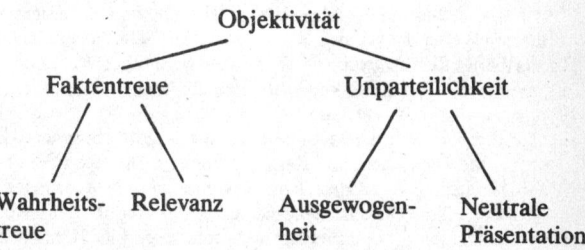

Dieses Modell ist u. a. von Hemánus (1976) scharf kritisiert worden. Hemánus (1979) und insbesondere Hemánus/Tervonen

149

(1980), worin sich auch eine ausführliche Bibliographie zur skandinavischen Diskussion findet, entwickeln einen relativ differenzierten, positiven Objektivitätsbegriff, wobei dort wiederum zu kritisieren wäre, daß die Autoren Objektivität im Grunde mit »Wahrheit« identisch setzen und sich dabei zu unkritisch auf die Leninsche Widerspiegelungstheorie stützen. Hemánus hält es aber, und dies ist zentral, für wichtig, die Diskussion offensiv zu führen, einen differenzierten Objektivitätsbegriff zu entwickeln, der als Basis für empirische Untersuchungen dienen kann.

3 »Und dennoch werden wir unseren *Anspruch auf Wahrheit* nur unter dem Schutz einer öffentlichen Meinung durchsetzen können, die nicht mehr die von BILD veröffentlichte Meinung sein darf.« (Wallraff 1979, Vorwort). Manche linke Autoren kommen allerdings etwas in Argumentationsschwierigkeiten, wenn sie einerseits diesen Anspruch auf Wahrheit aufrechterhalten, andererseits aber sich gegen jegliche Objektivitätsforderung wenden und so zu einer Position kommen, in der es Wahrheit im eigentlichen Sinne nicht mehr gibt, sondern nur noch viele »verschiedene Wahrheiten«. Konsequenterweise müßte dann auch die Kritik an verzerrenden Darstellungen der Realität (z. B. bei der BILD-Zeitung) aufgegeben werden.

4 Eine systematische, wissenschaftliche Abhandlung zur Geschichte der journalistischen Objektivitätsnorm existiert meines Wissens bislang nicht. Eine relativ ausführliche Darstellung der *amerikanischen* Entstehungsgeschichte gibt Schiller (1978). Es fehlt aber eine entsprechende Darstellung für den deutschen bzw. den gesamten europäischen Bereich.

5 Schönbach zitiert dazu folgende Stelle Stielers:
    »Und dies ist eine gute Eigenschaft einer Zeitung, wenn die Verfasser sich aller politischer Räsonnements, Reflexions und was Namens dafür sind, enthalten. Der Zeitunger soll die neuesten Händel der Welt erzählen, ohne zu sagen, was er davon denkt, ob recht oder nicht.« (Schönbach 1977, 15)

6 Dovifat konnte sich bei der Formulierung seiner Position sowohl auf die Wertfreiheitsdebatte innerhalb der deutschen Soziologie, zu der insbesondere Max Weber Entscheidendes beigetragen hatte (Weber 1904) als auch auf amerikanische Formulierungen der Objektivitätsnorm stützen. Sowohl gegenüber Weber als auch gegenüber den amerikanischen Vorstellungen scheint er eine Gegenposition zu beziehen.

7 Zu der neueren Diskussion über die »Zeitungssprache«, die »Sprache« des Films und des Fernsehens s. Bentele (1981).

8 Naiv-materialistisch sind trotz gegenteiliger Beteuerungen ein großer Teil der Arbeiten, die sich unter den Begriff »leninistische Widerspiegelungstheorie« subsumieren lassen (zur Kritik s. Bentele/Bystrina 1978), ebenso wie die Positionen einiger Vertreter der philosophischen Phänomenologie oder der soziologischen Ethnomethodologie naiv-idealistisch genannt werden können.

Dabei darf nicht verkannt werden, daß einige Elemente der naiv-materialistischen Konzeption (z. B. die asymptotische Fassung des Wahrheitsbegriffs) heute durch Theorien wie den hypothetischen Realismus präzisiert, aber doch bestätigt werden.

9   Es ist an dieser Stelle nicht möglich, die informationstheoretisch-kybernetische Terminologie in bezug auf den Erkenntnisprozeß darzustellen. Der erfolgreiche Ansatz von Stachowiak scheint jedenfalls, zumal er auf Basis erkenntnispsychologischer Empirie entwickelt wurde, teilweise wesentlich präziser zu sein als philosophische Erkenntnistheorien. Eine Verbindung dieses Ansatzes mit dem 3-Welten-Modell Poppers (Popper 1974) scheint möglich und vielversprechend zu sein.

10 Vgl. Vollmer (1975, 43 ff). Auch die folgenden Beispiele sind teilweise aus Vollmer entnommen.

11 Abbildung des elektromagnetischen Spektrums nach Vollmer (1975, 46)

Y-Strahlung	Röntgen	Ultra-violett	sichtbares Licht	Infrarot und Wärme	Radiostrahlung				
					Radar	UKW	Kurz-	Mittel-	Lang-wellen
1 pm	1 Å	1 nm		1 μm	1 mm	1 cm	1 m		1 km

12 Innerhalb der Sprachwissenschaft ist es seit langem bekannt, daß mit der Beherrschung endlicher Mittel (sprachlicher Zeichen, Zeichenelemente und Regeln) unendlich viele Kombinationen (Sätze, Texte) produziert und verstanden werden können, die vorher so noch nicht existiert haben. In der Generativen Grammatik wurde dieses sprachliche Grundprinzip exakt formuliert.

13 Diese Position wird beispielsweise von dem finnischen Journalistik-Professor Hemánus eingenommen.

14 In gewisser Weise sieht auch Bäuerlein (1956, 36) schon dieses Problem und zitiert dazu den britischen Soziologen Norman Angell:
»Unsere Zivilisation müßte zusammenbrechen, wenn nicht bestimmte Entscheidungen von einer Vielheit von Menschen aufgrund der durch die Presse vermittelten Kenntnisse mit einiger Klugheit gefädelt werden könnten.«

15 Die anderslautende Auffassung von I. Bystřina (in diesem Band) ist ein Indiz für die Unabgeschlossenheit der Diskussion zu diesem Punkt. Die Ursache für diese Differenz liegt wesentlich, so scheint es, in der gegenseitigen Abhängigkeit der theoretischen Begriffe, also im Begriffssystem.

16 »Die Objektivität der wissenschaftlichen Sätze liegt darin, daß sie intersubjektiv nachprüfbar sein müssen.« (Popper 1966, 18)

17 Kommentare unterliegen der Objektivitätsform natürlich nicht in

gleicher Weise wie Nachrichten: sie arbeiten zwar auch mit deskriptiven Aussagen, diese können aber, sollen dies sogar, in einen evaluativen oder präskriptiven Kontext gestellt werden, d. h. sie können werten oder beispielsweise zu etwas auffordern.

18 Mit diesem Verfahren *allein* ist der Objektivitätsgrad von journalistischen Texten nicht bestimmbar. Im Gegensatz zu der Auffassung von Schulz (1976, 27), der die Frage einer »richtigen« Berichterstattung letztlich für metaphysisch hält, kommt man auf keinen Fall um einen Vergleich Text-Realität herum. Ergebnisse von vergleichenden Inhaltsanalysen, die im Forschungsalltag relativ einfach durchzuführen sind, können aber ein wichtiges *Indiz* für den Objektivitätsgrad von Texten sein.

19 Auch Saxer (1974, 215 ff) weist auf diese kritische Komponente des Objektivitätsbegriffs hin, die schon dann besteht, wenn die gesellschaftlichen Normen gar nicht in Frage gestellt werden.

20 Fabris (o. J.), der im Gegensatz zu der hier vertretenen Position indirekt für einen Abbruch der Objektivitätsdebatte argumentiert, fordert, stattdessen über die »Frage, in welcher Weise die Interessengebundenheit journalistischer Aussagen vor allem für die Rezipienten besser sichtbar gemacht, aber . . . auch der autonome Spielraum für journalistische Entscheidungen durch die Steuerung solcher Einflüsse erhöht werden könnten« zu diskutieren. Nach meiner Meinung sollte diese Forderung gerade *innerhalb* einer intensiven Objektivitätsdebatte befolgt werden.

Literaturliste

Bäuerlein, Heinz (1956), Die Problematik der Objektivität in der Presse-Berichterstattung. Diss. München.

Becker, Werner/Kurt Hübner (Hrsg.) (1976), Objektivität in den Natur- und Geisteswissenschaften. Hamburg: Hoffmann u. Campe.

Beck, Ulrich (1974), Objektivität und Normativität. Die Theorie-Praxis-Debatte in der modernen deutschen und amerikanischen Soziologie. Reinbek bei Hamburg: Rowohlt.

Bentele, Günter/Ivan Bystřina (1978), Semiotik – Grundlagen und Probleme. Stuttgart usw.: Kohlhammer.

Bentele, Günter (Hrsg.) (1981), Semiotik und Massenmedien. München: Ölschläger.

Berufsbild – zur Diskussion (1980): (Diskussionspapier des Bundesvorstands der deutschen journalisten-union in der IG Druck und Papier). In: die feder 5/1980, S. 22 (zit. als Berufsbild-Diskussiondju).

Bohrmann, Hans/Josef Hackforth/Hendrik Schmidt (Hrsg.) (1978),

Informationsfreiheit Free Flow of Information. München: Oel-
schläger.
Cunningham, Frank (1973), Objectivity in social science. Toronto and
Buffalo: University of Toronto Press.
Dovifat, Emil (1931), Zeitungslehre 1. Theoretische und rechtliche
Grundlagen. Nachricht und Meinung. Sprache und Form. Berlin: de
Gruyter (Sammlung Göschen).
Fabris, Hans Heinz (o. J.), Objektivität und Parteilichkeit in den
Sozialwissenschaften und im Journalismus. Salzburg: unveröffentl.
Manuskript.
Fabris, Hans Heinz (1979), Journalismus und bürgernahe Medienar-
beit. Formen und Bedingungen der Teilhabe an gesellschaftlicher
Kommunikation. Salzburg: Wolfgang Neugebauer.
Frey Siegfried (1951), Wahrheit und Objektivität in der Information
Habilitationsschrift Bern (1951).
Hemánus, Pertti (1976), »Objectivity in News Transmission.« In:
Journal of Communication, 26, 4, S. 102–107.
Hemánus, Pertti (1979): »Objectivity in Mass Communication.« In:
The Democratic Journalist 10, S. 7–11.
Hemánus, Pertti/Ilkka Tervonen (1980), Objektiivinen joukkotiedo-
tus. Helsinki: Otava.
Heun, Manfred (1975), »Die Subjektivität der öffentlich-rechtlichen
Nachrichten.« In: Straßner, Erich (Hrsg.) (1975), S. 66–82.
Huth, Lutz (1977), »Ereignis, Objektivität und Präsentation in Fern-
sehnachrichten.« In: Politische Medienkunde, Bd. 3, S. 103–123.
Koschwitz, Hansjürgen (1971), »Zum Problem der Objektivität in der
Informationspolitik der Massenmedien.« In: Stimmen der Zeit, 188.
Band, S. 337–350.
Koszyk, Kurt/Karl H. Pruys (Hrsg.) (1976), Wörterbuch zur Publizistik
(Stichwort: »Objektivität«) München: Deutscher Taschenbuch Ver-
lag (4. Aufl.).
Krumbach, Josef H. (1935), Grundfragen der Publizistik. Die Wesens-
elemente des publizistischen Prozesses, seine Mittel und Ergebnisse.
Berlin/Leipzig: Walter de Gruyter & Co.
Kübler, Hans-Dieter (1979), »Die Aura des Wahren oder die Wirk-
lichkeit der Fernsehnachrichten.« In: Kreuzer, Helmut/Karl Prümm
(Hrsg.) Fernsehsendungen und ihre Formen. Typologie, Geschichte
und Kritik des Programms in der Bundesrepublik Deutschland.
Stuttgart: Philipp Reclam jr., S. 249–289.
La Roche, Walther von (1978), Einführung in den praktischen Journa-
lismus. Mit genauer Beschreibung aller Ausbildungswege Deutsch-
land Österreich Schweiz. München: List (4. bearbeitete Auflage)
1. Aufl. 1975.
Langenbucher, Wolfgang (Hrsg.), (1974), Zur Theorie der politischen
Kommunikation. München: Piper.
Langenbucher, Wolfgang R. (1974 a), »Die politische Funktion der
Fernsehnachrichten im öffentlich-rechtlichen Mediensystem.« In:
Politische Medienkunde, Bd. 2, S. 197–211.

Langenbucher, Wolfgang R./Otto B. Roegele/Marta Schönhals-Abramson (1977), »Manager der Kommunikation. Teil A. Die Rolle des Chefredakteurs im Spannungsfeld von Verlag, Redaktion und Leser. In: Jacobi, Ursula/Günter Nahr, Wolfgang R. Langenbucher, Otto B. Roegele, Marta Schönhals-Abramson. (1977), Manager der Kommunikation. Berlin: Spiess.

Lerg, Winfried B. (1980), Rundfunkpolitik in der Weimarer Republik. München: Deutscher Taschenbuch Verlag.

Lorenz, Konrad (1975), Die Rückseite des Spiegels. Versuch einer Naturgeschichte des Erkennens. München: Piper (1. Aufl. 1973).

McReynolds, John W. (1950), »Some Reflections on the Dogma of Objectivity.« In: Journalism Quarterly Vol. 27, 1.

Myrdal, Gunnar (1971), Objektivität in der Sozialforschung. Frankfurt/M.: Suhrkamp.

Objekt und Objektivität in der Wissenschaft. (1960), Mainzer Universitätsgespräche, WiSem. 59/60. Vortragsprotokolle zusammengefaßt von Dr. O. Büthe, G. Eifler, J. Lindner. Mainz: Hanns Krach.

Pätzold, Ulrich (1973), »Wie objektiv können Nachrichten sein?« In: Gewerkschaftliche Monatshefte, Heft 8, 24. Jg., S. 488–495.

Piaget, Jean (1973), Einführung in die genetische Erkenntnistheorie. Vier Vorlesungen. Frankf. a. M.: Suhrkamp.

Popper, Karl R. (1966), Logik der Forschung. 2. erw. Aufl. Tübingen: Mohr.

Popper, Karl R. (1974), Objektive Erkenntnis. Ein evolutionärer Entwurf. Hamburg: Hoffmann u. Campe, (2. Aufl.).

Rager, Günther (1973), »Das Problem der Objektivität in politischen Nachrichten.« In: Rhetorik, Ästhetik, Ideologie. Aspekte einer kritischen Kulturwissenschaft. Stuttgart: Metzler, S. 237–257.

Riedl, Rupert (1980), Biologie der Erkenntnis. Die stammesgeschichtlichen Grundlagen der Vernunft. Berlin/Hamburg: Parey.

Rüsen, Jörn (Hrsg.) (1975), Historische Objektivität. Aufsätze zur Geschichtstheorie. Göttingen: Vandenhoek.

Saxer, Ulrich (1974), »Die Objektivität publizistischer Information.« In: Langenbucher, Wolfgang (Hrsg.) (1974), S. 206–235.

Saxer, Ulrich (Hrsg.) (o.O., o.J.) Fernsehen: Stichwort Objektivität Bd. I der Schriftenreihe der Pressestelle des Fernsehens der deutschen und der rätoromanischen Schweiz (zit. als Saxer [1975])..

Scharf, Wilfried (1980), Objektivität oder Parteilichkeit in der Berichterstattung. Die Auswirkungen des Prinzips der Trennung von Nachricht und Meinung auf die Nachrichtengebung der »Tagesschau« und die Auswirkungen des marxistisch-leninistischen Prinzips der Parteilichkeit auf die Nachrichtengebung der »Aktuellen Kamera.« Diss. Göttingen.

Scharf, Wilfried (1981), »Objektivität oder Parteilichkeit. Empirischer Vergleich der Berichterstattung von Aktueller Kamera (DDR) und Tagesschau. In: Media Perspektiven 1/81, S. 55–61.

Schiller, Dan (1978), An Exploration of the Origins of Objectivity in

America News Reporting. Unpublished Ph. D. dissertation, University of Pensylvania.

Schiller, Dan (1979), »An Historical Approach to Objectivity and Professionalism in America News.« In: Journal of Communication Vol. 29, No. 4.

Schönbach, Klaus (1977), Trennung von Nachricht und Meinung. Empirische Untersuchung eines journalistischen Qualitätskriteriums. Freiburg (Breisgau) und München: Alber.

Schulz, Winfried (1976), Die gesellschaftliche Konstruktion von Realität in den Nachrichtenmedien. Freiburg (Breisgau) und München: Alber.

Stachowiak, Herbert (1975), Denken und Erkennen im kybernetischen Modell. Wien/New York: Springer (2. Aufl.).

Stieler, Kaspar (1969), Zeitungs Lust und Nutz. Vollständiger Neudruck der Originalausgabe von 1695. Hrsg. von Gert Hagelweide. Bremen: Schünemann.

Tuchmann, Gaye (1972), »Objectivity as strategic ritual: newsmen's notions on objectivity.« In: American Journal of Sociology, Vol. 77, 4.

Wallraff, Günter (1979), Zeugen der Anklage. Die ›Bild‹-beschreibung wird fortgesetzt. Köln: Kiepenheuer & Witsch.

Weber, Max (1904), »Die ›Objektivität‹ sozialwissenschaftlicher und sozialpolitischer Erkenntnis.« In: Weber, Max (1951). Gesammelte Aufsätze zur Wissenschaftslehre (2. Aufl.). Tübingen: Mohr.

Westerståhl, Jörgen (1970), »Objectivity is measurable.« In: EBU-Review 121 B (May 1970). Genf: European Broadcasting Union.

Westerståhl, Jörgen (1972), Objektiv nyhetsförmidling. Stockholm.

Wickler, Wolfgang (1968), Mimikry. Nachahmung und Täuschung in der Natur. München: Kindler.

HELLA KELLNER

Objektivität und offener Kanal oder:
Annäherung an die Wirklichkeit

Das Thema reizt den Medienwissenschaftler und engagierten Befürworter eines Offenen Kanals als »Bürgerfernsehen«, der im Kabelfernsehen und den vorgeschalteten Kabelpilotprojekten vorgesehen ist. Spontan wird zu dieser besonderen Spielart des (Kabel-)Fernsehens eher Subjektivität als Objektivität assoziiert. Denkt man jedoch genauer darüber nach, wird deutlich, daß mit einem der beiden Begriffe beim Offenen Kanal nicht auszukommen ist. Vielmehr ist das Begriffspaar zur Bestimmung seiner spezifischen Funktion notwendig.[1] Ich gehe jedoch noch weiter und vermute, daß Objektivität eher im Offenen Kanal als im bestehenden Fernsehsystem eine Chance hat, die ihr in der Theorie zugeschriebene Funktion auch in Praxis umzusetzen.

Vorab eine kurze Darstellung dessen, was ich in einem kommunikationswissenschaftlichen Kontext unter Objektivität einerseits und Offenem Kanal andererseits verstehe.

Objektivität

Derjenige, der Objektivität im Kommunikationsgeschehen für sich geltend macht, wendet sich der Wirklichkeit mit der Absicht zu, sie in ihrem Wahrheitsgehalt zu erfassen und kommunizierbar zu machen. Der Gegenstand des Erkenntnisinteresses, Wirklichkeit, kann nah oder fern, augenblickshaft oder ausgedehnt sein. Wirklichkeit kann Ereignisse, Personen oder Institutionen, Fakten oder Interaktionen umfassen. Sie ist die eigene oder die eines Gegenübers. Sie macht es dem Objektivitätswilligen sicher nicht leicht, denn sie hat viele Seiten; eine Geschichte, Gegenwart und Zukunft.

Auch nur der Versuch einer Begriffsbestimmung macht bereits deutlich, daß Objektivität so wenig zweifels- und widerspruchsfrei zu benennen ist wie die Wirklichkeit, um deren Erkenntnis sie sich bemüht. Ich beispielsweise möchte in den Versuch der Erkenntnis und Vermittlung von Wirklichkeit nicht nur den klassischen Journalisten, der *über* diese Wirklichkeit berichtet, sondern auch den *von* ihr Betroffenen miteinbezogen wissen. Dabei kann man m. E. diese beiden Annäherungsformen an Wirklichkeit, die gemeinhin zwei verschiedenen Personengruppen eigen sind (den Kommunikatoren und Rezipienten, wie man die Beteiligten am Kommunikationsprozeß in der Sprache dieser Wissenschaft nennt), nicht nur als Rollenverhalten verschiedener Kommunikationspartner ansehen; sie sind vielmehr auch verschiedene Annäherungsweisen ein und derselben Person an Wirklichkeit. Damit habe ich mich bereits gegen einen Objektivitätsbegriff entschieden, wie ihn sich z. B. Gerd Bacher aus dem »Dictionnaire de L'Academie Française« zu eigen macht: »...Die Objektivität bedeutet die Unterordnung des Geistes unter den Gegenstand der Betrachtung.«[2]

Unterordnung scheint mir in diesem thematischen Umfeld keine sinnvolle Kategorie zu sein; weder die Unterordnung des Geistes unter den Gegenstand noch umgekehrt die des Gegenstandes unter den Geist. ›Geist‹ und ›Gegenstand‹ sollten sich vielmehr in gleicher Anstrengung aneinander abarbeiten, um so der Erkenntnis von Wirklichkeit näher zu kommen.[3]

Offener Kanal

Was ist und was bezweckt ein Offener Kanal? Ich greife auf die von einer Expertengruppe in harten Diskussionen als konsensfähig formulierte Begriffs- und Zweckbestimmung des Offenen Kanals zurück:

»I. Begriffsbestimmung
(1) Der Offene Kanal ist ein Forum für von Nutzungsberechtigten selbstinitiierte (auch selbstproduzierte) und selbstverantwortete audiovisuelle Beiträge aller Art, die keinen Programmrichtlinien und Beschränkungen außer den nachstehenden Benutzungsregeln unterliegen.
(2) Nutzungsberechtigt sind alle Bürger und Gruppen ...

II. Zweck
(1) Der Offene Kanal bezweckt die Erprobung und Entwicklung neuer Kommunikationsformen auf lokaler und regionaler

Ebene und deren Auswirkungen auf das kulturelle und soziale Leben sowie auf die kommunikative Kompetenz der Beteiligten...

(2) Dabei sind solche Bevölkerungsgruppen, Themen, Meinungen und Gestaltungsformen zu begünstigen, die im herkömmlichen Kommunikationsprozeß vernachlässigt werden...«[4]

Die Hauptkriterien des Offenen Kanals sind mithin die in eigener Verantwortung produzierten und ausgestrahlten audiovisuellen Beiträge von Zuschauern und seine lokal-regionale Begrenzung. Damit hebt er sich sowohl vom (ebenfalls für Kabelfernsehen und Kabelpilotprojekte geplanten) Lokalfernsehen als auch von dem bestehenden Fernsehsystem ab:

Im Unterschied zum Offenen Kanal wird das lokale Kabelfernsehen anhand eines allgemein verbindlichen Programmauftrages professionell (von Kommunikatoren) geplant und produziert, wie das Programm des bestehenden Fernsehens auch. Zwar konzentrieren sich die Themen in diesem Kanal auf lokale Ereignisse und rücken damit näher an die Alltagsprobleme und -interessen der Zuschauer heran, als das im bisherigen Fernsehen in der Regel geschieht. Die Programmacher des Lokalfernsehens werden auch sicher häufiger und eindeutiger als heute im Fernsehen Bürger/Zuschauer zum Produktionsprozeß hinzu bzw. in ihn mit einbeziehen. Im Unterschied zum Offenen Kanal bleibt jedoch die Programmverantwortung im lokalen Kabelfernsehen bei den Kommunikatoren.

Der Offene Kanal ließe sich kommunikationsanalytisch zwischen der Massenkommunikation und der face-to-face-Kommunikation ansiedeln, d. h. zwischen dem Fernsehen als Massenmedium, wie es heute in der Bundesrepublik nur existiert, und einer unmittelbaren Gesprächssituation. Diese Standortbestimmung basiert auf einem der direkten Kommunikation zugrunde liegenden Kommunikationsmodell. Es besagt, daß jeder, der an einem kommunikativen Geschehen – aktiv oder zumindest doch kognitiv – beteiligt ist, Agierender und Reagierender zugleich ist; er kann mit anderen Worten auf seinen agierenden Partner nur reagieren, wenn er sich vorstellt, was der andere mit seiner Aktion meint, und umgekehrt. Dieses – der face-to-face-Kommunikation entnommene – Interaktionsmodell trifft auf die Massenkommunikation zwar noch zu, ist aber dort sehr reduziert – nur kognitiv oder zumindest zeitversetzt – wirksam: Die Fernsehkommunikation etwa gestattet es dem Fernsehzuschauer durchaus, nicht nur passiv zu konsumieren, sondern aktiv auf Fernsehangebote hin zu handeln. Interaktionstheoretisch gesehen bestimmen die Fernsehzuschauer damit die Wirkung von Fernsehprogrammen selbst. Sie denken sich beispielsweise etwas über die Absichten des Moderators eines politischen Magazins und messen sie an ihren eigenen Erwartungen und Erfahrungen, ehe sie seine Interpretationen von Wirklichkeit akzeptieren oder verwerfen, aus ihnen einzelne Elemente selektieren oder sie für sich umdeuten. In der Fernsehkommunikation lassen sich jedoch die antizipierten Absichten des Gegenübers nicht, wie im Gespräch, durch direkte Nachfragen überprüfen oder durch eigene kommunikative Aktionen beantworten. Dies gilt zwar grundsätzlich für Rezipienten und Kommunikatoren gleichermaßen; aber tatsächlich sind die Rezipienten im massenmedialen Kommunikationsprozeß stärker als die Kommunikatoren benachteiligt. Die Produzenten agieren zumindest a priori durch ihre Programme; sie bestimmen, welche Wirklichkeit sie den Zuschauern wie zeigen wollen. Die Zuschauer können nur noch reaktiv agieren und sind oft in ihrer Rolle als Kommunikationspartner überfordert, weil sie ohne eigene Erfahrung angesichts so vielfältiger vermittelter Wirklichkeiten bleiben. Telefonanrufe und Briefe von Zuschauern, Befragungen und andere Formen der Zuschauerforschung sind zwar Hilfsmittel, um diese reduzierten Kommunikationsmöglichkeiten in der Massenkommunikation zu verbessern, aber sehr weit tragen sie nicht.

Der Offene Kanal – auf lokal-regionaler Ebene nahe bei den Zuschauern angesiedelt und als eigenverantwortliches Bürgerfernsehen konzipiert – könnte nun dieses Dilemma der Massenkommunikation erheblich reduzieren. Denn er ermöglicht – erstmalig und einmalig – den Bürgern/Zuschauern, aus der Rolle der Rezipienten in die der Kommunikatoren eigenverantwortlich hinüberzuwechseln. Dabei werden auch die bisherigen Kommunikatoren aus ihrer angestammten Rolle verdrängt; sie können bestenfalls ›Kommunikationshelfer‹ sein, indem sie ihre technisch-inhaltliche Kompetenz nach Bedarf den Benutzern des Offenen Kanals zur Verfügung stellen. Damit haben auch sie die Chance eines Rollenwechsels, sie werden zu Zuschauern der Bürger-Produzenten.[5] Beide Rollenwechsel – und das ist konstitutiv für die über ihn selbst hinausreichende Bedeutung und Funktion des Offenen Kanals – sind zeitweilig, nicht dauerhaft; sie behalten insofern immer etwas den Charakter eines ›Rollenspiels‹.

Offener Kanal und Massenmedium Fernsehen

Die Idee eines selbstverantworteten lokal-regionalen Bürgerfernsehens in Gestalt des Offenen Kanals ist nicht vom Himmel
gefallen; sie ist *eine* Reaktion auf die Organisationsform des
Massenmediums Fernsehen.[6] Die öffentlich-rechtliche Organisationsform des Rundfunksystems in der Bundesrepublik ist
u. a. auch das Resultat aus der Einsicht, daß – aus technischen
wie finanziellen Zwängen, aber auch aus kommunikationswis-
senschaftlich begründbaren Begrenzungen – nicht jeder sein
eigenes Programm machen kann. Statt dessen werden Kommunikatoren stellvertretend für alle – Mehrheiten und Minderheiten – tätig sein. Und damit das Wort Paul Sethes über die Presse
– »Pressefreiheit ist die Freiheit von 200 reichen Leuten, ihre
Meinung zu verbreiten«[7] – sich nicht für den Rundfunk be-
wahrheitet, werden sie von in Gremien zusammengefaßten
Vertretern der gesellschaftlich relevanten Gruppen kontrolliert.[8]
Die direkte Einbeziehung der Bürger/Zuschauer in diesen
stellvertretenden Produktionsprozeß ist im Fernsehalltag vielfach versucht worden. Sie reicht von zweifelhaften Formen der
Beteiligung als ›Applauspublikum‹ über ›Kandidatenpublikum‹
bis hin zu ernsthaften, die Inhalte und Form der Sendung
mitbestimmenden Beteiligungsversuchen, wie sie z. B. in der
ZDF-Jugendsendung ›Direkt‹ praktiziert werden. Dennoch
haben alle diese Beteiligungsversuche immer ein Stück Alibi-
charakter behalten; sie sind nie ganz frei von der professionellen Herablassung der Kommunikatoren, die nur zu oft (aber
nicht immer zu Recht) glauben, stellvertretend ›objektiver‹
über die Wirklichkeit berichten zu können, als die von ihr
Betroffenen selbst.
Die mögliche Einführung des Kabelfernsehens in naher Zukunft, die technisch eine Vielzahl von Fernsehkanälen verspricht, hat die Idee eines bürgereigenen Fernsehprogramms
deshalb erneut und auf ganz andere Art belebt.[9] Man studierte
den Offenen Kanal in bereits verkabelten Ländern,[10] entdeckte
hier und da befristete Experimente mit dem Bürgerfernsehen[11]
und versuchte, die daraus gewonnenen Erkenntnisse in die
konzeptionelle Entwicklung des Offenen Kanals in der Bundesrepublik einzubeziehen.[12] Die Lust jedoch, dieses in der
Praxis prekäre, der Idee nach aber ebenso faszinierende wie
wichtige Experiment zu wagen, stößt auf durchaus berechtigte
Skepsis, aber teilweise auch auf offene Ablehnung. Über

Chancen und Gefahren des Offenen Kanals in der Bundesrepublik ist an anderer Stelle schon mehrfach nachgedacht worden.[13] Vor allem stimmt skeptisch, daß der Offene Kanal innerhalb des zu erwartenden Kabelfernsehens nur eine Feigenblattfunktion haben könnte. Ich kann in diesem Artikel darauf leider nicht näher eingehen.[14] Mir scheint es jedoch gerade angesichts der Gesamtproblematik des Kabelfernsehens sinnvoll zu sein, die spezifische Bedeutung des Offenen Kanals am Beispiel seiner Relevanz für die Forderung nach Objektivität im bzw. des Fernsehens herauszustellen. Zu diesem Zweck will ich den Objektivitätsbegriff des etablierten Massenmediums Fernsehen mit dem des Offenen Kanals konfrontieren.

Objektivität und Massenmedium Fernsehen

Meines Erachtens dient der Begriff der Objektivität den Kommunikatoren des Massenmediums Fernsehen vornehmlich dazu, ihre Stellvertreterrolle abzusichern, wenn sie *anstelle* der Zuschauer und *für* sie Wirklichkeit in ihren verschiedensten Ausformungen sichtbar machen. In der Regel beschreibt man mit diesem Begriff die Funktion der Programmacher informierender Programme; aber auch die Programmacher fiktiver Programme sind mit Wirklichkeit konfrontiert. Geschieht das, wie in Unterhaltungssendungen, geradezu durch die Negation von Wirklichkeit, muß man sich um den Begriff der Objektivität nicht zu sehr sorgen; geschieht es aber, wie in Fernsehspielen, durch eine subjektive Interpretation von Wirklichkeit, dann führt das notwendigerweise zu einer Suche nach ästhetischen Beurteilungskriterien; und was ist das anderes als die Suche nach Objektivität?
Beschränke ich mich hier dennoch auf den Bereich der informierenden Fernsehprogramme, dann lassen sich im Hinblick auf den Objektivitätsbegriff zwei Formen journalistischen Selbstverständnisses idealtypisch unterscheiden: Die Verfechter einer ›objektiven Fernsehberichterstattung‹ kompensieren die Tatsache, daß sie die vielfach und in den unterschiedlichsten sozialen Kontexten Betroffenen nicht alle selbst zu Wort kommen lassen (können), sondern *über* sie berichten damit, daß sie beteuern, sich genau an die Fakten gehalten, der Wirklichkeit keine subjektive Interpretation übergestülpt zu

haben. Sie würden vermutlich mit Bacher argumentieren, daß sie die »Unterordnung (ihres)... Geistes unter den Gegenstand der Betrachtung« geleistet hätten. Subjektivität lassen sie nur deutlich davon abgehoben als *Kommentierung* von Wirklichkeit zu. Die Forderung nach strikter Trennung von Nachricht und Kommentar spiegelt dieses Objektivitätsverständnis ebenso wider, wie die Klage über deren ständige Vermengung in der Fernsehpraxis. Gegen diesen klassischen – von vielen als unrealistisch bis manipulativ bezeichneten[15] – Objektivitätsbegriff wendet sich der sogenannte Meinungsjournalismus. Hier wird argumentiert, daß Fernsehmacher – da sie dieses Ideal objektiver Berichterstattung in der Fernsehpraxis ohnehin nie erreichen könnten – in ihren Fernsehprogrammen lieber direkt und unverblümt die eigenen, eher subjektiven Auswahlkriterien und Interessen deutlich herausstellen sollten. Subjektivität wird in diesem journalistischen Selbstverständnis zum besseren Hüter von Wirklichkeit und ihrer wahrheitsgetreuen Wiedergabe, denn der Kommentator bezieht sich mit seiner Subjektivität in diese Wirklichkeit unmittelbar mit ein.

Ich erinnere mich an hitzige Dialoge zwischen Fernsehjournalisten beider Positionen auf den 7. Mainzer Tagen der Fernsehkritik 1975.[16]

Mir erscheinen dagegen beide Positionen, wenn sie puristisch beanspruchen, Wirklichkeit allein auf diese Weise wahrheitsgetreu wiedergeben zu können, gleich fragwürdig, ohne daß ich ihre innere Logik bestreiten könnte. Die Vorteile der einen Position sind identisch mit den Nachteilen der anderen, und umgekehrt. Wer wollte z. B. anzweifeln, daß die professionelle Distanz des Kommunikators zu den Ereignissen deren Beurteilung manchmal eher ermöglicht als die unmittelbare Betroffenheit durch das Ereignis selbst? Wer wollte weiter bestreiten, daß die professionelle Qualifikation mancher Fernsehmacher, die auf besonderer Ausbildung und arbeitsteiliger Spezialisierung basiert, sie eher als die Betroffenen selbst befähigt, *über* sie sprachlich flüssig, begrifflich logisch und analytisch stichhaltig wie nachprüfbar zu berichten? Umgekehrt können das institutionell und professionell etablierte Kommunikatorenbewußtsein von Überlegenheit und die oft fehlende unmittelbare Kenntnis sozialer Wirklichkeiten wegführen von einfühlsamen Verständnis für die Probleme und Interessen anderer. Sprache und Begrifflichkeit bleiben nicht selten im Ghetto typischer Mittelschicht-Abstraktion; Empathie ist für die fremdwortgewöhnten Fernsehmacher dennoch oft unübersetzbar.

Aber solche institutionell beinahe eingebauten Schwächen der Profession, die durch individuelle Unzulänglichkeiten der Kommunikatoren noch verstärkt werden können, lassen sich nun andererseits durch bloßen guten (Annäherungs-) Willen und blanke Identifikation mit den Problemen und Interessen anderer allein ebensowenig aufheben, wie durch das unbedingte Bekenntnis zur journalistischen Subjektivität. Weder der Verfechter einer reinen Objektivität noch der Meinungsjournalist kann ohne Einbeziehung der Position des anderen, so meine ich, den Gefahren seines Berufes entgehen, wird dessen Möglichkeiten nicht voll ausschöpfen. Der Kommunikator sollte der Dialektik des Begriffspaares Objektivität-Subjektivität stärker verpflichtet sein als der Dogmatik eines der beiden Begriffe.[17]

Bei dieser indirekten Funktionsbestimmung des Kommunikators unterbleibt allerdings eines noch immer: Es wird die Subjektivität der Betroffenen, der Repräsentanten von Wirklichkeit, in die eigene Arbeit nur über das Subjekt des Kommunikators einbezogen. Es wird (und kann) die Stellvertreterfunktion des Kommunikators im etablierten Massenmedium Fernsehen nicht aufgehoben (werden).

Objektivität und Offener Kanal

Dieses Defizit eines nur über Kommunikatoren vermittelten Fernsehens behebt der Offene Kanal durch die vollständige und eigenverantwortliche Einbeziehung der Betroffenen in den Produktionsprozeß. Mit dem Rollenwechsel von Rezipient zu Produzent ist für die Benutzer die Möglichkeit gegeben, ihre eigenen Probleme, Interessen, Wünsche und Meinungen zu artikulieren und audiovisuell aufbereitet darzustellen. Das Spektrum der ›subjektiven‹ Selbstdarstellung ist breit: Es kann von der engagierten Botschaft eines einzelgängerischen Weltverbesserers oder dem peinlichen Selbstdarstellungsdrang eines bisher zu Recht verkannten Künstlers bis zur fundierten Information einer Bürgerinitiative, einer Jugendgruppe oder eines Altenclubs über ihre Ziele reichen. Oder es kann die eindringliche Schilderung eines Falles von Bürokratenwillkür oder Medizinerallmacht durch den von den Folgen Betroffenen selbst und den einseitig indoktrinatorischen Appell einer politisch extremen Gruppierung umfassen. Zunächst könnte man meinen, daß auf diese sehr subjektive Weise, in der sich einzelne oder Gruppen im Offenen Kanal darstellen können, nun die Fakten selbst zu Sprache und Bild kommen und damit dem Kriterium von angemessen wiedergegebener Wirklichkeit viel direkter entsprochen wird als im Massenmedium Fernsehen. Aber so direkt schlägt Subjektivität gemeinhin nicht in Objektivität um.

Die von mir angeführten abstrakten Benutzerbeispiele enthalten eine (meine) immanente Ab- oder Aufwertung; mit ihnen möchte ich demonstrieren, daß auch der subjektiven Darstellung von Fakten durch die Betroffenen selbst – unabhängig im übrigen davon, ob sie durch einzelne oder Gruppen erfolgt – nicht unabdingbar und a priori ein größerer Wahrheitsgehalt zukommt, als der Fremddarstellung durch Kommunikatoren. Beide Produkte müssen, so scheint es, ihren Wahrheitsgehalt weiterhin und gleichermaßen ›beweisen‹. Natürlich wissen Betroffene in einem ganz unmittelbaren Sinn besser über sich selbst Bescheid als ihre Chronisten; sie *haben* die Probleme, Interessen, Wünsche und Meinungen; die Kommunikatoren müssen sie erst erfragen oder beobachten, sie möglicherweise aus sehr verschlüsselten Indizien erschließen. Aber auch das von den Kommunikatoren Beobachtete, Erfragte hat seine eigene, durch deren Subjektivität nicht nur verfälschte, sondern möglicherweise auch angereicherte Relevanz. Wer aber wollte entscheiden, wer der Wahrheit näher kommt, der Betroffene selbst oder dessen distanzierter, aber wohlmeinender Beobachter? Bin ich nun etwa auf der Suche nach einer dritten, einer Über-Instanz, die den Objektivitätsstreit schlichten sollte? Keineswegs; die Entscheidung über die bestmögliche Vermittlung von Wirklichkeit muß von denen, die an diesem Kommunikationsprozeß beteiligt sind, selbst getroffen werden. Und mir scheint, daß das z. B. im Offenen Kanal besser als im bestehenden Fernsehsystem möglich ist. Hier treffen z. B. Beobachter und Betroffene unmittelbar aufeinander und können dabei ihre verschiedenen Perspektiven einander gegenüberstellen und aneinander abarbeiten. Setzt man, etwas verkürzt, diese beiden Sichtweisen zunächst gleich mit den Rollen des Kommunikators und des Rezipienten, treffen beide Kommunikationspartner auch im lokalen Kabelfernsehen zumindest zeitweilig und selbst in einigen Beteiligungsprogrammen des bestehenden Fernsehens aufeinander. In diesen Einzelfällen gibt es zum Offenen Kanal nur den Unterschied der fehlenden Selbstverantwortung auf der Seite der Rezipienten.

Der Offene Kanal unterscheidet sich jedoch von beiden benannten Fernsehformen auch dadurch, daß er diese Konfrontation von Kommunikator und Rezipient zu einem Grundprinzip und nicht nur Einzelphänomen macht. Die beiden Rollenträger sind im Offenen Kanal nicht allein in einem kognitiven oder verbalen bzw. allenfalls vereinzelt handlungsrelevanten Rollenwechsel einander konfrontiert; hier findet vielmehr ein für die Beteiligten zeitweilig ›gelebter‹ Wechsel der Rolle von Agierendem und Reagierendem statt, d. h. der sowohl intra- wie interpersonelle Rollenwechsel ist für den Offenen Kanal konstitutiv.

Geht man davon aus, daß ein nicht nur kognitiv, sondern auch aktiv und institutionell betriebener Rollenwechsel das Verständnis für die eigenen wie die Intentionen anderer schärft, dann trägt der Offene Kanal ganz besonders zur Einübung kommunikativer Kompetenz bei. Das gilt nicht nur für die an sich benachteiligteren Rezipienten, sondern auch für die Kommunikatoren. Während die Kommunikatoren aus ihrem stellvertretenden Rollenverständnis – sei es nun subjektiv oder objektiv verankert – heraustreten können, indem sie zu Rezipienten der Benutzer des Offenen Kanals werden, lernen sie nicht nur deren Bedürfnisse besser kennen, sondern erfahren aus der neuen Perspektive auch etwas über ihre bisherige Kommunikatorenrolle. Umgekehrt lernen die Benutzer des Offenen Kanals über den Weg der reinen Selbstdarstellung als Kommunikatoren die Beobachtung und Distanzierung vom Gegenüber und damit (auch) von sich selbst; Selbstdarstellung (Subjektivität) schlägt auf diese Weise um in Kommunikation (Objektivität).

Da beide Personengruppen diesen Rollenwechsel nicht dauerhaft anstreben, können sie die im Offenen Kanal eingeübte kommunikative Kompetenz nicht nur dort selbst praktizieren, sondern auch in ihre ›alten‹ dauerhaften Rollen hinüberretten. Sie wird sich sowohl auf die Darstellung von Wirklichkeit als auch auf deren Beurteilung auswirken. Je kompetenter Rezipienten zu beurteilen vermögen, was Kommunikatoren ihnen präsentieren, und Wege finden, es die Kommunikatoren auch wissen zu lassen – der Offene Kanal ist z. B. u. a. auch ein Medium zur Veröffentlichung solcher Urteile –, desto kompetenter werden Kommunikatoren ihrerseits darauf reagieren.

1 Das gilt übrigens für das bestehende Fernsehsystem nicht minder.
2 Heygster, Anna-Luise/Eberhard Maseberg (1975), Mainzer Tage der Fernsehkritik, Kreativität und Verantwortung Mainz: v. Hase & Koehler Verlag, S. 102.
3 Dabei sind keineswegs ›Geist und Gegenstand‹ gleichzusetzen mit Betrachter und Betroffenem, Kommunikator und Rezipient; Rollen können und sollten austauschbar sein.
4 Fernsehen in Deutschland, Offener Kanal: Eröffnung der Diskussion, 1980. Hamburg, Bredow-Verlag, S. 23 f.
5 Dieser doppelte Rollenwechsel ist allerdings konzeptionell in den offiziellen Beschreibungen des Offenen Kanals so nicht vorgesehen. Das Interesse konzentriert sich verständlicherweise, aber m. E. doch zu einseitig, auf die Rezipienten. Dabei wäre die Einbeziehung der Kommunikatoren in das Modell des Rollenwechsels in ihrem eigenen und dem Interesse der Rezipienten nur sinnvoll.
6 Diese Idee selbstverantworteten Bürgerfernsehens hat sich unabhängig davon, ob das Medium Fernsehen öffentlich-rechtlich oder privatwirtschaftlich organisiert ist entwickelt; allerdings nimmt sie je nach der Organisationsform des etablierten Fernsehsystems eine andere interpretatorische Wendung. Ich muß mich hier auf die Situation in der Bundesrepublik beschränken.
7 Noelle-Neumann, Elisabeth, Schulz, Winfried (1971), Publizistik, S. 280.
8 Zur Funktion aber auch Problematik dieser Gremienkontrolle vgl. Schmidt, Hendrik (1979), »Die Zukunft des Rundfunks und das Problem der Relevanz«, In: Rundfunk und Fernsehen, 2–3, 1979, S. 239–251.
9 Dabei sind auch durchaus ernstzunehmende Gedanken an den Offenen Kanal innerhalb des bestehenden Fernsehsystems laut geworden. Eine solche Möglichkeit hat sich jedoch mit der notwendigen Delegation von Verantwortung an die Nutzer auseinanderzusetzen.
10 Kellner, Hella (1978), »Public Access Kabelfernsehen in New York, Ein Erfahrungsbericht, In: Media Perspektiven, 2/78, S. 91–101.
11 Schacht, Michael (1978), »Community Television vs. Lokalfernsehen«, In: Rundfunk und Fernsehen, 1978/3, S. 295–308.
12 »Fernsehen in Deutschland, Offener Kanal: Eröffnung der Diskussion« verfolgt genau dieses Ziel.
13 vgl. u. a. Kellner, Hella (1979), »Chancen für einen ›offenen Fernseh-Kanal?‹«, In: epd, Kirche und Rundfunk, Nr. 10, S. 1–6; SFB, Bürger machen Fernsehen, Erfahrungen mit einem Experiment, SFB-Werkstatthefte, 1980.
14 Die Bedeutung des Offenen Kanals muß allerdings im Zusammen-

hang mit der geplanten Einführung des Kabelfernsehens in der Bundesrepublik diskutiert werden. Welche Probleme dabei zu bedenken sind, ist u. a. dargestellt worden von Kellner, Hella/ Hendrik Schmidt (1979), »Programmangebot und Mediennutzung. Ein Beitrag zur Diskussion um die Verfassung ›Neuer Medien‹ speziell des Kabelfernsehens«, In: Publizistik, 3/1979, S. 353–369.

15 vgl. dazu: Greulich, Helmut (1973), »Manipulation im Fernsehen«, In: Baacke, Dieter (Hrsg.), Mediendidaktische Modelle: Fernsehen, Juventa, 1973.

16 Heygster, Anna-Luise/Eberhard Maseberg (1975), siehe oben.

17 Zu den spezifischen Anforderungen an den Kommunikator einer öffentlich-rechtlichen Rundfunkanstalt vgl. Schmidt, Hendrik, s. o., S. 243 f.

MICHAEL ABEND

»Hast Du sie zittern sehen?«
Das Objektivitäts-Problem
in der Nachrichten-Praxis

Zwei Kollegen sitzen am Schneidetisch. Otto hat gerade einen
Film über frisch angekommene Aussiedler gedreht. Eine Frau
erzählt ihr Schicksal. Noch ganz beeindruckt, sagt Otto: »Du,
Fritz, die hat dabei richtig gezittert.« Fritz: »Hast Du sie zittern
sehen?« – »Ja.« – »Du hast sie wirklich zittern sehen?« – »Ja
doch.« – »Dann bist Du nicht objektiv, dann kannst Du das
nicht bringen.«
Nur eine Anekdote, oft erzählt und viel belacht? Oder Ausdruck dafür, wie gründlich das Objektivitätsgebot mitunter
mißverstanden wird?

Transformieren oder interpretieren?

Kann das die Objektivität sein, die Staatsverträge und Rundfunkgesetze vom Nachrichtenjournalisten verlangen? Sich
nicht anrühren lassen, indifferent bleiben, weil man nur dann
sachlich, unparteilich berichten könne. Die Verwechslung von
Sterilität mit Objektivität. Der Journalist als automatisch funk-
tionierender Transformator.
Sind Frau Noelle-Neumann[1] und jene, die sich im politischen
Kampf auf sie berufen, eigentlich so weit von dieser Vorstellung
entfernt, wenn sie unterstellen, die Fernsehjournalisten bevor-
zugten die Koalition, hätten damit sogar die Bundestagswahlen
1976 gewonnen, weil sie in ihrer politischen Einstellung mehr-
heitlich den Sozialliberalen zuneigten? Heißt das nicht – fortge-
dacht –, wer engagiert ist, eine eigene Meinung hat, kann nicht
objektiv sein?
Ich habe eine andere Auffassung von Objektivität, ausgehend
von dem, was ich für die Aufgabe von Fernsehnachrichten
halte: über die Vermittlung von Fakten hinaus Interesse wek-
ken, Betroffensein verdeutlichen, Zusammenhänge aufzeigen,
Information verständlich machen, zur Meinungsbildung und

letztlich – als Ideal – zur Teilnahme am öffentlichen Geschehen anregen.

Das aber erfordert nicht den transformierenden, referierenden, sondern den interpretierenden, reflektierenden Journalisten, der Verständnis- und Einordnungshilfen gibt. Wer hier schon Halt rufen will, die Trennung zwischen Nachricht und Meinung gefährdet sieht, weil er Interpretation mit Kommentar verwechselt, sei herzlich gebeten, erst einmal weiterzulesen.

Objektivität als Summe subjektiver Entscheidungen?

Jeder von uns, auch jeder Tagesschau-Kollege, hat sein Wertsystem, auch seinen politischen Standort. Und er lügt sich in die Tasche, wenn er vorgibt, bei seiner Arbeit ganz aus diesem Wertsystem heraustreten zu können. Er entscheidet subjektiv – beim Drehen und Schneiden von Filmen, beim Auswählen, Anordnen und Formulieren von Meldungen. »Es ist nicht zu verkennen, daß die von der Nachrichtengebung geforderte Objektivität nur durch eine Fülle subjektiver Entscheidungen zustandekommt.« Dieser Satz stammt von Dietrich Schwarzkopf, Programmdirektor des Deutschen Fernsehens.[2]
Wie verträgt sich das mit dem Objektivitätsgebot, das in keinem Rundfunkgesetz und keiner Programmrichtlinie fehlt? Auch im neuen NDR-Staatsvertrag, der seit Anfang 1981 in Kraft ist und für die Mitarbeiter von ARD-Aktuell gilt, finden wir es gleich an zwei Stellen:[3]
§ 5, Abs. 1: »Der NDR hat den Rundfunkteilnehmern einen objektiven und umfassenden Überblick über das internationale, nationale und länderbezogene Geschehen in allen wesentlichen Lebensbereichen zu geben.«
§ 7, Abs. 2: »...Die Nachrichtengebung muß allgemein, unabhängig und objektiv sein...« Dietrich Schwarzkopf weiß eine Antwort: Die Objektivität »muß bestehen in der gewissenhaften Handhabung der Subjektivität«. Und später spricht er von der »professionellen Verpflichtung zur Sachlichkeit«, für die sich letztlich kein anderer Maßstab finden lasse »als derjenige der Fairneß«.[4] Damit liegt er auf einer Linie mit dem früheren WDR-Intendanten von Bismarck: »Objektivität als Zielvorstellung kann nur heißen, solide Sachkenntnis des Redakteurs, größte Fairneß seines Handelns und größtmögliche Distanz von der persönlichen politischen Einstellung.«[5]

Zielvorgabe und Annäherungswert

Meine eigene Auffassung von Objektivität bei Nachrichten will ich auch zitieren, weil sie sich nicht geändert hat: »Wenn von Nachrichten dennoch Objektivität verlangt wird, dann heißt das: Sie dürfen nicht einseitig sein, sollen möglichst genau die Wirklichkeit, soweit sie zu erfahren ist, einschließlich unterschiedlicher Darstellungen wiedergeben. Objektivität kann also nur Bemühen um Objektivität sein, durch genaue Recherche, durch Quellenvergleich, durch Diskussion in der Redaktion, durch differenzierte Darstellung, durch Problembewußtsein. Der Redakteur muß sich immer wieder klarmachen, daß er seine persönliche Meinung nicht in die Nachricht einfließen lassen darf.«[6] Und hinzufügen möchte ich aus einer anderen Arbeit: »Treue zur Sache. Wenn's um Ethik geht, kann man diese Tugend auch Wahrhaftigkeit nennen. Ihr Ergebnis ist Wirklichkeitstreue. Und beides zusammen ist für mich die einzig mögliche Be- oder Umschreibung von Objektivität. Beides beinhaltet auch die Grenzen der Objektivität: Ich kann nur der Wirklichkeit treu sein, die mir zugänglich ist – und nur so wahrhaftig, wie Wahrheit mir erkennbar ist.«[7]

Aus dem wissenschaftlichen Disput, was Objektivität sei und ob sie dem Menschen überhaupt möglich sei, darf ich mich glücklicherweise heraushalten. Die Frage, was ich vom Objektivitätsgebot halte, ist mir praxisbezogen gestellt, und ich antworte: Als Zielvorgabe, als Richtschnur halte ich es für richtig und notwendig. In der Praxis aber ist es vielfach zu relativieren. Objektivität – ein Annäherungswert.

Die Redaktion als Destille

Einige Beispiele für die Grenzen der Objektivität:
Beispiel 1. Der Bundestag debattiert acht Stunden lang über Wirtschaftsprobleme. Zwei Redakteure verfolgen die Debatte und sollen dann drei Minuten für die Sendung zusammenschneiden. Ein anderer Redakteur liest sich in die Agenturmeldungen darüber ein, die möglicherweise unterschiedliche Schwerpunkte setzen. Alle drei stimmen sich untereinander, mit den Dienstleitern und dem Chefredakteur ab, wie die Meldung aufgezogen wird, welche Ausschnitte ausgewählt

werden. Ein Bonner Korrespondent berichtet über die Atmosphäre und ordnet die Debatte politisch ein.

Mehr kann man für eine »objektive« Berichterstattung kaum tun. Ist das, was herauskommt, aber eine objektive Wiedergabe der Debatte? Natürlich sind die meisten Äußerungen und Akzente weggelassen, wenn aus acht Stunden vier bis fünf Minuten werden. Die Redakteure destillieren das heraus, was sie für das Wichtigste halten.

Kann objektiv hier mehr heißen als
– nichts Falsches berichten,
– nicht parteiisch sein, die unterschiedlichen Standpunkte ausgewogen berücksichtigen,
– auf mögliche Folgen für Bürger, Staat und Politik hinweisen,
– eventuelle neue Akzente, Überraschungen herausarbeiten,
– verständlich machen, worum es geht und was die Parlamentarier meinen, was sich hinter ihrem Fachjargon, ihren Kürzeln und Anspielungen verbirgt.

Das ist der Konflikt zwischen Informations-Menge und Objektivität. Schon die Forderung, nichts Wichtiges wegzulassen, läßt sich nicht erfüllen.

Konflikt zwischen Akteur und Beobachter

Beispiel 2. Um 20 Uhr beginnt in Hamburg eine Wahlkundgebung, seit 18 Uhr wird dagegen demonstriert. Zwei Kcamerateams beobachten die Demonstranten wegen möglicher Ausschreitungen, ein Team dreht die Rede. Gegen 21 Uhr 30 ist alles vorbei. Teams und Reporter hetzen in den Sender. Der Reporter soll, unterstützt von einem Kollegen, in 45 Minuten das in über drei Stunden gedrehte Filmmaterial auf vier Minuten zusammenschneiden und dazu seinen Text formulieren – über die Rede im Saal und über die Krawalle auf der Straße. Der Text soll nicht nur beschreiben, in sämtlichen Details stimmen und zum Bild passen, er soll auch die Vorgänge drinnen und draußen abgewogen einordnen, die Atmosphäre wiedergeben.

Der Bericht wird in letzter Minute fertig, live vom Reporter gesprochen – und am nächsten Tag beschwert sich die betroffene Partei, weil die Grenze zwischen Bericht und Kommentierung überschritten worden sei. Das politische Spektakel und die Rüge des Intendanten folgen.

Das ist oberflächlich der Konflikt zwischen Aktualität (Zeitnot, Produktionszwang) und Objektivität. Eine schlichte Überforderung der Journalisten. In der Eile ein falsches Wort, und die Katastrophe – manchmal mit beruflichen Folgen – ist da.

Dahinter aber steht eine ganz andere, noch wichtigere Frage: Der Politiker, der im Wahlkampf etwas äußert, um etwas zu erreichen – nämlich Stimmen zu gewinnen –, hat zu seinen Äußerungen naturgemäß ein anderes Verhältnis, eine andere Perspektive als der beobachtende, zur Objektivität verpflichtete Journalist.

Kann Objektivität wirklich nur in der Wiedergabe des Geäußerten und des Geschehenen bestehen? Gehört zur Objektivität nicht der Hinweis, warum jemand etwas sagt, und notfalls, daß er etwas Falsches sagt?

Das ist der Konflikt zwischen dem Agierenden, dem Interessenvertreter, der legitim für sich Punkte zu machen versucht, und dem beobachtenden Journalisten, dem Anwalt der Zuschauer, zu dessen Pflichten es doch wohl auch gehört, diese Interessen aufzudecken.

Objektivität aus zweiter Hand

Beispiel 3. Sowjetische Truppen sind in Afghanistan einmarschiert. Die Meldungen überstürzen sich. Mal sind es 50 000, mal 100 000 Soldaten. Mal wird über Ruhe im Lande berichtet, mal über schwere Kämpfe. Die einen sprechen von Aggression, die anderen von der notwendigen Abwehr einer Aggression. Über die Eurovision erhalten wir amerikanische Bilder von Aufständischen und sowjetische von der freundlichen Begrüßung der Soldaten durch die Bevölkerung.

Kann hier Objektivität mehr sein als
– der Bericht, daß Truppen einmarschiert sind,
– die Wiedergabe der unterschiedlichen Darstellungen über Anlaß, Absicht und Lage,
– der Hinweis auf die möglichen weltpolitischen Folgen.

Das ist der Konflikt zwischen parteilichen Primär-Informationen und Objektivität. Worauf richtet sich hier die Objektivität? Nicht mehr auf das Geschehen selbst, sondern auf die abgewogene Wiedergabe des vorliegenden Nachrichtenmaterials.

Gibt es das, Objektivität aus zweiter oder dritter Hand? Einschließlich der Gefahr, Lügen zu verbreiten? Die Praxis zeigt unzählige Fälle – innen- wie außenpolitisch –, wo die Information darin besteht, daß es keine verläßliche Information gibt. Machen wir das dem Zuschauer immer hinlänglich klar?

Hinter die Kulissen blicken

Aus diesen Beispielen möchte ich einige Thesen ableiten:
1. Die Vielschichtigkeit eines Themas begrenzt oft den Objektivitätsanspruch darauf, nichts Falsches zu berichten.
2. Produktionszwänge und Zeitnot erschweren mitunter die objektive, abgewogene Berichterstattung.
3. Der Objektivitätsanspruch kann sich häufig nur auf die differenzierte Wiedergabe der Nachrichtenlage, nicht aber auf das Geschehen selbst beziehen.
4. Objektivität heißt auch, hinter die Kulissen blicken, Interessen aufdecken und benennen, Gesagtes und Geschehenes relativieren.

Dieses zuletzt genannte Postulat widerspricht der Auffassung vieler Politiker und mancher, die in den Rundfunkanstalten Verantwortung tragen. Die Ansicht, daß der Journalist im Sinne des Agierenden zu berichten habe, ist nicht so selten. Dazu freilich brauchten wir keine Journalisten, Stenotypistinnen könnten das besser. Ist es nicht ureigenste Aufgabe des Journalisten, Geschehenes und Gesagtes auf seine Bedeutung abzuklopfen, in einen Zusammenhang zu stellen, seine Beobachtungen und seine zusätzlichen Kenntnisse mit zu vermitteln?

Wie wenig selbstverständlich das heute für manchen ist, sei wiederum an einem Beispiel erläutert. Das Präsidium der Kieler Universität wies auf einer Pressekonferenz die Vorwürfe zurück, daß an der Universitäts-Kinderklinik mißbräuchlich Medikamente an Kindern erprobt worden seien. Der Kieler Tagesschau-Reporter verband diese Aussage mit anderslautenden Informationen verschiedener Agenturen sowie mit Recherchen-Ergebnissen des »Stern«. Prompt kam fernschriftlich aus Kiel der Vorwurf, der Reporter habe die Pressekonferenz skeptisch bis negativ kommentiert und einen Werbehinweis auf den noch nicht erschienenen »Stern« gebracht. Dabei hatte er nichts anderes getan, als entsprechend seiner Pflicht zu objektiver, sachlicher, ausgewogener Berichterstattung alle ihm zugänglichen, sich teils widersprechenden Informationen zusammenzutragen und gegenüberzustellen. Dem Beschwerdeführer blieb verborgen, daß Gegenstand der Berichterstattung nicht der offizielle Anlaß (Pressekonferenz), sondern das Thema (Kinderversuche ja oder nein) sein mußte. Daß die Beschränkung auf die Pressekonferenz und das Verschweigen der gegenteiligen, belegbaren Informationen einseitige Berichterstattung, Nachrichtenverfälschung und Manipulation gewesen wäre.

Gibt es ein besseres Beispiel für jenes fatale Mißverständnis, daß der Journalist nur das offiziell Verlautbarte wiederzugeben habe? Da ist sie wieder, die verschobene Ebene: Objektivität richtet sich nach dieser Auffassung nicht auf das, was tatsächlich geschehen ist, sondern auf das, was darüber behauptet wird. Der Journalist als Sprachrohr der Mächtigen. Haben wir nicht gelernt, daß er auch eine Kontrollfunktion hat? Daß er prüfen muß, weshalb eine Information verbreitet wird, wer dahinter steht, was verschwiegen wird?

Entschlüsseln und Kontrollieren

Wie notwendig diese Kontrollfunktion, der Blick hinter die Kulissen, auch das Interpretieren ist, das hat FDP-Generalsekretär Günter Verheugen in seinem »Spiegel«-Aufsatz über die »Seifenblasendemokratie« deutlich gemacht: »Die Politik hat einen Fachjargon entwickelt mit geheimen Chiffren und Signalen, die nur Insider verstehen können. Und sie hat eine Kunst zur Perfektion gebracht, die darin besteht, Worte nicht das ausdrücken zu lassen, was man denkt.« Verheugen sieht eine »allmähliche Ablösung von Sacharbeit durch reine PR-Aktionen« und fährt fort: »Die allzu enge Lebensgemeinschaft von Politikern und Journalisten entkleidet die Medien nach und nach ihrer kontrollierenden und aufklärenden Funktion.«[8] Das aber, so füge ich hinzu, verringert die Chance zur Objektivität selbst als Annäherungswert.

Zwischen Ritual und Recherche

Fernsehnachrichten gelten nach einer Infratest-Untersuchung von 1972 bei den Rezipienten als besonders glaubwürdig (76% der Befragten) und objektiv (64%).[9] In medienkritischen

Diskussionen wird immer wieder darauf hingewiesen, daß dieser hohe Kredit wohl zu einem erheblichen Teil auf die Präsentationsform (Eröffnungsritual) mit Gong und Uhr, offiziös wirkender Sprecher, zu wenig Relativierung, mangelnde Quellenangaben, standardisierte Dramaturgie) zurückzuführen sei. Mitunter wird uns Redakteuren sogar vorgeworfen, mit diesen Präsentationselementen, mit der Ritualisierung wollten wir bewußt den Eindruck der Objektivität verstärken.

Dieser Vorwurf ist ebenso verfehlt wie der entgegengesetzte, den wir zunehmend aus der Anstalts-Hierarchie hören: daß wir mit der verstärkten Aufnahme von Korrespondentenberichten die Grenze zwischen Nachricht und Kommentar verwischten und Einbruchstellen für Meinungselemente schafften. Dahinter steht eine Art von Purismus und Ängstlichkeit, die ihre Wurzel wohl in der Auffassung des Journalisten als Nachrichten-Bürokraten hat, von einem oberflächlichen Begriff der Objektivität und Sachlichkeit ausgeht und die Produktionsbedingungen außer acht läßt. Wer nämlich in der Zentralredaktion eine Meldung schreibt oder einen Film textet, hat ebenso selbständig zu arbeiten wie der Korrespondent draußen, und der Korrespondentenbericht unterliegt ebenso der Kontrolle durch die leitenden Redakteure wie jeder in der Zentrale formulierte Text.

Für uns ist auch und gerade der eigene Korrespondent eine Quelle. Seine Aufgabe ist nicht nur, als Augen- und Ohrenzeuge Informationen zusammenzufassen und einzuordnen, Atmosphäre zu schildern, sondern auch zusätzliche Informationen als Ergebnis seiner Recherchen zu liefern. Kann man seine Objektivität nur deswegen anzweifeln, weil er mitunter etwas anderes sagt als die Agenturen? Schon wieder schimmert hier der Fehlschluß durch, daß sich Objektivität aus der Höhe des Papierberges zu einem Thema konstituiere.

Verläßlichkeit der Quellen

So unglaublich es klingt: Jahrelang war in unserer Redaktion umstritten, ob wir selbst recherchieren, ob wir Nachrichten *machen* dürfen. Lange hat es gebraucht, bis sich die Auffassung durchsetzte, daß ein Tagesschau-Redakteur nicht nur dasselbe Recht, sondern dieselbe Pflicht wie ein dpa-Volontär hat. Gewinnt eine Meldung, die irgendein freier Mitarbeiter irgendeiner Agentur aufgestöbert hat, nicht oft genug ihre Glaubwürdigkeit und Bedeutung erst durch den Apparat, den sie durchläuft? Verrät die Skepsis gegenüber Exklusiv-Informationen, die nicht schwarz auf weiß über den Ticker laufen, die man nicht anfassen kann – verrät sie nicht mangelnden journalistischen Mut, entlarvt sich da nicht eine bürokratische Mentalität der Aktengläubigkeit, der Rückversicherung?[10]

Mit der Objektivität geraten wir schon bei den Quellen in Schwierigkeiten. Wir müssen glauben, was in den Agenturen steht, was die Korrespondenten berichten. Dabei wissen wir doch, daß oft sie schon second-hand-Informationen an uns geben. Ein Agentur- oder Fernseh-Korrespondent, der einen halben Kontinent abzudecken hat, ist zum großen Teil angewiesen auf das, was er von anderen hört, den Medien seines Berichtsraumes entnimmt.

Wir brauchen aber nicht nach Timbuktu oder Honolulu zu blicken, wenn es um die Fragwürdigkeit von Quellen geht. Mit welcher Flut gezielter Informationen von Interessengruppen bei uns daheim werden die Redaktionen überschwemmt. Wie viele bewußt unvollständige oder falsche Informationen werden – zum Beispiel in Wahlkampfzeiten – den Medien angedient. Wieder die Frage: Bin ich objektiv, wenn ich eine Wahlkampf-Lüge weitergebe, oder erst, wenn ich dazu sage, daß es eine Lüge ist und weshalb gelogen wird? Muß ich warten, bis das ein Offizieller sagt, den ich dann zitieren kann? In der Praxis ist es so.

Objektivität und Selektion

Der entscheidende Prüfstein für Objektivität ist die Selektion. Welche der täglich etwa 2000 Meldungen, die von sieben Tickern den ganzen Tag über ausgespuckt werden, wählen wir für die 15-Minuten-Sendung aus? Zu welchen vorhersehbaren Themen werden Filmbeiträge bestellt? An den Schaltstellen sitzt als gatekeeper jeweils *eine* Person: Dienstleiter Wort, Dienstleiter Film, Planungsredakteur. Und parallel dazu liest der Chefredakteur. Jeder wählt aus, was er für wichtig hält, wovon er meint, daß es die Zuschauer betreffe oder interessiere.

Bei den großen politischen Themen gibt es kaum je Dissens. Bei den Meldungen zweiten Ranges aber, die nicht durch

Dauerberichterstattung in allen Medien thematisiert sind oder Sensationswert haben, schlagen die unterschiedlichen journalistischen Grundauffassungen voll durch. Benachteiligung von Minderheiten wie Zigeuner oder Obdachlose, Probleme der Behinderten, Mißstände in der Psychiatrie, Initiativen für Kinder und Alte, Eingliederung von Ausländern, Umweltsünden – wo der eine brennende Aktualität für Betroffene und für das Gemeinwesen sieht, sprechen andere von Sozialschnulzen, pädagogischem Fimmel und missionarischem Eifer. Und manches dieser Themen war bis vor einigen Jahren Tabu.

Bei der Selektion sind der Subjektivität Tür und Tor geöffnet, und die Entscheidungen fallen je nach Zusammensetzung der Redaktion am betreffenden Tag. Meistens stellt sich ein gewisser Ausgleich dadurch her, daß nicht einer, sondern viele entscheiden, indem sie sich in den Programmkonferenzen zusammenraufen. Läßt sich Objektivität durch Argumentieren und Diskutieren, durch Kompromisse herstellen? Das alles ist wohl kaum mehr als ein Hilfsmittel für einen Annäherungswert. Wie man es anders machen könnte, weiß ich nicht.

Der Nachrichtenwert ist relativ

Der Objektivität in der Auswahl sind freilich nicht nur durch die natürlicherweise subjektiven Entscheidungsprozesse Grenzen gesetzt. Ob ein Thema in die Sendung kommt, hängt auch von der Nachrichtenlage ab, denn die Sendezeit von 15 Minuten ist eine Konstante. In Zeiten, die durch Ereignisse wie Afghanistan-Krise oder Streik in Polen bestimmt sind, fällt manches innenpolitische, soziale oder kulturelle Thema durch die Maschen, auch wenn dazu ein Beitrag bestellt und eingetroffen ist. Die Nachrichtenwürdigkeit eines Themas ist eben nicht absolut, sondern mißt sich am Umfeld.

Objektivität bei der Auswahl hängt aber auch von manchen anderen Bedingungen ab, die sich kaum beeinflussen lassen: Ist ein Korrespondent vor Ort, kommt sein Bericht rechtzeitig in Hamburg an, bietet die Eurovision Bilder an, gibt es offizielle Beschränkungen für die Berichterstattung wie in Diktaturen aller Couleur?

Bleibt zu erwähnen, daß es für Nachrichten keine übergeordnete, weltweite Objektivität gibt. Aufgabe, Inhalt, Richtung und

Form der Informationssendungen sind abhängig vom jeweiligen Kulturraum und vom jeweiligen Gesellschaftssystem.

Die Bedeutung einer Meldung wächst mit der geographischen, aber auch mit der ideologischen Nähe, ebenso mit der Beziehung, die sich zum eigenen Lebensraum herstellen läßt. Liegt nicht hier der Grund dafür, daß unsere Nachrichtenmedien aus den Entwicklungsländern mit ihren tiefgreifenden sozialen, wirtschaftlichen, kulturellen und politischen Problemen und Veränderungen fast nur dann berichten, wenn es Krieg, Umsturz oder Naturkatastrophen gibt – oder wenn unsere Energie- und Rohstoffversorgung betroffen ist.

Wie stark die Nachrichtengebung vom Gesellschaftssystem abhängig ist, läßt sich täglich beim Vergleich zum Beispiel der Tagesschau mit der Aktuellen Kamera der DDR vom Schirm ablesen. Die Unterschiede im Auftrag – hier die Gebote von Objektivität und Ausgewogenheit, dort die Gebote der Parteilichkeit und der Agitation im marxistisch-leninistischen Sinne – sowie in der praktischen Erfüllung des Auftrages hat Wilfried Scharf in seiner soeben erschienenen Dissertation herausgearbeitet und am Beispiel der Berichterstattung über die Belgrader KSZE-Nachfolgekonferenz Ende 1977/Anfang 1980 dokumentiert.[11]

Die Relativität von Nachrichten auf eine simple Formel gebracht: Über Afghanistan-Krise und Streik in Polen wird in den sozialistischen Ländern anders berichtet als in den westeuropäischen. Auch hier braucht man freilich nicht in die Walachei auszuweichen. Krawalle beim Gelöbnis der Bundeswehr oder bei einer Wahlkampfrede von Strauß dürfte Radio Bremen anders darstellen als der Bayerische Rundfunk.

Einflüsse von außen

Dabei stellt sich die Frage nach äußeren Einflüssen auf die Nachrichtenredaktion und ihre möglichen Auswirkungen auf die Objektivität. Da sind zunächst die Agierenden – Regierung, Parteien, Gewerkschaften, Wirtschaftsverbände, Bürgerinitiativen. Sie bieten Informationen an, indem sie etwas tun oder sagen, häufig auch, indem sie uns vorher darauf aufmerksam machen oder machen lassen, daß sie etwas tun oder sagen werden. Ob wir darüber berichten, ist unsere journalistische Entscheidung.

Fühlt sich eine Gruppe benachteiligt, bleibt ihr die Beschwerde bei der Redaktion, bei den Programmverantwortlichen, bei den Aufsichtsgremien – oder der Weg in die Öffentlichkeit. Die Drohung mit Repressalien – wie Austritt aus der ARD – war lange Zeit die Ausnahme. Immerhin sah sich aber die ARD im Sommer 1980 veranlaßt, auf den Vorwurf der Benachteiligung eines Bewerbers um die Kanzlerschaft mit einer Sekunden-Auszählung der Fernsehauftritte beider Spitzenkandidaten zu reagieren. Die Stoppuhr als Objektivitätsmesser. Wenn jene, denen nachgewiesen wurde, daß sie nicht benachteiligt, son-dern sogar bevorzugt wurden, sich dann gegen »Erbsenzäh-lerei« wenden[12], wird die Sache noch makabrer.

Mit dem heißer werdenden Wahlkampf 1980 nahmen Be-schwerden und öffentliche Vorwürfe gegen die Tagesschau zu. Am 14. September erklärte CDU-Generalsekretär Geißler in Dortmund: »Es ist schon schlimm genug, daß wir den Eindruck haben müssen, daß uns zum Beispiel die Tagesschau der ARD benachteiligt, daß die Jusos und Kommunisten mit Gewalt-demonstrationen die Redefreiheit behindern.«[13]

Wenig später ging Geißler soweit, verwendete Quellen, die Plazierung einer Meldung und Zitate zu beanstanden. Und am 23. September 1980 beschuldigte der stellvertretende CDU-Vorsitzende Biedenkopf die ARD-Rundfunkanstalten, das öffentlich-rechtliche Monopol des Fernsehens in eklatanter Weise zugunsten der Regierung zu mißbrauchen. Er bezog sich auf einzelne Beiträge von Tagesschau und Tagesthemen und kündigte an, daß man nach den Wahlen »in ganz anderer Weise als 1976« über die Medienpolitik der ARD diskutieren werde, falls die Rundfunkanstalten in ihrer Nachrichtengebung nicht sofort den Geboten der Objektivität Genüge leisteten.[14]

Auf die von Biedenkopf genannten Beispiele stützte sich auch CSU-Generalsekretär Stoiber, als er in einem an den NDR-Intendanten gerichteten, von der CSU-Landesleitung in einer Pressemitteilung veröffentlichten Brief Tagesschau und Ta-gesthemen »eine Reihe schwerwiegender Eingriffe in den laufenden Wahlkampf« und »unveränderte Einseitigkeit« vor-warf. Stoiber konstatierte eine »Summierung von Verstößen gegen die Programmgrundsätze der Unabhängigkeit und Über-parteilichkeit«.[15] Vergessen war offensichtlich, daß der CSU-Generalsekretär knapp ein Jahr zuvor nach einem Gespräch mit der Tagesschau-Redaktion ähnliche Vorwürfe schriftlich zurückgenommen hatte. Damals lautete seine Anschuldigung, die Tagesschau habe sich der Nachrichtenmanipulation und vorsätzlicher Nachrichtenverfälschung schuldig gemacht, und zumindest Teile der Redaktion reihten sich auf ihre Weise in die Gruppe der Strauß-Gegner von Essen und Herne ein.[16]

Wir Redakteure brauchen ein dickes Fell und eine reichliche Portion persönlichen Mut, wenn wir uns unsere journalistische Unabhängigkeit bewahren wollen, die ich als Voraussetzung für Objektivität in dem von mir beschriebenen Sinne betrachte. Kündigung des NDR-Staatsvertrages mit der Ungewißheit über die Zukunft von ARD-Aktuell, Vorwürfe der Nachrichtenmanipulation und der Einseitigkeit, Drohung mit dem ARD-Austritt des Bayerischen Rundfunks und anderen Konsequenzen – kann das alles seine Wirkung auf die Redakteure verfehlen? Verschieben sich nicht vielleicht doch die Beurteilungsmaßstäbe? Wird nicht vielleicht doch anders entschieden, um neuen Ärger zu vermeiden? Das Phänomen der antizipierten Sanktionen.

Ich bin der Ansicht, daß unsere Redaktion alle Pressionsversuche relativ unbeschadet überstanden und ihr Rückgrat behalten hat, will aber nicht verhehlen, daß diese Eingriffe hier und da eine Entscheidung beeinflußt haben.

Spannungsfeld zwischen oben und unten

Dasselbe gilt für das differenzierte Instrumentarium von Hinweisen, Anregungen, Empfehlungen, Kritik, Rügen und Abmahnungen aus der Anstalts-Hierarchie, also von seiten der Programmverantwortlichen, die sich ihrerseits gegenüber Aufsichtsgremien und Politikern zu rechtfertigen haben. Wie reagiert die Hierarchie auf Angriffe von außen in der beschriebenen Art? Globale Vorwürfe werden gemeinhin ebenso global zurückgewiesen, Detail-Kritik aber führt zur Aufforderung an die Redaktionen, die beanstandeten Sendungen über Wochen hinweg rückwärts zu dokumentieren, mit Sekunden-Protokoll, Bildbeschreibung, Verschriftlichung von Originaltönen, Quellen-Nachweis und Beschreibung des nachrichtlichen Umfeldes.

So heißt es in der von der NDR-Pressestelle veröffentlichten ersten Antwort des NDR-Intendanten Räuker auf den am 29. September verbreiteten Stoiber-Brief: »Zu der von Stoiber erhobenen Kritik an einzelnen Sendungen von ›Tagesschau‹ und ›Tagesthemen‹ erklärt Räuker, daß er sich eine genaue

Prüfung vorbehalte. Der im übrigen gegen ARD-Aktuell erhobene pauschale Vorwurf der Einseitigkeit müsse zurückgewiesen werden.«[17] Bei der Beantwortung der Detail-Kritik, die dem Programmverantwortlichen obliegt, entspricht dessen Bewertung keineswegs immer der von Redaktion und Redaktionsleitung.

Ungeachtet dessen, daß wir Redakteure uns generell entschiedenere Rückendeckung seitens der Hierarchie wünschten, wäre es traurig, wenn die journalistischen Auffassungen von Hierarchie und Redakteuren gleichgeschaltet wären, wenn es kein Spannungsfeld gäbe zwischen denen, die produzieren, und jenen, die verantworten. Ich betrachte es nicht als Anweisung, sondern als Aufforderung zum Argumentieren, wenn zum Beispiel Programmdirektoren davor warnen, Randgruppen in der Berichterstattung zu stark zu berücksichtigen oder durch Korrespondentenberichte die Grenze zum Meinungsjournalismus zu überschreiten. Und ich betrachte es als Anstoß zum Nachdenken, wenn WDR-Intendant von Sell »Ansehensverluste der repräsentativen, treuhänderischen Verantwortung« und eine »Abwertung von repräsentativen Mandaten« konstatiert.[18]

Ist es nicht unsere Aufgabe als Journalisten, zwischen solchen Besorgnissen und der Forderung nach mehr Basisdemokratie einen Weg zu finden, mit dem wir im Rahmen der Gesetze und Vorschriften unseren Spielraum nutzen? Wenn unsere Argumente stichhaltig sind, wer kann uns daran hindern, in unserer Berichterstattung davon auszugehen, daß Repräsentanten und Interessenvertreter nicht immer recht haben müssen, daß manche Randgruppe vernachlässigt wird, daß Bürgerinitiativen nicht von ungefähr entstanden sind und oft zu Recht gegen Mißstände angehen. Und daß eine Gruppe nicht allein deswegen unrecht hat und totgeschwiegen werden muß, weil auch ein Kommunist dazu gehört. Objektivität mißt sich doch nicht vornehmlich daran, *wer* etwas sagt oder tut, sondern *was* er sagt oder tut.

Daß Nachrichtenredakteure nicht nur auf den guten Willen ihrer Vorgesetzten angewiesen sind, sondern auch Rechte haben, das macht Hans D. Jarass in seiner vor kurzem erschienenen Arbeit deutlich: »Bei Nachrichtensendungen bietet die Rundfunkfreiheit einen vergleichsweise intensiven Schutz auch gegen die interne Einflußnahme ›von oben‹... Der rechtliche Schutz und die rechtlichen Gewährleistungen reichen besonders weit.«[19]

Objektivität und Sprache

Mit dem Objektivitätsgebot sind wir freilich nicht nur konfrontiert, wenn wir entscheiden, wem wir glauben und was wir auswählen. Die Grenzen der Objektivität erleben wir ebenso, wenn wir die Meldungen aufbereiten und anordnen.

Wie steht es um die Objektivität der Sprache? Sie kann sich gewiß nicht darin erschöpfen, Formulierungen der Handelnden oder der Agenturen weiterzugeben. Wir müssen zusammenfassen, ohne daß wichtige Akzente und Nuancen verlorengehen. Wir müssen die Sprache so vereinfachen, daß sie auch in unserem flüchtigen Medium von den vielen Millionen Zuschauern, die zum überwiegenden Teil nicht mit akademischer Bildung gesegnet sind, verstanden werden kann. Wir müssen erläutern, was sich hinter Fremdwörtern, Fachbegriffen und verklausulierten Andeutungen verbirgt. Und dazu müssen wir erstmal selber verstehen, was wir anderen verständlich machen sollen. Objektivität ist nicht nur in bezug zum Ereignis oder zum Handelnden zu setzen, sondern auch und vor allem zu dem, der die Botschaft empfangen, verstehen und damit etwas anfangen soll.

Das gilt auch für die Wahl der Begriffe. Gewiß sind zum Beispiel die Wörter »Arbeitnehmer« und »Arbeitgeber« ideologisch vorbelastet, die Alternativ-Begriffe »Lohnabhängige« und »Kapitalisten« – oder wie auch immer – aber ebenso. Hier gibt den Ausschlag, was gebräuchlich und deshalb verständlich ist. Eine Parteilichkeit der Sprache kann ich darin nicht erkennen.

Das subjektive Objektiv

Daß auch das Bild etwas mit Objektivität zu tun hat, wissen wir nicht erst, seitdem uns Politiker vorgeworfen haben, wir verwendeten von ihnen bewußt entstellende Fotos. Sie haben uns dann vorteilhaftere zugesandt. Damit ist freilich nicht das Problem *aktueller* Fotos gelöst, die Momentaufnahmen der Handelnden in einer bestimmten Situation, damit authentisch, aber leider nicht immer eines Schönheitspreises würdig. Was ist hier objektiv, die Darstellung des Politikers in der Situation, über die berichtet wird, oder das Zeigen eines Archivfotos, das dem Selbstverständnis des Betroffenen entspricht und seiner

Image-Pflege dient? Wir geben in der Regel auch hier der Aktualität Vorrang.

Was man mit der Kamera alles machen kann, wissen wir nicht erst, seitdem Herr Kepplinger die Ergebnisse seiner bahnbrechenden Studie kundgetan hat. Von 151 befragten Kameraleuten halten es 78% für »sehr gut möglich« und 22% für »schon möglich«, daß »ein Kameramann mit rein optischen Mitteln Personen besonders positiv oder besonders negativ erscheinen lassen kann«. Mit welch teuflischen Mitteln dies geschieht, kann man bei Frau Noelle-Neumann nachlesen.[20] Einen Hinweis darauf, wie schwierig es gerade bei Massenveranstaltungen ist, eine vernünftigere Kameraposition zu erwischen und außer Mikrofonen auch mal einen Gesichtszug des Redners zu erhaschen, einen solchen Hinweis sucht man vergeblich.

Lassen wir Herrn Kepplinger weiter forschen, wie neben Kameraleuten auch Cutterinnen, MAZ-Techniker, Bildingenieure, Grafiker, Maskenbildner – warum eigentlich nicht die Sprecher? – unentwegt manipulieren, um die Sozialliberalen bis zum St. Nimmerleins-Tag im Sattel zu halten. Jeder Lippenstift kann die Wahl entscheiden.

Unter dem Aspekt der Objektivität ist für uns wichtiger, daß wir mit dem Objektiv immer nur Augenblickseinstellungen aufnehmen können, daß sich nie alle Aspekte eines Geschehens optisch einfangen, kaum Entwicklungen darstellen lassen. Ist überhaupt ein Kamerateam vor Ort? Ist es im Zentrum des Geschehens oder an der Peripherie? Fängt es nur steinewerfende Demonstranten oder auch knüppelnde Polizisten ein? Das ist keine Frage der Absicht, auch wenn sie unterstellt wird, sondern der technischen Möglichkeit.

Das Bild ist weniger flexibel als das Wort, läßt weniger Differenzierungen zu, wirkt aber viel stärker als das Wort. Wegen der begrenzten Einstellungen ist die Gefahr der Überbetonung, der Einseitigkeit groß. Ein Film von der Mondlandung dokumentiert, daß sie geschehen ist – auch wenn Dieter Gütt darauf schwört, sie sei in einem Hollywood-Studio gedreht worden. Ein Film vom Krieg zeigt, daß gekämpft wird und Menschen leiden – worum gekämpft wird, zeigt er nicht.

Hinzu kommt auch beim Film das Problem der Information aus zweiter oder dritter Hand. Filme anderer Fernsehanstalten, die über die Eurovision angeboten werden, sind ebenso wie Agenturfilme bereits bearbeitet. Was wir zeigen können, ist von anderen vorbestimmt. Und die Bilder werden vom Anbieter, der auch nicht Augenzeuge war, nur mit ein paar Worten beschrieben. Oft innerhalb weniger Minuten vor der Sendung müssen unsere Redakteure diese Filme schneiden und mit Informationen, die sie den Nachrichtenagenturen entnommen haben, betexten. Was heißt hier Objektivität?

Objektivität und Dramaturgie

Die Wirkung einer Sendung konstituiert sich nicht nur aus ihren einzelnen Teilen, sondern auch aus Reihenfolge und Zuordnung. Nach dem über Jahrhunderte geschulten Produzenten- und Rezipientenverhalten steht vorn, was wichtig ist, und ist wichtig, was vorne steht. Da Objektivität auch etwas mit der Frage zu tun hat, welche Bedeutung ich einer Meldung zumesse, hat sie auch etwas mit Dramaturgie zu tun.

Über den Aufmacher, wie wir die erste Meldung nennen, gibt es dementsprechend oft heiße Diskussionen, stoßen doch dabei die unterschiedlichen Grundauffassungen vom journalistischen Auftrag besonders heftig aufeinander. Es muß nicht immer die Alternative zwischen dem Atom-Unfall in Harrisburg und dem Segelunglück vor der englischen Küste sein. In normalen Zeiten, ohne beherrschende Themen gibt mitunter den Ausschlag, wozu ein starker Film vorhanden ist.

Bei der weiteren Anordnung der Themen vermischen sich inhaltliche und formale Kriterien. Zunächst wird die thematische Zuordnung versucht, Krieg zu Krieg, Wirtschaft zu Wirtschaft, ein innenpolitischer Block, ein außenpolitischer, ein sozialpolitischer, Kultur fast immer zum Schluß – warum eigentlich? Weil sie sich der Sekunden- und Satelliten-Aktualität entzieht? Das System der thematischen Zuordnung wird aufgebrochen, wenn die Wortblöcke sonst so lang würden, daß niemand mehr der Anhäufung vom Sprecher verlesener Informationen folgen könnte.

Da wir anders als die Zeitung nichts nebeneinander, sondern nur linear hintereinander ordnen können, ergeben sich mitunter neue, zufällige, verfälschende Sinnzusammenhänge, die wir aber zu vermeiden suchen. Streik bei der Reichsbahn in West-Berlin und Streik bei den öffentlichen Verkehrsmitteln im polnischen Kattowitz. Auf den ersten Blick gehört Streik zu Streik. Die Redaktion hat die beiden Meldungen trotzdem auseinandergezogen, weil Anlaß, Ziele und Konsequenzen völlig unterschiedlich sind. Ein langer Block über das militä-

rische Vorgehen der Sowjets in Afghanistan und die westlichen
Reaktionen, am selben Tag eine Pressekonferenz von Amnesty
International über inhaftierte sowjetische Dissidenten. Sollen
wir diese Meldung in den Ost-West-Block einbeziehen oder
bewußt absetzen? Wir haben das zweite getan. Manipulation
oder Verantwortungsbewußtsein?

Kontroll-Mechanismen

Wie stellt sich das nun her, was man bei Nachrichtensendungen
Objektivität nennen könnte? Zum einen durch die heterogene
Zusammensetzung der Redaktion, in der alle politischen und
weltanschaulichen Schattierungen vertreten sind. Zum zweiten
durch dauernde Überprüfung der Entscheidungen in Konfe-
renzen von morgens bis abends. Zum dritten im täglichen
Meinungsaustausch mit den Chefredakteuren aller ARD-Anstalten in der Schaltkonferenz. Zum vierten durch geteilte
Verantwortung für Bestellen und Senden, Film und Wort. Zum
fünften durch das Prinzip der vielen Augen, die das hereinkom-
mende Material sichten, sortieren, lesen und die fertigen Meldungen überprüfen. Zum sechsten durch die Sorgfalt, die nicht
nur journalistische Pflicht ist, sondern bei Verstößen dagegen
von Betroffenen, Programmverantwortlichen, Aufsichtsorga-
nen und auch von Zuschauern abgemahnt wird. Zum siebten –
hilfsweise – durch den Vergleich mit anderen Nachrichtenmedien, also Hörfunk und Zeitungen.
Als Damoklesschwert schwebt über uns seit Anfang 1981 die
Bestimmung des neuen NDR-Staatsvertrages in § 7 Abs. 2:
»Alle Sendungen mit Bedeutung für die Informationen und
Meinungsbildung sind gründlich und gewissenhaft zu recherchieren. Tatsachenbehauptungen sind zu überprüfen...« So
werden wir wohl das nächste Mal mit zum Mond fliegen
müssen, wenn wir die Landung melden wollen.
Ihre Brisanz erhält diese Bestimmung in Kombination mit § 12
Abs. 1: »Der NDR ist verpflichtet, eine Gegendarstellung der
Person, Gruppe oder Stelle zu verbreiten, die durch eine in
einer Sendung aufgestellte Tatsachenbehauptung betroffen
ist...«
Damit jede Beanstandung überprüft werden kann, ist in § 14
die Aufzeichnungspflicht festgelegt: »Die Sendungen des NDR
sind in Ton und Bild vollständig aufzuzeichnen und aufzube-

wahren. Bei Sendungen, die unter Verwendung einer Aufzeichnung oder eines Films ausgestrahlt werden, ist die Aufzeichnung oder der Film aufzubewahren ...« Gelöscht werden darf nach sechs Wochen.[21]

Hast Du sie zittern sehen – die Redakteure? Das Kontroll-System ist perfekt. Fehler können wir uns nicht leisten. Wenn's denn der Objektivität dient ...

Anmerkungen

1   Noelle-Neumann, Elisabeth (1980), Die Schweigespirale, München: R. Piper & Co., S. 232-234.
2   Schwarzkopf, Dietrich (1977), »Die Nachricht im Fernsehen«, Vortrag in der Katholischen Akademie Hamburg am 20. 5. 1977 (Manuskript).
3   Neufassung des Staatsvertrages über den Norddeutschen Rundfunk, Staatliche Pressestelle Hamburg, 18. Juli 1980.
4   wie Anm. 2.
5   Bismarck, Klaus von (1970), »Die Nachricht und die Wirklichkeit«, In: Publizistik 4/1970, S. 284–294.
6   Abend, Michael (1974), »Die Tagesschau: Zielvorstellungen und Produktionsbedingungen«, In: Rundfunk und Fernsehen 2/1974, S. 166–187.
7   Abend, Michael (1977), »Überlegungen zur ›Berufsethik‹ des Nachrichtenjournalisten«, In: Politische Medienkunde 3, Akademie für Politische Bildung, Tutzing.
8   Verheugen, Günter (1980), »Diese Seifenblasendemokratie«, In: Der Spiegel 34/1980, S. 38–41.
9   Wiedergegeben in: Friedrich, Hans (Hg., 1973), Politische Orientierung durch Fernsehnachrichten, Politische Medienkunde 2, Akademie für Politische Bildung, Tutzing, S. 157.
10 s. dazu Jarass, Hans D. (1980), »Der rechtliche Rahmen für die Arbeit des Nachrichtenredakteurs.« In: Rundfunk und Fernsehen, 3/1980, S. 309–321. (Hier S. 317: »Der verfassungsrechtliche Auftrag, massenkommunikative Vermittlung in wirkungsvoller Form zu erbringen, legt eigene Recherchen, auch in größerem Umfang, nahe. Vor allem der Ausgleich kommunikativer Ungleichgewichte und die daraus resultierende Forderung nach kommunikativer Kompensation gibt diesem Instrument eine verfassungsrechtliche Grundlage.«)
11 Scharf, Wilfried (1980), Objektivität oder Parteilichkeit in der Berichterstattung, Dissertation Göttingen 1980.

12 dpa-Meldung Nr. 155 vom 13. August 1980.

13 Rede-Manuskript von Heiner Geißler am 14. September 1980 in Dortmund.

14 »ARD mißbraucht Monopol«, In: Frankfurter Rundschau vom 24. September 1980, S. 4.

15 Fernschreiben der CSU-Landesleitung vom 29. September 1980.

16 »Stoiber nimmt Vorwurf der ›Nachrichtenmanipulation‹ an ›Tagesschau‹ zurück«, In: edp/Kirche und Rundfunk, Nr. 85 vom 31. Oktober 1980.

17 Fernschreiben der NDR-Pressestelle, Hamburg, vom 29. September 1980, 15 Uhr 35.

18 Sell, Friedrich-Wilhelm Freiherr von (1980), Ausführungen vor dem WDR-Programmbeirat am 12. August 1980, zitiert in Medien-Kritik 37/1980.

19 wie Anm. 10, S. 321.

20 wie Anm. 1, S. 234–239.

21 wie Anm. 3.

DIETRICH VON THADDEN

Sind Rundfunknachrichten objektiv?

Sind Rundfunknachrichten objektiv? Sie sind es nicht. Sie
können es gar nicht sein. Allein schon wegen ihrer Kürze
können Nachrichten nie ein objektives Bild der Wirklichkeit
vermitteln. Sie sind nicht mehr als flüchtige Momentaufnahmen, die erst durch zusätzliche Kommentare und Dokumentationen Tiefenschärfe erhalten. Aber Rundfunknachrichten
können, sie müssen wertungsfrei sein. Darum haben sich
alltäglich rund um die Uhr die Nachrichtenredakteure in den
Sendeanstalten in der Bundesrepublik Deutschland zu bemühen. Diese Thesen sollen hier untersucht werden.
Um die Probleme verständlich zu machen, mit denen sich
Nachrichtenredakteure herumzuschlagen haben, soll zunächst
erläutert werden, wo die meisten Nachrichten überhaupt
herkommen. Anbieter sind vor allem die fünf deutschsprachigen Nachrichtenagenturen Deutsche Presseagentur
(dpa), Deutscher Depeschendienst (ddp), Reuters, Associated
Press (AP) und Agence France Press (afp). Bei all diesen
Agenturen geht täglich eine Fülle von Informationen ein, die
bereits dort ausgewertet und erheblich gekürzt werden müssen.
Beispielsweise gibt die Deutsche Presseagentur nur rund zehn
Prozent des eingehenden Informationsmaterials an ihre Kun-
den weiter, beim Deutschen Depeschendienst sind es etwa ein
Viertel.
Schon bei den Nachrichtenagenturen gibt es unterschiedliche
Auffassungen darüber, was objektiv, was wahr ist. Hierfür ein
Beispiel: Während des Vietnam-Krieges konnten die Nach-
richtenredakteure in den Rundfunkanstalten davon ausgehen,
daß die Informationen der damals noch deutschsprachigen
Agentur United Press International (UPI) vorwiegend den
Standpunkt der amerikanischen Regierung über das Kampfge-
schehen verbreitete, während die französische Nachrichten-
agentur afp sich häufig die Darstellung Hanois zu eigen machte.
Einigermaßen unabhängig berichtete nach unserer Auffassung
Associated Press. Erst ein Konglomerat aus den drei Agen-

turen vermittelte ein einigermaßen wertungsfreies Bild von den Vorgängen in Vietnam.

Freilich ist das eine Vermutung. Denn eine Möglichkeit zur Überprüfung der Agenturmeldungen, insbesondere dann, wenn sie aus dem Fernen Osten kommen, besteht selbstverständlich nicht.

Aus der Fülle des Agenturmaterials ergibt sich auch das Problem der Auswahl. Und hier hält ein Redakteur für wichtig, was ein anderer wegläßt. Einheitlich bewertet werden in der Regel nur Vorgänge, die soeben geschehen sind und damit einen hohen Informationswert haben.

Dies hat uns häufig Kritik eingetragen. So rügten beispielsweise Publizistik-Studenten der Freien Universität Berlin, daß in den Nachrichten von RIAS Berlin so wenig über Hochschulpolitik und Wirtschaftspolitik, so wenig über die Dritte Welt und so wenig über Umweltschutz berichtet wird.

Dazu ist zu sagen, daß Nachrichtensendungen natürlich nicht isoliert gesehen werden dürfen; sie sind nur ein Teil des Programms eines Rundfunksenders, gleichsam das Gerippe. Neben den Nachrichtensendungen gibt es eben auch Magazinsendungen, Kommentare, Reportagen. Sie dienen ebenfalls der Information des Hörers, auch wenn sie anders aufgebaut sind.

Ein weiteres Kriterium für das Fehlen bestimmter Probleme in Nachrichtensendungen ist, daß hierzu so gut wie keine Informationen vorliegen.

Man muß einfach erkennen, daß in unserer Welt diejenigen, die »das Sagen haben«, auch über die größten Publikationsmittel verfügen. Den etablierten Parteien in Bonn zum Beispiel stehen eben größere finanzielle Mittel zur Verfügung als den »Grünen« oder den »Alternativen« oder auch der Steuerpartei, so daß sie eine intensivere Öffentlichkeitsarbeit betreiben können.

Ebenso ist es im Großen: Die Industrienationen können sich lauter und deutlicher artikulieren als die Entwicklungsländer. Es erscheint logisch, daß die Vereinigten Staaten von Amerika aus diesem Grunde häufiger in den Nachrichten auftauchen als beispielsweise Somalia oder Mauretanien. Über diese ärmsten Länder unserer Erde wird eben nur berichtet, wenn sich westliche Korrespondenten mehr zufällig damit befassen.

Auch aus rein zeitlichen Gründen kommen gelegentlich Minderheiten viel zu wenig zu Wort. Nachrichtensendungen sind eben nur drei oder fünf oder zehn Minuten lang, und sie dürfen gar nicht länger sein, weil sie sonst das Fassungsvermögen der Hörer bei weitem übersteigen würden. Beispielsweise machten uns Studenten der Freien Universität Vorschläge für Nachrichtenthemen, deren Realisierung dazu geführt hätte, daß die Sendungen zwanzig oder dreißig Minuten lang gewesen wären. Dies eben ist nicht möglich.

Der Zeitfaktor hat auch in anderer Hinsicht einen wichtigen Einfluß auf die Objektivität der Nachrichten. Nicht nur die begrenzte Sendezeit zwingt zur Auswahl, sondern auch der Zeitdruck, unter dem der Nachrichtenredakteur steht. Themen, die er zunächst inhaltlich selbst nicht versteht, läßt er nur deshalb weg, weil er keine Zeit zu ausreichender Recherche hat, nach dem Grundsatz: Lieber gar nicht als falsch berichten. Dies ist vor allem bei Wirtschaftsmeldungen der Fall. Ein möglichst umfassendes Angebot für die berufliche Fortbildung tut hier dringend not. Die ARD hat hier einiges, aber sicher noch nicht alles getan.

Eine Aussicht auf wertungsfreie Nachrichten besteht nur dann, wenn sich die Nachrichtenredakteure jeder Verquickung von Kommentar und Nachricht enthalten. Dieses angelsächsische Prinzip hat sich nach dem Zweiten Weltkrieg auch bei uns durchgesetzt, wird aber gelegentlich durchbrochen, sei es bewußt oder unbewußt.

Während die bewußte Vermischung von Kommentar und Nachricht so gut wie nicht nachzuweisen ist, tritt die unbewußte Vermischung doch gelegentlich auf. Hier ein Beispiel: »Das Geiseldrama in Teheran geht seinem Ende entgegen. Schiitenführer Khomeini stellte unter bestimmten Bedingungen die Freilassung der Geiseln in Aussicht.« Hier hat also der Nachrichtenredakteur unterstellt, die Gegenseite werde die Bedingungen Khomeinis erfüllen und damit die Freilassung der Geiseln erreichen. Das aber ist eine Vermutung – und damit ein Kommentar – und keine Tatsache.

Viel schlimmer ist es, wenn Nachrichten, die nichts miteinander zu tun haben, zum Zwecke der Manipulation miteinander verquickt werden. Hier ein Beispiel, das so oder ähnlich über einen deutschen Sender tatsächlich gelaufen ist: »Die Bundesluftwaffe hat den 150. Starfighter verloren. Beim Absturz der Maschine über der Nordsee fand der Pilot den Tod. Im Zusammenhang mit der Beschaffung des Starfighters war seinerzeit der CSU-Vorsitzende Strauß ins Gerede gekommen.«

Natürlich, das wußte auch der Nachrichtenredakteur, hatte

Strauß mit dem Absturz nichts, aber auch gar nichts zu tun. Er hatte aber seinerzeit als Bundesverteidigungsminister an der Beschaffung der Maschine für die Bundesluftwaffe mitgewirkt und es gab Gerüchte über die Zahlung von Bestechungsgeldern. Allerdings war Strauß nachweislich nicht daran beteiligt, er war lediglich »ins Gerede gekommen«. Durch die unzulässige Vermengung zweier voneinander unabhängiger Meldungen wollte der Redakteur offensichtlich seine politische Auffassung kundtun.

Wie leicht ein Nachrichtenredakteur durch unüberlegtes Formulieren in den Verdacht geraten kann, eine Kommentierung vorzunehmen, soll dieses Beispiel zeigen: »Die Tarife der Deutschen Bundesbahn sollen im kommenden Jahr gesenkt werden. Dies forderte der Gewerkschaftsfunktionär xy.« Hier wird also eine Forderung eines Gewerkschafters als vermeintliche Tatsache an die Spitze der Nachricht gestellt. Bei dem Hörer entsteht ein Eindruck, der schlichtweg falsch ist. Für unzulässig halte ich auch Formulierungen wie »Die Polizei mußte von der Schußwaffe Gebrauch machen«, wenn von Demonstrationen die Rede ist. Es hätte ausgereicht zu sagen, »Die Polizei machte von der Schußwaffe Gebrauch«.

In der Nachrichtenabteilung des RIAS gibt es einen regelrechten Tabu-Katalog von Wörtern, die wegen ihrer kommentierenden Wirkung nicht benutzt werden sollten. Dazu gehört das Wort »behaupten«. Man nehme nur das Beispiel, daß die Sprecher der einen Partei unentwegt etwas »behaupten«, während die Sprecher der Gegenpartei etwas »erklären«, »sagen« oder auch »betonen«. Dann schlägt nämlich Quantität plötzlich in Qualität um: Wer ständig nur »behauptet«, wird als unglaubwürdig dargestellt. Wer schlicht etwas »erklärt«, wird wohl recht haben.

Das gleiche gilt für Dutzende andere Wörter. Verurteilt beispielsweise ein Gericht jemanden wegen »angeblicher« Straftaten, dann wird unterstellt, daß in Wirklichkeit diese Straftaten gar nicht begangen worden sind. Oder nehmen wir das Wort »konservativ«, das ja auch einmal einen ziemlich fest umrissenen Aussagewert hatte. Darf man einen Professor, der nach eigenem Selbstverständnis links von der parlamentarischen Mitte steht, aber das Berliner Universitätsgesetz ablehnt, als konservativ bezeichnen? Gehört ein Kommunist, der stalinistischer als der tote Stalin ist, zum konservativen oder zum extremen linken Flügel? Oder wie nennt man bewaffnete Oppositionelle, die irgendein Regime bekämpfen? Sind sie nun

Aufständische, Freiheitskämpfer, Guerilleros oder Rebellen? Hier kommt es zuförderst auf den Standpunkt des Hörers an, welche Bezeichnung er bevorzugt.

Die Kenntnis dieser Problematik zwingt zu einer gründlichen Ausbildung junger Kollegen zu Nachrichtenredakteuren, die aber häufig aus Zeitgründen nicht erfolgen kann. Erst nach Jahren intensiver Praxis ist ein Nachrichtenredakteur wirklich gut. Hier ergibt sich die kuriose Situation, daß in Nachrichtenredaktionen junge Leute nicht unbedingt gefragt sind. Je älter einer ist, desto besser.

Wie ist es nun mit der persönlichen politischen Meinung der Nachrichtenredakteure bestellt? Sie sind Staatsbürger wie jedermann und haben ein Recht darauf. Bernhard Müßig, der langjährige, leider verstorbene Chef der Nachrichtenabteilung des RIAS, antwortete, auf diese Frage angesprochen, einmal so: »Die Ausgewogenheit in den Nachrichten ist durch die unterschiedliche Parteizugehörigkeit meiner Redakteure gesichert.« Das heißt also, unterschiedliche Meinungen heben sich gegeneinander auf. Ich meine auch: Das Sprachkorsett, in das die Nachrichtenredakteure nun einmal eingezwängt sind, läßt nur schwer Manipulationen in die eine oder andere Richtung zu.

Die Frage stellt sich, warum denn eigentlich wertungsfreie Nachrichten so erstrebenswert sind. Nun, der Hörer empfindet Nachrichten als etwas Offizielles. Hier trifft das Wort vom Verlautbarungsjournalismus im wahrsten Sinne des Wortes zu. Der kühle, distanzierte Nachrichtensprecher vermittelt Wahrheiten, an denen der Durchschnittsbürger nicht zweifelt. Dies ist übrigens auch das Ergebnis einer Umfrage, die Nachrichtenredakteure von RIAS Berlin vor einiger Zeit unternahmen. »Worauf soll man sich denn sonst noch verlassen?« sagte dabei ein Passant auf dem Kurfürstendamm. Eine hohe Verpflichtung, die uns hier auferlegt ist.

Literatur

Meyn, Hermann (1979): Massenmedien in der Bundesrepublik Deutschland, Berlin: Colloquium.

Müßig, Bernhard (1971): »Die Wörter«. In: 25 Jahre RIAS Berlin, S. 5–6.

GORDIAN TROELLER

Objektivität: ein sinnloser Anspruch

Es ist gar nicht so einfach, über etwas schreiben zu müssen, das
es nicht gibt. Jedenfalls habe ich in fünfunddreißig Jahren
journalistischer Tätigkeit die Erfahrung gemacht, daß das, was
allgemein unter objektiver Berichterstattung verstanden wird,
unmöglich ist. In den ersten Jahren habe ich daran geglaubt und
mich bemüht, dieser Art »journalistischer Ethik« gerecht zu
werden. Etwa wie ein »Spiegel«-Reporter, den ich im März
dieses Jahres bei den eritreischen Freiheitskämpfern traf. Der
meinte, er könne erst dann einen objektiven Bericht liefern,
wenn er auch die Gegenseite zu Wort kommen ließe. Die
Äthiopier. Ausgewogen wollte er sein.
Was haben wir beide in Eritrea gesehen? Eine Freiheitsbewe-
gung, die seit 19 Jahren für nationale Unabhängigkeit kämpft.
Ausgebombte Dörfer, Kriegsversehrte zu Tausenden, Flüchtlinge zu Hunderttausenden. Die Realität eines grausam geführ-
ten Krieges. Auf der einen Seite Freiwillige, die im Namen des
Völkerrechts, der Selbstbestimmung und all jener Rechte
kämpfen, die Ost und West zu den elementaren Rechten eines
jeden Volkes erklärt haben. Auf der anderen eine Militärdik-
tatur, die diese Rechte ignoriert und zwangsrekrutierte Arbeiter und Bauern mit Versprechen auf Grund und Boden zur
Ausrottung der eritreischen Bevölkerung antreibt. Für mich
gab es keinen Zweifel, daß ich Partei ergreifen würde. Der
Kollege meinte jedoch, erst die Argumente der Gegenseite
anhören zu müssen – der Verantwortlichen dieses Völker-
mordes.
Natürlich geht es hier wie überall um Macht und wirtschaftliche
Interessen. Diese können das Morden zwar erklären – rechtfertigen dürfen sie es nicht. Aber gerade das ist oft das Ergebnis
»objektiver« Berichte. Ein Verzicht auf Wertung scheint mir
deshalb unverantwortlich. Nur der deutliche Bezug auf moralische Kathegorien kann – im Gewirr widersprüchlicher Interessen – beim Leser und Zuschauer jenen Stumpfsinn abbauen,
den sogenannte objektive Berichterstattung hervorbringt. Nur

engagierte Berichte können ehrlich sein – ehrlich gegenüber dem Leser/Zuschauer. Sie lassen keine Zweifel aufkommen, daß der Journalist Partei ergriffen hat und auf Grund welcher Kriterien. Sie fordern zur Auseinandersetzung heraus, zur eigenen Stellungnahme und verhindern passiven Konsum von Nachrichten. Jedenfalls gibt sich ein so berichtender Journalist nicht den Anstrich dessen, was kein Journalist sein kann: objektiv.

Begründet, und in den politischen Kontext gestellt, muß eine so engagierte Berichterstattung natürlich sein. Im Fall Eritrea beispielsweise so: »Eritrea, eine ehemalige italienische Kolonie, wurde 1958 unrechtmäßig von Äthiopien annektiert. Es liegt am Horn Afrikas, einer der strategisch wichtigsten Positionen der Welt. Um die Kontrolle dieser Position bemühen sich Ost und West. Im Augenblick ist die Sowjetunion im Vorteil. Die äthiopischen Machthaber, die sich Marxisten nennen, haben sie zur Hilfe gerufen – gegen innere und äußere Feinde. Zu den mächtigsten Feinden gehört die ›Volksfront zur Befreiung Eritreas‹. Sie verlangt nicht nur nationale Unabhängigkeit. Sie will auch eine sozialistische Gesellschaft aufbauen. Trotzdem steht der gesamte sozialistische Block auf seiten der Äthiopier. In der machtpolitischen Balance wiegen 30 Millionen Äthiopier eben schwerer als 3 Millionen Eritreer. Also unterstützt der Westen die eritreischen Freiheitskämpfer? So einfach ist das nicht. Das politische Klima ganz Afrikas muß berücksichtigt werden. Und da stellt sich heraus, daß die afrikanischen Regierungen all jene zu Feinden erklären, die die früheren kolonialen Grenzen – d. h. ihre heutigen nationalen Grenzen – infrage stellen. Aus gutem Grund: wenn sie irgendwo in Afrika ethnische oder kulturelle Ansprüche gelten ließen, müßten auch sie zu Grenzkorrekturen in den eigenen Ländern bereit sein. Mithin sind die kolonialen Grenzen zum Tabu der afrikanischen Politik geworden. Schon deshalb hält der Westen sich da heraus. Wer will schon für ein paar Millionen Eritreer die Sympathien der afrikanischen Staaten verspielen? Auf Menschenrechte und Selbstbestimmung besinnt man sich nur dort, wo es sich politisch auszahlt.«

Wie sollen Leser und Zuschauer sich in diesem Interessen-Dschungel zurechtfinden? Wie und nach welchen Kriterien Machtkämpfe einschätzen, bei denen alle Beteiligten sich schamlos als Verfechter höherer Interessen und menschlicher Werte ausgeben und als solche »ausgewogen« in Berichten zu Wort kommen wollen? Wer kennt schon alle großen Zusammenhänge und die kleinen Fakten, die zur Aufschlüsselung einer »objektiven« Berichterstattung nötig wären? Deshalb, so scheint mir, sollte ein politischer Journalist engagiert berichten und die Interessen der Menschen gegen die Interessen der Mächtigen verteidigen. Das jedenfalls ist mein Bemühen, und deshalb werde ich mal von links, mal von rechts, mal aus der Mitte und manchmal sogar von allen Seiten angegriffen.

Solange es um politische Belange geht – besonders in der Dritten Welt, aus der ich hauptsächlich berichte –, fällt ein solches Engagement nicht sonderlich schwer. Sobald jedoch kulturelle Aspekte hinzukommen, gibt es nahezu unüberwindliche Schwierigkeiten, den fremden Menschen gerecht zu werden. Dann, so scheint mir, ist tatsächlich Objektivität geboten, das heißt: eine wertfreie Haltung. Wertung aus der Sicht unserer moralischen und kulturellen Kategorien darf nicht stattfinden.

Es ist ziemlich leicht, sich aus macht- und parteipolitischen Verstrickungen freizuhalten, doch alles das, was ethnozentrisches Geschichtsverständnis, Christentum, rassisches Selbstbewußtsein und westliche Fortschrittsideologie seit Jahrhunderten aus uns gemacht haben, zu relativieren oder gar über Bord zu werfen, grenzt an Selbstaufgabe. Dennoch meine ich, daß man sich bei der Berichterstattung über Probleme der Dritten Welt um diese Wertfreiheit bemühen muß.

Vor etwa zwanzig Jahren war ich im Irak Zeuge einer Entjungferung. Da wurde die Braut in ein Zimmer geführt, in dem eine Hebamme, der Bräutigam und mehrere Frauen der Familie warteten. Auch ich durfte dabeisein. Die Braut legte sich aufs Bett, und die Hebamme durchbohrte das Hymen mit ihrem Finger, um den ein Tuch gewickelt war. Anschließend tat der Bräutigam das gleiche, und dann verschwanden die blutbefleckten Tücher durch die Tür, um einer jubelnden Menge gezeigt zu werden.

Damals war ich schockiert und fragte mich, was einem so behandelten Mädchen Liebe und Mann noch bedeuten könnten. Mein Bericht klagte die gesamte arabische Männerwelt der Grausamkeit an. Damals saß ich fest in der Falle meiner Vorurteile, oder besser gesagt: ethnozentrische Überheblichkeit ließ mich alles rückbeziehen auf unsere europäischen Werte. In der Tat: wäre dies einem Mädchen aus Hamburg passiert, dann hätte sie ganz sicher seelischen Schaden genommen. Doch hier handelte es sich um eine Irakerin. Für sie war diese Art von Entjungferung keine sinnlose, sexuelle Bruta-

lität, sondern ein Ritus, auf den sie seit ihrer Kindheit vorbereitet worden war. Ein gesellschaftliches Ereignis, durch das offenbar wurde, daß die Braut und ihre Familie die Lebensregeln der Gemeinschaft respektieren. Hier hat die Jungfräulichkeit nichts mit sexueller Intimität, mit Reinheit oder Unschuld zu tun wie im christlichen Europa. In einer endogamen Gesellschaft, wie der des vorderen Orients, ist sie das Siegel der Sippe. Nur durch öffentliche Entjungferung kann der Beweis erbracht werden, daß kein Fremder in die Familie eingedrungen ist. Ein Ritus, der bei den so erzogenen Frauen keine gravierenderen Folgen hat als bei uns etwa die Taufe. Und darüber hatte ich mich aufgeregt, anstatt diese Hochzeit im Kontext der dortigen Kultur zu erklären, wo Liebe, Sexualität, Ehe, Treue und Tod anders erlebt werden als bei uns. Nicht besser und nicht schlechter – nur anders. Aber aus dem »Nicht-so-Sein« wie wir, hatte ich, aus typisch kolonialer Sicht ein »Noch-nicht-so-Sein« gemacht. Diese Menschen waren eben »Noch-nicht-So«, wie Zivilisierte nun einmal sein sollten – so wie wir natürlich. Ich hatte unsere Normen zum Wertmesser erhoben. Ich fühlte mich sogar im Land selbst bestätigt. Denn auch die in unseren Schulen erzogene Bürger- und Führungsschicht der Dritten Welt wertet nach unseren Normen. Sie schämt sich ihrer Völker, ihrer Herkunft und Kultur und gibt keine Ruhe, solange sie nicht Karikaturen der ehemaligen Kolonialherren aus ihnen gemacht hat. Schon deshalb ist eine Berichterstattung aus der Dritten Welt äußerst schwierig, denn diese westlich orientierte Bürgerschicht ist der Hauptgesprächspartner jedes ausländischen Journalisten. Und der berichtet dann seelenruhig aus westlicher Denk- und Gefühlslage. Er glaubt ja, seine Informationen mitsamt der Wertung aus bester Quelle zu erhalten. Daß seine Informanten sich meist vor der alltäglichen Wirklichkeit ihrer Völker ekeln, kann er oft sogar verstehen.
Wenn sich nun aber Politik und Kultur mischen und die eine ohne die andere nicht verstanden werden kann, dann sitzt er aussichtslos in der Zwickmühle. Er hat ja gelernt, politisch »objektiv« zu berichten, aber nicht verlernt, kulturell zu werten. Doch genau umgekehrt müßte er verfahren. – Also wertet er die auf kulturellen Elementen fußende Politik aus der Sicht seiner eigenen Kultur und verteufelt natürlich beide: die fremde Kultur und die von ihr getragene Politik. Nicht anders als ein christlicher Missionar vor nackten Heiden steht er mit seiner ethnozentrischen Fortschrittsgläubigkeit vor diesen Wilden.
Der Iran liefert hierfür bestes Anschauungsmaterial. Dort hatte

ein mit unumschränkter Macht ausgestatteter Herrscher der Bevölkerung die westlichen Entwicklungsmodelle aufgezwungen. Widerstand schien unmöglich. Die grausamste Polizei und die best-ausgerüstete Armee der Region sorgten dafür, geschult und geschützt von der Weltmacht Nummer eins: den USA. Nach den gängigen politischen Denkschemata eine Machtposition, die nur von außen hätte erschüttert werden können. Aber selbst Rußland und China hofierten den Schah. Also aus der üblichen machtpolitischen Sicht gab es keine Gefahr.

1974 drehten wir einen Film im Iran. Wir analysierten die verheerenden Folgen der kaiserlichen Entwicklungspolitik und sagten einen kulturellen Aufstand voraus. Einige Kritiker bewunderten unseren Mut, doch die meisten hielten uns für verrückt. Wir wären nicht objektiv, hieß es, sondern utopistisch verrannt.

Dennoch hat das persische Volk den Tyrannen verjagt. Es sagt nein. Nein zu den aufgezwungenen Entwicklungsmodellen und die durch diese eingeleitete wirtschaftliche und kulturelle Unterentwicklung. Die verschüttete Identität der iranischen Bevölkerung verlangt das Recht auf Ausdruck. – Nichts, was im Iran passiert, paßt in die Denkmühlen der vorherrschenden Ideologien. Daß ein Dreißig-Millionen-Volk nicht akzeptieren kann, auf das Niveau des »Noch-nicht-so-Seins« reduziert zu werden, und diese kulturelle Vergewaltigung ein explosives revolutionäres Potential erzeugen mußte, blieb den meisten Politikern, Geheimdienstlern, Journalisten und anderen Fachbeschränkten verborgen.

Die persische Revolution beweist die Fragwürdigkeit der sogenannten objektiven Berichterstattung. Sie versagte – sowohl vor der Vertreibung des Schah als auch nachher. Zunächst hatte man, wie üblich, die meßbaren Machtverhältnisse abgewogen, und da man durchweg fortschrittsgläubig ist, die Entwicklungspolitik des Schah gelobt; um so mehr, als sie unseren wirtschaftlichen Interessen entsprach. Dann aber geschah das aus dieser Sicht einfach Unvorstellbare, und jetzt wurde in der wüstesten Weise emotional reagiert – gar nicht mehr »objektiv«, denn kulturelle Elemente waren ja im Spiel. – Einerseits gegen diese Kulturrevolution, andrerseits aus Wut über das eigene Versagen. Vielleicht aber auch, weil selbst dieser Schock keine Lehre war.

Und dabei ist es so einfach: Die persische Bevölkerung verlangt, daß die wirtschaftliche und kulturelle Entwicklung wieder ihren Bedürfnissen entspricht. Ziel der gemeinsamen Anstrengungen soll nicht mehr der iranische Staat sein – im Wettstreit mit anderen Staaten –, sondern der persische Mensch. Die Perser waren von ihrem Herrscher übergangen und erniedrigt worden – und von den Medien vergessen. Pech für beide, denn sie wurden entlarvt.

Das persische Beispiel mag auch einen Beitrag zur Diskussion über die mögliche »Realitätshaltigkeit« des Dokumentarfilms liefern. Wir haben bisher vier Filme im Iran gedreht. Alle eindeutig engagiert wie oben besprochen, und bisher jedesmal von den Ereignissen bestätigt – also realitätsgerecht. Trotzdem werfen uns engagierte Filmemacher vor, daß wir die Realität verzerren, indem wir zuviel erklären, die Betroffenen zu wenig zu Wort kommen lassen und filmische Mittel nutzen, um unsere Sicht verständlich zu machen.

Auch ich möchte lieber Bilder sprechen lassen, ohne zu erklären, Szenen zeigen, ohne Stellung zu beziehen. Aber wem würden sie schon die fremde Wirklichkeit vermitteln, außer den wenigen, mit der Materie vertrauten? Die anderen – Millionen – würden damit nur jene Vorstellungen assoziieren, die ihnen in bezug auf Fremdes geläufig sind: Exotismus, Archaisches, Folklore, Tourismus, Misere – selbstverschuldet womöglich. Identifizieren können sie sich nicht – sie leben ja in Europa. Also können sie auf Fremdes nur mit aus zweiter Hand erworbenen Vorstellungen reagieren. Bilder aus Persien würden – wenn nicht anders besprochen – all jene Clichés hervorzaubern, die von der Regenbogenpresse bis hin zur FAZ gebildet worden sind: – Pfauenthron, Farah Diba, exotische Liebe, moderner Staat, Freund des Westens – in bezug auf die Vergangenheit. Und für die Gegenwart: Mittelalter, religiöser Fanatismus, Hurenmord, Erpressung mit Erdöl usw. Deshalb muß jede Szene so kommentiert werden, daß die vertrauten Assoziationen sich nicht breit machen können. Denn was wir zu sagen haben, ist meist das Gegenteil dessen, was »objektive Berichterstattung« meinungsbildend vermittelt hat. Wir glauben nämlich, daß ein völlig neues Bewußtsein in bezug auf die Dritte Welt schnellstens geschaffen werden muß, bevor es für alle Beteiligten zu spät ist.

Und da soll ich einfach Bilder wirken lassen? Seit die Medien allgegenwärtig sind, ist jedes Bild mit Vorstellungen behaftet – meist mit Vorurteilen. Die Information aber, die das Cliché verdrängt, kann nur der Kommentar geben. Deshalb scheint mir, daß Berichte über die Dritte Welt viel Kommentar brauchen. Denn Wirklichkeit ist seither nicht mehr das Einfangen und die Wiedergabe authentischer Szenen. Wirklichkeit entsteht erst dann, wenn das, was gezeigt wird, in seiner wirtschaftlichen, gesellschaftlichen und politischen Bedeutung vom Zuschauer erfaßt werden kann. In seinem Kopf entscheidet sich, ob Wirklichkeit vermittelt wurde, nicht auf der Leinwand. Mögen die Bilder auch noch so wirklichkeitsnah und dramatisch sein. Deshalb ist – in der augenblicklichen Medienlandschaft – der Kommentar im Dokumentarfilm ebenso wichtig wie das Bild. Denn was erfährt ein normaler Fernsehkonsument schon, wenn er einen Dokumentarfilm über die Misere brasilianischer Bauern oder bolivianischer Indianer sieht, in dem der Filmemacher auf die Überzeugungskraft der packenden Bilder vertraut und wenig dazu sagt? Daß es den Leuten schlecht geht, daß sie ausgebeutet und wie Vieh behandelt werden? Sicherlich. Aber warum das so ist, welches System dafür die Verantwortung trägt und welchen Interessen es dient – das erfährt er nicht. Seine kulturelle Selbstherrlichkeit wird sich bestätigt fühlen und ihn zu dem Schluß verleiten, daß die Menschen der Dritten Welt die Unterentwicklung in sich tragen.

Bei Filmfestivals und entwicklungspolitischen Workshops ist das natürlich anders. Da sind wir ja unter uns und glauben zu wissen, worum es geht. Da kann man die Bilder wirken lassen und auf Worte verzichten. Da spielt auch die Länge des Films keine Rolle.

Für diese eingeweihten Kreise reden wir zu viel. Einverstanden. Wir zeigen manchmal auch wohl nicht genügend emotional geladene Bilder und lassen die Betroffenen zu wenig zu Wort kommen. Mag sein. (Obwohl darüber ein ganzer Beitrag zu schreiben wäre.) Aber wir haben eben nur 42 Minuten und 30 Sekunden für ein Thema zur Verfügung, und unsere Zielgruppen sind nicht die wenigen Wissenden, die Universitäten, Arbeitskreise, Ingroups und bereits Motivierten. Wir wenden uns an das Fernsehpublikum. Bei Einschaltquoten zwischen 20 und 30 Prozent sind das im Durchschnitt 10 Millionen Menschen, die täglich Nachrichten konsumieren, ohne die Zusammenhänge erklärt zu bekommen – ähnlich wie bei kommentararmen Filmen. Da der Dokumentar-Film eine der wenigen Möglichkeiten bietet, Hintergrundinformationen zu vermitteln, wäre der Verzicht auf ausführlichen Kommentar ebenso widersinnig wie der Anspruch auf »Objektivität«.

DIETRICH SCHWARZKOPF

Zehn Hindernisse
für die gebotene Objektivität

Objektivität im Fernsehen hat nach meiner Auffassung und Erfahrung eine sachbezogene und personenbezogene Komponente. Im Bereich des Sachbezuges bedeutet Objektivität die ausreichend vollständige Wiedergabe relevanter Tatsachen (Verbot der Tatsachen-Unterdrückung), im Bereich des Personenbezuges bedeutet Objektivität die unvoreingenommene Wiedergabe relevanter Tatsachen ohne die Absicht, dadurch irgend jemandem zu nutzen oder zu schaden (Verbot der Tatsachen-Verfälschung, Verbot der Gefälligkeitswiedergabe von Tatsachen).

Diese Definition der Objektivität macht klar, daß sich Objektivität auf die Tatsachen-Wiedergabe bezieht und beschränkt: Meinungen sind von Natur aus nicht objektiv, sondern subjektiv. Allerdings muß auch in Meinungsbeiträgen die Tatsachen-Wiedergabe objektiv sein; ihr folgt und auf sie stützt sich das subjektive Urteil (des Autors und der Zuschauer).

Für eine Vielfalt von Meinungen im Gesamtprogramm sorgt das Gebot der Ausgewogenheit. Es bezieht und beschränkt sich auf den Meinungsbereich. Die Wiedergabe von Tatsachen hingegen kann nicht ausgewogen sein, sie hat objektiv zu sein. In der Praxis heißt das: ob eine Tatsache im Fernsehprogramm wiedergegeben wird, richtet sich nach ihrem Neuigkeitswert und ihrem Öffentlichkeitswert (nach dem vermuteten Interesse, das die Öffentlichkeit daran nimmt). Ist die Wiedergabe dieser Tatsache Personen oder Gruppen nützlich (bzw. schädlich), so darf nicht ein künstlicher Ausgleich, eine künstliche Ausgewogenheit dadurch geschaffen werden, daß gleichzeitig Tatsachen in das Fernsehprogramm aufgenommen werden, die den betreffenden Personen und Gruppen schädlich (bzw. nützlich) sind, oder anderen ausgleichsbegierigen Personen oder Gruppen nützlich (bzw. schädlich) sind – es sei denn, die Objektivität gebietet die Wiedergabe. Es dürfen also nicht ausgleichshalber Tatsachen wiedergegeben werden, die aus keinem anderen Grunde ihren Platz im Programm hätten.

Natürlich dürfen auch nicht ausgleichshalber wiedergebenswerte Tatsachen unterdrückt werden.

Der Unterscheidung von Objektivität und Ausgewogenheit entspricht im übrigen die Trennung von Nachricht und Kommentar im Programm.

Objektivität ist keineswegs frei von subjektiven Faktoren. Ob eine Tatsache relevant ist, das heißt für die Wiedergabe in Frage kommt, ob ihr Neuigkeitswert und ihr Öffentlichkeitswert zu bejahen sind, unterliegt subjektiver Entscheidung der Entscheidungsbefugten. Ob die Wiedergabe ausreichend vollständig ist für die Urteilsbildung der Zuschauer, das ist ebenfalls Sache subjektiver Wertung.

Die subjektive Entscheidung bedarf deshalb der Bindung an berufsethische Wertvorstellungen, die sich ihrerseits am Recht des Bürgers auf Information und an seinem Bedürfnis nach Information orientieren. Durch diese berufsethischen Wertvorstellungen – wenngleich nicht allein durch sie – wird journalistische Betätigung an demokratische Wertvorstellungen gebunden, die solche unseres Grundgesetzes und unserer Grundordnung sind. Auch das berufsethische Prinzip der Fairneß orientiert sich an und dient dem demokratischen Prinzip des Rechts des Bürgers auf umfassende – das kann in der Praxis nur heißen: für die eigene freie Urteilsbildung ausreichend vollständige – suggestionsfreie Information.

Unvermeidbare Subjektivismen bei der Anwendung der Objektivität müssen deshalb nach bestem journalistischem Wissen und Gewissen der Annäherung an eine möglichst weitgehende Objektivität unterworfen werden. Bei der Tatsachen-Wiedergabe ist journalistische Subjektivität durch das Objektivitätsgebot gezügelt, während sie im Meinungsbereich legitimerweise aktiviert wird – allerdings unter Respektierung des Gebotes der Meinungsvielfalt. Der mit der Tatsachen-Wiedergabe befaßte Journalist muß deshalb bei dieser Aufgabe unparteilich sein; legitime Parteilichkeit beschränkt sich auf den Meinungsbereich. Es ist keineswegs zuviel verlangt, daß ein Journalist, der einen Meinungsbeitrag produziert, in dessen Tatsachenteil objektiv bleibt und Partei erst ergreift, wenn er sein persönliches Urteil zu der vorgetragenen Tatsachendarstellung abgibt.

Absolute Objektivität bei der Tatsachen-Wiedergabe ist unmöglich, weil jede Wiedergabe eine Verkürzung, Veränderung, Auswahl, ein Betrachten unter einem bestimmten Gesichtswinkel darstellt. Das Nachrichtenmaterial in Wort und Bild, das alltäglich bei einer Fernsehnachrichtenredaktion eintrifft, ist bereits vielfach gefiltert: durch Themenwahl der zuliefernden Korrespondenten, Zugangserleichterungen oder -beschränkungen durch die Behörden am Berichterstattungsort, bei Agenturmeldungen durch Vorauswahl in der Zentrale der Agentur, bei Eurovisionsangeboten durch Entscheidung der anbietenden ausländischen Anstalt über Art und Umfang ihres Angebotes.

So bleibt Objektivität ein Annäherungswert. Das ständige Bemühen um weitgehende Annäherung an die Objektivität ist möglich, aber auch nötig, sogar unverzichtbar. Die Glaubwürdigkeit des Mediums Fernsehen – vor allem in seiner öffentlich-rechtlichen Verfassung – darf nicht auf der törichten Annahme beruhen, daß Bilder nicht lügen können, sondern muß ihren Grund haben in dem Vertrauen des Zuschauers darauf, daß ihm aus der außerordentlichen Fülle des täglichen Informationsangebotes eine Auswahl offeriert wird, die frei ist von der Absicht, ein verzerrtes Bild zu bieten oder ein bestimmtes Bild der Welt zu suggerieren.

Diese Form der Verwirklichung des Objektivitätsgebotes stößt in der Praxis immer wieder auf Hindernisse, von denen ich zehn aufzählen möchte:

1. In Meinungsbeiträgen werden Tatsachen nicht unvoreingenommen und für eine freie Urteilsbindung des Zuschauers ausreichend vollständig dargestellt, sondern so vorsortiert, daß sie nur als Material für eine Urteilsbildung im Sinne des Autors tauglich sind.

2. In den Bereich der Tatsachen-Wiedergabe, in dem die Subjektivität des Journalisten zurücktreten muß, bricht Subjektivität aus dem Meinungsbereich ein. Anfällig für solche Einbrüche können z. B. Reporterberichte in Nachrichtensendungen sein.

3. Abgrenzungsprobleme ergeben sich bei Sendungen, die dem Bereich der Tatsachen-Wiedergabe zugehören und damit dem Objektivitätsgebot unterliegen, die aber die Aufgabe haben, den Zuschauern den Hintergrund von Nachrichten zu bieten, Zusammenhänge zu erläutern und Einordnungshilfen zu geben. Dieser Typ von Sendungen kommt ohne ein größeres Maß an journalistischer Subjektivität, als es in Nachrichtensendungen zur Tatsachen-Wiedergabe gehört, nicht aus. Gleichwohl darf die Aktivierung der journalistischen Subjektivität nicht den Grad erreichen, der dem Kommentar vorbehalten ist. Der mit der Hintergrunddarstellung, der Erläuterung von

Zusammenhängen und der Einordnungshilfe beauftragte Journalist wird hier keinen Platz haben, sein Engagement hervorzukehren, Zensuren zu verteilen oder Gegenstände seiner Präferenz kampagnenartig in den Vordergrund zu rücken.

4. Meinung profiliert, Objektivität profiliert nicht. Dieser Satz, der – wenn auch mit dubioser Berechtigung – den Rang eines Erfahrungssatzes angenommen hat, ist eine ständige Versuchung für Journalisten, die im Bereich der Tatsachen-Wiedergabe arbeiten.

5. Neuigkeitswert und Öffentlichkeitswert von Tatsachen unterliegen Trendschwankungen, die mit strenger Objektivität nicht vereinbar sind. Dies sind nicht notwendig von den Fernsehredakteuren gesetzte Trends, sondern vor allem solche, die sie in der Publizitätslandschaft vorfinden. So kann es auch im Fernsehen zu Überbewertungen von Personen und Ereignissen, zur Darstellung von Sachverhalten außer Proportion, aber auch zur Vernachlässigung von Tatsachen kommen, auf die der Blick durch den Trend zu anderen Tatsachen verstellt ist.

6. Ob politische Prädispositionen von Fernsehjournalisten bei der Tatsachenauswahl eine Rolle spielen, wird sich in der Regel schwer beweisen lassen. Wo Mißbrauch zu Tage tritt, muß er korrigiert und muß ihm Einhalt geboten werden, ohne daß es einer Auseinandersetzung mit dem Motiv bedarf. Energisch zu widersprechen ist der Auffassung, Fernsehjournalisten, wenn sie politisch engagiert sind, seien mit einer politisch reduzierten Fähigkeit zur Wahrnehmung ihrer Umwelt und zur sachgerechten Auswahl des ihnen anvertrauten Stoffes ausgestattet, so daß sie nur wiederzugeben vermögen, was in ihre eigene politische Richtung paßt. Der politisch engagierte Journalist kennt seine beruflichen Pflichten ganz genau und kennt auch die Gefahr einer Kollision zwischen beruflicher Pflicht und politischer Neigung. Entscheidet er sich im Kollisionsfalle gegen die berufliche Pflicht, so gibt es dafür keine politische Entschuldigung.

7. Professionelle Prädispositionen von Journalisten, etwa zugunsten sensationeller Themen und Berichterstattungsformen können zu Lasten der Objektivität wirken.

8. Journalistische Bemühungen um Ausgleich von Objektivitätsdefiziten können zu objektivitätswidriger Überakzentuierung führen, etwa zu einer thematischen Überprivilegierung von gesellschaftlich Unterprivilegierten.

9. Zwischen Autoren und den für Fernsehsendungen Verantwortlichen kann es zu Meinungsverschiedenheiten über den

Umfang der Rücksicht auf das Objektivitätsgebot in einem Beitrag kommen, z. B. weil der Autor vom Ansatz seiner Recherche her argumentiert, der verantwortliche Redakteur, Chefredakteur, Direktor oder Intendant von einem größeren Zusammenhang her.

Dieser Fall hat nichts zu tun mit dem Autor, der sich sein Vorurteil nicht »kaputt recherchieren« will und nichts mit dem Rundfunk-»Hierarchen«, dessen Objektivitätsvorstellungen von politischer Opportunität geprägt sind.

10.   Objektivität aus der Sicht des Kritikers, vor allem des von einer Sendung in seinen Interessen Betroffenen, ist keineswegs von dem Fehlverständnis frei, die Tatsachen-Wiedergabe sei objektiv, wenn sie seinen Interessen dient, hingegen nicht objektiv, wenn sie seinen Interessen nicht dient.

Wer immer strebend sich bemüht, ein größtmögliches Maß an Objektivität im Bereich der Tatsachen-Wiedergabe im Fernsehen zu erreichen und zu verwirklichen, der wird nie erlöst werden von der Auseinandersetzung mit den hier beschriebenen und anderen Hindernissen. Nach den Erfahrungen der Fernsehpraxis sind die Hindernisse jedoch keineswegs so zahlreich oder so hoch, daß ernsthaft die Untauglichkeit des Objektivitätsbegriffes und des Objektivitätsgebotes für die Praxis behauptet werden könnte.

FRANZ ALT

Es gibt keine Objektivität oder:
Nur Gott ist objektiv

»Die Objektivität liegt in den letzten Zügen« schrieben mir die
Herausgeber dieses Buches und mahnten das Manuskript an.
Ich hoffe inständig nicht nur, daß der zitierte Satz ganz wörtlich
stimmt, ich wünsche auch, daß die »Objektivität« vollends
hinübergeht. Wir hätten eine Schimäre los, man könnte wieder
wahrhaftiger über Grundpositionen des Journalismus diskutieren.
Grundpositionen des Journalismus sind: Fairneß, Pluralismus,
Verantwortung, Ethos. Dies alles sind ganz subjektive Positionen, die bisher als Objektivität galten. Da wurde ein Wort
vergewaltigt, allerdings nahezu widerstandslos. Auch wenn der
Papst in seiner eindrucksvollen Rede in München von Journalisten »Objektivität« forderte, ich bleibe dabei: Es gibt keine
Objektivität im Journalismus. Schreibt nie mehr ein Buch über
»Objektivität«, laßt sie uns endlich begraben – von mir aus mit
diesem Buch über »Objektivität«. Es gab sie nie, es gibt sie
nicht, es wird sie nie geben. Sie hat soviel Vernebelung und
Unheil angerichtet, daß der Abschied von einer vermeintlichen
»Objektivität« eigentlich leichtfallen müßte – eigentlich. Es ist
zumindest für einen Fernsehjournalisten unmöglich, ernsthaft
über seinen Beruf zu reflektieren und danach noch von »Objektivität« zu sprechen.
Die typisch deutsche Sucht nach »Objektivität« ist die typisch
deutsche Sucht nach Päpsten, die Wahrheiten vermitteln. Es
gibt in Politik und Wirtschaft aber selten *die* Wahrheit, es gibt
fast immer Wahrheiten: linke und rechte, konservative und
liberale, Gewerkschaftswahrheiten und Unternehmerwahrhei-
ten und viele, viele Wahrheiten dazwischen. Das entspricht
einer freien und pluralistischen Gesellschaft. »Objektiv« kann
– vielleicht – ein Journalist sein, der fürs »Neue Deutschland«
schreibt. Da gibt es nur eine Wahrheit. Dieser einen Wahrheit
gemäß kann der Journalist dann »objektiv« berichten.
Hinter der Sucht nach »Objektivität« steckt eine vordemokra-
tische Vorstellung von konfliktfreier, harmonischer Politik und

Wirtschaft und Kultur und Kirche. Eine solche konflikt- und angstfreie Politik und Gesellschaft mag man sich als Folge der Aufklärung lange Zeit vorgestellt haben, doch schon lange müßte dem Denkenden die Inhumanität eines solchen Politik- und Menschenverständnisses deutlich geworden sein. Die Frage nach dem journalistischen Ethos ist immer die Frage nach dem Menschenbild des Journalisten. Zwischen marxistischen Klassenkampfpositionen mit Klassenjournalismus als Folge auf der einen Seite und liberalbürgerlicher Harmoniebedürftigkeit mit Objektivitätsjournalismus als Folge auf der anderen Seite, gibt es für mich eine humane Zwischenposition, die ich – ideologisch – am ehesten mit christlichem Realismus bezeichnen möchte. Dahinter steht das christliche Menschenbild, welches den Menschen »weder als Engel noch als Teufel«, sondern frei für beides sieht, immer zwischen Freiheit und Verantwortung. Dieses Menschenbild von verantworteter Freiheit bedingt Pluralismus, Toleranz, faires Bemühen, ja sogar Ausgewogenheit im Journalismus. Wenn es »objektiven« Journalismus gäbe, brauchte man nicht über Ausgewogenheit und Toleranz zu streiten. Über Ausgewogenheit und Toleranz muß man aber immer neu streiten, weil es keine »Objektivität« im Journalismus gibt. »Objektivität« und Ausgewogenheit schließen sich gegenseitig aus.

Ich kenne zwar auch in der Bundesrepublik Journalisten, die von »Objektivität« reden, aber ich kenne keinen einzigen objektiven Journalisten. Fast alle Journalisten, die ich kenne, mühen sich für ihren Beruf ab. Dies aber ist subjektives Tun, das Gegenteil also von »objektiv«, wenn Worte einen Sinn haben. Und im Fernsehen gilt ohnehin die gar nicht neue Einsicht: Das Objektiv einer Kamera ist nicht »objektiv«, sondern subjektiv, weil abhängig von Kameramann und Licht und Reporter und vielen Zufällen. Die Summe solcher subjektiver Abhängigkeiten und Zufälle soll irgendeine Form von »Objektivität« ergeben?

Man stelle sich nur einmal folgendes Gespräch vor: Herbert Wehner und Franz Josef Strauß unterhalten sich mit einem Kameramann und einem Reporter darüber, in welcher Größe, in welcher Einstellung, von welcher Seite, bei welchen Themen, in welchen Situationen, in welcher Perspektive die beiden Politiker aufgenommen werden sollen. Scheint hier Einigkeit möglich? Wenn ja und wenn auch noch 10 Millionen Fernseh-Zuschauer alle einer Meinung sind, dann und nur dann gibt es »Objektivität.« Ab welchem Zentimeter bitte sind Strauß und Wehner, wenn sie im Bundestag streiten, objektiv im Bild?

Wäre ich Medienwissenschaftler, würde ich vielleicht auch noch von »Objektivität« reden, aber nach 12 Jahren als Fernsehjournalist kann ich nur vorschlagen: Laßt uns endlich Abschied nehmen von dem alles vernebelnden Selbstbetrug der »Objektivität.«

Nicht daß ich damit für einen wertfreien Journalismus wäre, sondern damit man wieder ernsthaft über Werte und Freiheit im Journalismus reden kann. Die bisherige Forderung nach »Objektivität« war so bestimmt – unbestimmt, daß sich häufig jedes weitere Nachdenken über journalistisches Ethos erübrigt hat. Spätestens seit es jedoch Fernsehen gibt, besagt diese Forderung überhaupt nichts mehr. Ein bißchen konkreter sollte man heute schon sein.

Meine Erfahrung ist: Wenn uns 100mal Verletzung der »Objektivität« vorgeworfen wird, kann ich 95mal nur die Achsel zucken und auf fernsehjournalistisches Handwerk, unsere Kontrollfunktion, unsere Aufgabe hinweisen. Meine Erfahrung ist auch: Objektiv ist, was gefällt, was nützt, was man gerne hört, was die eigene Meinung bestätigt. Als nicht objektiv bei Zuschauern und Parteien, bei Kirchen und Gewerkschaften, bei Unternehmern und Bürgerinitiativen, bei Linken und Rechten gilt, was nicht gefällt, was die eigenen Interessen beeinträchtigt, was man nicht gerne hört, was die eigene Meinung in Frage stellt.

Wenn – nach meiner Erfahrung – zu 95% die persönliche Betroffenheit, also ein subjektiver Eindruck den Ausschlag für die Bewertung »objektiv« oder nicht gibt, dann kann ich als Fernsehjournalist mit Objektivitätskriterien nichts mehr anfangen, dann brauche ich andere Maßstäbe für meine Arbeit.

Weil der Fernsehjournalist noch mehr als die Kollegen der Zeitung oder des Rundfunks manipulieren muß – manipulieren im handwerklichen Sinne –, darf er noch viel weniger als diese den Eindruck »objektiver« Berichterstattung erwecken. Er wird allenfalls versichern können, sich um die nie erreichbare »Objektivität« zu bemühen. Aber schon dieser Versuch, die hehre Vorstellung eines »objektiven« Journalismus *so* zu retten, ist doch nichts anderes als die Umschreibung für die Subjektivität journalistischen Handwerks. Läßt sich »Objektivität« vielleicht doch herstellen durch eine »ausgewogene« Personalpolitik? Nein! Denn auch die Summe fünf subjektiver Journalismen ergibt niemals »objektiven« Journalismus. »Objektivität« könnte es letztlich nur geben, wenn es eine Institution gäbe, die bestimmt, was »objektiv« ist. Zensur wäre also Voraussetzung für »Objektivität.« Das ist – vielleicht – möglich in totalitären und autoritären Gesellschaften, aber nicht in pluralistischen. Journalistische Freiheit und journalistische »Objektivität« schließen sich gegenseitig aus, sind ein Widerspruch in sich. »Objektiv« hieße Wirklichkeit wirklich wiedergeben. Das schafft nicht mal totales Fernsehen. Wir bringen weder wirkliche Wirklichkeit noch »zweite Wirklichkeit«, sondern allenfalls Teil-Wirklichkeiten über den Bildschirm. Ich schlage vor, statt »Objektivität« vom Journalisten Fairneß zu verlangen. Fairneß zeigt an, daß es sich um ein Bemühen handelt, um einen Prozeß, nie um letzte Wahrheiten! Nach mangelnder »Objektivität« ist »Manipulation« der meistgebrauchte Vorwurf gegen Fernsehjournalisten. Manipulation heißt aber im Fernsehen ganz schlicht: ein Thema in die Hand nehmen, eine Magazinstory in den Griff bekommen, in acht Minuten einem Millionen-Publikum Teile eines Problems erklären; Manipulation im Fernsehen heißt schließlich Regie führen, heißt einen Film dramaturgisch gestalten (müssen)! Manipulation in diesem Sinne ist unser Geschäft. Manipulation kommt von manus, die Hand, und heißt folglich: Ein Thema in die Hand nehmen, anpacken. Manipulation im Fernsehen heißt immer: Auswählen und plazieren. Es gibt keine Information ohne Manipulation.

Diese Manipulation ist nötig und möglich. Entscheidend dabei ist jedoch, daß es einen Pluralismus der Manipulationen, Manipulationsziele und Manipulationstechniken gibt. Entscheidend ist, daß der Zuschauer weiß, es wird manipuliert. Dies schafft Distanz und Vorsicht.

Das journalistische Selbstverständnis, für das ich plädiere, ist dieses: Engagierter, aber nicht parteiischer; kritischer, aber nicht einäugiger, fairer, aber nicht neutraler oder gar »objektiver« Journalismus. Ein wirklich kritischer Journalist ist per definitionem kritisch nach *allen* Seiten. Er wird gar nicht so tun können, als gäbe es auf einer Seite nur Gute und Gutes und auf der anderen Seite nur Böse und Böses.

Ein wirklich kritischer Journalist kann auch extreme Meinungen vertreten, unbequeme Wahrheiten aussprechen, er kann sogar agitieren und polemisieren. Entscheidend ist, daß er *alle* politischen und gesellschaftlichen Gruppen mit der gleichen Schärfe, mit der gleichen Distanz, mit dem gleichen Engagement behandelt. Spätestens hier scheint auch mir der Einwand des kritischen Lesers berechtigt: Das schafft doch keiner; das geht doch gar nicht; gerade ein engagierter Journalist kann doch nicht zum Beispiel zu allen Parteien die *gleiche* Distanz haben. Das Problem der Äquidistanz ist für einen einzigen Journalisten sicher kaum lösbar; um so wichtiger ist die Pluralität der Meinungen, der Fähigkeiten und der Parteibücher in der politischen Redaktion einer Fernsehanstalt. Ich nenne die *Pluralität* der Parteibücher (und damit zugleich der verschiedenen Parteien Nahestehenden) ausdrücklich aus zwei Gründen: Erstens: weil die Äquidistanz einer allein tatsächlich kaum schafft. Zweitens: weil ein *Proporz* der Parteibücher einen freien Journalismus ebenso kaputt macht, wie sich eine ideologisch reinrassige Redaktion in Fesseln legt. Eine Redaktion, die sich als politische Gesinnungsgemeinschaft versteht, verrät das öffentlich-rechtliche Prinzip des Rundfunk und Fernsehen in der Bundesrepublik Deutschland. Und dieses heißt ganz konkret: Rundfunk und Fernsehen gehören allen. Pluralistisch kann eine Redaktion nicht arbeiten, wenn der Grundsatz gilt: Die Meinung des Chefs mal vier!

Pluralität nach den Kriterien der Qualität provoziert einen guten Journalisten geradezu, das Haar in einer Suppe auch dann vorzuzeigen, wenn ihm der Koch vielleicht ganz sympathisch ist. Proporz hingegen verpflichtet, der Partei, die man »vertritt«, nach dem Munde zu reden.

Wer für Parteienproporz im Rundfunk ist, kann konsequenterweise gleich Moderatoren durch Parteiensprecher ersetzen lassen, er muß es sogar; denn wie anders sollen denn kritische Journalisten auf eine Parteilinie »eingeschworen« werden! Die Rechnung mit dem Proporz kann schon deshalb nicht aufgehen, weil kein Journalist, der diese Berufsbezeichnung verdient, sich voll mit einer Partei identifizieren kann. Oder sind jene Journalisten fristlos zu entlassen, die sich als proporzuntauglich erweisen?

Parteilose sind abzuschaffen? Die Rechnung geht nicht auf! Noch immer gilt die Philosophie eines ehemaligen BBC-Generaldirektors, wonach nur in Diktaturen Regierungen mit »ihren« Journalisten zufrieden sein können. Journalisten müssen unbequem sein! Und niemals »objektiv.«

»Objektivität ist der größte Betrug am Seher, Leser oder Hörer.«

Gibt es Regeln journalistischer Fairneß, wenn es schon – zumindest im Fernseh-Magazin – keine Objektivität im Sinne strikter Neutralität und letzter Wahrheiten geben kann?

Karl Jaspers' Antworten auf Fragen nach der Philosophie könnten auch Grundregeln für das Bemühen um fairen Journalismus aufzeigen: »Philosophie heißt: Auf dem Weg sein, ihre Fragen sind wesentlicher als ihre Antworten, und jede Antwort wird zur neuen Frage.« Journalismus beginnt wie die Jaspersche Philosophie immer mit der Frage: Was ist? Die Frage: »Wie sollte es sein?« hat hinter der ersten Frage zurückzustehen – auch im Magazin sind Fakten wichtiger als Meinung.

Das Fragen, das Staunen, der Zweifel, die kritische Prüfung, das Wissen um die Grenzen, diese philosophischen Kriterien können auch hilfreiche Kriterien eines verantwortungsbewußten Journalismus sein. Jaspers: »Ohne radikalen Zweifel kein wahrhaftiges Philosophieren.«

Die Analogie zu unserem Gegenstand drängt sich auf: Zweifeln an den eigenen Erkenntnissen und Meinungen, Gegenfragen, kontroverse Meinungen zu Wort kommen lassen, Angegriffenen die Chance zur Verteidigung geben. Weil dies alles ein stetes Bemühen ist, über dessen Gelingen immer gestritten werden kann und muß, halte ich die Forderung nach Fairneß für realistischer, aktueller und dringlicher als den Ruf nach der »Objektivität.«

Schon Goethe hielt nichts von »Objektivität« im Sinne letzter Wahrheit. Anders wäre der Buchtitel »Dichtung und Wahrheit« nicht zu verstehen. Der alte Schlaumeier hat seiner Wahrheit das Wort Dichtung vorangestellt, so war er salviert. Auch Journalismus als subjektives Bemühen ist immer eine Mischung aus »Dichtung und Wahrheit«, zumal Magazin-Fernsehjournalismus, bei dem sich zur Information immer Dramaturgie und Regie, Zeitprobleme und dann noch eine ganze Menge Subjektives und Zufälliges gesellen. Objektivität? Objektiv ist nur Gott, falls es ihn gibt. Objektiv, weil wirkliche Wirklichkeit, seiendes Sein, wahre Wahrheit. »Objektivität« unter Menschen ist eine maßlose Selbstüberschätzung.

JAN KÜNZLER

Standpunkt: Subjektives Erleben und Handeln

Ich möchte hier nicht so tun, als ob ich über das Schreiben zu einem bestimmten Schluß zur Frage der Objektivität im Medienbereich kommen würde. Dazu habe ich schon viel zu oft über dieses Phänomen nachgedacht und nachdenken müssen. Die Erfahrungen in meiner praktischen Arbeit und das permanente Aufarbeiten dieser Erlebnisse sind der Ausgangspunkt für mich, zwei Thesen an den Anfang der nachfolgenden Gedanken zum Thema Objektivität zu stellen:

Es ist ein Irrglaube, zu denken, es gäbe objektive Berichterstattung!

Der objektivste Standpunkt ist die zugegebene Subjektivität.

Stützung der zwei Thesen:

Ich unterstelle einmal, daß jeder, der Bericht erstattet, in jeder Form der medienspezifischen Kommunikationsmöglichkeiten versucht, wahrheitsnah zu übermitteln. Die Fragen, inwieweit Wahrheitsnähe politisch und gesellschaftlich interpretieren läßt, möchte ich hier ausklammern, weil ich am engsten Kreis, nämlich dem direkten Erleben und Weitergeben der Macher (Kommunikatoren) versuchen möchte, die Absurdität des Anspruchs von Objektivität im Fernsehen deutlich zu machen.

Zum Autor

Der Autor, Redakteur oder Journalist stellt in einer Redaktionskonferenz ein Thema vor oder bekommt ein Thema als Auftrag. Die Konkretisierung des Themas ist in dieser Phase auf der Ebene der Idee bis zum Stoff zu suchen. Der Autor entscheidet nun für sich, Interesse oder weniger Interesse. Er sucht zum ersten Mal seinen Standpunkt zu dem Gesamtthema, der in größtem Maße von Persönlichkeit, Attitüden und Augenblickbefindlichkeit und seinem Bild vom Medium und vom Zuschauer abhängig ist. Die Schritte der Recherche stehen in direkter Beziehung zu diesem ersten Schritt, werden aber auch z. B. beim Kontakt mit Personen von Sympathie- und Antipathieprozessen beeinflußt. Dazu werden Forderungen des Mediums an den Macher herangetragen, die einerseits im gestalterischen Bereich liegen (bestimmte Sendeformen) und andererseits im inhaltlichen Bereich, Wünsche der Redaktion und des Redaktionsleiters. Ich gehe davon aus, daß dieser Katalog von Umfeldbedingungen bedingt durch den persönlichen Standpunkt des Autors, die unterschiedlichsten Einschätzungen und Gewichtungen der Themenkomplexe hervorrufen muß. Weiterhin findet eine Selektion bei der Recherche statt, die sich wiederum auf den persönlichen Standpunkt bezieht und das »wie« und das »was« des Themas bestimmt. Es ist halt ein Unterschied, ob ich erst bei dem Vorstand der Gewerkschaftsjugend anfrage und dann beim Pressereferenten der Arbeitgeberorganisation oder ob ich ein Thema an einer Agenturmeldung aufhänge oder als Betroffener reagiere. Ich möchte hier die Behauptung wagen, daß zur gleichen Themenstellung von mehreren Journalisten erstellte Beiträge starke Unterschiede aufweisen und auch Unterschiedliches bewirken würden.

Zu diesem frühen Zeitpunkt in einem Produktionsprozeß von Berichterstattung wird es schon kritisch mit der Objektivität.

Vielleicht gibt es gar nicht *die* Objektivität, sondern nur die Objektivität des Einzelnen, nämlich den Versuch, die eigene Wahrheit zu finden und zu vermitteln. Ob dies Objektivität sein kann, werde ich noch zu klären versuchen.

In dieser ersten Phase wird es nun noch komplizierter, wenn mehrere Standpunkte aufeinandertreffen und man sich darüber gar nicht bewußt ist. Ich meine das Beispiel, wenn mehrere Autoren (Redakteure) einen Beitrag zusammen erstellen müssen. Nun hat jeder Autor eine Objektivität, und die läßt sich nicht ohne Abstriche mit denen der anderen koordinieren (– und Abstriche kann man in der Frage der Objektivität ja nicht hinnehmen –). Vielleicht soll dies ein Weg sein? Viele Objektivitäten machen dann »die Objektivität« aus. Für die Macher ist dies vielleicht ein Ausweg, für den Zuschauer ein unverständliches Durcheinander von unterschiedlichen Standpunkten und zwar deshalb unverständlich, weil Objektivität und persönlicher Standpunkt sich im Wege stehen, also darf der persönliche Standpunkt nicht zu erkennen sein; und bleiben tut für den Rezipienten nur noch das Durcheinander. Wenn ich hier die fehlende Koordination einfach so in den Raum stelle, so beruht dieses auf meiner persönlichen Erfahrung bei Produktionen, an denen mehrere Autoren mitgewirkt haben. Der Konsens lag dann meistens in der Aufteilung der einzelnen Komplexe des Themas auf die Redakteure. Bei dieser Verfahrensweise ist es natürlich äußerst schwierig, zu einem Gesamtaussagewunsch zu kommen.

Ein ähnliches Problem entsteht nun in der Produktionsphase innerhalb des Teams

a) Koordination innerhalb des Teams
b) Koordination zwischen Autor und Team
Zur Koordination innerhalb des Teams
Hier gilt für jede Einzelperson in dieser Produktionsgruppe das, was ich schon oben zur Interessenfundierung aufgrund von Persönlichkeitsstruktur gesagt habe. Die doch hier meist vorhandenen Unterschiede sollten koordiniert werden. In den seltensten Fällen konnte ich einen derartigen Prozeß beobachten. Die Gründe dafür sind:

1) die nicht vorhandene Notwendigkeit
Das alltägliche Produktionsverhalten (nicht koordiniert) reicht bei den Sendeanforderungen und -strukturen aus, um persönliche Anerkennung und beruflich-fachliche Anerkennung zu finden.

2) Der Identifikationsgrund mit dem »eigenen« Material ist sehr gering, da jeder für sich, bezogen auf seine berufsspezifische Anforderung arbeitet. Jedes Teammitglied erledigt seine Aufgabe, ohne sie gedanklich in den Gesamtprozeß einzugliedern. Die Einschätzung der Qualität der Arbeiten liegt zum großen Teil auf der Ebene der einzelnen Fachbereiche, die nicht koordiniert sind. Hier wird auch über berufliches Weiterkommen entschieden. D. h., eine schöne Einstellung, die nur schön ist, aber den Gesamtaussagewunsch des Beitrags nicht unterstützt, bringt mehr Erfolg.

Die Mitarbeiter projizieren also in dieser Situation ihre Aufgabe auf die Ebene Erfolg und Anerkennung im Fachbereich, aber nicht auf den Zuschauer.

3) Das Ziel von Berichterstattung, an dem sich der Koordinationsprozeß festmachen sollte, – dem Zuschauer verständlich (verstehbar) berichtzuerstatten – ist sehr selten präsent.

Auf dieser Ebene gibt es noch mehrere Varianten, die sich auf der Hierarchieebene als Abhängigkeitsebene festmachen. Bestimmte Produktionen sind beliebter als andere, diese be-

213

stimmten Produktionen sind an bestimmte Mitarbeiter gekoppelt, sei es an den Redakteur, der immer Auslandsproduktionen macht oder an den Kameramann, der immer Produktionen macht, bei denen pünktlich Feierabend gemacht wird. Das Interesse, diese Produktionen mitzumachen, bestimmt nun das Produktionsverhalten und damit die Arbeit und die Inhalte. Ich könnte an dieser Stelle Beispiel für Beispiel nennen, glaube aber, daß dieser Ansatz genügt, um ein weiteres Indiz für die Infragestellung der objektiven Berichterstattung zu nennen.

Zum Standpunkt Cutter

Der/die Cutter/in in seiner Nebenfunktion als erster Zuschauer hätte die Möglichkeit, sich ein umfassendes Bild aus dem Angebot an diffusem Material zu machen. Er könnte Schwerpunkte und Nebensächlichkeiten bei Situationswiderspiegelungen im Material erkennen. Er könnte zumindest als Person mit der geringsten Vorerfahrung versuchen, die Situation zu rekonstruieren und auch somit die Qualität der gewollten Aussage überprüfen. Hier gibt es aber Hindernisse, die einen konstruktiven Kooperationsprozeß nicht zustandekommen lassen.

1) Die üblichen Zeiten, in der Beiträge nachbearbeitet werden müssen, lassen eine mögliche analytische Vorgehensweise, wie da beschrieben, nicht zu.

2) Der verantwortliche Redakteur reflektiert nur sehr selten einen gemeinsamen Standpunkt (Redakteur/Team).

3) Der/die Cutter/in ist verantwortlich, teilweise losgelöst vom Aussagewunsch (weil nicht definiert), für die Konstruktion der bildlichen und Bild/nonverbalen Schiene. Parallel dazu wird vom Autor die Textebene erstellt. Bildaussage und Textaussage bekommen so unterschiedliche Aussagen und Gewichtungen, und eine sich ergänzende Synthese ist kaum möglich. Ein »schön geschaffener Film« und ein »geschliffener Text« transportieren noch lange nicht eine Aussage. Die Cutterin sucht sich also ihren Standpunkt, aufbauend auf der Sichtung und damit dem gewonnenen Eindruck des Materials und je nach Kontakt mit dem Autor aus der vermittelten Erfahrung. Die vielfältigen Prozesse der Kommunikationsschwierigkeiten zwischen den gestaltenden Mitarbeitern möchte ich hier aus-

klammern, da dieser Ansatz genügen sollte, als Indiz für meine These zu stehen.

Zusammenfassend ist festzustellen, daß durch Hierarchiekonstruktion, Produktionsverhältnisse und Beurteilungskriterien Barrieren bestehen, die einen Kommunikationsprozeß behindern, der im ersten Schritt zumindest zu einer konstruktiven Gemeinsamkeit führen könnte. Diese konstruktive Gemeinsamkeit ist aber noch lange nicht die Ebene für Objektivität. Sie ist das Fundament, Standpunkte und Aussagen deutlich zu machen.

Zu These 2:

Ich möchte hier den Objektivitätsbegriff an dem oben schon genannten Moment der »eigenen Wahrheit« festmachen. Wenn ich nun einen Rückblick auf 50 Jahre in den visuellen Medien mache und dabei die unterschiedlichen Länder und Kulturkreise mit einbeziehe, so ist es sicherlich keine Neuigkeit zu behaupten, daß es zu gleichen Themen, Situationen und Gegebenheiten die unterschiedlichsten »Wahrheiten« gibt, die in dem engsten eigenen Kreis als objektive Betrachtung beurteilt und eingeschätzt wurden und werden. In unseren Medien jetzt und heute geht man mit der Objektivität in einer ganz spezifischen Weise um. Viele Macher sind sich bewußt, daß es den »objektiven Standpunkt« nicht gibt und nicht geben kann. Sie wollen oder müssen sich aber den Anstrich der Objektivität geben und was sich daraus entwickelt hat, können wir in unseren visuellen Medien Tag für Tag beobachten und beurteilen. Es wird verschleiert, um Objektivität zu simulieren, was aber in Wirklichkeit verschleiert wird, ist der eigene Standpunkt. Nun frage ich mich, ob es der demokratischen Willensbildung dienlich sein kann, wenn Standpunkte undeutlich gemacht werden. Der Zuschauer kann nur dann *seinen* Standpunkt finden, wenn er andere kennt und einschätzen kann. Ich kann zum Schluß nur meine These wiederholen:

»Die objektivste Objektivität ist die zugegebene Subjektivität.«

ANDREAS RITZ

Erfahrungen mit der Objektivität
in der Schülerzeitung

Was verstehe ich unter Objektivität? Objektiv berichten heißt, einen Vorgang von allen nur erdenklichen Seiten beobachten und beschreiben.
Nehmen wir als Beispiel einen Autounfall mit zwei Beteiligten. Der herbeigerufene Polizist versucht, den Schuldigen herauszufinden. Deshalb befragt er beide Autofahrer, eventuelle Zeugen und sichert alle vorhandenen Spuren, um sich ein »objektives« Bild über den Hergang des Unfalls machen zu können. Er selbst hat aber nicht die Entscheidung zu treffen, welche Personen schuldig und welche unschuldig sind. Er versucht nur, nach bestem Wissen und Gewissen, ein möglichst vielseitiges Bild des Unfallhergangs zu gewinnen und festzuhalten. Würde nun ein Zeitungsreporter hergehen und einen kurzen Bericht für die Lokalredaktion schreiben, müßte er notgedrungen die Fakten stark kürzen. Was dann noch übrigbleibt, ist eine kurze Notiz über Unfallort, Unfallzeit, Unfallbeteiligte und Unfallhergang. Spätestens beim Unfallhergang beißt sich die Katze in den Schwanz. Einerseits wird der Reporter bemüht sein, so objektiv wie möglich zu schreiben, andererseits weiß er, daß der Leser keinen Roman über den Unfall lesen will. So wird aus dem ursprünglich relativ objektiven Bild des Reporters ein höchstens noch neutraler Bericht. Der Reporter ist also gezwungen, eine Entscheidung für den Leser zu treffen: Was der Journalist für wichtig erachtet, wird berichtet; was ihm weniger wichtig dünkt, fällt weg.
Selbst bei »objektiven« Berichten kann aber noch in anderer Weise manipuliert werden.
Nehmen wir an, die Redaktion einer Schülerzeitung möchte über Vor- und Nachteile der Gesamtschule berichten. Sie bringt sowohl die Meinung von Befürwortern dieser neuen Schulform, die besonders die Chancengleichheit der Schüler loben, als auch die Bedenken der Gesamtschulgegner, die unter anderem rügen, daß überdurchschnittlich begabte Schüler zu

wenig gefördert werden. Argument steht gegen Argument. Die Layouter können nun den Artikel in der Schülerzeitung an einen Platz stellen, an dem er kaum Beachtung findet, z. B. neben den Aufruf der Schülersprecher, sich mehr für das Schulfest zu engagieren, der in abgewandelter Form schon in den vergangenen Jahren erschienen ist. Wollen die Redakteure, daß der Artikel über die Gesamtschule von allen gelesen wird, placieren sie ihn neben die Stilblüten der Lehrer, vielleicht sogar noch im Negativdruck mit einer originellen Überschrift. Auf diese recht simple Art erreichen sie, daß er mehr Beachtung findet. So kann an der Gleichrangigkeit von Themen manipuliert werden, d. h. wiederum nimmt die Redaktion dem Leser einen Teil der Entscheidung ab, z. B. die Wahl dessen, was er liest und was nicht. Sie kann also auch durch die Stellung eines Artikels in der Ausgabe, durch seine Länge und durch die optische Aufmachung den Leser beeinflussen und Schwerpunkte setzen.

Aus diesen Beispielen wird deutlich, daß Objektivität in den Medien zwar ein Anspruch ist, dem gerecht zu werden sich wohl jeder Journalist bemüht. Sie ist ein erstrebenswertes, in der Praxis aber kaum erreichbares Ziel.

Nun zur Situation bei der Schülerzeitung.

Sie hat einen schweren Stand; denn die Marktlücke, in die sie stößt, ist recht klein. Es besteht bei den Lesern kein Bedürfnis nach einer Schülerzeitung. Was kann eine Schülerzeitung denn schon bieten? Außer Lehrerporträts, Lehrerstilblüten, Berichte aus dem Schulleben und Reportagen von Schulveranstaltungen bringt sie in der Regel nichts Neues. Plattenkritiken, Buchbesprechungen, politische Kommentare und Unterhaltung wird anderswo besser, fundierter und gekonnter geboten. Meist fehlen qualifizierte Redakteure, die eine so gute Schülerzeitung machen könnten, daß diese mit professionellen Jugendzeitungen konkurrieren kann.

Ein weiteres Manko der Schülerzeitung ist, daß sie selten aktuell sein kann. Das liegt daran, daß Redakteure fehlen, die die zusätzliche Arbeit bewältigen können, die bei einer wenigstens monatlichen Erscheinungsweise anfällt; ganz zu schweigen von den finanziellen Mitteln: Das dafür nötige Anzeigenvolumen für Schülerzeitungen ist nicht vorhanden. Warum gibt es dann trotzdem Schülerzeitungen?

Manche Schüler interessiert es, bei der Entstehung einer Zeitung dabei zu sein. Sie wollen mitmachen, weil es für sie eine Möglichkeit der Selbstbestätigung ist, wenn in der Schülerzeitung der eigene Name im Impressum oder unter einem Artikel, einer Zeichnung oder einem Photo steht.

Viele Redakteure stoßen zur Schülerzeitung, weil sie ein Anliegen loswerden wollen. Es drängt sie, ihre Meinung zu einem Thema ihren Mitschülern kundzutun. Dafür ist die Schülerzeitung auch in der Tat das beste Medium. Ein Redakteur hat z. B. einen guten Film gesehen, den er seinen Schulkameraden empfehlen will. Ein anderer hat in den Ferien einen Trip durch Europa mit dem sogenannten Interrail-Ticket der Bundesbahn gemacht. Die Reise hat ihm so gut gefallen, daß er seine Mitschüler nun ebenfalls für diese Art des Reisens begeistern will.

Die meisten Artikel kommen also aus den Reihen der Redakteure, ohne daß sie vorher in der Redaktion besprochen werden. Vorhandenes Wissen wird in redaktionelle Beiträge für die Schülerzeitung umgesetzt. Dadurch erübrigt sich in der Regel mühevolles Recherchieren. Andererseits fallen Gesichtspunkte, die gegen die eigene Meinung sprechen, meist von vornherein unter den Tisch, sei es absichtlich oder unbeabsichtigt. Daher sind die Artikel oft recht einseitig und unkritisch der eigenen Meinung gegenüber. Von Objektivität kann also nicht die Rede sein.

Nach meinen Erfahrungen kann man nur von einem gut eingespielten Team erwarten, daß es sich in den Redaktionssitzungen mit kontroversen Meinungen auseinandersetzt, was fruchtbare Diskussionen zur Folge haben kann. (Leider liegt es in der Natur der Sache, daß die Redaktionen von Schülerzeitungen einer starken Fluktuation unterliegen: Jedes Jahr verlassen meist mehrere Mitarbeiter nach Beendigung ihrer Schulzeit die Redaktion.) Da kann es dann vorkommen, daß nach solchen Diskussionen zwei völlig verschiedene Artikel zum gleichen Thema entstehen.

Ein gutes Beispiel für eine solche Arbeitsweise ist der Artikel »Verjährung von Naziverbrechen« in unserer Schülerzeitung »Klenzissimus« (Nr. 8, Juli 1979). Nach einem Streitgespräch entstanden zwei Aufsätze. Ein Redakteur handelte das Thema aus der Sicht des Juristen ab und zeigte auf, wie schwierig es ist, nach 30 oder mehr Jahren die Beweismittel herbeizuschaffen, um einen erfolgversprechenden Prozeß führen zu können. Ein zweiter Redakteur packte das Problem von der ethisch-moralischen Seite an. Auf diese Weise wurde dem Leser zum Thema »Verjährung von Naziverbrechen« eine einigermaßen objektive Information angeboten und er konnte sich seine Meinung über diesen Problemkreis selbst bilden.

Dazu muß gesagt werden, daß es sich hier eher um einen lobenswerten Ausnahmefall handelt. Wenn in der Redaktion überhaupt gegensätzliche Meinungen zu einem Problem vorhanden sind, sind Schülerzeitungsredakteure selten bereit, neben ihrer eigenen Meinung auch dazu konträre Meinungen zu recherchieren und im Artikel zu verarbeiten, sei es aus Bequemlichkeit oder auch, um ihrem Aufsatz nicht die Wirkung zu nehmen.

Angenommen, ich schreibe über die Vorteile des Interrail-Tickets, weil ich Mitschüler dazu animieren möchte, auch einmal auf diese Weise mit der Bahn Europa zu bereisen, so werde ich nicht versuchen, den Erfolg des Artikels zu schmälern, indem ich noch mit einer Liste von Nachteilen des Interrail-Tickets aufwarte, die ich selbst nicht für wichtig halte, weil ich von dieser Art des Reisens begeistert bzw. voreingenommen bin.

Ob sich Objektivität in den Schülerzeitungen manifestieren kann, ist außerdem abhängig von deren Rechtslage, die in den einzelnen deutschen Bundesländern sehr verschieden ist. Ich will hier nur auf die in Bayern geltenden Bestimmungen eingehen, die wahrscheinlich die strengsten in der Bundesrepublik sind.

Presserechtlich verantwortlich ist der Schulleiter, weil die Schülerzeitung eine Veranstaltung der Schule ist. (§ 67, I der Allgemeinen Schulordnung für die Gymnasien in Bayern). Dies bedeutet in der Praxis, daß der Schulleiter starken Einfluß auf den Inhalt einer Schülerzeitung nehmen kann. Wie sich oft genug gezeigt hat, tut er dies auch. Um eine solche Einmischung in Grenzen zu halten und willkürlichen Maßnahmen des Schulleiters vorzubeugen, sind in den §§ 67, IV und 67, V der Allgemeinen Schulordnung die Grundsätze festgelegt, die eine Schülerzeitung beachten muß. Ich zitiere:

§ 67, IV   In der Schülerzeitung machen die Schüler im Rahmen des verfassungsmäßigen Erziehungsauftrages der Schule vom Grundrecht der freien Meinungsäußerung Gebrauch. Eine Äußerung, die in der Schülerzeitung veröffentlicht werden soll, darf nicht gegen die allgemeinen Gesetze, das Grundgesetz und die Verfassung des Freistaates Bayern, die Bildungsziele der Schule und das Recht auf Achtung der persönlichen Ehre verstoßen. Die Mitglieder der Arbeitsgruppen haben deshalb ebenso wie die Bearbeiter der Beiträge und die übrigen Beteiligten darauf zu achten, daß in den Veröffentlichungen nicht einzelne oder Gruppen wegen ihrer Rasse, ihres Volkstums, ihrer Religion oder Weltanschauung angegriffen oder herabgesetzt und sittliche oder religiöse Gefühle verletzt werden. Eine weitergehende Beschränkung findet nicht statt.

§ 67, V   Die Mitglieder der Arbeitsgruppe haben sicherzustellen, daß in der Schülerzeitung die Grundsätze einer fairen, ausgewogenen Berichterstattung gewahrt bleiben. Die Arbeitsgruppe muß sich dabei auch ihrer Verantwortung den jüngeren Schülern gegenüber bewußt sein.

Die zitierten Bildungsziele sind im Artikel 131 der Verfassung des Freistaates Bayern festgelegt. Da heißt es:

Art. 131 (2) BV   Oberste Bildungsziele sind Ehrfurcht vor Gott, Achtung vor religiöser Überzeugung und vor der Würde des Menschen, Selbstbeherrschung, Verantwortungsgefühl und Verantwortungsfreudigkeit, Hilfsbereitschaft und Aufgeschlossenheit für alles Wahre, Gute und Schöne.

Art. 131 (3) BV   Die Schüler sind im Geiste der Demokratie, in der Liebe zur bayerischen Heimat und zum deutschen Volk und im Sinne der Völkerversöhnung zu erziehen.

Wer die beiden zitierten Paragraphen 67, IV und 67, V der Allgemeinen Schulordnung aufmerksam liest wird auf Formulierungen stoßen, die weit auslegbar sind. So werden meines Erachtens Tabuzonen geschaffen. Durch solche Gummiparagraphen wird sichergestellt, daß nahezu jeder nicht genehme Artikel bei Bedarf verboten werden kann. Und das Ganze versteht sich beileibe nicht als Zensur, sondern schlicht und einfach als Recht des Herausgebers, also des Schulleiters.

In der Praxis hängt es z. B. von der Meinung des Direktors ab, ob ein Artikel, der sich kritisch mit den Sexualaufklärungsheften der katholischen Kirche befaßt, die religiösen Gefühle verletzt oder nicht.

Der Prototyp eines Gummiparagraphen, über den man als Schülerzeitungsredakteur in Bayern stolpern kann, ist der § 67, V der Allgemeinen Schulordnung. Hier wird an die Schülerzeitung eine Forderung gestellt, die sonst nur der öffentlich rechtliche Rundfunk und das öffentlich rechtliche Fernsehen erfüllen müssen: Ausgewogenheit. Wenn man den Begriff Ausgewogenheit eng auslegt, kann man ihn fast mit Objektivität gleichsetzen. Das wiederum hieße, daß zu jedem Argument ein Gegenargument mitgeliefert werden muß, zu jeder These eine Antithese. So kommt es, daß man bei kritischen Artikeln entweder mit einer Nichtgenehmigung oder mit einer Gegendarstellung des Direktorats rechnen muß.

So ist es z. B. einer Schülerzeitung an einem benachbarten Münchner Gymnasium folgendermaßen ergangen: Die Schülerzeitung berichtete über Kriegsdienstverweigerung und Zivildienst. Der Schulleiter verlangte, daß als Gegendarstellung auf 2 Druckseiten eine Rede des damaligen Bundespräsidenten Walter Scheel abgedruckt wurde, in der dieser die Bundeswehr lobte.

Da die Schülerzeitungsredakteure auf das Wohlwollen der Schulleitung angewiesen sind – sie benötigen Räume, um in der Schule arbeiten zu können, sie wollen in der Schule für ihre Zeitung werben und sie auch dort verkaufen – führt kein Weg an den Bestimmungen der Allgemeinen Schulordnung vorbei. Das heißt aber, daß jede Ausgabe ein Hochseilakt ist, dessen Gelingen gänzlich vom Verständnis des Schulleiters für die Schülerzeitung und von dessen Haltung dem Kultusministerium gegenüber abhängt. Es ist schwierig, eine Schülerzeitung zu konzipieren, die einerseits den Anforderungen der Bayerischen Schulordnung genügt, sich andererseits aber so kritisch mit Problemen auseinandersetzt, daß sie für den Leser interessant ist. Kritisch und zugleich objektiv zu sein, ist meines Erachtens unmöglich, und eine Schülerzeitung hat es in dieser Hinsicht besonders schwer, vor allem in Bayern.

GÜNTER MATTHES

Die subjektive Sachlichkeit des Journalisten

»Er weiß alles, mehr aber auch nicht.« So Theodor Wolff, 27 Jahre lang Chefredakteur des »Berliner Tageblatts«, über einen offenbar wenig hoffnungsvollen Volontär. Zweite, scheinbar gegenläufige Sentenz, mit der mich als Anfänger im Redaktionsbetrieb einer Zeitung ein schon alter Hase überraschte: »Du mit deinem ewigen Recherchieren – da platzen einem die besten Sachen.«

Zwei Zitate, ein angelesenes und ein erlebtes, die anschaulich machen sollen, wie elementar allzu Menschliches der Objektivität im Journalismus entgegensteht. Einmal die eher zufällige als durch Ausbildung bestimmte Herkunft des Journalisten, der als Spezialist für Allgemeines in einer hochspezialisierten Welt zwar Betriebsblindheit nicht fürchten muß, aber meist zuwenig über zuviel weiß. Zum anderen die ungemein große Freiheit arbeitstechnischer Selbstbestimmung, die einem Reporter typischerweise und dem Journalisten überhaupt im Bereiche des Grundgesetzes der Bundesrepublik Deutschland gewährt wird.

Wer sich publizistisch vor allem wichtig tun will, der kann es, hat er nur erst einen Platz ergattert, von dem aus er gehört wird. Und wer, was schlimmer ist, einer Sache oder einer Person durch Veröffentlichung vorsätzlich schaden will, oder es fahrlässig tut, hat dafür einen beträchtlichen Spielraum, bevor die gesetzlichen Bremsen zu greifen beginnen.

Dies könnte wie Resignation eines Profis oder der Ruf eines Ordnungsbeflissenen nach schärferen Gesetzen klingen. Nichts dergleichen ist gemeint. Vielmehr gilt es, durch Kenntnisnahme nachteiliger Tatsachen eine dialektische Ausgangsposition zu beziehen, von der aus die Herausforderung angenommen wird, werden kann, werden muß. Eine gewisse Kompetenz dafür wird mit jahrzehntelanger Erfahrung für den Bereich der Tageszeitung begründet, einmal als Leiter eines kommunalpolitischen Ressorts, zum anderen als Autor einer täglichen

Kolumne; dies bei einer Zeitung, die in ihrem Titel verspricht, sie wolle den Dingen auf den Grund gehen, und gelegentlich beim Wort genommen wird.

Der Begriff Objektivität

Bevor über objektive und subjektive Hindernisse für die Sachlichkeit der Journalisten referiert wird, sei erläutert, was der Verfasser unter Objektivität verstanden wissen will: Jene Sachlichkeit nämlich, die bemüht ist, Menschen, Sachverhalte und Situationen so darzustellen, wie der Beobachter sie nach bestem Wissen und Gewissen erkennt, wobei er nach Kräften versucht, sich einer etwaigen Zuneigung oder Abneigung immer wieder bewußt zu werden und nach Menschenmöglichkeit keinen Gebrauch davon zu machen.

Die Bemühung, das Leben täglich widerzuspiegeln, kann nicht nach wissenschaftlichen Kriterien unternommen werden, sondern nur praktisch und persönlich. Da der Reporter nicht Viren unter dem Mikroskop hat und der Kommentator keine statischen Berechnungen überprüft, sondern menschliche Verhältnisse referiert und beurteilt, über seine eigene Sache also redet, ist er ungemein beteiligt.

Der Journalist muß die Menschen mögen. Der Misanthrop, ob sein Wort gedruckt oder gesendet wird, kann nämlich auf eine fatale Weise »radioaktiv« sein. Und nicht weil Karl Kraus auf die Journalisten schlecht zu sprechen war, fragt sich ein Journalist, der die Sprachgewalt und den Scharfsinn des »Fackelträgers« bewundert, ob solche Eigenschaften allein ausreichen, den Menschen gerecht zu werden. Ohne die »Kunst des Liebens«, wie Kurt Tucholsky sie beherrschte und Erich Fromm sie genannt und beschrieben hat, wird es nicht gehen, wie auch die Frommsche Definition der Objektivität hier brauchbar erscheint. Er bezeichnet sie als das Vermögen, »Menschen und Dingen geöffnet zu sein, sie so zu sehen, wie sie an und für sich sind.« Nicht daß man damit Immanuel Kants »Ding an sich« beim Wickel hätte, doch ermöglicht solches Geöffnetsein jene subjektive Sachlichkeit, die der Journalist leisten muß und kann, wenn er nur will. Die objektiven Hindernisse, vor denen er auch bei bestem Willen steht, sind freilich hoch genug.

Die Beispiele

Bei dem Tempo heutiger Nachrichtenübermittlung und dem
Konkurrenzdruck der Medien untereinander entsteht ein fata-
ler Zwang, mit zunächst nur punktuellen Feststellungen häufig
allgemeine Schlüsse beim Konsumenten hervorzurufen. *Eilig*
und *gründlich*. Welch paradoxe Arbeitshypothese.
Für einen Berliner Zeitungsjournalisten war in dem Sinne der
2. Juni 1967, der Tod Benno Ohnesorgs, ein exemplarisches
Mißerfolgserlebnis. Die am Ort eingesetzten Mitarbeiter verloren die Übersicht, was sie mit Teilen der Polizei gemeinsam
hatten, die vor der delikaten Aufgabe stand, ein ausländisches
Staatsoberhaupt nicht eben demokratischer Herkunft als Gast
zu schützen, weshalb der Senat anschließend einen unangemes-
senen Einsatz als Erfolg zu vertreten versuchte. Daran maßgeblich beteiligt war auch der Pfarrer Heinrich Albertz, der die
Szene als sein politisches Damaskus verstand und vom Amt des
Regierenden Bürgermeisters zurücktrat. Der Tod eines Studenten durch die Waffe eines der Situation nicht gewachsenen
Kriminalbeamten gab der ohnehin komplizierten Situation
jene dramatische Wendung, die deutsche Nachkriegsgeschichte
machte und die gelegentliche *Überforderung* auch der gutwil-
ligen aktuellen Berichterstattung durch ein Ereignis bloßlegte.
Der Lernprozeß war beträchtlich, wie es ja immer wieder die
folgenschweren Geschehnisse sind, die der subjektiven Trägheit gegenüber objektiven Entwicklungen auf die Sprünge
helfen.
Damit ist nicht ein nachrichtliches Nachgeben gegenüber de-
monstrativen politischen Forderungen schlechthin gemeint,
sondern die durch die Ereignisse forcierte Bemühung, den
Maßstab der Betrachtung neu zu eichen, sich im Sinne Erich
Fromms weiter zu öffnen. Es geht um journalistische Sensibili-
tät für die Argumente und die Lage des jeweils Schwächeren.
Gemeint ist das selbstkritische Mißtrauen, daß ein Befund
durch vorgestanzte Denkraster verfälscht sein könnte, den die
Wissenschaft *herrschende Meinung* nennt. Zur öffentlichen
Meinungsbildung beizutragen, ohne sich von dieser Scheuklap-
pen anlegen zu lassen oder ihr gar aus opportunistischen
Gründen zu folgen, ist Problem und Chance des Journalisten.
Oder um ein jüngeres Beispiel zu nehmen und darzulegen, wie
das Infragestellen der alltäglichen Arbeit durch äußere Kritik
beim »Objektivieren« hilft. Eine Demonstration zum 35. Jah-
restag des Kriegsendes in Berlin verläuft friedlich, wenngleich

sich später Krawalle anschließen, und schwillt auf 12 000 Teilnehmer an. Eben der friedliche Verlauf führt zu einer sehr knappen Berichterstattung über die eigentliche Demonstration. Teilnehmer rügen das als Verstoß gegen die Pflicht einer objektiven *Gewichtung* des Ereignisses, das die Redaktion politisch nach wie vor nicht so hoch bewertet wie die Demonstranten selbst. Damit befindet sie sich vermutlich zwar in Übereinstimmung mit der überwiegenden Mehrheit ihrer Leser, was aber weder das Motiv der Verkürzung war noch diese rechtfertigen könnte. Die Kritik führt immerhin zu dem redaktionellen Versuch, die Motive in einem langen Kommentar zu erläutern, und zu einer prinzipiellen Anerkennung der Kritik in Sache und Form.

Es gibt scheinbar banalere, doch für die Betroffenen durchaus fatalere Grenzfälle. Erfordert es die objektive Nachrichtengebung, einen Verkehrsunfall mit zunächst panikartiger Flucht seitens der Frau eines Politikers mit Namensnennung zu registrieren oder wird damit einem nachrichtlich bemäntelten Klatschbedürfnis gedient? Ein brisanteres Beispiel. In der Wohnung eines jüdischen Mitbürgers wird ein Brand gelegt. Im Inneren des Gebäudes sind Hakenkreuze geschmiert worden. Die Redaktion schöpft den später als zutreffend erwiesenen Verdacht, daß die Schmiererei auf eine falsche Spur, nämlich weg vom Versicherungsbetrugsversuch des Eigentümers lenken soll. Ist die Feststellung, daß der Hauseigentümer jüdischen Glaubens ist, Bestandteil der Nachricht? Zumal für eine deutsche Redaktion eine besonders heikle Entscheidung. Die Frage wird bejaht und gegen manchen Protest in der Überzeugung vertreten, daß nur so einem Gebot vollständiger Nachrichtengebung Genüge getan werden konnte.

Selbstkritik und Fremdkritik

Die Beispiele sind bewußt aus dem Bereich der Berichterstattung gewählt, der beim Leser auch weltanschauliche und emotionale Reaktionen hervorrufen kann, um die typische Problematik einer subjektiv angestrebten Objektivität im Medienalltag zu verdeutlichen. Zwar erwirbt der professionelle Beobachter eine gewisse Routine im Abstrahieren von eigenen Gefühlen und Standpunkten, doch steht er mitten in den Ereignissen, über die er berichtet oder die er wertet, was bei der heutigen

Interdependence eben auch für die Ereignisse »fern der Türkei« gilt. Und wer könnte für sein Unterbewußtsein bürgen.

Zudem muß der Journalist ohne Rechenschieber auskommen, von dem er falsch oder richtig ablesen könnte. Der Reporter, der über einen Knüppeleinsatz der Polizei berichtet, fällt schon bei der Wahl der Vokabeln zur Schilderung des Sachverhalts ein *subjektives Urteil* über die Angemessenheit der Maßnahme. Die Redaktion, die aufgrund weiterer, auch amtlicher Informationen den örtlichen Eindruck des Mitarbeiters in Frage stellte, setzt den, der wirklich dabei war, einer beträchtlichen Belastung seines beruflichen Selbstverständnisses aus, wenn beim Redigieren etwa der von ihm reportierte Eindruck abgeschwächt wird, statt ihn anderen Informationen gegenüberzustellen. Immer vorausgesetzt, es handelt sich um einen erprobten Mitarbeiter, dessen Beobachtungsgabe die Redaktion trauen darf. Andererseits erwartet der Leser von seiner Zeitung eine zusammenfassende Beurteilung, was denn nun wirklich los war. Er war nicht dabei, hat aber nicht selten ein Vorurteil, das sich an den möglicherweise abweichenden Ergebnissen des Nachrichtenbefunds reibt, ihm im günstigen Falle zu denken gibt. Oder er war persönlich dabei, was die Rückkoppelung auf die Redaktion um so intensiver machen kann.

Solche Reibung spielt in *Mutmaßungen* von Lesern über Standpunkt, Standfestigkeit und Sachlichkeit einer Redaktion keine geringe Rolle. »Ihre Berichterstattung zum Ereignis X war mir nicht kritisch genug.« Wörtliches Zitat aus einem Leserbrief, der ein Manko an Objektivität nicht etwa tadelt, sondern fordert. Es ist der Ruf nach Parteilichkeit schon in der Nachricht, wobei allerdings die gewünschte Richtung erwartet wird. Solche Leser verlangen, was der Journalist meiden muß wie die Pest, wenn er der gesetzlich fixierten öffentlichen Aufgabe gerecht werden will. Die Farbe der eigenen Meinung sollte nicht einmal zwischen den Zeilen eines Berichts durchsickern, geschweige denn sich buchstäblich herauslesen lassen.

Andererseits wird ein einziger *Leserbrief,* der einen wichtigen Sachverhalt mit plausiblen Gründen als schief dargestellt kritisiert, Redaktionskonferenzen in korrigierendes Nachdenken stürzen. Dagegen werden selbst Kampagnen von außen eine sattelfeste Redaktion nicht aus dem Konzept bringen, falls die Überprüfung des Materials ergibt, daß der Druck nicht eine undichte Stelle im Bereich der Objektivität sichtbar macht, sondern eine Bresche in die Haltung des Blattes schlagen will, die sich in Kommentaren geäußert hat. Solche Versuche konnte zum Beispiel erleben, wer den Rubikon der Oder-Neiße-Grenze zu einem Zeitpunkt in Richtung Anerkennung überschritt, als dies der überwiegenden öffentlichen Meinung noch ungewohnt war.

Nachricht und Meinung

Bei all den bisherigen Überlegungen wurde der gute Wille unterstellt, die Absicht also, dem Leser, Zuschauer oder Hörer ein nach Überzeugung der Redaktion zutreffendes Bild der Wirklichkeit zu vermitteln. Solchen Anspruch erheben die den Rundfunk hierzulande betreibenden öffentlich-rechtlichen Anstalten ebenso wie vor allem solche Zeitungen, die im Kopf als unabhängig firmieren. Natürlich liegen die tendenziellen Unterschiede, etwa unter den wenigen überregionalen Zeitungen der Bundesrepublik, für jeden leicht vergleichbar auf der Hand. Indes werden sie von Redaktionen gemacht, die zwar beispielsweise den Vorwurf des Bundeskanzlers, ein Leitartikel habe schwerwiegend und abträglich in die Politik eingegriffen, eher als Auszeichnung empfinden, sich aber äußerst ungern nachsagen ließen, eine Nachricht sei offensichtlich mehr von der Weltanschauung des Blattes als von den Tatsachen diktiert.

Die sogenannte seriöse Zeitung wird die *Trennung* von Nachricht und Meinungsäußerung schon im Umbruch, also auf den ersten Blick erkennbar pflegen. Eine Vermischung wird im sogenannten Hintergrundbericht, im Feature geduldet. Solche Artikel sind in der Regel vom Verfasser mit vollem Namen gezeichnet, womit Subjektivität betont und meist durch einen entsprechenden salvatorischen Vermerk im Impressum unterstrichen wird. Der Umkehrschluß, voller Name bedeute stets auch Distanzierung der Redaktion, wäre indes völlig falsch.

Berichtigung und Gegendarstellung

Die Ernsthaftigkeit einer Zeitung erkennt der von einer Fehlinformation Betroffene und längerfristig auch jeder aufmerksame Leser an ihrer Bereitschaft, Fehler zu korrigieren und dies nicht zu kaschieren. Signum für eine verläßlich arbeitende

Redaktion ist daher die *Berichtigung* ohne Wenn und Aber, die nicht mit der Gegendarstellung zu verwechseln ist. Berichtigungen, am besten auch als solche bezeichnet, weil das beträchtlichen Aufmerksamkeitswert hat, sagen: Wir haben etwas falsch gemacht. Wir sehen es ein. Wir korrigieren es. Niemand braucht uns dazu zu zwingen. Wir legen selber Wert darauf, sofern uns der Fehler nachträglich aufgefallen oder nachgewiesen worden ist.

In die *Leserbriefspalte* gehören Gegenmeinungen, nicht Korrekturen von Tatsachen, sofern es sich nicht um Gelehrtenstreit handelt, den eine Redaktion weder austragen will noch kann. Spätestens nach dem zweiten »Schußwechsel« sollte solch Duell allenfalls in Fachzeitschriften fortgeführt werden. Dies zur Erklärung, warum Gazetten mitunter und gerade Akademikern ihre soundsovielte Erwiderung zurückschicken, weil diese einfach zu akademisch sind und bei Laien Gähnen auslösen.

Die *Gegendarstellung* ist die gesetzlich fixierte Möglichkeit, der Feststellung oder Behauptung eines Mediums in dessen Spalten oder Sendebetrieb zu widersprechen, ohne daß der Nachweis der Richtigkeit des Widerspruchs erbracht sein müßte. Nur bei offensichtlich unwahren Gegenbehauptungen kann das Medium sich mit Erfolg wehren. Andernfalls handelt es gesetzwidrig, dies auch schon bei einem schuldhaften Zögern. Die für die Redaktion erkennbar wahre Gegendarstellung wird bei seriöser und durchaus auch im eigenen Interesse liegender Handhabung in eine redaktionelle Berichtigung umgewandelt, sofern der Partner oder Gegner nicht auf der förmlichen, von ihm abgefaßten Gegendarstellung besteht. Dieses Recht ist gesetzlich gut fundiert und durch die Rechtsprechung abgesichert. Wenn es nicht funktioniert, beruht das nicht selten auf einer freiwilligen Anerkennung von Macht. Örtliche Verhältnisse oder subjektiver Opportunismus können es einem durch eine falsche Nachricht oder einen verfälschenden Kommentar Betroffenen geraten erscheinen lassen, lieber Gras über die Sache wachsen zu lassen, als Gegnerschaft zu fixieren.

Scheinheiligkeit oder Parteilichkeit

Zu solcher Haltung mag die Erkenntnis beitragen, daß ein nur auf Massenwirkung, nicht auf Information, sondern auf verkaufsträchtige Unterhaltung ausgerichtetes Medium kaum Anhang verliert, wenn ihm jemand nachweist, daß seine Mitarbeiter nicht nur irren können wie wir alle, sondern vorsätzlich, ja rücksichtslos Propaganda betreiben und dabei auf die unteilbare Meinungsfreiheit pochen kann. Das Massenpotential jener, die auch in Schlagzeilen lieber ihre *Vorurteile* bestätigt sehen, als womöglich unangenehme Wahrheiten vorzufinden, ist zu groß, als daß publizistische Scheinheiligkeit sich nicht mit Augenaufschlag auf die Abstimmung am Kiosk berufen könnte.

Im Idealfall wird das Medium sich nicht nur um die saubere, die menschenmögliche objektive Nachricht bemühen, sondern dazu häufig und nicht selten scharf seine Meinung sagen. Je deutlicher die Meinung, desto größer die Möglichkeit für den Konsumenten, die zugrundeliegende Tendenz des Mediums zu erkennen. Der Kommentar hat *Signalcharakter* für den Standpunkt der Redaktion, erleichtert also die Überprüfung, aus welcher Grundhaltung die Nachrichten redigiert worden sind. Die Qualität der Meinungsäußerung in ihrer Bedeutung für die Beurteilung des abzuhandelnden Themas hängt davon ab, ob der Verfasser die einem Kommentar zugrundeliegenden Tatsachen respektiert oder manipuliert. Die Möglichkeit der Gegenmeinung setzt er logischerweise voraus, andernfalls bedürfte es nicht seiner Bemühung, zu überzeugen.

Über Medien, die ihre *Parteilichkeit* einräumen, ja für sich und andere in Anspruch nehmen, oder politische Parteien oder Interessengruppen ausdrücklich vertreten, braucht in dem Zusammenhang nicht viel gesagt zu werden. Sie verbergen ihre Einseitigkeit nicht, wodurch sie allerdings für viele, die in der Zeitung nicht ihre eigenen Ansichten wiederfinden wollen, einfach langweilig sind. Der in solcher Weise nicht gebundene Journalist bedauert als Beobachter mitunter, wieviel Intelligenz in manchen solcher Medien aufgewandt wird, um einseitig zu sein, um nicht zweifeln zu müssen, wo doch der Zweifel eine wesentliche Voraussetzung für unsere Sisyphusaufgabe ist, wenn schon nicht der Wahrheit, dann wenigstens der Wirklichkeit ein Stück näherzukommen.

Die äußere und innere Pressefreiheit

Warum nicht dem Versuch oder gar der Forderung das Wort geredet wird, das Bemühen um Objektivität und die erkennbare und gewollte publizistische Parteilichkeit von der kaschierten vorsätzlichen oder leichtfertigen Fehlinformation gesetzlich zu unterscheiden? Weil das hieße, etwas Unmögliches zu kodifizieren, nämlich den seriösen vom unseriösen journalistischen Ansatz justitiabel zu trennen. Ohnehin neigen wir hierzulande dazu, einer gesellschaftlichen vermeintlichen oder tatsächlichen Fehlentwicklung, über die wieder gestritten werden kann und muß, mit hastigen Gesetzesnovellen beizukommen. Wo Journalismus die Grenzen des geltenden *Strafrechts* berührt oder überschreitet, Tatbestände erfüllt, wird er verfolgbar. Davon sollte Gebrauch gemacht werden. Mit Spezialgesetzen hingegen ist dem Mißbrauch der Informations- und Meinungsfreiheit so wenig beizukommen wie den natürlichen oder politischen Spannungen innerhalb eines Mediums. Ein Wort also noch zur viel zitierten inneren Pressefreiheit.

Zu welchem Ergebnis der Parteiproporz in öffentlich-rechtlichen Anstalten führt, kann hier zwar nicht von innen her beurteilt werden, doch will der Zeitungsjournalist sein häufiges kollegiales Mitgefühl nicht verschweigen. Die sogenannte Ausgewogenheit dieser Medien ist immer wieder kabarettträchtig. Denn damit ist offensichtlich, vereinfacht gemeint, daß einem linksgetrimmtem Magazin nur ein rechtslastiges folgen müsse, damit Objektivität erreicht würde.

Auch die Presse hat ihre Pressionen. Ob ein mächtiger *Anzeigenkunde* einer Zeitungsredaktion mit einem nachrichtlich unvertretbaren Wunsch imponieren kann, hängt zunächst davon ab, ob das Haus *wirtschaftlich* unabhängig ist. Dies ist wesentliche Voraussetzung, aber keineswegs Garantie für die *geistige* Unabhängigkeit. Wie der verantwortliche Redakteur seine Sache angesichts alltäglicher Versuchungen im Sinne des hier erörterten Anspruchs vertritt, ist nach der zugegeben individualistisch geprägten Überzeugung des Verfassers ein Problem seiner Person. Die Frage, ob einer weicht oder steht, ist mit einem Redaktionsstatut jedenfalls nicht zu beantworten. *Be*schlüsse faßt man mittels und nach gemeinsamer Beratung. *Ent*schlüsse, die von *Verantwortung* bestimmt sind und ihr genügen sollen, sind ihrer Natur nach persönlich, nicht kollektiv zu treffen.

Wer solch objektiven Anspruch subjektiv nicht empfindet, wird zur Objektivität bei der öffentlichen Darstellung unserer Wirklichkeit in den Medien einer außerordentlich meinungsfreien Gesellschaft nicht allzuviel beitragen.

GÜNTER STRUVE

Öffentlichkeitsarbeit und Objektivität

Ein Buch in der Wüste, das weiß man, ist kein Buch, sondern ein Haufen Zellulose. Öffentlichkeitsarbeit ohne Engagement, ohne Parteilichkeit der einen und ohne Teilnahme durch die anderen ist etwas genauso trostloses. Die Öffentlichkeitsarbeit des Staates, von Parteien, Verbänden oder auch Wirtschaftsunternehmen wird deshalb für sich auch nie in Anspruch nehmen, objektiv zu sein, genauer: sie wird diesen Anspruch zwar erheben, aber alles andere tun als ihn zu erfüllen. Objektivität, die reine, die unverfälschte, die auch dem theoretisch-philosophischen Ideal nahekommt, ist dabei jedoch nicht so ausgeschlossen, kommt auch gar nicht so selten vor, wie es der vorige Satz behauptet. Natürlich ist beispielsweise staatliche Öffentlichkeitsarbeit objektiv – und zwar idealtypisch – wenn sie über neue Gesetze informiert, diese praktisch nur vervielfältigt. Sie ist objektiv, wenn sie dem Bürger die Vorteile bestimmter Einzelheiten des Einkommensteuergesetzes erläutert; wenn sie sagt, wie ab dann und dann die neuen Verkehrszeichen aussehen und so weiter.

Parteien tun sich mit objektiver Öffentlichkeitsarbeit schon sehr viel schwerer, aber auch dort kommt sie vor, meist aber nur dann, wenn über »objektive« Entscheidungen zu berichten ist, wie Vorstandswahlen oder auch die Bekanntgabe von Beschlüssen (»Eine Kommission wurde berufen«) oder bei lapidaren Mitteilungen über Rücktritte bzw. Veränderungen in der Parteizentrale.

Auch die Öffentlichkeitsarbeit bedeutender Industrieunternehmen ist nicht von vornherein subjektiv, muß es jedenfalls nicht sein, denn natürlich können bei Stereoanlagen oder Fotoapparaten oder auch bei Autos eine Riesenmenge technischer Details objektiv dargestellt sein – Wattzahlen, Verschlußzeiten, oder sogar der Kraftstoffverbrauch. Alles in allem aber und dies ist auch nicht besonders raffiniert versteckt, ist die Öffentlichkeitsarbeit großer Institutionen immer bestrebt, auch und gerade mit »Zahlen und Fakten« ein subjektives, angenehmes Klima zu schaffen, das der Institution oder dem Unternehmen nicht schadet, sondern ihm hilft, wieder aufhilft, und ihm das Leben leichter bzw. einträglicher macht. Meist geschieht dies durch Auswahl, Anordnung, Weglassen, Einfärben an sich unbestreitbarer Tatbestände, durch ihre Präsentation also.

Das Hauptaugenmerk soll hier auf einigen Aspekten der Öffentlichkeitsarbeit des Staates liegen, auch der Länder oder der Gemeinden, weil sie am ehesten zu belegen ist und man sie hier am ehesten die häufig gegangenen Wege findet; diese Wege haben übrigens nichts zu tun mit der jeweiligen parteipolitischen Mehrheit oder Minderheit. Die Öffentlichkeitsarbeit staatlicher Stellen richtet sich vordergründig meist an kleinere Gruppen der Bevölkerung, bei denen sie sich jeweils ein bestimmtes Interesse ausrechnen. Seien es nun Renten- oder Mietenfibeln, seien es Ratschläge für ABC-Schützen oder Energiesparer, es werden kleinere Gruppen herausgenommen oder gebildet, die dann tatsächlich »Information« erwarten dürfen. Wichtige Informationen oft, die sich auch ganz praktisch und positiv auswirken. Aber es wird natürlich weit mehr erstrebt, als »nur« zu informieren. Wenn diese vielen Einzelaktivitäten zusammengefaßt werden und dies ist um so leichter, je politischer die Zeiten und die Regierung sind, desto eher tritt das »objektive« in den Hintergrund und der Gesamteindruck, der subjektive, möglichst günstige, wird zum wesentlichen Ziel. Nicht also zahllose Einzelheiten darüber, was dieser oder jener Minister oder Bürgermeister in einem bestimmten Zeitraum getan hat (denn dann öffnet man nur unnötig die Front, an der seine Unterlassungen gezählt werden), sondern die Vermittlung eines positiven Gesamteindrucks – und der ist allemal subjektiv – ist erstrebenswert.

Öffentlichkeitsarbeit muß – nach allgemeinem Verständnis – selbst dann, wenn es die Politik selbst nicht vermag – dafür sorgen, beim Bürger das Gefühl zu wecken oder zu verstärken, als sei er in besten Händen, als seien die Probleme stets unter Kontrolle und als seien die jeweils Führenden die bestmögliche Wahl, jetzt und für die Zukunft. Wenn das richtig ist, *muß* in der Öffentlichkeitsarbeit die Objektivität zeitweise an die zweite oder auch dritte Stelle gerückt werden. Hier sei angemerkt, daß eine Öffentlichkeitsarbeit um so erfolgreicher ist, je stärker und länger sie sich den Anschein geben kann, ehrlich und objektiv zu sein, weit über den Dingen der Tagespolitik und des Parteienstreits zu stehen.

Ist die Politik die Kunst des Möglichen, so wird von der Öffentlichkeitsarbeit häufig verlangt, die Kunst des Unmöglichen zu sein. Deshalb wird in der Bundesrepublik fast schon traditionell von den Parteien und vielen Verbänden immer dann, wenn etwas nicht ganz so grade läuft und nicht ganz so schön aussieht, wie man es gern hätte oder brauchte, die mangelnde, fehlende, auch falsche Öffentlichkeitsarbeit herangezogen als Alibi, als Entschuldigung. Wenn der Bürger etwas nicht versteht, oder man unterstellt, daß er es nicht verstanden habe, so wird oft nicht die Politik, der komplizierte Gesetzestext verantwortlich gemacht, sondern dessen unzureichende Vermittlung. Typisch dafür: »Wir werden unsere Bemühungen verstärken, das Thema XY aufzuarbeiten und der Öffentlichkeit verständlich zu machen.« Staatliche Öffentlichkeitsarbeit insgesamt und über längere Zeit gesehen ist subjektiv. Man kann ihr dies auch nicht zum Vorwurf machen, denn außer dem legitimen Anspruch, die jeweilige Regierung »gut« aussehen zu lassen, stehen ihr natürlich zahlreiche Gegen-Öffentlichkeitsarbeiten entgegen, die zusammengenommen oft eindrucksvolle Stärke erreichen: in jedem Fall die der parlamentarischen Opposition, etlicher Verbände, von Fall zu Fall der Industrie- und Handelskammer, der Gewerkschaften etc. und, häufiger als man denken sollte, die der Zeitungen, Zeitschriften und öffentlich-rechtlichen Anstalten. Diese letztgenannte Gruppe, Presse und Rundfunk also, dürften sich natürlich nicht als eigene Partei, als Gegen- oder Pro-Öffentlichkeit verstehen, sondern an sie wäre – theoretisch – noch am ehesten die Forderung nach wahrheitsgetreuer und objektiver Berichterstattung zu stellen. Aber die Praxis nimmt es hier – wie an so vielen anderen Stellen – nicht so genau mit der Stellung im System, die man »eigentlich« hat und die so ideal auch immer wieder selbst definiert wird. Einem Politiker, einem Gewerkschaftsführer, einem Unternehmer ist zuzubilligen und zuzugestehen, daß er sein öffentliches Bild schöner, viel schöner schminkt, als die Natur es tatsächlich hergibt. Daß aber Journalisten – die Mittler zwischen Öffentlichkeitsarbeit und Publikum –, noch mit eigener Schminke herangehen, ist im Grunde schon systemwidrig (Ausnahme: Kommentar) und doch geschieht es alle Tage. Um nicht mißverstanden zu sein: Journalisten sollen nicht das fressen, was ihnen vorgesetzt wird, sie – wer denn sonst? – sollen filtern, verfeinern, vergröbern, einordnen, aber doch ganz gewiß nicht so, daß immer nur die eine Öffentlichkeitsarbeit akzeptiert und kritiklos hingenommen wird und die andere von vornherein verworfen und als parteiisch beiseite getan wird; daß der Journalist von vornherein und nicht von Fall zu Fall Partei nimmt, subjektiv ist.

Wenn Öffentlichkeitsarbeit a priori parteiisch, d. h. subjektiv ist und der gute Journalist unparteiisch, d. h. objektiv sein sollte – wie läßt sich dann die Brücke schlagen zwischen Öffentlichkeitsarbeit und lesbarem bzw. hörbarem Beitrag des Journalisten? Im Idealfall könnte es sicherlich eine sehr breite, gut begehbare Brücke abgeben, indem nämlich der Journalist (oder die Journalistin) eine Information jeder beliebigen Pressestelle entgegennimmt, gewichtet, hinterfragt, den Oppositionsführer interviewt, die Gewerkschaften, Auslandsreaktionen mit einbezieht usw. usf. Der Prägnanz und Ausführlichkeit sind – theoretisch zumindest – keine Grenzen gesetzt. Was dann letztlich herauskommt, wird sich sehen lassen können, sauber recherchiert, wahrscheinlich etwas langweilig, aber nahezu objektiv.

Die Praxis freilich sieht – und das nicht nur aus zeitlichen oder finanziellen Gründen – anders aus, in aller Regel jedenfalls. Nämlich so: Es wird eine Information empfangen, manchmal nicht ganz korrekt, man nimmt das eigene Urteils- und Vorurteilssystem, versucht, in der Redaktion einen »Platz« zu bekommen und macht dann aus der Information, bestenfalls angereichert durch eine Gegenmeinung und eigenen Geschmack, seine Meldung. Unterstellt, daß dies richtig ist, so kann es auf zwei Ursachen zurückzuführen sein: einmal auf eine zu bequeme Berufseinstellung des Journalisten, auch Zeitdruck, »objektive« Gründe also, zum zweiten und ernster zu nehmen auf mangelnde Zivilcourage; zu wenig Courage, um Behauptungen der Obrigkeit ernsthaft in Frage zu stellen, zu wenig, um ein festgefügtes und häufig nicht wohlbegründetes System von Vorurteilen, eigenen oder denen des Verlegers, Chefredakteurs, Ressortleiters, in Frage zu stellen. Journalisten, die mit der Darstellungskunst von Politikern oder Verbandsführern zu tun haben, sind zudem häufig nicht in der Lage, zu unterscheiden, zu gewichten, weil sie es nicht gelernt haben, weil es von ihnen nicht gefordert wird. Es gibt Journalisten, die darauf warten, daß ihnen die Kost vorgesetzt wird, die nicht mehr in der Lage sind zu formulieren, ohne daß ihnen vorformuliert wurde; nicht weil sie dumm oder ignorant wären, sondern weil ihnen das tägliche Leben die Lust, den Biß genommen hat. Wer also die Einfallslosigkeit, auch Einseitigkeit von Öffentlichkeitsarbeit kritisiert, muß mit der gleichen

Schärfe die ansehen, die Mittler für diese Öffentlichkeitsarbeit sind. Muß hinterfragen, ob nicht sie und ihr Trott vielleicht genauso verantwortlich dafür sind, daß es oft Eintopf gibt, der noch nicht einmal den Zusatz »objektiv« trägt.

Überall dort, wo Öffentlichkeitsarbeiter und Journalisten zu nah beieinanderhocken, kommt meist nichts rechtes heraus. Wo sie sich zu gut kennen, privat miteinander verkehren, zusammen reisen, sich »aufeinander verlassen« können, entsteht Intimität, aber nicht Objektivität; das Subjektive an der Öffentlichkeitsarbeit wird eher noch vergröbert.

Durchaus in beide Richtungen, entweder völlig übersteigert und hofberichterstatterisch oder – weil man ja alles kennt – andersherum, simpel negierend. So ist mancherorts der Zustand. Wie ihn ändern? Vordergründig könnte sicherlich eine bessere Ausbildung des Journalisten Gutes bewirken, aber auch die besten formalen Voraussetzungen machen ihn nicht couragierter. Dabei gäbe es mindestens im öffentlich-rechtlichen Bereich schon die Möglichkeit, den Frei- und Spielraum des Journalisten zu erweitern. Dann nämlich, wenn sich die Intendanten, Programmdirektoren und Chefredakteure darauf verstehen könnten, auch Fehlgriffe in Kauf zu nehmen und abzudecken, sich auch einmal der Kritik auszusetzen, nicht genau so berichtet zu haben, wie es die eine oder andere gesellschaftlich relevante Gruppe gerade meint. Die Objektivität nämlich, die Rundfunk- oder Fernsehräte fordern, ist fast immer verpackt in eine Forderung, die dahingeht, daß der oder die Person bzw. Institution nicht hinreichend oder am falschen Platz zu Wort gekommen sei. Die Mitglieder von Rundfunk- und Fernsehräten brauchen auch gar nicht objektiv zu sein; sie vertreten schließlich einen Verband, eine Partei, ein Land, eine Regierung. Wenn gesellschaftliche Relevanz sich korrekt widerspiegelt, müßte ein Rat in seiner Gesamtheit – theoretisch! – objektiv sein, weil sich alle subjektiven Interessen und Empfindungen seiner Mitglieder aufheben. Aber das ist – natürlich – nicht die Wirklichkeit. Das Ideal »Objektivität« sollen und können auch nicht die Journalisten definieren, aber was sie sehr wohl könnten, ist, aus staatlicher oder Verbands-Öffentlichkeit(sarbeit) kritischer herauszuholen, was von allgemeinem Informationswert ist und was nicht.

Am Beispiel des öffentlich-rechtlichen Systems werden am besten die praktischen Probleme wiedergegeben, werden sie viel besser beschrieben als in allen möglichen theoretischen Untersuchungen, nämlich: wie ausgewogen, objektiv, wahrheitsgetreu muß und *kann* ein einzelner Beitrag überhaupt sein? Wie ausgewogen *kann* ein Gesamtprogramm sein? Viele bedeutende Persönlichkeiten, seien sie Politiker, Intendanten, besonders engagierte Medien-Politiker, haben sich mit diesem Problem auseinandergesetzt und bis heute darauf keine befriedigende Antwort gefunden. Selbst wenn der einzelne Beitrag beispielsweise in einem Magazin extrem objektiv, sorgfältig recherchiert wurde, sagt dies noch überhaupt nichts aus über dieses Magazin, noch weniger über das Gesamtprogramm eines Senders und selbst, wenn jemand die gesamte Seite 3 der Süddeutschen Zeitung zur Verfügung hat und für ein ausgewogenes Urteil auch gebraucht, es sogar gefunden hat, sagt dies noch nicht einmal etwas über die betreffende Ausgabe des Blattes aus. Ist Objektivität – ein erstrebenswertes Ziel – also praktisch nicht zu erreichen?

Für die Öffentlichkeitsarbeit ist Objektivität ganz sicherlich kein erstrebenswertes Ziel, erstrebenswert ist lediglich, daß alles möglichst objektiv aussieht. Für die Journalisten andererseits als »Erstempfänger« von Öffentlichkeitsarbeit, als »Weiterverbreiter«; für Menschen, die sich im Laufe der Zeit Routine angeeignet haben im Umgang mit Informationen, braucht das Bemühen um Objektivität kein leerer Traum zu sein. Um das *Bemühen* geht es, gar nicht so sehr um das Ziel, das kaum zu beschreiben, geschweige denn zu erreichen ist.

Der »Endverbraucher«, Leser, Hörer, Zuschauer schließlich, für den all die Mühe aufgewandt wird, weiß in aller Regel zwischen Fakten und Nicht-Fakten besser zu entscheiden, als gemeinhin unterstellt wird. Das heißt aber nicht, daß er immun sei gegenüber Eindrücken, Impressionen, daß er etwa der Öffentlichkeitsarbeit »objektiv« begegnete und seine Sympathien bzw. Antipathien ablegte. Öffentlichkeitsarbeit ist eben von Anfang bis Ende subjektiv und es braucht lange Zeit, ehe sie Meinungen wirklich verändern kann; im Alltag verfestigt und bestätigt sie viel eher das, was die Zielindividuen ohnehin meinten.

Objektivität schließlich kann sehr leicht langweilig werden. Die jedenfalls, die man kennengelernt hat. Wer die Kommuniqués über »Fragen von beiderseitigem Interesse« häufiger lesen muß, wird jeden Genuß an dieser Art von Objektivität verlieren und in ihm wird der Wunsch wach nach mehr Subjektivität, Lebendigkeit, Frechheit. Öffentlichkeitsarbeiter, die nicht verpflichtet sind, objektiv zu sein, kommen seltener in die Gefahr, langweilig zu sein. Journalisten, die ausgewogen berichten möchten, haben es da schon sehr viel schwerer. Denn spritzige, lebendige Objektivität zu vermitteln, bedarf es besonderer Talente. Und da diese Talente nicht bei allzu vielen zu finden sind – und dies wird alltäglich vorgeführt – wird wohl in der Praxis das Bemühen um Objektivität häufiger auf der Strecke bleiben, als es sein müßte. Denn wer möchte schon langweilen? Langeweile fällt nicht aus dem Rahmen, fördert nicht die Karriere. Deshalb landet meist in der täglichen Praxis des journalistischen Lebens – leider – und in der Arbeit von Presseämtern und -stellen – natürlich – das Bemühen um mehr Objektivität nicht auf der Strecke ersten Platz. So ist die Praxis; sicherlich ganz subjektiv betrachtet.

HORST HANO

Nur nicht anstößig sein

Als objektiv wird vom Zuschauer in der Regel das empfunden, was seine vorgefaßte Meinung, sein Vorurteil bestätigt. Berichte, Analysen, Meinungen, die das nicht tun, gelten als unsachlich, unausgewogen, einseitig, eben als nicht objektiv.

Akzeptiert man diese Einsicht als Arbeitshypothese, dann kann man nur zu dem Schluß kommen: das Programm des Deutschen Fernsehens hat ein hohes Maß an Objektivität erreicht. Die Vertreter der etablierten Parteien kommen ausreichend zu Wort, und zwar weitgehend in dem Verhältnis wie sie im Bundestag und in den Länderparlamenten vertreten sind.

Die Interessen der gesellschaftlich relevanten Gruppen sind im Gesamtprogramm proportional zu ihrer politischen Stärke vertreten.

Die politischen Vorstellungen der großen Mehrheit der Bundesbürger werden im Deutschen Fernsehen in ausreichendem Maße reproduziert. Berichterstatter und Kommentatoren, seien sie nun mehr konservativ oder mehr progressiv, geben sich große Mühe, sachlich und fair zu berichten und keineswegs über das Ziel hinauszuschießen. Die Zuschauer können sich – mal die einen, mal die anderen – durchweg bestätigt fühlen. Berichte, Analysen, Meinungen, die aus dem Rahmen fallen, sind selten geworden.

Wie gesagt, das Programm hat in einem sehr hohen Maß den Grad von Objektivität und Ausgewogenheit erreicht, den diejenigen erwarten, die das Fernsehen kontrollieren. »Erwartet wird«, so sagte Dieter Gütt im Sommer 1980, ein halbes Jahr vor seinem Ausscheiden aus der Leitung von ARD aktuell, ». . . daß man vor allem ausgewogen ist, daß man nichts mehr macht, was von besonderem Interesse ist, daß wir unanstößig sind . . .«[1]

Die Garantie dafür, daß Anstößiges immer mehr aus dem Programm verschwindet, bietet der segensreiche, ständig fortentwickelte und verfeinerte Proporz bei der Besetzung wichtiger und unwichtiger Posten. Ob es um die Besetzung der Stelle eines Intendanten, eines Programmdirektors, eines Chefredakteurs, eines Abteilungsleiters, eines Redakteurs oder der jeweiligen Stellvertreter geht, der Kandidat muß in das feine ausgeklügelte Gesamtsystem hineinpassen. Dabei kommt es nicht nur darauf an, welcher Partei der Kandidat zugerechnet wird, sondern er sollte auf jeden Fall auch von seiner journalistischen Arbeit her die Gewähr dafür bieten, unanstößig zu sein, das erreichte Maß an Objektivität und Ausgewogenheit im Programm nicht zu gefährden.

Der eigentliche Grund für diese Entwicklung des Fernsehens ist die Vorstellung vieler Politiker, daß die Wahlen nicht durch sie, ihre Programme, ihre Spitzenkandidaten und ihre Propaganda, sondern vom Fernsehen entschieden werden. Als die Wähler 1969 die Union in die Opposition schickten, begann der Druck auf die Fernsehanstalten, und von Wahl zu Wahl wurde er stärker.

Mit einer massiven, skrupellosen Einschüchterungspropaganda versuchte die Union, das Fernsehen in den Griff zu bekommen. Besondere Wirkung verspricht sie sich offenbar seit langem von der bewußt eingesetzten Propagandalüge, die Sender der ARD als »Rotfunk« oder »Reichsschrifttumskammer mit Linksdrall« (Stoiber) darzustellen sich bemüht.

Im Wahlkampf 1980 sprach Strauß gern und oft von ».. . dem sozialistischen Propagandadruck aus und in einseitig besetzten Fernsehanstalten und anderen Massenmedien, die sich zum Teil freiwillig gleichgeschaltet haben im Dienste anarchosozialistischer Zerstörung unserer freiheitlich demokratischen Ordnung«.[2]

Es ist leicht, nachzuweisen, daß die Parteien, vor allem CDU/CSU und SPD, die Posten in den Fernsehanstalten unter sich aufgeteilt haben, je nach Sitzverteilung in den Länderparlamenten. (Abgesehen vielleicht von Bayern, wo eine besondere Art von Proporz herrscht.)

Wo Franz Josef Strauß einen ›Anarchosozialisten‹ auf einem Fernsehposten entdeckt hat, das verrät er uns nicht, wie überhaupt diese Einschüchterungspropaganda nach bewährter Methode immer mit dunklen Andeutungen, Unterstellungen und Drohungen arbeitet, niemals aber mit Tatsachen, die irgendetwas beweisen könnten.

Weitere Druckmittel sind unter anderen etwa die Drohung der Bayerischen Staatsregierung, aus der ARD auszuscheiden oder der Versuch Ernst Albrechts, den NDR zu zerschlagen. Die Fernsehgeschichte der letzten zehn Jahre zeigt, daß der Union jedes Mittel recht ist, um die Fernsehjournalisten unter Druck zu setzen.

Den massiven Angriffen der Union kann die SPD nur massiv begegnen, wenn sie ihre Interessen wahren will. Andererseits müssen Kompromisse gefunden werden, sonst funktioniert das ganze System nicht.

Angesichts der unterschiedlichen und wechselnden Mehrheiten in den Parlamenten kann – von Bayern einmal abgesehen – keine Partei ohne Rücksicht auf die andere so verfahren, wie sie nach ihrer eigenen Interessenslage gern verfahren möchte. Da man sich aber einigen muß und die journalistische Qualität weit hinter dem Parteiinteresse rangiert, einigt man sich gern auf den kleinsten gemeinsamen Nenner.

»Unter dem Einfluß der Parteien wurde die Gremienpolitik zur ›Mauschelpolitik‹, der Parteienproporz auf allen Ebenen wurde institutionalisiert. ›Wählst Du meinen CDU-Mann, wähle ich Deinen SPD-Mann.‹ Was dazu führt, daß profilierte Personen beider Seiten auf der Strecke bleiben.«[3]

Wie man weiß, gibt es eine Reihe bekannter, erfolgreicher Journalisten, die nie genannt werden, wenn es um die Besetzung wichtiger Posten geht, und es gibt andere, die immer und überall als Kandidaten in Erscheinung treten. Als wichtige Voraussetzung – und das gilt (von Bayern einmal abgesehen) für beide Parteien – muß der Bewerber für einen höheren Posten die Garantie dafür bieten, daß Anstößiges vom Programm ferngehalten, die Ausgewogenheit nicht beeinträchtigt, Ruhe und Frieden nicht gestört werden. In dieser Richtung hat die ARD beträchtliche Fortschritte gemacht.

Noch ist das Ziel nicht erreicht, aber man ist auf dem richtigen Weg. Dabei wurden und werden zwei erfolgreiche Methoden angewandt, von denen die erste nicht unbedingt auf alle Länder übertragbar ist: es handelt sich um das System des speziellen ›bayerischen Proporzes‹.

Es ist unwahrscheinlich, daß ein Redakteur von Report München dem Redaktionsleiter (CSU) einen Film anbietet, mit dem dieser den Chefredakteur (CSU) in die Verlegenheit brächte, diesen Film gegen den Willen des Programmdirektors (CSU), in der letzten Instanz beim Intendanten (CSU) durchsetzen zu müssen, um ihn ins Programm zu bringen.

Vom Redakteur bis zum Intendanten weiß man mehr oder weniger, was ins Programm paßt, was objektiv und ausgewogen ist und was nicht.

Geht es um die ›Beschäftigung Radikaler im Öffentlichen

Dienst‹, kann man kritisieren, daß die SPD regierten Länder nicht hart genug durchgreifen.

Geht es um den Paragraphen 218, kann man darauf hinweisen, daß eine rechtliche Genehmigung der Schwangerschaftsunterbrechung unseren Staat in seinen Grundfesten erschüttert.

Geht es um die Verfolgung politischer Gewalttäter, kann man darstellen, wie SPD und FDP unseren Staat durch ihre lasche Haltung den Terroristen ausliefern.

Wenn so ausgewogen berichtet wird, ist nicht zu befürchten, daß der innere Betriebsfrieden im Bayerischen Rundfunk gestört wird.

Und durchaus konsequent ist da die Meinung des BR Intendanten Vöth, der schon im August 1975 feststellte:

»Ich weigere mich einfach, mit dem beispielsweise von mir zu verantwortenden Magazin ›Report‹ eine Art Ausgewogenheit des Gesamtprogramms erbringen zu sollen, weil Panorama diese Ausgewogenheit nicht hat ... Insofern teile ich die Ansicht des Fernsehdirektors, daß die Sendungen der dem Gesamtprogramm zuliefernden Anstalten in sich ausgewogen sein müssen, und zwar innerhalb der einzelnen Sparten.«[4]

Und so war es nur logisch, für die Stellenbesetzung im Bayerischen Rundfunk hinzuzufügen: »Ich halte von einer personellen Ausgewogenheit gar nichts.«[5]

Der damalige CSU Generalsekretär Tandler hatte bereits die Lösung für die gesamte ARD: »Hätten wir das bayerische Modell in den anderen Funkhäusern, dann wäre die heutige Diskussion gar nicht notwendig.«[6]

Da aber die Macht der Union nicht reicht, um in allen Ländern bayerische Verhältnisse zu schaffen, mußte man noch eine andere Methode finden, um die Objektivität und Ausgewogenheit des Gesamtprogramms und den innerbetrieblichen Frieden zu sichern. Diese Methode ist schwieriger!

Man stelle sich folgende Situation vor:[7] Ein Panoramaredakteur kommt mitten im Wahlkampf auf die Idee, den Bayernkurier, das offizielle Parteiorgan der CSU, in Aufmachung, Sprache, Themenauswahl mit der rechtsradikalen National- und Soldatenzeitung zu vergleichen. Es gelingt ihm, den Redaktionsleiter (SPD), der gleichzeitig Chefredakteur ist, davon zu überzeugen, daß ein solcher Film wie ein wichtiges Stück Information ist.

Der Film wird von der Redaktion produziert und vom Chefredakteur akzeptiert. Bei der Abnahme durch den Programmdirektor (CDU) am Tag der Sendung kommt es zum Konflikt.

Der Programmdirektor will den Film auf keinen Fall über den Sender gehen lassen. Sachlich ist an dem Film nichts auszusetzen. Die aufgezeigten Parallelen zwischen den beiden Zeitungen sind vorhanden, es ist alles sorgfältig schwarz auf weiß belegt. Dennoch weigert sich der Programmdirektor – schließlich mit dem Hinweis auf den laufenden Wahlkampf – den Film in Sendung gehen zu lassen.

Der Chefredakteur ist nicht bereit, sich der Entscheidung des Programmdirektors zu beugen. Er weigert sich, die Sendung wie üblich zu moderieren, wenn der Film verboten wird und verlangt die Entscheidung des Intendanten. Der Intendant (SPD) entscheidet in letzter Minute. Der Film wird gesendet.

Damit ist der Konflikt nicht zu Ende. Die Beziehungen zwischen dem Programmdirektor und dem Chefredakteur haben sich verschlechtert. Die Zusammenarbeit zwischen Intendant und Programmdirektor hat gelitten. Der Chefredakteur hat wieder einmal gezeigt, daß er eigentlich nicht in das System paßt, daß er den Konflikt will, anstatt den Kompromiß zu suchen. Bei der nächsten »Schnürung eines Personalpakets« wird der Fall sicher eine Rolle spielen.

So erhebt sich die Frage: lohnt sich all dieser Ärger um einen kurzen Panorama-Film, über dessen politische Bedeutung man auch noch streiten kann?

Das Dilemma liegt darin, daß niemand dem Autor und dem Redakteur verbindlich sagen kann, wann es sich noch lohnt und wann nicht mehr. Die Schere im Kopf beginnt in dem Moment zu arbeiten, in dem man sich überhaupt die Frage stellt, ob es sich lohnt.

Den geschilderten Fall kann man sich auch ganz anders vorstellen: der Redakteur, der ja den zu erwartenden Konflikt voraussehen kann, versucht, politisch zu denken, zerbricht sich den Kopf des Chefredakteurs und fragt sich, ob denn dieses Thema zu diesem Zeitpunkt so wichtig sei. Angesichts der allgemeinen und besonderen rundfunkpolitischen Situation kommt er zu dem Ergebnis, das Thema gar nicht erst vorzuschlagen. Damit enthebt er den Chefredakteur der Gefahr, entweder mit der Redaktion, die den Film vielleicht unbedingt senden will, oder aber mit dem Programmdirektor, der ihn wahrscheinlich um keinen Preis senden will, in Konflikt zu geraten.

Die beste und eleganteste Möglichkeit, Ruhe und Frieden zu bewahren, liegt darin, den einzelnen Reporter oder Redakteur dahin zu bringen, daß er nur noch Filme produziert, die es entweder der Union oder aber allen recht machen, Filme, die keinem weh tun.

Auch dieses Ziel ist noch nicht erreicht, aber auch hier sind beträchtliche Fortschritte gemacht worden.

Als ich 1965 in München begann, als Fernsehreporter zu arbeiten, waren mir solche Gedanken als völlig abwegig erschienen. Die Sendung Report, für die ich Filme machte, wurde von Dagobert Lindlau geleitet und vom Chefredakteur Hans Heigert, der damals als Mitglied der CSU das Programm präsentierte, verantwortet. In Report traten Horkheimer, Adorno und Marcuse ebenso auf wie später Cohn-Bendit, Dutschke oder Teufel.

Wir berichteten über das Selbstverständnis der deutschen Chefärzte und der deutschen Jäger ebenso unbefangen wie über den politischen Stimmungsumschwung an deutschen Universitäten und das Entstehen der APO, über den SPD-Filz im Stadtstaat Berlin genauso wie über die Affären des Franz Josef Strauß.

Entscheidend bei der Themenauswahl war, ob eine Geschichte interessant, von Belang und im Fernsehen darstellbar war.

Auch damals schon mußten der Chefredakteur und der Redaktionsleiter sich wiederholt im Rundfunkrat verantworten, so zum Beispiel, als Alexander Mitscherlich in Report ein sehr treffendes Porträt von Rainer Barzel gezeichnet hatte. Sie verantworteten sich und bewahrten der Redaktion die Unbefangenheit, so zu berichten wie sie es für richtig hielt.

Als Hans Heigert 1970 zur Süddeutschen Zeitung ging, wurde alles sehr schnell anders. Der Nachfolger hieß Rudolf Mühlfenzl.

Von Anfang an verlangte er, daß nun die ›konservative Optik‹ ins Programm von Report eingeführt werden müsse, – so als ob ein Journalist seine Optik auswechseln könnte, wie der Kameramann das Objektiv seiner Kamera.

Die Mitarbeiter von Report sahen sich dazu nicht im Stande. Die Mitarbeiter gingen, es kamen neue. Report München wurde nach und nach zu einem Magazin, das der regierenden Partei, dem Intendanten (CSU), dem Direktor (CSU) und dem Chefredakteur (CSU) keinen Anlaß mehr bot, über mangelnde Ausgewogenheit und Objektivität zu klagen. Vereinzelt gab es einmal Proteste der SPD und der FDP, die aber nicht weiter ins Gewicht fielen. Krach um Report München hat es seitdem nicht mehr gegeben.

Den gab es um so mehr um das Hamburger Magazin-Panorama. Dort bei der Dreiländeranstalt NDR war die Situation nämlich ganz anders, allein schon durch das dort herrschende Proporzsystem: Intendant (SPD), Programmdirektor (CDU), Chefredakteur und Panoramaleiter (SPD).

Nach dem Selbstverständnis der Redaktion sollte Panorama ein linkes kritisches Magazin sein. Die Aufgabe sollte nicht in der immer wiederkehrenden Bestätigung bestehender Mehrheitsmeinungen liegen, sondern in der Zusatz- und Gegeninformation. In Panorama sollte es möglich sein, eben diese Mehrheitsmeinungen grundsätzlich in Frage zu stellen und nach neuen, über das Bestehende hinausweisende Antworten zu suchen. Minderheiten sollten zu Wort kommen dürfen, und Mehrheiten sollten auch durch überspitzte Kritik und provozierende Darstellungen zur Diskussion angeregt und herausgefordert werden.

Harte Auseinandersetzungen wie den geschilderten Krach um den Film über den Bayernkurier hat es öfter gegeben. Aber in den drei Jahren, in denen ich für Panorama arbeitete, wurde nur ein einziger Film gegen den Willen des Chefredakteurs aus dem Programm genommen, und zwar weil der Widerstand innerhalb der gesamten ARD so stark war, daß verschiedene Anstalten drohten, sich während der Panorama-Sendung aus dem Programm auszuschalten.

Der Film – er zeigte eine von Berliner Ärzten durchgeführte öffentliche Abtreibung – war vom Chefredakteur in Auftrag gegeben, von ihm als gut befunden und dann auch abgenommen worden.

Als unter dem Druck der anderen ARD-Anstalten der Intendant des NDR den Film nicht freigab, weigerte sich der Chefredakteur, und mit ihm die gesamte Redaktion, die Sendung wie üblich zu präsentieren. Ein Sprecher verlas im leeren Panorama-Studio die Ansagen zu den Filmen, die die Mitarbeiter nicht zurückziehen konnten.

Der Protest kam an. Wieder einmal, wie schon des öfteren, gab es einen Fall Panorama, gab es »Streit um Panorama«.

Dabei ging es dem Chefredakteur nicht so sehr um jenen speziellen Film, der in der Qualität noch dazu sehr zu wünschen übrig ließ. Es ging um die Wahrung der redaktionellen Autonomie, um die Verteidigung der Grenzen unserer Meinungsfreiheit. Solange keine rechtlichen Einwände bestehen, muß das, was die Redaktion für wichtig hält, auch gesendet werden können. Dieses Recht ist nur zu verteidigen, wenn man es absolut setzt und wenn man nicht bereit ist, es in auch nur scheinbar nebensächlichen Punkten zu relativieren.

Für Auslandskorrespondenten sind die Grenzen in der Regel weiter gesteckt, ist die Kontrolle geringer als für die Mitarbeiter der kritischen Magazine.

Von Juni 1974 bis Mai 1979 arbeitete ich als ARD-Korrespondent für die Iberische Halbinsel in Madrid. Bedingt durch die Ereignisse, die Revolution in Portugal und den Tod Francos, aber fand meine Berichterstattung eine relativ große Aufmerksamkeit, weil sie einen gewissen innenpolitischen Bezug hatte. Die Springerpresse bezichtigte mich, kommunistische Propaganda zu betreiben. Ein Chefredakteur der ARD und mehrere Intendanten verlangten (vergeblich) meine vorzeitige Abberufung, weil sie eine einseitige unausgewogene Berichterstattung erkannt zu haben glaubten.

Nach meiner Rückkehr bekam ich für meine Arbeit in Spanien und Portugal den Grimme Preis.

Begründung: »(Die) analytischen Berichte ermöglichten dem Zuschauer, Ursachen und Hintergründe der Entwicklung dieser Region zu erkennen und nachzuvollziehen . . .«

Habe ich also objektiv berichtet oder nicht? Ein überzeugter Franco-Anhänger hat meine Berichterstattung mit Sicherheit als absolut einseitig einstufen müssen. Denn meine durchaus einseitige Parteinahme für die Demokratie und gegen die Diktatur kam wahrscheinlich deutlich in den Filmen zum Ausdruck.

So wenig wie man gleichzeitig für und gegen die Diktatur sein kann, so wenig kann man gleichzeitig für und gegen die Berufsverbote sein. Und das gilt für sehr vieles, worüber wir zu berichten haben.

Dabei wird nicht nur im Kommentar, sondern auch im Reporterbericht die Einstellung des Journalisten zum Ausdruck kommen. Auch wenn sich der Autor, was selbstverständlich ist, alle Mühe gibt, sachlich und korrekt die Tatsachen wiederzugeben, ist allein durch Auswahl und Zusammenstellung dieser Fakten der Bericht von der persönlichen Einstellung des Autors mitgeprägt.

Doch das wird besonders im Fernsehen den Autoren immer mehr zum Vorwurf gemacht. Diesem Vorwurf mangelnder Objektivität kann man nur dann entgehen, wenn man sich entschließt, mit vielen schönen Worten nichts zu sagen. So kann man allem Ärger, allen Konflikten entfliehen. Man pflegt den beliebten und gewünschten unverbindlichen ›Sowohl-als-auch‹

und ›Ja-oder-nein-wenn-sie-so-wollen‹ Journalismus. Dann kann man leicht Karriere machen und in Frieden alt werden.

»Seid brunnenkaltes Wasser oder heißer Glühwein, aber nicht lauwarme Brühe«, riet der Journalist Ludwig Börne Mitte des vergangenen Jahrhunderts seinen Kollegen. Den möchte man gern heute mal beim Deutschen Fernsehen erleben.

Hinter der Frage nach der Objektivität im Fernsehen steht die Frage nach der politischen und sozialen Funktion, die das Fernsehen in einem freiheitlichen Rechtsstaat haben soll.

Ist das Fernsehen ausschließlich dazu da, Mehrheitsmeinungen zu reproduzieren und damit das Bestehende zu bestätigen, dann wäre es richtig, daß Kontrolleure und Statthalter der Parteien, die in unserem Staat die Macht ausüben, die Erfüllung dieser Forderung überwachen und alles unterbinden, was aus dem Rahmen fallen könnte.

Wer aber die größere Chance zur Sicherung unseres demokratischen Rechtsstaates nicht in der sich immer wiederholenden Bestätigung des Erreichten, sondern in seiner Fortentwicklung sieht, der darf es nicht nur anderen Medien oder Künstlern und Schriftstellern überlassen, anstößig zu sein.

Entweder wir gewinnen unsere Unbefangenheit zurück, frei und offen und ohne politische Rücksichten das zu sagen und zu senden, was wir für richtig und wichtig halten, oder »wir werden eines Tages vor lauter Ausgewogenheit unseren Geist aufgeben«,[8] im kleinbürgerlichen Mief ersticken, und die Zuschauer werden vor dem Bildschirm entschlummern.

Anmerkungen

1 Süddeutsche Zeitung vom 12/13. Juli 1980.
2 CDU-Parteitag in Berlin – s. Die Zeit vom 4. Juli 1980.
3 FDP, MdL Hinrich Enderlein – Zitat nach Kötterheinrich, Manfred (u. a., Hrsg., 1976), Rundfunkpolitische Kontroversen. Frankfurt: EVA.
4 Münchner Merkur vom 7./8. September 1975.
5 ebda.
6 Die Zeit vom 22. August 1975.
7 So geschehen beim NDR 1972.
8 Gerhard Bott in Panorama am 8. September 1975.

GERT HEIDENREICH

›Objektiv‹ ist, wer die Macht hat
Subjektive Anmerkungen
zu einem Kampfbegriff

Gemessen am öffentlichen Umgang mit den Begriffen »Objektivität«, »Ausgewogenheit« und »Meinungspluralität« ist die publizistische Praxis allem Anschein nach mit unüberwindlicher Schwerfälligkeit behaftet. Denn diese Begriffe werden in Reden, Rundfunkgesetzen und Parteien-Forderungen als jeweils gesicherte, scheinbar exakt umrissene und real umsetzbare Positionen behandelt, wohingegen die tägliche Arbeit an der Publikation erweist, daß es sich dabei um Allgemeinplätze, Leerformeln handelt; wie weit und in welcher Form diese Bedeutungshülsen als konkrete Handlungsanweisungen eingesetzt werden, ist von den jeweils im Medium vorherrschenden Machtverhältnissen abhängig. Da sie derart als Richtlinien behauptet, als demokratische Grundforderungen aufgestellt und zu ethischen Kernsätzen der Toleranz hochstilisiert werden, während ihre Definition eben nicht im Grundsätzlichen, sondern nur im jeweils Aktuellen möglich ist, ergab sich für die Medienschaffenden zunächst ein Bedeutungsverfall dieser Formeln, der vorhersehbar war. Denn gerade mit dem Begriff der »Objektivität« wurde im Journalismus umgegangen, als stünde hinter diesem Wort nicht eine ganze Philosophie-Geschichte, als hätte es nicht bis in die jüngste Gegenwart hinein heftigste Gegensätze bei der Erörterung seiner realen Bedeutung evoziert, als könne man mit der Unbedenklichkeit von Bilderstürmern abseits jeder geistesgeschichtlichen Tradition eine derart strittige Bemühung des Denkens in eine Richtlinie umdeuten, zur Substanz erklären, endlich zur Formulierung eines Kodex bemühen.

Was wir nun in den öffentlich-rechtlichen Medien vorfinden, ist der Verfall von »Objektivität« und »Ausgewogenheit« zu Kampfbegriffen für platte machtpolitische Interessen: als scheinbar unideologische, gar ideologiekritische hohe Werte postuliert, erweisen sich diese Begriffe in der Praxis als Zensur-Instrumente abseits und bereits im Vorfeld der juristischen Zensur-Definition. Mit ihrer Hilfe wird ein Netz aus Verhaltensvorschriften geknüpft, das den Publizisten äußerst wirksam davon abhält, zu sein, was er sein sollte: unbestechlich, nur seiner kritischen Vernunft und seinem Gewissen verantwortlich. Was dabei herauskommt und sich in weiten Teilen des Programms ausdrückt, ist »jener alte common sense«, der, während er auf die eigene Vernünftigkeit so viel sich zugute tut, gleichzeitig hämisch der Vernunft abschwört, wissend, daß es in der Welt nicht auf den Gedanken ankommt, sondern auf Besitz und Macht, und der es auch gar nicht anders will. Was sich als unbestechliche Skepsis dessen geriert, der sich keinen blauen Dunst vormachen lassen will, ist das Achselzucken des Bürgers, »was wird schon sein«, wie es an einer Stelle von Becketts ›Endspiel‹ heißt, »die befriedigte Verkündung der subjektiven Relativität aller Erkenntnis. Sie läuft darauf hinaus, daß das sture und verblendete subjektive Eigeninteresse das Maß aller Dinge sein und bleiben solle«.[1]

Tatsächlich ist die publizistische Arbeit zunächst von einer Reihe jeweils subjektiver Bedingungen abhängig: wer informiert aus welchen persönlichen Gründen einen Journalisten von einem Ereignis? Greift der Journalist dabei auf eine Vorauswahl der Fakten (Agenturmeldungen) zurück? Wodurch bestimmt sich, daß der Journalist ein Faktum, von dem er Kenntnis erhält, als publizistisch interessant, der Veröffentlichung wert erachtet? Geht es ihm nur um Publikation des einzelnen Ereignisses, oder nimmt er es als Zeichen einer allgemeinen Beobachtung? *Im* Medium entscheidet er nicht allein: andere Redakteure, Vorgesetzte, politische und wirtschaftliche Interessen spielen – um so mehr, je heftiger sie geleugnet werden – eine Rolle.

Beim Rezipienten schließlich ist das Feld der Subjektivität mindestens ebenso groß und kaum kalkulierbar: welche persönlichen Erfahrungen verbindet er mit dem mitgeteilten Sachverhalt? Welchen Stellenwert räumt er dem Medium ein, durch das er die Mitteilung erfährt? Hat er aufgrund von früheren Beiträgen desselben Verfassers diesem gegenüber ein besonderes Vertrauen oder ein besonderes Mißtrauen gefaßt?

Dies sind – keineswegs erschöpfend – Segmente eines subjektiven Kontextes, die mit dazu beitragen, jene viel beschworene und bejammerte subjektive Wahrheits-Hinderung herauszubilden, die gängig als ›Selbstzensur‹ apostrophiert und mit dem Bild der »Schere im Kopf« versehen wird – einer ganz falschen Metapher, denn der gemeinte Vorgang hat eben nichts mit den

Schmerzen zu tun, die eine Schere im Gehirn verursachen müßte: im Gegenteil, es handelt sich um einen unbemerkten, unbewußten Vorgang der Betäubung.

Aus dem Vorangegangenen ließe sich vermuten, ich wolle dem Bekenntnis zu einer uneingeschränkten Subjektivität das Wort reden. Jenem Feld der »Meinung« also, das im Begriff der »Meinungsvielfalt« angesprochen ist, wobei suggeriert wird, in der Vielfalt der Meinungen entstehe dann doch so etwas wie ein Objektives, das – in Ermangelung einer Meinungswaage – ermittelt wird, indem man die Häufigkeit eines Namens, gar die Sekunden im Programm mißt, die einer bestimmten Meinung eingeräumt wurden: ein Meßverfahren, das nur aus grenzenloser Verachtung der Sprache gegenüber erwachsen konnte. Übersehen wird hierbei, daß sich die publizistisch als solche ausgewiesene Meinungsbekundung – die Programmsparte ›Kommentar‹ – per definitionem der Ausgewogenheit entzieht, entziehen muß, obwohl auch hier schon der groteske Fall eingetreten ist, daß unmittelbar an einen politischen Kommentar ein Gegenkommentar gesendet wurde, wobei jeder weiß, daß der zweite Redner im Vorteil ist. Auch haben das offensichtliche Mißtrauen in die Vernunft des Rezipienten und die Überbewertung der elektronischen Medien durch die politischen Parteien inzwischen dazu geführt, daß die erwartete Subjektivität des Kommentators hinter die Interessen der jeweiligen politischen Partei zurücktritt, der sich der Kommentator zuzählt oder die den Kommentator ins eigene Lager zu ziehen bestrebt ist. Selbst in der Sparte gekennzeichneter Meinung finden wir darum den Kampf der Parteien um Plätze auf den Kommentatoren-Listen; Kriterien wie Bildung, kritische Denkfähigkeit, Informiertheit, Mut und Fairneß, Formulierungsvermögen und Standfestigkeit bleiben bei diesem Kampf notgedrungen auf der Strecke.

Ärger als hier wirken jedoch die ideologischen Interessen in dem publizistischen Bereich, der sich scheinbar mit der Objektivität leicht tut: der Berichterstattung.

Greifen wir zurück auf Definitionsversuche: das Objektive sei etwas, das von der individuellen Vorstellung unabhängig ist, Objektivität mithin beschreibe die Allgemeingültigkeit einer sachlichen Aussage, die notwendig so nicht anders vorzubringen sei.

Ein Beispiel, das der Wirklichkeit entstammt, jedoch nicht zu einem publizistischen Beitrag wurde: in einem als allgemein reich bekannten Landkreis gibt es Baracken, in denen Menschen unter unwürdigen Umständen ihr Dasein fristen. Diese Menschen wurden von der Verwaltung dort eingewiesen, obwohl es offiziell in diesem Landkreis keine Notunterkünfte mehr gibt. Eine der dort untergebrachten Familien hat sieben Kinder. Aufgrund der unwürdigen Lebensbedingungen werden diese Kinder den Eltern weggenommen und in Heimen untergebracht.

Dies ist Realität. Sie läßt sich abbilden. Bei einem vorausgesetzten publizistischen Interesse wird über das Medium der Eindruck vermittelt, daß die Verwaltung sich zwar um die Kinder kümmert, aber nicht um die Eltern. Je nach Ausführlichkeit der Hintergrundberichterstattung sind die Eltern dabei Leidende oder Schuldige. Möglicherweise wird der vorausgesetzte Glaube des Rezipienten an die Perfektion des Sozialstaates erschüttert, im günstigsten Fall seine Eigenverantwortlichkeit motiviert. Stellt der Publizist jedoch den Vorgang dar, wie die Polizisten die Kinder wegholten, konfrontiert er dies mit den Aussagen der Eltern über die seitens der Beamten angewendete Gewalt, und verschweigt er überdies nicht, daß zwei Wochen später den Eltern eine Rechnung zugestellt wurde über DM 118,– Wegnahmekosten – wörtlich »Wegnahmekosten« –, dann erzeugt er beim Rezipienten Empörung: zunächst über den Vorfall, dann über die Verwaltung, mithin über politische Zustände, für die eine Partei, eine Regierung verantwortlich zeichnet. Diese Empörung läßt sich ohne ein Wort des Kommentars, der Verfassermeinung, erzeugen oder verhindern. Beide Darstellungen ließen für sich gelten, sie seien objektiv, denn sie verfälschen die vorgegebene Wirklichkeit nicht, sind wahrheitsgetreu. Dennoch wird im zweiten Fall, in dem die Erfahrung der Eltern eine größere Rolle spielt, *im* Medium möglicherweise mit äußerster Vorsicht reagiert, weil eben in der Konsequenz Parteiinteressen stärker berührt werden.

Setzen wir hier nun die Forderung nach Ausgewogenheit an, so richtet sich der Anspruch nicht auf die Selbstverständlichkeit, daß in der Reportage auch Verwaltung und Polizeibeamte gehört werden. Der Skandal bleibt ja bestehen. Müßte dann nicht ein Beitrag folgen, der eine gegenteilige Behandlung sozialer Randgruppen in dem betroffenen Landkreis beschreibt? Wenn nun aber die Wirklichkeit ein solches Beispiel nicht bereithält? Dann wird man eben irgend etwas anderes positives über die verantwortlichen Politiker zu sagen wissen – habe es nun mit dem Thema zu tun oder nicht. Auf diese Weise entstehen Programme, vor allem in Magazinen, die ihre Struktur nicht mehr aus der vorzufindenden Realität beziehen, sondern oft genug grotesk nach Maßgabe eines Proporzes gestaltet sind, der sich dann »objektiv« nennt und nichts weniger ist als das. Dieses ›Prinzip Hoffnungslosigkeit‹ setzt sich fort bis in die Besetzung der Positionen in den Funkhäusern und Fernsehanstalten. Publizisten lernen sehr schnell, mit wem sie zusammenarbeiten können und mit wem nicht, schließlich: bei welchem Sender ein brisantes Thema noch eine Chance hat. Folge und Ist-Zustand: das öffentlich-rechtliche System, von den Alliierten verordnet, um nicht noch einmal den totalen Staatsfunk auf deutschem Boden zuzulassen, ist längst und allenthalben im Griff der Parteien; je nach den Mehrheiten in den Bundesländern ist darum die Subjektivität der Programme eine andere. Hätten wir also wenigstens eine in sich ausgewogene ARD? Wann wird man – bei geeignetem Empfang über Satellit – darauf abheben, daß schließlich unter den Sendern Europas doch eine gewisse Ausgewogenheit herrsche?

Schuld an dem bald nur noch satirisch zu fassenden Spiel mit den Begriffen »Objektivität« und »Ausgewogenheit« sind nicht die Politiker; in einer mit Medien vernetzten Gesellschaft wäre es weltfremd, von ihnen Zurückhaltung bei der Wahrnehmung ihrer Interessen oder Abstand zu ihrer Eitelkeit zu erwarten. Verursacht hat das Dilemma eben jener Berufsstand, der – zu Teilen – nun darunter leidet: die Journalisten. Wer eine Karriere mit Hilfe einer Partei macht, darf sich nicht wundern, wenn diese Partei von ihm die Vertretung ihrer Interessen erwartet. Sein journalistisches Ethos hat er bereits zuvor über Bord geworfen, sich – was seinen öffentlichen Auftrag angeht – längst dem ›Prinzip Hoffnungslosigkeit‹ verschrieben und sich all jene Defekte eingehandelt, die wir beklagen: Phantasielosigkeit, Selbstzensur, Langeweile und Geistesarmut; das sind exakt die Inhalte jenes Wortes, das in den Medien nun so hoch im Kurs steht: »Objektivität« – eine Formel für die Auswahl von Realität nach der Maßgabe: im Programm erscheint, was im gewünschten Sinne interpretierbar, was im Sinne der Proporzvorgabe widerlegbar, was ganz und gar unwichtig und darum unproblematisch ist, was dem common sense entspricht. Der damit verbundenen Selbstentleibung des Publizisten entspricht als Gegenpol der krasse Meinungsjournalismus, wie wir ihn im Osten bei Schnitzlers ›Schwarzem Kanal‹ und im Westen bei Löwenthals ›ZDF-Magazin‹ vorfinden. Daß solcher Meinungsjournalismus auch pathogene Meinungen nicht scheut, wissen wir aus der Geschichte. Daß auf der anderen Seite die Sender, die Redaktionen, die Journalisten, die sich gegen politische Bevormundung wehren, in der Minderheit sind, deutet auf eine Schwäche der öffentlich-rechtlichen Verfaßtheit von Medien, die allzulang verleugnet wurde; sie besteht, seit SPD und CDU aus sehr unterschiedlichen Gründen bereits in den Anfängen unseres Rundfunksystems den Einfluß der Parteien auf die Sender sichergestellt sehen wollten. Wiederum waren es Journalisten, die allzu lange dem Rezipienten, den sie mittels der Medien informierten, Informationen *über* das Medium vorenthielten und sich, auch aus Angst, der Pflicht entzogen, Maßnahmen der Vor- und Nachzensur in den Sendern öffentlich zu machen. Einen solchen Gang in die Öffentlichkeit als »Störung« des Betriebsfriedens auszulegen, wie gelegentlich versucht wird, ist bereits ein Akt der Willkür. Erst wenn der Rezipient, erst wenn die Öffentlichkeit erfährt, unter welchen Bedingungen im öffentlich-rechtlichen Medium gearbeitet wird, erhält auch er die Chance zur objektiven Beurteilung dessen, was auf ihn aus dem Lautsprecher und vom Bildschirm zukommt:

Angestrebte, tatsächliche Objektivität stellt sich erst im Zusammenhang mit der Objektivität des Rezipienten ein, der das Medium selbst als Botschaft zu verstehen lernt. Erst dann findet der Freiraum seinen Sinn, den die Michel-Kommission II formulierte: »In der Programmgestaltung muß (...) ein vollständiges Kaleidoskop der Meinungsvielfalt verbürgt sein.« Dies heiße keineswegs Nivellierung des Angebots; »dies bedeutet nur, daß die Sendungen nicht von vornherein auf eine bestimmte gesellschaftliche oder politische Machtgruppe ausgerichtet sind«.[2]

Nun hat dieser ehrenwerte Vorsatz die Schwäche, daß die Frage, ob eine Sendung parteipolitisch ausgerichtet sei oder nicht, sehr weit ausgedeutet werden kann. Anders gesagt und unser Beispiel von den Menschen in den Baracken aufgreifend: verantwortlich sind zweifellos Politiker. Und wenn der Beitrag über den Verfall mit Nennung aller Umstände und Folgen Empörung auslöst, fürchten die betroffenen Politiker um Wählerstimmen. Muß also eine Reportage dieses Falles so formuliert sein, daß sie Empörung verhindert? Wäre sie dann objektiv?

Gestatten Sie mir eine kurze Anleihe bei der Literatur, eine Aussage aus dem 19., eine aus dem 20. Jahrhundert:
»Im gewöhnlichen Sinn des Wortes wird Objektivität so ver-

standen, daß im Kunstwerk jeder Inhalt die Form der sonst schon vorhandenen Wirklichkeit annehmen und uns in dieser bekannten Außengestalt entgegentreten müsse. Wollten wir uns mit einer solchen Objektivität begnügen, so könnten wir auch Kotzebue einen objektiven Dichter nennen. Bei ihm finden wir die gemeine Wirklichkeit durchweg wieder. Der Zweck der Kunst aber ist es gerade, sowohl den Inhalt als die Erscheinungsweise des Alltäglichen abzustreifen und nur das an und für sich Vernünftige zu dessen wahrhafter Außengestalt durch geistige Tätigkeit aus dem Inneren herauszuarbeiten.«[3]

»Die Literatur (...) hat [...] immer wieder die Unerträglichkeit der banalen Situation kommentiert; denn ihre Sache ist es, aus einer üblichen eine grundlegende Beziehung zu machen, und aus dieser eine empörende.«[4]

Diese Zitate – das erste aus Hegels »Ästhetik«, das zweite aus Roland Barthes' Essay »Kritik und Wahrheit« – sollen nun freilich weder Journalismus und Literatur vermengen (davor müßte man beide schützen) noch einem agitatorischen Publizismus die Stange halten. Sie sollen jedoch darauf hinweisen, daß in den elektronischen Medien eine breite Palette von Möglichkeiten der formalen Aufbereitung von Themen gegeben ist, derer sich der Journalist bedienen kann und soll, und daß diese formale Vielfalt aus der Frage nach der Objektivität nicht ausgespart bleiben kann. Oft genug ist es nämlich die Form, die jene Empörung über einen geschilderten Sachverhalt auslöst, von der wir im Baracken-Beispiel sprachen. Und es ist ebenso oft der Stil, der eine an sich banale Mitteilung zu einem Ereignis für den Rezipienten macht. Hier treten dann an die Stelle des allgemeinen Postulats der Objektivität gern Gebote wie »Sachlichkeit« und »Nüchternheit«, auch schlicht »Handwerkliche Qualität«, wobei letztere sehr unterschiedlich gedeutet, gerade Sachlichkeit aber als Schutz vor Meinungsmache angesehen wird, obwohl jeder Praktiker weiß, daß gerade nüchterne Sachlichkeit die kühle Darbietung eines empörenden Vorgangs zu einer Schärfe treiben kann, die eine mehr emotionale und seitens des Autors offen beteiligte Darstellungsweise schon darum selten erreicht, weil sie die Empörung des Rezipienten gleichsam vorwegnimmt oder schon teilweise abventiliert und in bloße Zustimmung mit dem Verfasser umwandelt. Sachlichkeit also als Kriterium für Objektivität?

Wie immer man die Perspektive wählt: die öffentlich-rechtlichen Medien werden sich auf Dauer mit den Begriffen »Ausgewogenheit« und »Objektivität« nicht dem zudringlichen Programmanspruch der Parteien entziehen können. Vielmehr fangen sie sich in der Vieldeutigkeit dieser Formeln selbst, werden mit solchen Vokabeln als Kampfbegriffen in die Zucht genommen und wenden sie schließlich auch intern und gegen sich selbst als zensurierende Vorgaben an. Ähnlich ergeht es dem Begriff »Meinungsvielfalt«: die Meinungen der Journalisten sind für die Rezipienten ziemlich uninteressant; Betrachter, Hörer und Leser erwarten, daß ihnen durch das Medium ein Teil der Realität mitgeteilt wird, den sie persönlich nicht in Augenschein nehmen können; und sie erwarten, daß dies Abbilden vorurteilsfrei und konzentriert auf das Wesentliche geschieht, damit sie sich ihre eigene Meinung bilden können. Die Kriterien dafür obliegen der Publizistik und sollten sich aus der Realität ableiten.

Wirklichkeit aber ist, so wie sie ist, immer unausgewogen. In unserem Beispiel hat nicht die Familie die Macht über ihre Lebensgestaltung, sondern Verwaltung und Polizei üben diese Macht aus. Schon hier führt sich die Ausgewogenheitsforderung ad absurdum; das vorläufige Ende dieses Ansatzes zeigt sich dann, wenn während einer außenpolitisch wichtigen Reise des Bundeskanzlers in der Berichterstattung auch jedesmal und gleich lang der Kanzlerkandidat der Opposition zu Bild und Wort kommen will, als Chefkommentator sozusagen. Parteipolitiker, die derart in die Berichterstattung eingreifen, stehen im Verdacht, auch in ihrer Realpolitik die Wirklichkeit auf ihr ideologisches Konzept zurechtbiegen zu wollen, hierfür zunächst den Rundfunk benutzen oder sich private Medien dafür zu schaffen.

Journalisten, die – wenn auch aus verständlichen Gründen – sich solch subjektivem Machtanspruch beugen, haben vor dem öffentlich-rechtlichen Auftrag des Mediums kapituliert.

Wer Objektivität nicht zum Schutz der eigenen Machtinteressen fordert, wird mit diesem Wort vorsichtig umgehen. In einigen Parteiprogrammen läßt sich schwarz auf weiß ablesen, daß man »die Wahlen im Fernsehen gewinnen müsse« – die Autoren sind meist dieselben, die am lautesten nach Objektivität rufen. In zwölf Jahren Rundfunktätigkeit ist mir andererseits nicht zu Ohren gekommen, daß irgendein Politiker sich jemals über eine für ihn oder seine Partei günstige Sendung wegen mangelnder Objektivität beschwert habe. Das sei selbstverständlich?

Ein Begriff, der so auf den Kothurnen hoher Sitte und Neutralität einhergeht, muß sich messen lassen. In der Praxis erweist sich, daß er fast ausschließlich als Vorwurf Verwendung findet; fehlende Objektivität heißt dann eigentlich: ›Ich bin mit meinen Interessen nicht so repräsentiert, wie ich mir das zur Durchsetzung meiner Ziele wünsche.‹ Statt eine fehlerhafte Wirklichkeit mittels politischer Entscheidungen zum Besseren zu verändern, soll die Darstellung der Politiker im Medium verbessert werden – in der Umkehrung ist dann nicht der wirklich geschehene Vorfall der Skandal, sondern daß darüber berichtet wird. Ein wahrhaft absurder Zustand. Er wird sich nicht ändern, solange die Medien in der Berichterstattung den Politikern, Verbandsvertretern, Repräsentanten und Lobbyisten mehr Raum geben als den von Macht betroffenen Bürgern, ihren Erfahrungen und ihrem Alltag. Die Entwicklung zu dem, was Journalisten als »Hofberichterstattung« belächeln und nichtsdestoweniger täglich betreiben, läßt sich – wenn überhaupt – dann im öffentlich-rechtlichen System wieder umkehren, wenn die Struktur der Medien demokratisiert, ihre Hierarchie den Parteien entzogen würde. Dann ließe sich auch wieder vernünftig darüber reden, was das als Grundsatz publizistischer Praxis sei: die Objektivität.

Anmerkungen

1 Adorno, Theodor W. (1963), »Meinung, Wahn, Gesellschaft.« In: Adorno, Theodor W. (1963), Eingriffe. Neun kritische Modelle Frankfurt: Suhrkamp, S. 160 ff.
2 Langenbucher, Wolfgang R. (1973), »Die politische Funktion der Fernsehnachrichten im öffentlich-rechtlichen Mediensystem.« In: Politische Medienkunde, Bd. 2. Zus. gestellt von Hans Friedrich (Akademie für Politische Bildung; Materialien und Berichte) Tutzing, S. 196.
3 Hegel, G. W. Friedrich (o. J.), Ästhetik. Mit einer Einführung von Georg Lukács. Frankfurt: Europäische Verlagsanstalt, S. 282.
4 Barthes, Roland (1967), Kritik und Wahrheit. Frankfurt: Suhrkamp, S. 32.

PETER FAECKE

Leben und arbeiten in Südwestfalen –
Medienarbeit auf dem Land

Sommer 77: Im Kopf haben wir abstrakte Vorstellungen von
langfristiger, ein- bis zweijähriger Medienarbeit mit den Mitteln des Hörfunks auf dem Land; abstrakte Vorstellungen von
Sendungen, die gemeinsam von Betroffenen und von Journalisten mit dem größtmöglichen Maß an gegenseitigem Vertrau-
en und an Verbindlichkeit erarbeitet werden – beginnend mit
den ersten Diskussionen der allgemeinen und der regional-
spezifischen Probleme; dann ihrer inhaltlichen Aufarbeitung;
dann der Entwicklung von Sendedramaturgien; dann der Produktion von Sendungen; dann der Nagelprobe: wie weit können sich alle Mitarbeiter, die Betroffenen und die Journalisten,
die sich ihnen zur Verfügung gestellt haben, damit identifizieren; welchen Gebrauchswert haben die Sendungen für die
Bewohner auf dem Land; welche Konsequenzen ergeben sich
aus dieser Art von Arbeit – aus den von uns gemachten Fehlern
ebenso wie aus den Ansätzen, die getragen haben – für die
weitere Arbeit im Hörfunk; welche Forderungen sind nach den
schließlich vorliegenden Ergebnissen an die journalistischen
Mitarbeiter, an den Apparat, an die Programmstrukturen, an
die Formen von Sendungen zu stellen?
Sommer 77: sehr konkret im Kopf haben wir dagegen unsere
eigenen, natürlich großstädtischen Denkweisen und Erfahrungen. Wir sind eben Journalisten aus der Zentrale: der Sender als
Einbahnstraße, die Mitarbeiter als Schneckenhausbewohner –
Sammler, Verwalter, Verwerter, Zurechtstutzer von Informationen aus der Außenwelt aufs Brötchenformat eines Kommentars, eines Feature, noch immer selbstgerecht die einen,
zunehmend ratloser die Sensibleren, aber Fließbandarbeiter
der Einweg-Kommunikation alle miteinander. Aufs Glatteis
begibt sich da schon, wer nur davon redet: von der Isolation der
Medienarbeiter in der Zentrale; Medienarbeiter, die doch
eigentlich mehr als nur technisch vermitteln sollten zwischen
Öffentlichkeit und Erfahrung. Zwangsläufig werden sie so, wie
sie zur Zeit ihr Geschäft betreiben müssen, von immer größeren

Bereichen des gesellschaftlichen Lebens abgeschnitten. Das könnte noch als zwar bedauerliche, aber gegenwärtig kaum vermeidbare Berufskrankheit gelten, wenn sie dadurch nicht auch die Betroffenen, die diese Lebensbereiche mit ihren täglichen Kämpfen ausfüllenden Menschen – also die Hörer, die Empfänger, die möglichen Produzenten von Rundfunkprogrammen – zunehmend bruchstückhafter, falscher sehen würden. Die Schere der Einweg-Kommunikation für den Medienarbeiter ist eindeutig die: je erfahrener er wird, je funktionabler für die Arbeit in der Zentrale, um so dümmer wird er und um so unfähiger, die Erfahrungen aus der Außenwelt halbwegs vollständig aufzunehmen, sie zu reflektieren und adäquat in die Außenwelt wiederum verändernde Kommunikation umzusetzen. Basta. Daher Sommer 77: weg von der Zentrale, von der Großstadt, raus aufs Land.

> »Da wir uns unprogrammierte öffentliche Massenkommunikation noch nicht recht vorstellen können, wird die Überwindung zunächst die Form des Lokalprogramms annehmen müssen.« (Klaus Lenk)

»Aufs Land« heißt in diesem Fall: Südwestfalen. Sendegebiet des WDR. Im Norden begrenzt von den Ausläufern des Ruhrgebiets und von der Soester Börde, nach Süden zu der Märkische Kreis, Teile des Sauerlandes und das Sieger- und Wittgensteiner Land. Neben Gebieten, die vorwiegend land- und forstwirtschaftlich genutzt werden, weist die Region Klein- und Mittelindustrie auf, Naherholungsgebiete, aber auch Industrieballungen wie die Stahlerzeugung (Krupp) im Siegtal. Keine Großstadt, Mittel- und Kleinstädte. Dörfer, Weiler, Einzelhöfe. Verkehrsverbindungen durch die Autobahnen Köln–Olpe und Dortmund–Frankfurt: eine Region also, in der sehr unterschiedliche Aspekte des »Lebens auf dem Lande« deutlich werden. Unser Ziel: nicht eine möglichst vollständige Aufarbeitung dieser Region, kein akustisches Nachschlagewerk, sondern die Entwicklung und Erprobung von Arbeitsweisen und Sendedramaturgien am Beispiel von lokal eingrenzbaren Einzelaspekten. Verschiedene Annäherungen also, von verschiedenen Mitarbeitern unternommen. Ich greife hier, unsystematisch, einige der Ergebnisse und Erfahrungen heraus.

> »Wolln wir mal so sagen: auf dem Lande wird ja die Geschichte von einzelnen gemacht. Also gut, ich erzähle euch mein politisches Leben. Aber eins muß sicher sein:

mein Name darf dabei nicht fallen, mein Sohn hat heute eine gute Position!« (Fritz G., einst Industriearbeiter im Ruhrgebiet, dann Landwirt im Sauerland, jetzt Rentner in einer Kleinstadt)

Für einen Teil der Sendungen sollten Arbeitskreise aufgebaut werden: möglichst regelmäßige Treffen, um sich mit uns auf die Punkte zu einigen, die allen über die gruppeninterne Kommunikation hinaus als Mitteilung nach außen am wichtigsten erscheinen; Punkte, die dann von uns genauestens recherchiert und ständig wieder in dem Arbeitskreis diskutiert werden. Wobei sich die Medienarbeiter keineswegs als bloße Handlanger, technische Berater und Materialbeschaffer verstehen, sondern sehr wohl auch als, wenn notwendig, kontroverse Diskussionspartner – aber eben Partner, was ein ständiges Bemühen um Kompetenz voraussetzt. Nie ging es darum, einzelnen Gruppen den ungehinderten Zugriff aufs Programm zu ermöglichen: kein open channel. Es ging immer darum, die jeweiligen Sehweisen, Fähigkeiten, Eigenarten, wenn möglich, bis hin zu den eigenen Verletzungen so in eine Sendeform einzubringen, daß für alle Mitarbeiter und für Außenstehende ein Kommunikationsprozeß deutlich wird, an dem die Hörer wenigstens im nachhinein teilhaben und von dem sie vielleicht sogar Ableitungen für ihr eigenes Leben machen können. Der Idealfall eines Arbeitskreises wäre, daß er nach Abschluß der direkten Arbeit für eine Sendung, nach ihrer Produktion und Ausstrahlung weiter erhalten bliebe; also unabhängig von dem einmaligen Angebot des Senders in den jeweils lokal möglichen Aktions- und Kommunikationsformen weiter daran arbeitete, lokale Öffentlichkeit herzustellen.

Bei dem Versuch, solche Arbeitskreise zu gründen, waren wir allein schon wegen der beschränkten Arbeitskapazitäten darauf angewiesen, uns zunächst an schon bestehende Organisationsformen regionaler oder lokaler Öffentlichkeit zu wenden. Vorausgegangen waren dem eine intensive Recherche in der Region: Aufsuchen von Kontaktpersonen; Gespräche mit lokalen Multiplikatoren wie Lehrern, Verbandsmitgliedern, Gewerkschaftern, Pastoren; Besuche bei Landwirtschaftskammern, Kreisämtern, Industrie- und Handelskammern; bei Jugendgruppen, Seniorenkreisen, jungen Arbeitern, alten Arbeitern und ihren Familien; bei Rentnern, die ausgesteuert irgendwo leben, aber in privaten Papieren, und in ihrem Gedächtnis den Teil der ungeschriebenen regionalen und lokalen Geschichte bewahren, der sich nicht in den zugänglichen Teilen der Archive findet und von dem die verschiedenen Interessenvertreter – teilweise bis hin zu denen der Gewerkschaften – nicht zu reden bereit sind: der politische Teil der Geschichte: die Geschichte der Arbeiterbewegung, soweit die Region daran teil hatte; die des Faschismus und des Widerstandes dagegen; die der Restauration unter Adenauer und später und was auch dagegen noch zu unternehmen versucht wurde von denen, die heute siebzig oder achtzig sind: körperliche Wracks, müde und kaputtgekämpft. Wir haben Mühe, sie davon zu überzeugen, wie wichtig ihr Gedächtnis heute für die Öffentlichkeit ist. Das heißt nicht, daß sie den abstrakt politischen Nutzen ihres Gedächtnisses verkennen. Aber das heißt – und das ist gleichzeitig eine Bankrotterklärung für unsere gegenwärtige Form von auch geschichtlicher Öffentlichkeit –, daß sie kaum noch daran zu glauben vermögen, ihre Mitteilungen könnten von jemandem in etwas praktisch Verwertbares umgesetzt werden, ohne daß sich der Betreffende in die gleiche Isolation begäbe, in der sie dahinleben.

Aus der Geschichte lernen findet ebensogut wie nicht statt. Wir haben in zwei Fällen versucht, geschichtliche Erfahrungen öffentlich zu machen – mit sehr viel Schwierigkeiten auch deswegen, weil sich die »Träger« dieser Geschichte klar sind: über ihre kleinen Siege und jeweils fast endgültigen Niederlagen, ihre KZ-Aufenthalte oder durch welche Haken und Masken sie denen entkommen sind, zu reden, heißt auch immer: über den Mitbewohner, den Nachbarn, den Arbeitskollegen von einst, über die regionalen Behörden, die Besitzer der Produktionsmittel von einst und von heute zu reden (und das sind auf dem Land noch weitgehend Personen, Familien, bekannt, einflußreich, gar nicht zimperlich im Zuschlagen – das anonyme und deswegen gelassene Management etwa von ITT hat hier noch ein sehr weites Betätigungsfeld); über sie zu reden heißt, über Ereignisse reden, die sie verdrängt und vertuscht haben, weil an ihnen ihre eigenen Fehlhaltungen ablesbar wären. Und das bedeutet: unter Umständen erneut in Bedrängnis zu geraten, erneut kämpfen zu müssen – in einem körperlichen Zustand, der gerade noch eine gewisse Vorbereitung auf den Tod zuläßt. In den Ballungsgebieten dagegen erinnert sichs leichter: vom Nachbarn, der KZ-Aufseher war und noch immer nicht abgeurteilt wurde, ist man weniger abhängig als auf dem Land. Aber auch hier: wer kümmert sich schon um diese Art von Gedächtnis außer einer Partei, der DKP, deren Publikationen zum antifaschistischen Widerstand zwar sehr verdienstvoll sind, an deren Willen zur historischen Genauigkeit ohne weiteres zu glauben aber zumindest fahrlässig ist.

»Ich bin da sehr mißtrauisch. Ihr redet davon, daß Ihr eine Sendung mit uns zusammen machen wollt. Und dann soll das auch noch über ein Jahr hinweg laufen. Warum wendet der WDR plötzlich für die Landjugend so viel Moos auf? Normalerweise gibts doch sowas nicht. Und außerdem haben wir schon eine miese Erfahrung mit dem ZDF hinter uns. Die hatten uns auch gesagt, Ihr seid bei allem dabei, das wird Euer Film. Aber dann haben wir nicht mal erfahren, wann der geschnitten wurde. Und dann kommt noch dazu, daß wir sehr viel Arbeit haben. Auf den Höfen, und auch in der Landjugend. Und dann ist uns eine Sendung eben doch nicht so viel wert, wie Ihr wahrscheinlich denkt.« (Ein Mitglied der westfälisch-lippischen Landjugend.)

Mit einer anderen Gruppe der Landjugend klappte die Zusammenarbeit dann doch noch sehr gut, aber hier waren wir erst mal eingebrochen. Unser Fehler: zu schnelles, weil zu ungeduldiges Vorgehen. Wir hatten nicht genug Rücksicht auf das Mißtrauen uns und dem Projekt gegenüber genommen, Mißtrauen, das gerade bei den in der Landwirtschaft Beschäftigten sehr ausgeprägt ist. Und: diese Jugendlichen hatten eine Medienerfahrung hinter sich, die ihnen ihre Urteile und Vorurteile bestätigt hatte. Sie waren einmal beschissen worden, und sie sahen uns mit als Vertreter der Medienorganisation, die sie beschissen hatte.

Ein anderer vergeblicher Versuch: mit einem agrarpolitischen Arbeitskreis junger Landwirte zusammenzuarbeiten. Auch hier zunächst ein sehr hohes Maß an Mißtrauen, noch dazu dieser Kreis, der andere agrarpolitische Vorstellungen als der Deutsche Bauernverband und das Landwirtschaftsministerium entwickelt, kräftig unter Beschuß steht. Hier war das Mißtrauen abzubauen, zu einer Zusammenarbeit kam es dennoch nicht, weil den Landwirten neben ihrer Arbeit auf den Höfen und in ihrem Arbeitskreis keine Zeit mehr für eine langfristige Medienarbeit blieb. Außerdem zeigten sich hier sehr deutlich die Hörgewohnheiten: vom Landfunk, von den Magazinen an kurze Sendungen, schnelle Informationen gewöhnt, wären sie bereit gewesen, kurzfristig mit uns eine kleinere Sendung zu erarbeiten. Das wiederum lag jedoch nicht in unserem Interesse.

»Sagen Sie doch noch mal, wie es hier auf dem Dorf so ist!«
(Die Moderatorin Carmen Thomas in der WDR-Live-Sendung »Hallo Ü-Wagen« in einem Dorf im Sauerland.)
»Nun passen Sie doch mal auf, was ich sagen will!« (Eine Bewohnerin des Dorfes zu der Moderatorin Carmen Thomas.)

Der zunächst schwierigste, weil in sich geschlossenste, nämlich ein sehr konservatives, stark religiös gebundenes Weltbild entschieden verteidigende Arbeitskreis war einer von Landfrauen, die im Deutschen Landfrauenverband (mit über einer Viertelmillion Mitgliedern übrigens die größte Frauenorganisation in der Bundesrepublik) organisiert sind: Landfrauen aus dem Kreis Olpe, der zu rund 80 Prozent katholisch ist. Auch hier befürchteten wir zunächst, die Arbeit abbrechen zu müssen. Die Landfrauen, die aus verschiedenen Dörfern des Kreises von kleinen, mittleren Höfen und einem großen Hof kamen, hatten sehr genaue, zunächst kaum hinterfragbare Vorstellungen von der Arbeit im Arbeitskreis, von der Sendung: nämlich eine nahezu unkritische, nahezu widerspruchslose Selbstdarstellung vom Leben der Landfrau, die zwar hart arbeiten muß, ansonsten aber das gesündeste, erfüllteste, glücklichste, von Gott und dem Präsidenten des Deutschen Bauernverbandes geleitete Leben führt. Was tun? Diese Art der Selbstdarstellung akzeptierten wir nicht. Aber es schien auch unmöglich, die Landfrauen durch noch so informierte und sachliche Einwände auf Widersprüche hinzuweisen, sie womöglich davon zu überzeugen und sie dann nicht nur im privaten, vereinzelten Gespräch, sondern auch in der Öffentlichkeit des Arbeitskreises auf Band äußern zu lassen. Erste, geringfügige Veränderungen dieser Haltung wurden erst möglich, als sie durch den Vergleich mit anderen Medienpraktiken, die sie in ihrer Umgebung erlebten, mehr und mehr von unserem anderen Ansatz, von unserer Ernsthaftigkeit und damit davon überzeugt wurden, daß unser Beharren auf einer kritischen Darstellung ihrer Lage nicht bedeutete, die Landfrau als dumme, rotbäckige Bäuerin darzustellen. Sie erlebten, wie für eine Fernsehproduktion mit durchaus ernsthaftem Anspruch dem Klischee vom Landleben entsprechende Mitwirkende gesucht und als das nicht in ausreichendem Umfang klappte, Schauspieler in Klischeerollen gezwängt wurden; wie sich das Aufnahmeteam konstant und schließlich boshaft weigerte, irgend etwas über das Filmprojekt zu erzählen; wie Aufnahmeorte umgebaut wurden nach dem

Motto: die Wirklichkeit ist der Kopf des Regisseurs und das Auge des Kameramannes. Sie erlebten die in unserem Sendegebiet viel gehörte Sendung Hallo Ü-Wagen in einem ihnen gut bekannten Dorf. Sie erlebten, wie gut oder wie schlecht die Moderatorin vorbereitet war; was sie vom Dorfleben wußte; wie sie den Pfarrer, immerhin die Vertrauens- und Haupt-Bezugsperson im Dorf, abfahren ließ; was dabei herauskommt, wenn man Spontaneität mit Öffentlichkeitsarbeit verwechselt und die Ungewohntheit von Dorfbewohnern, sich öffentlich zu artikulieren, als provinzielle Artikulationsunfähigkeit über den Sender schickt.

Diese Erlebnisse und ihre Diskussion ermöglichten uns den Zugang. Dadurch wurde auch möglich, im weiteren Verlauf der Arbeitskreis-Treffen andere Frauen einzuführen: junge Frauen aus Köln, nicht in der Frauenbewegung organisiert und doch ein Teil von ihr, und Frauen aus einer Frauengruppe aus Gummersbach, einer mittelgroßen Stadt in der Nähe von Olpe. In der Begegnung mit verschiedenen Frauen begegneten sich verschiedene Bilder von Frauen, verschiedene Urteile und Vorurteile: die Vorurteile der Groß- und Mittelstädter gegenüber den Landfrauen, die Vorurteile der Landfrauen gegenüber Frauen, die mit sehr anderen Erfahrungen in einer sehr unterschiedlichen Umwelt leben – Frauen, die, teils organisiert, für ihre Emanzipation zu kämpfen begonnen haben und bereit sind zu schildern, wie klein und wie mühsam und auch voll welcher Selbstzweifel jeder Schritt sein kann.

In diesem Fall ist es uns also gelungen, eine länger dauernde Kommunikation zwischen verschiedenen Erfahrungsträgern einzuleiten. Trotzdem gab es, nach Fertigstellung der Sendung, immer noch lange Auseinandersetzungen darüber, ob diese oder jene Äußerung einer Landfrau, etwa über die Kirche oder über ihre Schwierigkeiten zu diskutieren (»Wir können das nicht so gut, eben weil man so viel alleine arbeitet. Und das geht ja auch vielen jungen Landwirten so. Eben weil sie so viel alleine arbeiten«), so stehenbleiben kann. Aber es gab auch die Feststellung: »Ich wäre froh darüber, wenn dieser Arbeitskreis schon zehn Jahre früher gelaufen wäre. Denn es sind so manche Sachen behandelt worden, wo man vielleicht oft gar nicht drüber nachgedacht hat. Und die Kinder kritisieren ja auch schon mal an manchen Punkten, und vielleicht auch mit Recht. Aber wir legen ja das Konservative auch nicht so ganz ab und wollen es ja auch gar nicht.«

Dieser Arbeitskreis ist durchaus motiviert, auch nach der

Sendung, nach Beendigung unseres Projektes weiterzuarbeiten. Voraussetzung: ein Motor von außen muß dasein. Hier aber ist unser Modellversuch, der ja noch immer in den Sender eingebunden ist, überfordert. Von uns aus ist das nur noch gelegentlich zu leisten. Das hier ist einer der Punkte, an dem über zu verändernde Programmstrukturen nachgedacht werden muß; über die nicht nur gelegentliche Regionalisierung eines Programms; über kleinere, aber regelmäßig und häufig im Programm auftauchende Sendeeinheiten, die eine Thematik, zum Beispiel die der Landfrauen, weiterverfolgen; hier muß auch über die Möglichkeit einer intensiveren Zusammenarbeit zwischen Rundfunk und anderen Vermittlungsträgern, Schulen, Volkshochschulen, Stadtbüchereien nachgedacht werden: Viel Papier für Gremiensitzungen wittere ich hier und viele zunächst enttäuschte Erwartungen bei Mitarbeitern und anders Betroffenen; aber was solls. Weitermachen. Nägel einschlagen.

»Nein, nein, also da haben Sie sich ein ganz schlechtes Beispiel ausgesucht. Wir sind überhaupt keine typische Kleinstadt in ländlicher Umgebung!« (Ein Mitglied der Stadtverwaltung von Meinerzhagen/Sauerland).

Ein weiterer Arbeitskreis: Gewerkschafter der IG Metall, Betriebsräte, Vertrauensleute aus Klein- und Mittelbetrieben der Kleinstadt Meinerzhagen. Mit ihnen treffen wir uns regelmäßig seit Ende 77, um zu erarbeiten: die Lebens- und Arbeitsbedingungen in der Region, in der Stadt, in den kleinen und mittleren Betrieben, in den sogenannten Garagen- oder Kellerbetrieben – das sind Betriebe, die ursprünglich als Kleingewerbe in einer Garage, einer Kellerwerkstatt entstanden mit einer Drehbank oder einem Spritzgußautomaten und die nur über wenige Mitarbeiter verfügen.

Die Gewerkschaft hat es schwer am Ort. Es gibt keine einheitliche und deswegen in ihren Interessen einige Arbeiterschaft. Einmal teilt sie sich in Facharbeiter und Hilfsarbeiter. Dann in die Alteingesessenen: die sind verbunden mit der Geschichte, mit dem schnellen Aufbau der Stadt nach 45 (der Ort ist Schnellzuwachsgemeinde). Oft haben sie ihr Leben lang in ein und demselben Betrieb gearbeitet, haben mit ihrem jetzigen Chef dieselbe Schule besucht, werden geduzt, sind mit seinen Gewohnheiten, Eigenarten, Lebensverhältnissen vertraut, sind unter Umständen im selben Verein (Fußball, Motorsport, Schützenverein); sind vielleicht sogar vom Facharbeiter zum Meister aufgestiegen und Hausbesitzer geworden. Dann gibt es die Zugezogenen: die Flüchtlinge, die als Fremde ankamen, wieder bei Null begannen und die Wahl hatten, sich anzupassen oder ausgeschlossen zu bleiben. Und es gibt die aus dem Ruhrgebiet oder anderen industriellen Ballungsgebieten Evakuierten oder dort arbeitslos Gewordenen, zum Beispiel im Bergbau. Sie haben dort ganz andere gewerkschaftliche Erfahrungen gemacht, mit ihnen setzt die Gewerkschaftsbewegung nach dem Krieg vorübergehend auch verstärkt wieder ein, bricht aber bald erneut zusammen. Heute sagt der eine: »Warum soll ich da eintreten? Was rausgeholt wird, krieg ich doch auch so!« Und ein anderer hat resigniert, hat sich vielleicht irgendwann mal die Pfoten verbrannt: »Mit der Gewerkschaft, das ist so, als würde ich gegen den Wind pissen. Und da mach ich mir die Hosen naß.«

Von der Gewerkschaft wollen sie alle nicht sonderlich viel wissen. In den rund 300 Betrieben der Verwaltungsstelle Lüdenscheid, zu der Meinerzhagen gehört, gibt es in einem Drittel Betriebsräte oder wenigstens Gewerkschaftsmitglieder. Die Nebenstelle Meinerzhagen zählt 2000 Mitglieder – zu den monatlichen Versammlungen treffen sich immer dieselben, rund zwei Dutzend.

Das ist die Situation, die wir vorfinden. Um für den Arbeitskreis Material zusammenzutragen, das er für die Sendung diskutieren kann, führen wir über einen längeren Zeitraum hinweg die unterschiedlichsten Gespräche: Stadtverwaltung, Ratsmitglieder, Lehrer, Pastor, Prokurist, Archivar, Heimatpfleger, Unternehmer usw. usw., und immer wieder Arbeiter: alte, die aus der Industriegeschichte und aus der der Arbeiter erzählen können; jüngere, gewerkschaftlich organisierte; jüngere, gewerkschaftlich nicht organisierte, die glauben, auch so gut wegzukommen; Frauen, die erzählen, warum sie am Fließband stehen oder Heimarbeit machen und was das bringt. Andere werden direkt zu den Treffen des Arbeitskreises dazugeladen, um sich mit ihm etwa über das kulturelle Angebot, die Wohnungssituation, die Lebenshaltungskosten, das Lohnniveau usw. zu unterhalten.

Bei solcher Aktivität in einer Kleinstadt bleibt es nicht aus, daß sich andere über uns unterhalten: wir werden bald zu einer Art Stadtgespräch. Die einen begegnen uns wohlwollend-freundlich, die anderen freundlich-ablehnend. Jeder hat das Gefühl: da ist Ungewohntes im Gange, Vorsicht, erst mal abwarten, wohin dieser Karren läuft. Und natürlich und leider haben sie recht: es ist absolut ungewohnt, noch, daß sich eine Gruppe von

Bürgern intensiv um eine öffentliche Darstellung eines Teilbereichs der lokalen Probleme bemüht.

Eine derart vorbereitete Form der öffentlichen Rede erweckt nicht nur Mißtrauen am Ort, bald platzt auch die erste Blase. Wir rühren an einen wunden Punkt der Gemeindegeschichte kurz vor Kriegsende: bestialische Hinrichtungen von vier Kommunisten durch die Gestapo. Eine der beiden Zeitungen am Ort berichtet darüber, der größte Betrieb am Ort, in dem die vier beschäftigt waren, wird dabei erwähnt, die Geschäftsleitung dieses Betriebes (der Firmenchef war einst Hitlers jüngster Wehrwirtschaftsführer) setzt daraufhin den Betriebsratsvorsitzenden, der Mitglied des Arbeitskreises ist, so unter Druck, daß er bei uns aussteigt. Wir machen ein Interview mit dem Vorsitzenden einer unabhängigen Wählergemeinschaft. Die zweite Zeitung am Ort berichtet darüber sehr sachlich, fügt dem Bericht aber einen kleinen Kommentar an, der den Einfluß des größten Betriebes auf die Gemeindepolitik auch personell benennt. Die Redakteurin und Verfasserin des Kommentars wird nachts noch aus dem Bett geholt, es folgt eine außerordentliche Ratssitzung, es folgt eine von allen Ratsfraktionen und von der Stadtverwaltung gezeichnete Ehrenerklärung für die Geschäftsleitung des größten Betriebes. Schließlich ist die Sendung fertigproduziert, vom Arbeitskreis abgenommen, für gut befunden. In ihr enthalten ist die Schilderung eines Betriebsrates, der den Besuch des Gewerbeaufsichtsamtes in »seinem« Betrieb mitverfolgt hat. Dabei wurden eine Reihe von gravierenden Mängeln und Verstößen, u. a. im Bereich der Arbeitssicherheit und der Arbeitszeiten festgestellt. Von der Geschäftsleitung befragt, was denn nun alles in der Sendung enthalten sei, erwähnt er wahrheitsgemäß auch diese Passage. Daraufhin wird ihm angekündigt: dann sehen wir uns vor Gericht. Das kann für ihn heißen: Kündigung und Arbeitsgerichtsverfahren über ein, zwei Jahre hinweg, durch das schließlich vielleicht festgestellt wird, daß die Kündigung rechtswidrig ist. Seinen Arbeitsplatz ist er in jedem Fall erst einmal los, die Aufnahme einer anderen Beschäftigung in der Region zumindest schwierig, wenn nicht gar unmöglich, die Gewerkschaftsarbeit am Ort, die er maßgeblich trägt, unterbrochen. So einfach ist das eben: weil die Geschäftsleitung keine Öffentlichkeit will, darf auch der Betriebsrat nicht wollen. Und der im Betriebsverfassungsgesetz festgeschriebene Schutz ist dabei für ihn einen Scheißdreck wert.

»Mir gefallen die Sendungen sehr gut. Ich höre die Menschen, und ich lerne von ihnen und von ihrer Arbeit. Aber ich bin gespannt, wie sie hier im Haus ankommen, weil man hier immer das Spektakuläre gewohnt ist.«
(Ein Regisseur des WDR)
»Wo bleiben bei dieser Art von Arbeit meine Ansprüche an Emotionalität und Parteilichkeit?«
(Selbstzweifel eines Mitarbeiters des Projekts)

»Das Spektakuläre« meint: die Berichterstattung über Katastrophen, über tatsächliche oder von den Veranstaltern oder durch die Berichterstattung selbst dazu gemachte Ereignisse; meint die gewichtigen Kommentare der Kollegen in den grauen Anzügen von C&A; die Stellvertreter-Journalisten, die zu allem ihre zwangsläufig schlecht oder gar nicht fundierte, in jedem Fall aber wichtige Meinung haben und die Zweifel, Selbstzweifel, Ratlosigkeit gar vorgeblich nicht kennen; Kollegen, die ständig als ihr eigenes Ausrufungszeichen über den Sender tönen. In diesem Sinn waren die Sendungen tatsächlich überhaupt nicht spektakulär. Sie waren es aber in einem weite Teile der gängigen Rundfunkpraxis beschämenden anderen Sinn: insofern, als hier Menschen – Hörer, die zu Mitproduzenten geworden waren – sich mit ihren Schwierigkeiten, Kämpfen, Urteilen, abbaufähigen oder zumindest hinterfragbaren Vorurteilen darstellten durch die Schilderung der Prozesse, die sie bei der Arbeit an eben dieser Darstellung durchgemacht hatten. Die Sendungen waren weniger Ergebnisse, mehr Prozesse; keine Urteile und keine vorschnellen Verurteilungen, sondern Teile von und Angebote zur weiteren Kommunikation, die freilich dann auch zu Urteilen und entschiedenen Verurteilungen kommen muß.
Und nur folgerichtig ergibt sich aus der gängigen Rundfunkpraxis (aus der, die sich auf rechte Positionen bezieht ebenso wie aus der, die sich auf linke bezieht), daß dabei zunächst mancher beklagt, seine berechtigten Ansprüche auf Emotionalität und Parteilichkeit nicht in jeder Phase der Arbeit eingelöst zu sehen. Die Linken unterscheiden sich dabei aber durch zweierlei: erstens leisten sie sich die Ehrlichkeit, diesen momentanen Verlust zu beklagen, und zweitens können sie sich die Prognose leisten, daß dieser Verlust immer nur momentan ist, daß ihre Ansprüche bei etwas geduldiger Weiterarbeit durchaus eingelöst werden. Das ist nicht nur eine Frage des langen Atems und der historischen Wahrheit, sondern auch eine der alltäglichtäglichen Wahrheit.

Aber um hinter die Objektivität des Alltags zu kommen, genügt eben nicht ein Kommentar vom fernen Funkhaus aus. Dazu sind die Schuttberge und Müllhalden zu groß, mit denen auch die Medienpraxis die Erkenntnis großer, kleiner und kleinster gesellschaftlicher Wahrheiten zugeschüttet hat. Wir buddeln da ganz am Rande, und haben nur Kinderschaufeln in der Hand. Um so entlarvender für die einen, um so ermutigender für die anderen, was da zum Vorschein kommt.

JOHANN-HENRICH WICHMANN

Über die Schwierigkeiten
der Wirklichkeitstreue

Die Forderung nach Objektivität ist für Vorgesetzte, Politiker
und Amtspersonen bevorzugte Fernlenkwaffe gegen kritische
Journalisten. Andere gern benutzte »Lenkgeschosse« heißen
Sachlichkeit und Ausgewogenheit: ein wohlabgestimmtes Ar-
senal der Abschreckung also. Der Abschreckung, das zu veröffentlichen, was nach gründlicher Recherche und sorgfältigem
Überdenken noch immer kritisches Abbild der Wirklichkeit
und damit Störfaktor bei der Durchsetzung von Interessen oder
Ausübung von Macht ist.
Kann ein Journalist eigentlich mehr tun, als sich ehrlich
zu mühen, Lesern, Hörern und Fernsehzuschauern Geschehen möglichst wirklichkeitsgetreu zu vermitteln? Angewiesen jedoch auf die eigenen Wahrnehmungen oder die anderer Menschen, muß die wahrgenommene Wirklichkeit
(ich kann das nicht Wahrheit nennen) zwangsläufig persönlich, subjektiv gefärbt und kritisch (wertend) sein. Die
Fakten sind eine, deren Sammeln und Wiedergaben eine
andere Sache – ganz zu schweigen von bewußter Manipulation, Verfälschung oder freiem Erfinden. Objektivität
im Journalismus kann es also gar nicht geben. Sie ist eine
Fiktion.
Diese Binsenweisheit wird gern vergessen gemacht. Gerade wir
Journalisten haben da schwer gesündigt. Wir pflegen gern den
Mythos, unsere Arbeit sei objektiv dokumentarisch oder gar
wahr. Und indem wir das tun, machen wir uns zu Komplizen
derjenigen, die Information, das Wissen von Dingen und
Zusammenhängen, als Stabilisierung ihrer Funktion und Macht
verstehen. Was Wunder, wenn Mächtige von uns Journalisten
immer wieder fordern, objektiv zu sein. Wer Karriere machen
will, tut gut, sich daran zu halten:
Einer fiktiven Objektivität kann ich mich nicht verpflichtet
fühlen. Allerdings bin ich bemüht, wirklichkeitsnah zu informieren – nach bestem Wissen und Gewissen, um es pathetisch
zu formulieren. Mut gehört nicht dazu, die Wirklichkeit kritisch

zu schildern. Mut eher dazu, sich von der Fiktion Objektivität freizumachen und sich dazu offen zu bekennen.

Das Medium Hörfunk bietet mir die günstigen Voraussetzungen, authentisch zu informieren. Das gute alte Dampfradio ist weit weniger perfektionistisch und kompliziert als Film oder Fernsehen. Da muß zum richtigen Zeitpunkt, in der richtigen Länge, bei richtiger Beleuchtung mit dem richtigen Gesicht etwas in das richtige Mikrofon und in die richtige Kamera gesagt werden. Rundfunk zu machen ist weit weniger aufwendig und künstlich, bietet aber – im Gegensatz zur Zeitung etwa – die Möglichkeit, Sprache im Originalton zu vermitteln. Sprache, unser zugestanden oft mißverständliches Verständigungsmittel, kann als Tondokument außer Worten auch Stimmung und Gemütsverfassung des Sprechenden wiedergeben und ist damit wirklichkeitsnäher als das geschriebene Wort. Verschweigen aber will ich nicht, daß selbst kleine Mikrofone Sprechblockaden auslösen können. Da redet gerade noch einer wie ihm der Schnabel gewachsen ist, und kaum hält man ihm das Mikrofon unter die Nase, versucht er plötzlich, geschraubt und gedrechselt »gutes Deutsch« zu sprechen. Er kommt ins Stottern und vorbei ist es mit dem wunderschönen Tondokument.

Befallen werden von dieser Mikrofon-Phobie, dieser Mikrofon-Angst, nach meinen Beobachtungen vor allem jene, deren Beruf häufiges Sprechen und Schreiben nicht verlangt – die sogenannten einfachen Leute also. Rundfunk und mehr noch Fernsehen können nur wirklichkeitsnah sein, wenn es gelingt, auch den »einfachen Mann« artikulationsfähig zu machen. Beide Medien aber laufen Gefahr, wegen ihrer hohen, an Perfektion orientierten Anforderungen an Sprachfähigkeiten, Herrschaftsformen zu zementieren.

Denn: jeder Journalist ist verleitet, bei Original-Tonaufnahmen den bequemen Weg zu gehen, Gespräche mit denen zu führen, die mediengerecht sprechen. Ohnehin büßt in einem relativ freien Gemeinwesen, wie der parlamentarischen Demokratie, die kritische Schilderung der Wirklichkeit an Sprengkraft ein. Die wird leicht als eine Meinung unter vielen möglichen verharmlost. Besonders peinlich oder störend werden Mikrofonangst und Stottern bei Direktübertragungen empfunden. Eine besondere Form der Direkt-Übertragung, die live-Reportage im Funk, entspricht – gerade wegen der in ihr steckenden Lebendigkeit – noch am ehesten der Forderung nach Authentizität, dem Wunsch nach Augenzeugenbericht.

Dabei ist gerade dort die Schilderung des Reporters inobjektiv. Obwohl ja sinnliche Wahrnehmungen der Wirklichkeit noch am nächsten kommen, werden sie – bei jedem von uns anders – entstellt. Wie unterschiedlich Geschehen wahrgenommen und wiedergegeben wird, kennt jeder von Zeugenaussagen.

Anfang der fünfziger Jahre ist das Thema Unzuverlässigkeit, besser: Subjektivität von Zeugen in dem japanischen Film »Rashomon« exemplarisch abgehandelt worden. Vor Gericht muß sich ein Räuber verantworten, der im Wald einen Mann erstochen und dessen Frau vergewaltigt haben soll. Der Zuschauer wird in die Rolle des Richters gedrängt. Jeder der Beteiligten gibt – ohne einfach zu schwindeln – eine andere Version vom Ablauf des Verbrechens. Wer den Mann getötet hat, und ob die Frau vergewaltigt worden ist – bleibt ungeklärt.

Trotz ihrer Subjektivität kommt die live-Reportage im Funk der Wirklichkeit sehr nahe. Leider ist aber bei der Spezies Mensch das Sehen stärker ausgeprägt als das Hören. Also live-Übertragungen im Fernsehen als non plus ultra der Wirklichkeitstreue? Da müßte erheblich mehr an Technik her. Den Aufwand, um tatsächlich wie ein Augenzeugenerlebnis zu vermitteln, kann der erahnen, der Fußball-Direktübertragungen oder Sondersendungen über besonders hohe Staatsbesuche kennt. Da muß mit diversen Kameras und anderer aufwendiger Technik gearbeitet werden. Sie aufzubauen kostet jedoch Zeit, und die ist nur bei vorhersehbaren Ereignissen vorhanden.

Für Funk und Fernsehen gilt generell, daß uns nur selten das Glück beschieden ist, bei Unvorhersehbarem wie Anschlägen, Fünflingsgeburten, Flutkatastrophen oder Rettungseinsätzen – mit dem Übertragungswagen rechtzeitig am Ort des Geschehens zu sein.

Als Hörfunk-Korrespondent in einer niedersächsischen Region, die fast so groß wie das Saarland ist, habe ich das Glück, Journalistenglück, vor Ort arbeiten zu können. Meine Beiträge laufen im Programm meist ohne den Umweg über die Schreib- und Schneidetische vorgesetzter Kollegen. Dieser »direkte Draht« zum Hörer ist einer wirklichkeitsgetreuen Information nur förderlich. Nicht, weil meine Arbeit über Kritik erhaben ist; die kann hilfreich sein. Aber bei Zeitungen und Agenturen beispielsweise sind – in löblicher Absicht – Zentralredaktionen als Zwischen-, als Kontrollstation in viel stärkerem Maße eingebaut. Die aber redigieren, kürzen, ändern. Da Journalisten stets gezwungen sind, zusammenzufassen, zu raffen und damit auch die Ergebnisse zu entstellen, tragen allein schon die zusätzlichen Kürzungen zu weiterer Verfälschung des tatsächlichen Geschehens bei. Das ist vor allem dann der Fall, wenn derjenige, der kürzt, das einer Meldung oder einem Bericht zugrundeliegende Ereignisse aus eigener Anschauung gar nicht mehr kennt.

Wohlkalkulierte Ausführlichkeit in der Information – vorausgesetzt man versteht sein Handwerk – trägt ebenfalls dazu bei, der Wirklichkeit nahe zu kommen. Grundsätzlich gilt doch: je mehr Details geschildert werden (Dokumentation), desto einfacher ist es für den Leser oder Hörer, sich ein Bild vom Geschehen zu machen, desto eher wirkt die Information glaubhaft. Natürlich unterliegen meine Interviews, Berichte, Reportagen oder Features aus der Region zeitlichen Begrenzungen. Diese Grenzen sind nach meinen Erfahrungen aber nicht so eng gesteckt wie beim Fernsehen oder bei der Zeitung. Dennoch ist längst nicht jedes Thema im Programm unterzubringen – weder in den Regionalsendungen noch in den überregional ausgestrahlten Magazinen. Das aber heißt Themenauswahl. Gerade für das Regionalprogramm gibt es viel weniger der sogenannten Muß-Themen, Themen an denen man des öffentlichen Interesses wegen nicht vorbei kann, als für die überregionalen Sendungen mit ihrem breiten Spektrum nationaler und internationaler Ereignisse. So ist der Ermessensspielraum im Regionalen groß. Welcher Themen man sich annimmt, hängt schließlich davon ab, welche Neigungen und welches Selbstverständnis der einzelne Journalist einbringt. Das aber sind ganz persönliche Auswahlkriterien und sprechen deshalb der Forderung nach Objektivität Hohn.

Informationen, die einen Beitrag »wert« sind, kommen außerdem oft zufällig herein. Da ruft jemand an, der glaubt, man sei der Richtige, um aus seinem Tip einen Beitrag zu machen – oder da schnappt man ein paar Worte auf, die sich beim Nachfassen zu einer interessanten »story« ausbauen lassen. Eingedenk dieser Zufälligkeiten wage ich gar nicht daran zu denken, was ich an allgemein Interessierendem überhaupt nicht erfahre, und welches eventuell völlig falsche Bild ich damit von der Wirklichkeit in meiner Bericht-Region vermittle.

Pressekonferenzen und alle anderen Termine, bei denen offiziöse und entsprechend aufbereitete Neuigkeiten kundgetan werden, sind in der Regel nur Pflichtveranstaltungen. Interessanter als diese Selbstdarstellungen sind für mich – wie für viele Hörer offensichtlich auch – Informationen, die erst einmal ausgegraben, recherchiert werden müssen. Um bürgernah

Rundfunk zu machen, sollte der Hörer als Informant, als Betroffener möglichst häufig den Anstoß dazu geben. Ungerechtfertigt hohe Wasserpreise, die Zerstörung von Landschaft durch eine neue Straße und der sich dagegen formierende Widerstand oder auch die in Selbsthilfe gelungene Rettung eines historischen Viertels, solche Themen schaffen Identifikationsmöglichkeiten für den Hörer, wecken sein Interesse an Sendungen. Die auf Hörerinitiative entstandenen Beiträge sind für den Journalisten eine Art Nagelprobe, sind schmerzlich und hilfreich zugleich. Sie verschaffen dem betroffenen Bürger die Möglichkeit, zu überprüfen, wie ein öffentlich rechtlich organisiertes Medium informiert, wie es gerade auch berechtigte Bürgerinteressen vertritt.

Die werden heute in Lokalzeitungen kaum noch vertreten. Gerade im norddeutschen Raum sind Lokalblätter meist mit dem Erscheinungsmonopol für einen Landkreis ausgestattet, haben keine Konkurrenz. In der Furcht, Anzeigenaufträge zu verlieren, nehmen die Lokalzeitungen allzu oft Rücksicht auf Interessen der Geschäftswelt und der Kommunalpolitiker. Dort Korrektiv zu sein, Informationsdefizite abzubauen, bringt nicht nur Befriedigung. Schnell treten da kritisierte Kommunalgrößen, deren Parteigänger und auch die Zeitungskollegen auf den Plan. Ähnliches geschieht bei Kritik an den »Regional-Fürsten«, den Regierungspräsidenten. Deren wichtige Großverwaltungen – von keinem Parlament auf Bezirksebene kontrolliert – beschränken sich in ihrer Informationspolitik auf Banales und Bürokratisches. Die sogenannten Pressestellen der Bezirksverwaltungen erweisen sich als Presse-Verhinderungsbüros, erschweren den Zugang zu Informationen mehr als sie ihn ebnen.

Gelingt es dennoch, einer Bezirksregierung in öffentlichem Interesse – nicht aus Rachsucht – unbequem zu werden, so ist man schnell als böswillig oder inobjektiv verschrieen. Dann kann folgendes passieren: der Regierungspräsident höchstpersönlich gibt Auskunft – aber nur während sein Kassettenrecorder mitläuft. Die Begründung: ich hätte einmal falsch zitiert. Den Beweis dafür will oder kann er nicht antreten.

Daß Zitate aus dem Zusammenhang gerissen werden, deshalb die Aussage verfälscht ist – darüber wird häufig geklagt. Journalisten aber zitieren doch überhaupt nur deswegen, weil lediglich ein Satz, eine bestimmte Passage interessieren und – weil sie sich kurz fassen müssen. Zitate sind grundsätzlich aus dem Zusammenhang gerissen. Sie sind subjektiv ausgewählt, nach der persönlichen Wertung, was der Journalist für interessant hält. Welchem Hörer, Leser, Zuschauer wäre es auch zuzumuten, ihn mit ellenlangen, langweiligen Vortragstexten oder Erklärungen zu konfrontieren?

Der Journalist ist dazu da auszuwählen, soll Information lesbar, hörbar sein.

Zu informieren wird ohnehin schon genug erschwert. Eine besondere Technik praktizieren da vor allem Politiker, Funktionäre und Bürokraten. Sie beherrschen wie niemand sonst die hohe Kunst mit vielen Worten nichts zu sagen: »Die Versorgung unseres hochindustrialisierten Landes mit ausreichend Energie stellt die größte Herausforderung bis zum Ende dieses Jahrtausends dar. Wir sind mit Fug und Recht stolz darauf, unseren Anteil...«. Jeder kennt solche Aneinanderreihung von Worthülsen. Würden solche Passagen in einem Bericht verwendet oder als Original-Ton zugespielt, lautes Schnarchen an den Radios wäre die Quittung. Ähnliches gilt für die vielleicht interessanten und inhaltsvollen aber mit Fachausdrücken gespickten Antworten eines Soziologen oder Journalisten. Deren Fachchinesisch bleibt schlicht unverständlich. Da spielt es dann gar keine Rolle mehr, ob die Aussage richtig oder falsch ist.

Auf die Sprache kommt es also entscheidend an, ob Informationen überhaupt verstanden werden. Erst dann ist es möglich zu entscheiden, ob die Mitteilung an der Wirklichkeit orientiert, ob sie eine Meinung ist und ob es für diese Ansicht gute Argumente gibt.

Für eine realitätsnahe Unterrichtung über Ereignisse ist die Wortwahl ebenso bedeutsam. Das Wort »Freund« oder das Wort »Fairneß« kann für den Schreibenden oder Sprechenden *vom Gefühl her* ganz anders vorbelastet sein, als für seine Leser und Hörer. Mißverständnisse müssen auftreten und – mißverständlich zu sein, ist fast so unentschuldbar wie unverständlich zu formulieren. Das gedruckte und mehr noch das gesendete Wort sollte den Eindruck machen, den der Journalist beabsichtigt. Ohne Verständlichkeit verliert journalistische Arbeit jeden Sinn. Nur eine in Form und Inhalt verständliche Information kann auch der Kommunikation, dem Austausch von Gedanken und Argumenten dienen. Verständliche Nachrichten tragen letztendlich auch zu einem ehrlicheren Miteinander der Menschen und zu einer gerechteren Gesellschaft bei.

Für mich ist, was die Verständlichkeit von Sprache angeht, die Begegnung mit Bauern aus Lüchow-Dannenberg zu einem

Schlüsselerlebnis geworden. Mit welch einfachen und dabei plastischen Formulierungen sie ihre Position gegen die bei Gorleben geplanten Atomanlagen vorbrachten, das war einfach erstaunlich. Die nicht beschreibbare Schlichtheit, Offenheit und Ehrlichkeit ihrer Sprache macht betroffen. Man nimmt ihnen ab, was sie sagen. Der gängigen Forderung nach Objektivität entsprechen die subjektiven Argumente der Gorleben-Bauern gegen Kernkraft natürlich nicht, und dennoch sind sie echt.

Lange habe ich überlegt, ob ich hier Passagen aus den auf Band aufgezeichneten Gesprächen mit Lüchow-Dannenberger Landwirten zitiere, um anschaulich zu machen, was ich meine. Ich bin aber zu dem Schluß gekommen, daß geschriebene Zitate nichts deutlicher machen. Weder sind so Dialekt und Tonfall, noch sind Stimmungslage oder das in ihren Worten mitklingende Engagement gegen Atomanlagen zu belegen. Insofern ist auch der vorliegende Band »Medien und Objektivität« ein Beispiel dafür, wie schwierig es ist, Wirklichkeit zu vermitteln. Meinen Beitrag hätte ich sonst als Hörfunk-Manuskript verfassen und – ergänzt mit den Original-Tondokumenten, als Tonband beilegen müssen. Bei den Fernsehkollegen hätten es analog Bild/Ton-Dokumente sein müssen.

Schon der technische Zwang, für ein Buch zu schreiben, macht also weitere Abstriche bei der Vermittlung von Wirklichkeit erforderlich. Aber – sich zu bemühen, die Wirklichkeit und nichts als die Wirklichkeit zu beschreiben, das ist für mich kein absoluter Wert. Liebe, Menschenwürde bewahren zu helfen – um nur zwei Gründe zu nennen – können mich davon abhalten, wirklichkeitsgetreu zu informieren. Das Lügen aber will ich dennoch unterlassen.

THOMAS SIMEON

Fetisch Objektivität.
Die schillernden Wahrheiten
der ›tageszeitung‹

»GEDANKEN dieser Art sind mir besonders heftig gekommen bei der Diskussion um den sogenannten ›Buback-Nachruf‹. Sie werden mir zustimmen, wenn ich sage, daß mir selten etwas Unappetitlicheres und Jämmerlicheres in die Hände gekommen ist. Gleichwohl bleibt festzustellen, daß wohl noch kein Artikel eines Theodor-Wolff-Preisträgers bei uns so intensiv diskutiert worden ist wie dieses elende Machwerk. Mit der windigen Begründung, derlei müsse ›zur Diskussion gestellt werden‹, wird es wieder und wieder gedruckt, wird ihm eine Publizität verliehen, die in einem grotesken Mißverhältnis zu der schäbigen Aussage dieser Auslassungen steht. Es gibt eine ganze Menge Gedanken in diesem Land, die es sehr wohl verdienen, diskutiert zu werden.«

Bundespräsident Scheel im Herbst 1977[1]

»Es handelt sich nicht um wahrere Information über dieselben Fakten, detailliertere Information, breitere, artikuliertere, adäquatere, korrektere (wie ›korrigiert‹ man Information?). Es geht um etwas anderes; um eine andere Information über andere Fakten einer anderen Realität.«

Radio Alice im Frühjahr 1977[2]

Der Deutsche Herbst 1977, von den bundesrepublikanischen Medien kurzfristig zur Schicksalsfrage der Nation mit antiker Qualität stilisiert, ist langfristig wieder den gewohnten Verdrängungsmechanismen gewichen. Die damaligen Auslassungen, Einlassungen, Entscheidungen und Veränderungen blieben besonders in ihrer medienpolitischen wie publizistikwissenschaftlichen Relevanz bis heute unerforscht. Eine Diskussion über die Konsequenzen für die objektive Berichterstattung, die konstituierenden Prinzipien demokratischer Öffentlichkeit und das Selbstverständnis eines kritischen Journalismus als Vierter Gewalt steht noch heute aus.

Allein in den Kreisen der Betroffenen, der undogmatischen nicht parteigebundenen Linken, haben die Erfahrungen in und um den deutschen Herbst auch zu kommunikationspolitischen Folgen geführt. Für die Vorbereitung und Gründung der »tageszeitung« im Frühjahr 1979 bildete die »Nachrichtensperre« die entscheidende politische Triebfeder. Was als traumatisches Erlebnis der Hilflosigkeit, weil Nichtinformiertheit, erfahren wurde, sollte sich zumindest auf publizistischer Ebene nicht wiederholen können. Gegenüber der Phalanx der aus linker Sicht gleichgeschalteten Medien existierte damals keine Presse, die den offiziellen Anspruch des Bundesverfassungsgerichtes einlösen wollte: »Eine freie, nicht von der öffentlichen Gewalt gelenkte, keiner Zensur unterworfene Presse ist ein Wesenselement des freiheitlichen Staates, insbesondere ist eine freie, regelmäßig erscheinende politische Presse für die moderne Demokratie unentbehrlich«[3].

Nachdem sich gezeigt hatte, daß die moderne Demokratie im Konfliktfalle ein verfassungsrechtlich unentbehrliches Wesenselement der Freiheit für sechs Wochen durch freiwilligen Konsens von Medien und Exekutive ohne Schaden suspendieren konnte, erschien den aus dem herrschenden Konsens Ausgeschlossenen die Schaffung einer eigenen Presse unumgänglich.

Zugleich wurde aber auch überdeutlich, daß objektive Berichterstattung als liberaler Mythos journalistischer Bemühungen an den Klippen staatlicher und öffentlicher Interessen scheitert. Objektivität und Öffentlichkeit bedingen einander, denn in der Öffentlichkeit wird entschieden, was objektiv ist. Idealistisch gesehen, ist zwar die Wahrheit wissenschaftlicher und journalistischer Erkenntnis respektive Berichterstattung unabhängig von Öffentlichkeit, realiter wird aber beides bestimmt durch die Gesellschaft. »Die Autorität, nicht die Wahrheit bestimmt, was Gesetz wird«.[4] Was richtig, wahr, sachlich, vollständig, neutral und nachprüfbar ist, was also in einem formalen Verständnis Objektivität bestimmt, entscheidet im Zweifelsfall die gesellschaftliche Autorität.

Gerade in den Konfliktfällen um den Nachdruck des Göttinger »Buback-Nachrufs« wie auch im Falle der freiwillig erzwungenen Nachrichtensperre wurde dieses Prinzip überdeutlich. Im bundesrepublikanischen Blätterwald reduzierte sich unisono die Vollständigkeit des Mescalerotextes auf den Satz der klammheimlichen Freude. Umgekehrt wurden diejenigen, die auf Vollständigkeit des Textes beharrten und ihn durch Nachdruck nachprüfbar machen wollten, strafrechtlich verfolgt. Objektivität, formal der Wahrheit verpflichtet, wurde definiert durch den »FAZismus«, einen Begriff den Klaus Harpprecht nach seiner Rückkehr aus Amerika prägte.[5]

Noch deutlicher wurde die Verknüpfung von Öffentlichkeit und Objektivität in der Nachrichtensperre im Falle der Entführung und Ermordung von Hanns-Martin Schleyer. Allerdings ist bereits der Ausdruck Nachrichtensperre nicht objektiv. Denn richtig, sachlich und intersubjektiv nachprüfbar ist nur der Umstand, daß die deutschen Medien der Bitte der Bundesregierung um Zurückhaltung bei der Berichterstattung entsprochen haben. »Von einigen Ausnahmen abgesehen, haben die Presse, der Rundfunk und das Fernsehen die Notwendigkeit einer nur begrenzten Berichterstattung eingesehen. Für diese freiwillige Leistung hat die Bundesregierung zu danken«.[6]

Freiheit als Einsicht in die Notwendigkeit im Hegelschen Sinne bestimmt somit weitgehend das Leistungsniveau der bundesrepublikanischen Massenmedien, deren Bemühen um Objektivität im Zweifelsfall fast identisch ist mit den leicht umgeschriebenen Texten des Bundespresseamtes. Die Sicherheitsinteressen von Staat und Gesellschaft ziehen den Grenzzaun, innerhalb dessen objektive Berichterstattung stattfinden darf. Wer jenseits dieser verordneten publizistischen Weide grast, gilt als Viehdiebstahl; politisch als tagtägliche Denunzierung der Wirklichkeit unseres Landes, als Mißbrauch der Massenkommunikationsmittel durch Helfershelfer des Terrorismus, psychologische Kriegsführung, die entsprechend geahndet werden muß.[7] Gegenüber der gesetzten Definition von Realität hätte der objektive Journalismus auch damals keine Chance gehabt, eigenständig die Richtigkeit von Aussagen nachzurecherchieren. Erst mit gehörigem zeitlichen Abstand war es den liberalen Medien STERN und SPIEGEL erlaubt, Fragen zu den Vorfällen zu stellen, die in der Sprache des Bundespresseamtes unter »Ereignissen, die sich in der Justizvollzugsanstalt Stammheim zugetragen haben«, firmieren.[8] Ob Mord oder Selbstmord, entzieht sich der Nachprüfbarkeit, solange die Realität bzw. die Information über sie durch Sicherheitsorgane beschrieben wird, deren Vollständigkeit bzw. Unvollständigkeit neutraler Beobachtung unzugänglich ist. Die Wertung fremdproduzierter Tatsachen, die zudem den Segen juristischer Bestätigung im

Rücken haben, bleibt aber spekulativ und die objektive Berichterstattung driftet notwendigerweise in Spekulation ab, so daß die Redlichkeit nach Prüfung durch Hausjuristen im optimalen Falle einen Selbstmord mit Fragezeichen als Aussage erlaubt, während jede Behauptung von Mord unbeweisbar und Hypothese bleibt, die zudem die Gefahr von Verleumdungsklagen birgt. Indirekt wird so die staatliche Objektivität festgeschrieben.

Gegen diese politischen und publizistischen Strukturen der Nachrichtenproduktion zu rebellieren, hatte sich das Projekt »tageszeitung« zum Ziel gesetzt. In dieser berechtigten politischen Vorstellung, die objektive Vollständigkeit der sozialen Realität herzustellen und etwaige Nachrichtensperren zu durchbrechen liegt aber zugleich das Dilemma dieses Anspruchs. Es fehlte dem Projekt »tageszeitung« ebenso wie anderen Medien der einheitliche Maßstab, welches denn die Grundgesamtheit der Ereignisse sei, von denen ein Teil unterdrückt respektive vollständig wiedergegeben wird. Die liberale Fiktion eines gemeinsamen Nenners bestimmt auch diejenigen, die gegen Nachrichtensperren ankämpfen wollen. Implizite, nicht objektive Nachrichtensperren sind ein Strukturmerkmal der per se nicht objektiven Nachrichtenproduktion. Über die Weitergabe von Informationen zu gesellschaftlichen Ereignissen und über die Definition von Information entscheiden, zumindest im staatlichen Bereich, deren Produzenten; sie produzieren und kontrollieren den Nachrichtenfluß, der über die Journalisten nach den untergeordneten Regeln journalistischer Sorgfaltspflicht an die Öffentlichkeit gelangt. Bei der Nachrichtensperre im Herbst 1977 wurde erstmals offensichtlich und von staatlicher Seite bestätigt, daß Nachrichten bewußt zurückgehalten wurden. Nur was ansatzweise bekannt ist, bedarf der ausdrücklichen Sperrung, was unbekannt bleibt, bedarf keiner bewußten Unterdrückung. Die freiwillige Subordination unter die Gesetze bürgerlicher Öffentlichkeit, die die »tageszeitung« nicht mitmachen will, kann nicht durch einen politischen Willensakt unterlaufen werden, dem keine Mittel zur Durchsetzung der Forderungen zur Verfügung stehen. Basisberichte und der Abdruck von Erklärungen reichen kaum aus, die ausgeschaltete Öffentlichkeit herzustellen und die verlorene Objektivität, verstanden als wahrheitsgetreue Vollständigkeit, wiederzugewinnen. Bürgerliche Öffentlichkeit kann nicht außerhalb ihrer Institutionen mit einer Zielsetzung außerhalb ihres Konsenses produziert werden. Ihr kann nur eine andere Öffentlichkeit und damit auch eine andere Objektivität entgegengesetzt werden; die »tageszeitung« ist ein Versuch hierzu.

Die relative Objektivität

Allen Hinweisen auf die publizistische Verarbeitung des Herbstes 77 (überdies eine Methapher der Ängstlichkeit) wird oft geantwortet, es handle sich hierbei um Grenzfälle einer schwierigen Situation, die aber nicht prinzipiell die Wünschbarkeit und Möglichkeit objektiver Berichterstattung berühre. Zwar beeinflussen Selektion, Perspektive und Konstruktion die Darstellung, doch diese subjektiven Störfaktoren im journalistischen Erkenntnisprozeß behindern nur unwesentlich die objektive Darstellung einer gemeinsamen einheitlichen sozialen Realität, die unter Beachtung bestimmter Regeln adäquat wiedergegeben werden kann. Unter Berufung auf naturwissenschaftliche Erkenntnisprozesse, wird die Existenznotwendigkeit und – wenn auch graduelle – objektive journalistische Wahrheit beschworen. (siehe G. Bentele in diesem Band).
Sowohl in den Vordiskussionen als auch den schriftlichen Positionspapieren der Gründungsphase zwischen Herbst 77 und Frühjahr 79 im Projekt »tageszeitung« zeigte sich, daß gerade ein solches traditionelles Verständnis objektiver Berichterstattung aus mehreren Gründen nicht Ausgangspunkt der publizistischen Konzeption sein konnte.[9] Zum einen wurde in der nachmarxistischen Phase für die undogmatische Linke theoretisch der naturwissenschaftliche Objektivitätsbegriff immer suspekter. Die zunehmenden Unsicherheiten der modernen Naturwissenschaften gegenüber ihrem eigenen Objektivitätsbegriff, Untersuchungen über die Paradigmawechsel in der Physik, ja selbst die Zweifel an der Wahrheit biologistischer Evolutionstheorien, machen eine blinde Übertragung vermeintlich gesicherter naturwissenschaftlicher Denkmodelle auf die Gesellschaft nicht möglich.[10] »Für uns existiert eine objektive Wahrheit schon lange nicht mehr, zu deren treuen Verwaltern wir uns machen könnten; für uns gibt es keine richtige oder falsche Linie, der wir als Pfadfinder auf Schnitzeljagd folgen könnten; für uns gibt es auch kein keimfreies Labor, wo die Dinge entweder meßbar sind oder fehlen.«[11] Für die »tageszeitung« war die Wahrheit von Anfang an relativ, abhängig vom

Standpunkt des Beobachters. »Wir gehen davon aus, daß jede Nachricht, jeder Bericht nur einen speziellen Teilbereich der Realität widerspiegelt, gesehen aus dem Blickwinkel des Schreibenden. Die Zusammensetzung einer Vielzahl solcher Teilstücke in einer Zeitung ist der Versuch, die Welt und das was in ihr passiert, faßbar darzustellen, keineswegs ist sie die Welt selbst. So wird unsere Zeitung nicht die andere Wirklichkeit neben der offiziell anerkannten sein.«[12]

Der verzweifelte Versuch, eine unbestreitbare soziale Realität als Autoritätsinstanz auf seiner Seite zu wissen, wie von den Vertretern des »Objektivitätsprinzips« behauptet, ignoriert, daß Bewußtsein ein gesellschaftliches Produkt war und bleibt und daß gesellschaftliches Verhalten nur bedingt den Gesetzmäßigkeiten bei der Konstruktion eines Staudamms folgt. Zwar kann die Haltbarkeit eines Staudammes im Rahmen der Wahrscheinlichkeitsrechnung relativ exakt unabhängig vom Subjekt prognostiziert werden, aber der Zusammenbruch eines Silberstaus an der Börse wie auch die irrationale Rationalität im Devisenhandel ist kaum der Natur abgeschaut. Soziale Realität unabhängig vom Menschen deduktiv setzen zu wollen, degradiert ihn zum bewußtlosen Anhängsel der Natur, wie es die biologistische Erkenntnistheorie gern tut, oder überhöht ihn zum aufgeklärten Halbgott, der autonom rational entscheidet, unabhängig von Natur und Trieben. »Die Wahrheit gibt es für uns nicht mehr und die vielen Wahrheiten, die uns die Realitäten erschließen, liegen nicht auf der Straße und warten darauf, entdeckt zu werden, sondern sie müssen bewußt produziertprovoziert werden. Die Herstellung von Wahrheiten und das Bewußtmachen dieser Produktion, das ist die Aufgabe einer den Umsturz der bestehenden Verhältnisse anstrebenden Tageszeitung. Sie ist eben kein Stück Papier, auf das geschrieben wird, was ist, sondern sie stellt ihre Wahrheiten allererst her. Die Wahrheiten sind nicht pur zu haben. Es gibt sie nur als Gemisch mit Meinungen und Interessen, Hoffnungen und Wünschen, Liebe und Haß. Der Sintervorgang, der Projektionen und Verzerrungen von dem, ›wie es wirklich ist‹ lösen könnte, wie Eisen aus Stein, ist noch nicht erfunden.«[13]

Mit diesem Selbstverständnis setzte sich die »tageszeitung« bewußt ab von den pseudomaterialistischen Auffassungen orthodoxer Linker, die von einer unabänderlichen objektiven Realität ausgehen, deren Wesen nur mit Fleiß zu entschlüsseln sei, um dann automatisch zu wahren und revolutionären Aussagen zu gelangen. Während sich wertfreie Positivisten und

Marxisten in der Anerkennung einer einheitlichen objektiven Realität die Hand reichen, unterschiedlich werden nur die Wesensmerkmale interpretiert, trifft sich die »tageszeitung« mit konservativen und kulturpessimistischen Kreisen, die eine manipulierte und manipulierende Medienrealität behaupten. Während aber mancher die neuentdeckte, ja sogar empirisch nachweisbare Medienrealität zum Anlaß nimmt, noch stärker die Einlösung des liberalen Mythos der Übereinstimmung von Realität und journalistischer Darstellung einzuklagen, wollte die »tageszeitung« diese strukturnotwendigen Brüche offensiv wenden.

»Not facing, but phasing reality« hieß eine Parole, in der sich der Wille nach einer eigenen Realität, nicht zerlegt in die gegenständliche, gefühllose Darstellung gemäß der fünf großen Ws ordnen sollte.[14] Zugleich bedeutete aber auch »facing reality«, die eigenen Erfahrungen mit Akribie und Genauigkeit transparent zu machen. »Die Ereignisse in den Massenmedien, oftmals nach ganz banalen Mechanismen zu Meldungen verwurstet, umgeben sich mit dem Schleier von Sorgfaltspflicht und Objektivität. Solche Selbstverständnisse werden ideologisch gegenüber unbequemer Realitätswahrnehmung politisch eingesetzt. Wir werden uns diesem ideologischen Legitimationsdruck nicht beugen: wir werden auch nicht beweisbare Tatsachen zu Wort kommen lassen, – und angeben, woher wir sie haben ... Auch für Linke unbequeme Zusammenhänge, die nicht ins Wunschraster passen, gehören zur gesellschaftlichen Realität. Facing reality meint, Parteinahme mit Genauigkeit in der Wahrnehmung zu verbinden, sich selbst nicht in die Tasche zu lügen«[15]

Auf allgemeinster Ebene aber erfolgte die Ablehnung von Objektivität als publizistische Richtschnur für das Projekt »tageszeitung« punktuell auch als Ablehnung der Macht in und durch Sprache. »Die einzig verständliche Sprache, die wir zueinander reden, sind unsere Gegenstände in ihrer Beziehung aufeinander. Eine menschliche Sprache verständen wir nicht und sie bliebe effektlos, sie würde von der einen Seite als Bitte, als Flehen und darum als eine Demütigung angesehen, gewußt, empfunden werden und daher mit Scham, mit dem Gefühl der Wegwerfung vorgebracht, von der anderen Seite als Wahnwitz oder Unverschämtheit aufgenommen und zurückgewiesen werden. So sehr sind wir wechselseitig dem menschlichen Wesen entfremdet, daß die unmittelbare Sprache dieses Wesens uns als eine Verletzung der menschlichen Würde, dagegen

die entfremdete Sprache der sachlichen Werte als die gerecht-
fertigte, selbstvertrauende und sichselbstanerkennende
menschliche Würde erscheint«.[16] Diese Erkenntnis des jungen
Marx, von seinen heutigen Apologeten weitgehend geleugnet
oder als subjektiver Faktor eliminiert, bedeutet aber, daß die
entfremdeten Strukturen der Macht in der sachlichen Sprache
objektiver Gegenstände ihren Niederschlag finden, und von
den Gegnern jeglicher Herrschaft nicht als anerkannter Konsens übernommen werden können. In den gewachsenen Regeln
der Sprache oder eines Diskurses, drücken sich Elemente von
Herrschaft aus. Und zu fragen ist immer: welche Formen
werden ausgegrenzt und welche immanenten Regeln bestimmen die interne logische Wahrheit eines Diskurses? Nicht erst
der französische Strukturalismus hat entdeckt, »daß man im
Raum eines wilden Außen die Wahrheit sagt; aber im Wahren
ist man nur, wenn man den Regeln einer diskursiven Polizei
gehorcht, die man in jedem seiner Diskurse reaktivieren muß.
Die Disziplin ist ein Kontrollinstrument der Produktion des
Diskurses«.[17] Daß heute nur ein bestimmter Diskurs in der
Gesellschaft wie den Massenmedien als wahr gilt, nämlich der
der formalen, rationalen Logik und der aufgeklärten Vernunft,
ist zwar historisch plausibel, aber nicht zutreffend. Erst in
einem langen historischen Prozeß, durch Ausgrenzung von
Mythologischem, Weiblichem, Wahnsinn etc., hat sich der
heute dominierende männliche Wahnsinn als natürliches Denken etablieren können. Was wahr, objektiv, natürlich ist, und
was unwahr, Meinung, falsch ist, entscheidet immer noch die
Autorität der öffentlichen Meinung. »Über das, was wahr und
was bloße Meinung, nämlich Zufall und Willkür sein soll,
entscheidet nicht, wie die Ideologie es will, die Evidenz,
sondern die gesellschaftliche Macht, die das als bloße Willkür
denunziert, was mit ihrer eigenen Willkür nicht zusammen
stimmt. Die Grenze zwischen der gesunden und der pathologischen Meinung wird in praxi von der geltenden Autorität
gezogen, nicht von der sachlichen Einsicht.«[18]
Für die »tageszeitung« waren diese Erkenntnisse in den Zusammenhang von Sprache, öffentlicher Meinung und imperia-
listischem Wahrheitsanspruch nicht nur theoretische Einsich-
ten in die philosophischen Erkenntnisse kritischer Theorie,
sondern auch konkrete Auseinandersetzungspunkte. Einerseits stellten in der Vorbereitungsphase immer wieder – und
auch noch heute – die weiblichen Mitarbeiter aus der autono-
men Frauenbewegung Sprache, Selbstverständnis und Wahr-

heitsanspruch männlicher, obgleich linker, politischer Logik in Frage, andererseits erforderte das nicht an Theorien orientierte Verständnis der neuen, alternativen Jugendbewegung, wie auch der Anti-AKW Bewegung ein zumindest modifiziertes publizistisches Konzept. Bürgerlicher Journalismus linksgestrickt, bei gleichzeitiger Übernahme seiner Werte und Maßstäbe journalistischer Leistung, hätte nach dem Verständnis der Initiatoren der Anfangsphase, die freiwillige Kapitulation vor der Gesellschaft impliziert.

Statt dessen wurde gefordert, durch grenzüberschreitende Experimente auf allen Ebenen, den ungeliebten Konsens aufzukündigen. »Experimentieren mit Bildern, experimentieren mit Sprache, experimentieren mit der Verarbeitung der Realität. Oftmals treibt die eingespielte Sprache auch die Wahrnehmung der Wirklichkeit in ausgetretene Furchen. Uns und unsere Umwelt neu zu entdecken, geht einher damit, Sprache neu zu entdecken: verkrustete Sicherheiten aufzulösen, in Frage zu stellen. Ein entfesseltes Realitätserleben drückt sich auch in neuen individuellen Sprachströmungen aus. Die Zeitung ist obszön, sie zerrt die Ereignisse von der offiziellen Szene, und sie ist delirant, unlesbar mit den alten Klischees.«[19]

Neben diesen ursprünglichen Phantasien der Gründungsgeneration der »tageszeitung«, die – wenn überhaupt – Objektivität definierte als relative Objektivität der oszillierenden Wahrheiten, existierte immer zugleich ein anderer, weit »realistischerer« und »sachgerechterer« journalistischer Anspruch. Mit der angestrebten zweifachen Funktion: Herstellung der verlorenen bürgerlichen Öffentlichkeit nach außen, Selbstverständigung der marginalisierten Linken nach innen übernahm die »tageszeitung« auch Aufgaben, die pragmatischer ausgerichtet sind als die Phantasie eines »Hetzblattes mit Körpersprache«.[20] Ein Nachrichtenblatt erstellen zu wollen, das im Rahmen einer umfassenden Berichterstattung zugleich die manipulativen Verzerrungen der geschmähten bürgerlichen Tagespresse ausgleicht, verlangt, sich auch auf die gesetzte Logik bürgerlicher Öffentlichkeit und Objektivität einzulassen. Besser, ausführlicher, korrekter, umfassender kann nur der berichten, der weiß, was die Wahrheit und das Ganze ist. Diese Wahrheit als Alternative zur bürgerlichen Teilwahrheit suchte eine Strömung im Projekt »tageszeitung« in der Betroffenenberichterstattung, denn – entsprechend dem Selbstverständnis der immer stärker anwachsenden lokalen Alternativpresse – wer wüßte besser über Ereignisse und Vorgänge Bescheid als diejenigen, die sie entweder gestalten oder von ihnen unmittelbar berührt werden. Die Wiederaneignung von Erfahrungen, die im etablierten Journalismus durch die Sachlichkeit einer beobachtenden Distanz enteignet werden, sollten den Produzenten von Erfahrung zurückgegeben werden. In dem Konzept Betroffenenberichterstattung stellte sich die Frage nach der Objektivität nicht mehr, da durch die Aufhebung der Spaltung in Beobachter und journalistisch beobachtetes Objekt auch die Trennung in Subjekt und Objekt aufgehoben wird. Authentisch und auch in der extremen Subjektivität immer noch objektiv erschien es, wenn die Subjekte der sozialen Realität selbst sprechen und schreiben. In dieser Basiskonzeption verstand sich die Redaktion der »tageszeitung« nur noch als technischer Mittler, der zur Wahrung der Authentizität alle Basisberichte unzensiert weiterverbreitete.

Alle diese Vorstellungen wollten und sollten sich in der »tageszeitung« realisieren. Doch in der mühsam erkämpften Konkretisierung dieser Phantasien und Ansprüche scheuerten sich alle Hoffnungen auf eine bessere Zeitung an der alltäglichen Praxis der Produktion. Der Zwang der traditionellen Lesegewohnheiten und der bürgerlichen Öffentlichkeit in Verbindung mit den technischen Strukturen ließ teilweise die Träume vom ganz anderen Zeitungsmachen an den Klippen der noch immer anders strukturierten Wirklichkeit zerschellen.

Zu allererst mußten die überwiegend berufsfremden Redakteure die Erfahrungen des französischen Schwesterorgans »Liberation« sinnlich nachvollziehen. »Wir mußten lernen, daß man nicht ungestraft von allem und nichts reden kann, wenn man nichts oder kaum etwas davon weiß. Wir mußten zu den Anfangslektionen eines Handwerks zurückgreifen, das das unsrige geworden war: wie man eine Information behandelt, wie man Artikel schreibt – und wir mußten erkennen, daß es nicht unbedingt ein Fehler ist, dabei gewisse Ansprüche an die Qualität des Schreibens zu stellen.«[21]

Der Auseinandersetzung mit den vorgefundenen Formen bürgerlicher Öffentlichkeit und den Normen journalistischer Qualität, wie diffus und machtgeprägt sie auch immer sein mögen, mußte sich auch die »tageszeitung« unter Reduzierung der eigenen, gegenläufig orientierten Ansprüche stellen. Die Schaffung einer eigenständigen »transversalen« Wahrheit, bestehend aus 10 000 Lügen, bedurfte der Ideen, die aber im Kampf mit den Anforderungen des Alltags allmählich zum Versiegen kamen. Zudem wurden allzuoft Experimente mit

Sprache, teilweise aber auch mit fremden Ideen, die nicht der unausgesprochenen Normen der linken »Szene« entsprachen, von der Redaktionsmehrheit wie den Lesern abgelehnt. Das Bedürfnis nach einer einzigen, unkonfrontierten, einheitlichen wie heimeligen Wahrheit verbunden mit der Ausgrenzung unerwünschter Gebiete wie Informationen, die als falsch erachtet wurden, setzte sich auch in der »tageszeitung« durch. So führte der Abdruck eines Essays über die pornographischen Phantasien eines ehemaligen Mitarbeiters zu einer Boykottkampagne, an deren Ende ein Zensurrecht der Frauenredaktion als Kompromiß redaktionell ausgehandelt wurde, obwohl gerade hier Unbewußtes, Verdrängtes als authentische Wahrheit aus subjektiver, persönlicher Sicht dargestellt wurde.

Auch im Umgang mit der Realität bürgerlicher Politik mußte der Anspruch auf kontrollierende Gegeninformation zurückgeschraubt werden. Der produzierten Medienrealität großer Politik, die sich in den Redaktionsräumen als Wust der Fernschreibermeldungen aus dem Nachrichtenticker materialisiert, konnte nichts Gleichwertiges entgegengesetzt werden. Einerseits mußte die Redaktion merken, daß durch Umformulierung unerwünschter Begriffe und subjektive Zusatzbemerkungen noch keine andere Objektivität geschaffen wird, höchstens eine Akzentverschiebung der Wertungen stattfindet, und zum anderen standen und stehen der Redaktion keine Ressourcen zur Verfügung, die Genauigkeit und Vollständigkeit von Informationen zu überprüfen, die ihrem Einflußbereich tendenziell entzogen sind. Bisher ist es aus finanziellen, aber auch kompetenzbedingten Gründen nicht gelungen, eine kontinuierliche eigenständige Berichterstattung aus dem Bereich der Bundespolitik aufzubauen, die zudem, wegen der mangelnden Übereinstimmung in politischen Grundfragen, weit weniger präzise als die bürgerliche Konkurrenz ausfallen würde.

Selbst in dem Bereich der Basisberichterstattung mußte die »tageszeitung« im Laufe ihres jetzt zweijährigen Erscheinens von der Vorstellung einer Gegenöffentlichkeit durch Betroffenenberichterstattung große Abstriche machen. Sprachliche wie journalistische Qualität der Basisbeiträge, in denen allzuoft politische Bekenntnisse die geforderte Genauigkeit der Beobachtung und differenzierten Informationsgebung ersetzten, erzwangen immer stärker die Übernahme professioneller Berichte, um einer langweiligen Wiederholung zu entgehen.

Kriterien wie »Nachrichtenwert«, »Informationsgehalt«, »Trennung von Nachricht und Kommentar«, ursprünglich abgelehnte Begriffe eines verachteten bürgerlichen Journalismus, finden immer stärker Eingang in die redaktionelle Arbeit, wenn auch mit andern politischen Vorzeichen.

Mit der Haltung liberaler Beliebigkeit, die unterschiedslos alle nicht von den bürgerlichen Medien thematisierten Bereiche, versehen mit dem Etikett unterdrückte Nachricht, ins Blatt hebt, öffnete die »tageszeitung« jetzt auch einem alternativen Lobbyismus im Pressewesen Tür und Tor. Die propagierte eigene Standpunktlosigkeit als publizistisches Prinzip öffnete den Interessenvertretern bestimmter Strömungen die Möglichkeit, ihren Standpunkt als einzige Wahrheit und Meinung der Redaktion einzubringen. So gelang es der Botschaft der islamischen Republik Iran unter Hinweis auf die manipulative Berichterstattung der bundesdeutschen Medien zwei Seiten Selbstdarstellung als unterdrückte Nachricht in der »tageszeitung« unterzubringen, damit ein objektives Bild der islamischen Revolution in der Bundesrepublik vermittelt werde.[22]

Daß im Tauschverfahren für diese zweiseitige Selbstdarstellung ein Einreisevisum für den gegen Nachrichten-Unterdrückung kämpfenden Redakteur erlangt wurde, bedeutete für die »tageszeitung« genausowenig manipulative Berichterstattung wie für die FAZ eine bezahlte PR-Beilage für Süd-Afrika die objektive Berichterstattung über das Apartheid-Regime stört.

In Theorie wie in der Praxis haben die Erfahrungen der »tageszeitung« eins allerdings deutlich gezeigt, daß es eine logisch begründbare, in sich evidente objektive Berichterstattung nur als Fetisch geben kann. In der gesellschaftlichen Wirklichkeit bleibt journalistische Erkenntnis an Interessen gebunden, die niemals neutral, eindeutig richtig und sachlich sein können. Vielleicht reduziert sich Objektivität auf die pragmatische und moralische Kategorie, so sorgfältig und genau wie möglich die subjektive Erfahrung mit der Umwelt wiederzugeben, dabei zugleich geprägt durch das Bemühen, auch über die Grenzen der eigenen Wahrheit hinauszudenken, respektive zu schreiben.

Im Unterschied zu den eingefahrenen Formen ritualisierter Berichterstattung in der etablierten bundesdeutschen Tagespresse ist die »tageszeitung« punktuell bereit, ein verinnerlichtes journalistisches Selbstverständnis, das zur Abwehr aller Angriffe auf das geschwächte Selbstvertrauen, die Berufung auf die äußere Norm der Objektivität objektiv braucht, zumindest immer wieder in Frage zu stellen.

1 Scheel, Walter (1977), »Rede aus Anlaß der Verleihung der Theodor Wolff Preise im Verlauf der Jahrestagung des Verbandes Deutscher Zeitungsverleger am 12. 10. 1977 in Stuttgart.« In: Frankfurter Rundschau, 22. 10. 1977, S. 14.

2 Kollektiv A/traverso (1977), Alice ist der Teufel. Praxis einer subversiven Kommunikation. Radio Alice (Bologna). Berlin: Merve.

3 Entscheidungen des Bundesverfassungsgerichtes. (BVerfGE 20, 162, [174]7.

4 Hobbes, Thomas: Leviathan, zitiert nach Reto Hänny (1981), Zürich, Anfang September. Frankfurt, Suhrkamp, S. 10.

5 Vgl.: Harpprecht, Klaus, (1978), »Deutschland – ein Bündel neurotischer Vitalität.« In: Deutsche Zeitung (Christ und Welt) Nr. 7, 1978, 10. 2. 1978, S. 18.

6 Presse und Informationsamt der Bundesregierung (1977), Dokumentation zu den Ereignissen und Entscheidungen im Zusammenhang mit der Entführung von Hanns Martin Schleyer und der Lufthansa-Maschine »Landshut«, Bonn: ohne Verlag, S. 5.

7 Vergleiche hierzu: Vogel, Hans-Jochen (1978), »Möglichkeiten und Grenzen der strafrechtlichen Terrorismusbekämpfung. Rede auf der Internationalen Wissenschaftlichen Konferenz über Terrorismus in Berlin am 18. November 1978.« In: recht, Informationen des Bundesministers für Justiz, Nr. 11, 23. November 1978, S. 121
   Der Terrorismus »ist zudem technisch in der Lage, unter Mißbrauch der Massenkommunikationsmittel ein Millionenpublikum unmittelbar zu erreichen. Auch wenn spektakuläre Anschläge die Gefahren des Terrorismus besonders augenfällig machen, so ist doch die subtile, sozusagen psychologische Kriegsführung der Terroristen und ihrer Helfer nicht minder gefährlich. Eher im Gegenteil: Die tägliche Denunziation der Wirklichkeit unseres Landes als einen repressiven, faschistischen, imperialistischen und reformunfähigen Staat ist auf Dauer womöglich wirkungsvoller als die Strategie, revolutionäres Bewußtsein in die Köpfe der ›Massen‹ zu ›bomben‹. Diese Wirklichkeitsverfälschung, die mit eingängigen, plakativen Parolen arbeitet, soll die Rekrutierung terroristischen Nachwuchses sicherstellen und zugleich politischen Druck auf die Repräsentanten des demokratischen Staates ausüben. Das Auslandecho auf die Ereignisse des Jahres 1977 in Stuttgart-Stammheim macht dies anschaulich. Es läßt sogleich erkennen, daß diese paraterroristische Taktik der Wirklichkeitsverfälschung mitunter sogar Teilerfolge erzielen kann.« ebenda, S. 121–122.
   Die Frage, welche Rekrutierungstrategien die Wirklichkeitsverfälschungen der BILD-zeitung durch eingängige, plakative Parolen verfolgen, war nicht Gegenstand des Vortrages.

8 | Presse und Informationsamt der Bundesregierung (1977), a.a.O., S. 5.

9 Vergleiche: Prospekt: Tageszeitung (1978), Initiativgruppen für eine Tageszeitung (Hrsg.), Frankfurt, ohne Verlag.

10 Vergleiche: Riedl, Rupert (1979), Biologie der Erkenntnis. Berlin: Paul Parey.
Galtung, Johan, (1978), Methodologie und Ideologie. Frankfurt: Suhrkamp.
Adorno, Theodor W. (1965), »Notiz über sozialwissenschaftliche Objektivität.« In: derselbe (1972): Gesammelte Schriften Band 8, Soziologische Schriften I., S. 238–244.

11 Internes Papier der Frankfurter Initiativgruppe für eine Tageszeitung vom 22. 11. 1977, S. 13.

12 Entwurf für eine Pressemitteilung zur Gründung einer alternativen Tageszeitung, ohne Datum (März 1978), S. 2.

13 A. W. (1979), »Die TAZ – Hetzblatt mit Körpersprache.« In: die tageszeitung, 2. 4. 1979, S. 2

14 Vergleiche: Prospekt Tageszeitung, a.a.O., S. 36–37.

15 Ergänzungen zum Protokoll des nationalen Zeitungstreffens vom Dezember 1977, internes Papier, S. 7.

16 Marx, Karl (1966), »Ökonomisch-philosophische Manuskripte (Pariser Manuskripte von 1844).« In: derselbe (1966), Texte zu Methode und Praxis II, Hamburg, Rowohlt, S. 177.

17 Foucault, Michel (1977), »Die Ordnung des Diskurses. Inauguralvorlesung am College du France – 2. Dezember 1970.« Berlin: Ullstein, S. 25.

18 Adorno, Theodor W. (1968), »Meinung Wahn Gesellschaft.« In: derselbe: Eingriffe. Neun kritische Modelle, Frankfurt: Suhrkamp. S. 153.

19 Ergänzungen zum Protokoll des nationalen Zeitungstreffens, a.a.O. S. 14.

20 Vergleiche Anmerkung (13)

21 Bouguereau, Jean Marcel (1978), »Liberation.« In: Prospekt Tageszeitung a.a.O.; 21.

22 N. N. (1980), »Zur Stellung der Frau in der ›Islamischen Republik‹.« In: die tageszeitung, 1. 2. 1980. S. 3.

UWE KAMMANN

Kritik und Objektivität: Ritt auf einer Chimäre

Der Streit um die vermeintliche Objektivität kennt keine Grenzen. Was auf nationalen Kanälen zu verbalen Kraftakten Anlaß gibt – nämlich die interpretatorische Differenz zu einem über die Medien transportierten Ereignis –, kann international schon zu höchsten diplomatischen Verwicklungen führen. So exemplarisch im Fall des Dokumentar-Fernsehfilms »Tod einer Prinzessin«, dessen Ausstrahlung im britischen Fernsehen zur Ausweisung des britischen Botschafters aus Riyadh führte. Den (inzwischen mit einer offiziellen Versöhnung beruhigten) saudi-arabischen Zorn hatte der Film, der das Schicksal einer jungen Frau zum Thema hat, die 1977 mit ihrem Geliebten wegen Ehebruchs öffentlich hingerichtet worden war, deshalb erregt, weil es dem offiziösen Selbstverständnis des Landes nicht entsprach.

Die saudi-arabische Regierung hatte bei Pressionsversuchen, die andere ausländische Fernsehstationen an der Ausstrahlung des Films hindern sollten, den Standpunkt vertreten, der englische Film weise offensichtliche Vorurteile auf, er biete dem internationalen Publikum »ein stark verzerrtes und schiefes Bild unseres Volkes, der Religion, unserer Geschichte und Gesellschaft«.[1] Das Wort objektiv ist zwar ausgespart, schwingt aber in diesem Argument mit, in der Vorstellung einer absichtlich verfehlten unverzerrten Wirklichkeit.

Zur Diskussion steht damit grundsätzlich, gleich ob es sich um ein den Formgesetzen der Nachricht, des Feature, der politischen Information oder eben der Fiktion verpflichtetes Medien-Bild gesellschaftlicher Zustände und Vorgänge handelt, allein die Wertung von Wirklichkeitserfahrung. Dabei braucht es nicht einmal des staatlich verordneten Verständnisses, um die vermittelte Verschiedenheit zu reduzieren. So ist ebenso symptomatisch, wiederum aus dem Bereich der fiktionalen Realitätsdeutung gewählt, die Ablehnung des Westdeutschen Rundfunks, einen Degenhardt-Roman (»Die Mißhandlung«) zu verfilmen. Es sei das »gute Recht einer Rundfunkanstalt«, so schrieb Programmbereichsleiter Dieter Ertel (inzwischen Fernsehdirektor des Südwestfunks) dem Autor als Begründung, daß sie sich eine pauschale, undifferenzierte Anklage gegen die Bundesrepublik nicht zu eigen machen wolle. Anstößig war für Ertel dabei, daß die Roman-Personen in einem »Klima von breiiger Trostlosigkeit«[2] agieren.

In dieser Absage, die durch das Qualitätsargument – Hinweis auf nicht überzeugende Mittel und Motive, die auch bei filmischer Bearbeitung nicht zu retten wären –, gerechtfertigt wird, stecken Motive einer qua Institution durchgesetzten Wirklichkeits-Vorgabe. Der hierarchisch hoch angesiedelte Angestellte einer nach der Grundkonstruktion allen Bürgern gehörenden öffentlich-rechtlichen Rundfunkanstalt entscheidet, welches bundesdeutsche Klima darstellungswürdig ist. Eine subjektive Entscheidung, die mitbestimmt, in welcher Weise das Publikum die gesellschaftliche Wirklichkeit wahrnimmt. Denn daß die ständig wirkenden Vermittlungen die Einstellungen des Einzelnen in einem dauernden Prozeß verändern, was wiederum auf die Gestaltung der Zusammenhänge zurückwirkt, ist eine – allerdings nicht zu vernachlässigende – Binsenweisheit.

Im politischen Raum allerdings scheint sie kaum zu zählen. Jedenfalls nicht in ihrer grundsätzlichen Offenheit. Dort wird der Vermittlungsprozeß – eine gesellschaftlich zu vollziehende, prinzipiell nicht abzuschließende und damit unendliche Aufgabe – in der Regel auf den Vollzug der eigenen Macht verkürzt. Mithin wird die Vermittlung selbst in diesem politischen Sinne zu einer Angelegenheit der Macht, hat sie Instrument zur Durchsetzung des Anspruchs auf Macht zumindest zu sein. Ein verhängnisvolles Verständnis, das Vermittlung zum einbahnigen Prozeß zu kanalisieren sucht und die Publizistik als wichtigen Träger der Vermittlung zu einem einfachen Knecht zu degradieren trachtet.

An Beispielen für dieses verengende Kalkül-Denken fehlt es gerade im Bereich von Hörfunk und Fernsehen keineswegs. Weil die elektronischen Medien wegen ihrer massenhaften Ansprechmöglichkeit, die den Printmedien in der Gleichzeitigkeit dieser Kontakte ein weiteres voraus haben, als massenwirksamstes publizistisches Instrument gelten, sind hier die Versuche der puren Indienstnahme besonders deutlich. Dies umso mehr, als die öffentlich-rechtlich organisierten Rundfunkanstalten nicht zuletzt von denen kontrolliert werden, die Ansprüche stellen – in den Aufsichtsgremien sitzen Vertreter der Legislative und Exekutive: Rundfunkratsbänke sind oft nur verlängerte Parteibänke. Die öffentlichen Vermittler, die An-stalten als publizistische Institutionen mit ihren notwendiger-weise subjektiven journalistischen Mitarbeitern sowie deren Organisatoren in den hierarchisch höhergelegenen Ebenen, müssen ihren allgemeinsten Auftrag – nämlich gesamtgesell-schaftliche Verbindungen herzustellen – also auch von denje-nigen begutachten lassen, die aufgrund ihrer Funktion in der Gesellschaft selbst der ständigen Begutachtung unterliegen müssen.

Es ist ein schon klassisch zu nennender Zirkel, der sich damit stellt; von Schiller bei seinen Überlegungen zum Zeitalter der Aufklärung einprägsam in der Frage formuliert, wie »die theoretische Kultur... die praktische herbeiführen und die praktische doch die Bedingung der theoretischen« sein solle?[3] Das Vermögen, diesen Zirkel zu öffnen, sprach Schiller der schönen Kunst zu, weil sie autonom sei, frei von der Konven-tion, wie sie die Politik beherrsche. Der Künstler als Sohn, aber nicht als Günstling oder Zögling der Zeit: dies ließe sich idealtypisch als weitestgehende Forderung (durchaus bei Aner-kennung einer größeren Eingebundenheit in die Institution) auch auf den Publizisten übertragen.

Eine Fundierung dieser Funktion haben, nachdem kurz zuvor in Deutschland Publizistik offiziell gleichgesetzt war mit Pro-paganda, Walter Dirks und Eugen Kogon versucht. Als Her-ausgeber der »Frankfurter Hefte« veröffentlichten sie dort 1947 den gemeinsamen Beitrag »Die Rolle der Publizisten«.[4] Dirks weist den Publizisten bei ihrem kritischen, der Aufklä-rung verpflichteten Geschäft eine zentrale Rolle der (offenen) Integration zu. Vom Verlust der Ganzheit ausgehend, sieht sie Dirks als Helfer beim beschwerlichen Versuch, authentisch in einer nicht-authentischen Welt zu leben. Integration, wie Dirks sie versteht, ist ein Vorgang, kein Zustand, weil die Erfahrung des Disparaten, der aus den Fugen geratenen Welt, nicht rückgängig zu machen ist.

Dieser ständige Vermittlungsversuch im Blick auf die verlorene Totalität hat seinen Preis: wer unabhängig vom Beitrag des Einzelwissens und vom Machtfeld der öffentlichen Politik den öffentlichen Diskurs führt, wird inkompetent im Einzelnen; aber er gewinnt auch: die Kompetenz für das Ganze. Es wird damit eine praktische Folgerung aus Musils Feststellung im »Mann ohne Eigenschaften« gezogen, »daß man alles, was man an Ordnung im einzelnen gewinnt, am Ganzen wieder verliert, so daß wir immer mehr Ordnungen und immer weniger Ordnung haben«.[5] Dabei gilt als Ort der Vermittlung nicht allein der kritische Verstand, sondern auch das Herz. Gedanken der Zeit: so schrieb der evangelische Theologe und Publizist Eberhard Stammler 1950 in eben den »Frankfurter Heften« journalistische Aufgaben den Menschen zu, »denen die Liebe zu dieser kranken Welt den Weg weist«. Heilende Kraft erwartete er von »Menschen, deren Wort aus der Verantwortung kommt, und für die das Wort nicht nur ein Mittel zum Geschäft oder zur Macht ist«.[6]

Dispensierung von Macht und Kommerz als Grundlage publizistischer Arbeit, die für Kogon konkret bedeutete: »Die Wirklichkeit zu beobachten und darzustellen, die Entwicklungstendenzen aufzuzeigen, die Richtung durch unser Wort mitzubestimmen, – ein Wort, das dem Verstand sowohl wie dem Herzen gilt«.[7] Ein Ethos, das sein Engagement »durch einen höheren Auftrag: den der Wahrheit, der Richtigkeit und der Menschenrechte« rechtfertigt; immer im Wissen um die Bedingtheit dieses Tuns. Bei solchem Grundverständnis wird man das Wort Objektivität vergeblich suchen. Objektivität kann allein der Vermittlungsgang selbst beanspruchen; hingegen läßt sich das Kriterium der Objektivität nicht auf eine – nach (falschem, weil letztlich auch scheinhaftem) naturwissenschaftlichen Vorbild – allgemeingültige und verifizierbare Beschreibung eines Sachverhaltes beziehen.

Politik, die naturgemäß an unmittelbarer Macht orientiert ist, braucht die ethisch begründete Vermittlungsarbeit, weil der politische Ordnungsanspruch (wie Walter Schulz es beispielsweise überzeugend herausgearbeitet hat) durch deren humane Zielsetzung zu füllen und zu korrigieren ist.[8] Dabei hat ethisches Tun, Schillers Zirkel aufnehmend, auch das politische Detail, das Tagesgeschäft des Machbaren nicht zu scheuen. Doch eigentliche Tugend der Vermittlerinstanzen ist es, sich nicht an das Alltägliche zu verlieren, sich ihm nicht zu verdingen, sondern in unbedingter kritischer Distanz sich zu bewegen. Daraus erklärt sich die Appellfunktion, die Aufgabe des regulativen Mahnens derer, die dieses Vermittlungsgeschäft im öffentlichen Sinne wahrnehmen, die publizistisch Aufklärung organisieren.

Um die Aufgabe erfüllen zu können, ist eines unabdingbar notwendig: die Freiheit des öffentlichen Sagens und Meinens. Wie radikal dies zu verstehen ist, daran hat Norbert Schneider, früher Fernsehbeauftragter der Evangelischen Kirche in Deutschland, jetzt SFB-Programmdirektor, eindringlich erin-

nert. Gegen den Einwand der »zersetzenden Kritik«, die ein
»Übertreiben der Pressefreiheit« bedeute, setzt Norbert
Schneider den positiven Bezug von Freiheit und Kritik. Er
beruft sich dabei auf ein Diktum des SPD-Politikers Adolf
Arndt, daß nämlich Kritik nur Kritik sei und Sinn habe, wenn
sie zersetze; allein dann sei sie heilsam, »wenn sie immer wieder
unerbittlich aufdeckt, wieviele menschliche Urteile und An-
nahmen zu Asche wurden, die aufzuheben sinnlos und erstik-
kend ist«.[9] Für Schneider folgt daraus als zentraler Punkt für
das Postulat der Rundfunkfreiheit: »Das Risiko einer miß-
brauchten Rundfunkfreiheit, ›ein Austoben derer‹, wie Thie-
licke bemerkte, ›die über die Publikationsmittel verfügen‹, ist
vergleichsweise tragbar – verglichen mit dem Verlust an Substanz und Funktion, die einem Rundfunk bevorstehen, der es
mit der domestizierten Kritik versucht; verglichen freilich auch
mit der Versuchung für die Herrschenden, Herrschaft über die
Kritik anzutreten.«[10] Klar wird hier gesagt, daß Kritik der
Herrschaft auf gleicher Ebene gegenüberzustehen hat, daß sie
sich nicht zähmen lassen darf, will sie nicht zum Mittel der
Herrschaft werden.
Beliebtes Mittel zur Domestizierung nun ist der Hinweis auf
fehlende Objektivität. Dies gilt in besonderem Maße für Nachrichtensendungen, nicht zuletzt deshalb, weil deren Präsenta-
tionsformen sowohl im Hörfunk als auch im Fernsehen dazu
beitragen, den Charakter des Nicht-Subjektiven, des »tatsächlich Geschehenen« zu vermitteln. Dem Publikum wird suggeriert, es vermittelten sich die Geschehnisse gleichsam selbst, als
sei die gesprochene Formel das abstrakte Kondensat der Wirklichkeit, als sei das Nachrichtenbild der getreue zweidimensio-
nale Abzug der tatsächlich wichtigsten Ereignisse. Der Gesche-
henszusammenhang wird hergestellt, ohne daß gleichzeitig die
Bedingungen dieser Synthese deutlich gemacht werden: damit
versteckt sich die Scheinhaftigkeit, täuscht Objektivität vor und
verfällt damit einer noch viel größeren Täuschung, als sie die
offensichtliche Fiktion hervorzurufen vermöchte.
Genau diese Unaufrichtigkeit des ›sachlichen Lügens‹ nutzen
nun Politiker und alle Gruppen mit Herrschaftsanspruch aus,
wenn sie bei den Redaktionen und Hierarchen der Rundfunkanstalten ihre ureigenste objektive Wirklichkeit einklagen.
Nicht der ihnen und ihren Äußerungen zugewiesene Stellenwert der kritischen und damit idealtypisch ebenbürtigen Instanz ist für sie maßgebend, sondern das eigene subjektive
Urteil, das als Maßstab für Objektivität ausgegeben wird.

Herausragendes Beispiel für diese Usurpierung eines Begriffs war im vergangenen Jahr, vor den Bundestagswahlen (die natürlich, einem vielgebrauchten Orakel zufolge, nur im Fernsehen zu gewinnen waren), der mehrfach versuchte Zugriff der Unions-Parteien auf die ARD-Nachrichtensendungen »Tagesschau« und »Tagesthemen«. Nicht kritisches Urteil, sondern »Mutwilligkeit« unterstellte der CSU-Generalsekretär Stoiber den Redakteuren dieser bundesdeutschen Institution. Zumindest Teile der »Tageschau«-Redaktion trügen dazu bei, Franz Josef Strauß (zur Erinnerung: der bayerische Ministerpräsident war zu jenem Zeitpunkt noch Kanzlerkandidat) zu »diffamieren«; von »Nachrichtenmanipulation« war auch die Rede. Es kam, nach einigem brieflichen Hin und Her (u. a. Stoiber an »ARD-Aktuell«-Chef Gütt: »Unabhängig davon, ob nun Ihre subjektive Meinung hier zutrifft, ist es doch nicht Ihre Aufgabe, Meldungen, die in einem Rechtsstreit gegenseitige Auffassungen beinhalten, auf den Wahrheitsgehalt abzutasten«), schließlich zu einem gemeinsamen Gespräch zwischen Redaktion und Ankläger, das mit einer Rücknahme der Stoiber-Vorwürfe endete. Und als dessen Quintessenz Stoiber die Erklärung des »Tagesschau«-Chef Müggenburg begrüßte, »daß die Redaktion weiterhin fair, objektiv, überparteilich und so umfassend als möglich« berichten werde. Ein Spiel mit Varianten, das immerhin dazu führte, daß WDR-Intendant von Sell in einem Zählappell die Minutenpräsenz von Bundeskanzler Helmut Schmidt und dessen Herausforderer in den TV-Nachrichten auflisten ließ: auch dies ein Beitrag zum Stichwort Objektivität.

Daß Objektivität ein Ding der Unmöglichkeit sei, scheint bei der Formulierung einiger Landesrundfunkgesetze bzw. Staatsverträge als Einsicht präsent gewesen zu sein, auch wenn an die Stelle der Chimäre Objektivität andere heikle Begriffe treten. So heißt es im Staatsvertrag über den Südwestfunk: »Nachrichten und Berichte müssen im Inhalt wahrheitsgetreu und in der Wiedergabe sachlich sein.« Am sympathischsten ist da die Zurückhaltung der Saarländer: Grundsätzlich werden die Sendungen allein auf den »Rahmen der verfassungsmäßigen, freiheitlichen und demokratischen Ordnung« verpflichtet. Ganz anders dagegen die Satzung des Süddeutschen Rundfunks, die bei den Sendegrundsätzen zunächst hervorhebt, daß der Rundfunk kein »Werkzeug« von Gruppierungen oder Personen sein darf (diese Formulierung findet sich auch beim Sender Freies Berlin), dann aber zu hohlem, weil nicht zu verwirklichendem

Pathos ausholt; wie mit der Richtlinie, nach der zu beachten ist, »die ganze Berichterstattung auf ein hohes Niveau wahrheitsgetreuer Objektivität an Inhalt, Stil und Wiedergabe einzustellen und bei Nachrichtensendungen jede offenbare oder versteckte Kommentierung zu unterlassen«.

Auch das ZDF schleppt die erkenntnistheoretisch unhaltbare Objektivitätsverpflichtung mit im Gepäck (durch die Sendungen soll dem Fernsehteilnehmer »ein objektiver Überblick über das Weltgeschehen« vermittelt werden), ebenso der Westdeutsche Rundfunk (ausdrücklich auf die Nachrichten bezogen), der Norddeutsche Rundfunk und der Bayerische Rundfunk. Dabei ist in den ZDF-Richtlinien ein Kriterium formuliert, das einem erfüllbaren journalistischen Auftrag viel näher kommt: das des »vorbehaltlosen Willens zur Wahrhaftigkeit und Sachlichkeit«, der die Berichterstattung bestimmen solle.

Diese Vorgabe ist präzise und der Forderung nach der »wahrheitsgetreuen« Berichterstattung (die z. B. auch für den Hessischen Rundfunk gilt) weit überlegen. Hier wird nämlich das Vorgehen selbst, der Prozeß der Annäherung, als Maßstab für richtiges journalistisches Verhalten genommen. Nicht das Trugbild eines tatsächlich erreichbaren objektiven Produkts wird in dieser Formulierung vorgegaukelt; vielmehr wird sie von der Einsicht bestimmt, daß allein der vom subjektiven Willen geleitete Vermittlungsprozeß der gesellschaftlichen Wahrheit gerecht wird. Die Wahrhaftigkeit ist nichts anderes als die spezifische (und notwendigerweise subjektive) Beziehung zur Sache, sie ist kritisch, weil sie sich selbst in ihrer Bedingtheit reflektiert.

Würde dieser offene Wahrheitsbegriff auch in die Festschreibungen der Rundfunkaufgaben und Sendegrundsätze eingehen, hätten es die Denunzianten der Kritik, eben die an der alleinigen Objektivität ihres Machtanspruchs festhaltenden Repräsentanten von politischer und ökonomischer Macht nicht so leicht, sich auf die falschen hehren Maßstäbe zu berufen, die doch nur der Stützung ihrer einseitigen Orientierung dienen sollen. Dann käme er nicht so leichtfertig zum Eingehen auf diesen so deutlich interessengeleiteten Einspruch von außen, wie beispielsweise im Falle eines Südwestfunk-Films über das schwäbische Gebiet des Großen Heubergs:

Weil die kritische Annäherung des Autors Brock dem landläufigen (und nicht zuletzt wirtschaftlich bestimmten) Einverständnis widersprach, wurde auf lokaler Ebene eine Kampagne ausgelöst, die den Intendanten des Senders, Willibald Hilf, zu einer schnellen Entschuldigung veranlaßte, weil der Film dem Auftrag, »in Wort und Bild über den Gegenstand in seinem objektiven Zusammenhang und die verschiedenen Aspekte hinreichend zu berichten, nicht nachgekommen« sei. Die ungewollte Ohrfeige für diese Desavouierung der aufrichtigen Subjektivität, die allein sachgerecht war, kam prompt: Die protestierenden Landräte und Industrievertreter des Heubergs ließen eine geplante »Wiedergutmachungssendung«, in der ein »ergänzender« Film gezeigt und dann über die verschiedenen Aspekte diskutiert werden sollte, einfach platzen.

Eine ähnlich unglückliche Rolle spielte Hilf auch bei der Einmischung eines CDU-Bundestagsabgeordneten, der sich beim SWF-Intendanten barsch darüber beschwerte, daß ein Fernsehreporter auf einer Tagung zu Umweltfragen, unter ausdrücklicher Kennzeichnung als subjektiver Rollenträger, das Wort ergriff. Fast hätte die Politiker-Intervention gegen den Reporter Lehner durchschlagenden Erfolg gehabt. Doch wurde im gerichtlichen Vergleich die von Hilf gebilligte ›Abmahnung‹, in der SWF-Hörfunkdirektor Rummel (jetzt Chefredakteur des »Rheinischen Merkur«) den Reporter unter Berufung auf objektive Berichterstattung (die nach der Sendung übrigens von keiner Seite reklamiert wurde) abgekanzelt hatte, wieder zurückgenommen.

Wie sehr die geforderte vermeintliche Objektivität nur die Magd eines vordergründigen Interesses ist, zeigt sich mit Regelmäßigkeit an bestimmten umstrittenen Themen und Gegenständen. War es Zufall, daß die eben erwähnte Intervention gegen Lehner sich an einem Beitrag zur Kernenergie abstieß? Seitenblicke zum Verdeutlichen: Die große Auseinandersetzung um den NDR, bis hin zur drohenden Auflösung der Dreiländer-Anstalt, hatte ihren Auslöser in der Brokdorf-Berichterstattung – sie war dem schleswig-holsteinischen Ministerpräsidenten als einseitig auf die Demonstranten hin ausgerichtet erschienen, als nicht objektiv. Jüngst bugsierte man einen Film von Nina Gladitz zunächst aus dem Programm (inzwischen wurde er doch bundesweit ausgestrahlt), weil dem WDR die »Ansichten unbotmäßiger Bürger am Kaiserstuhl« in ihrer Ungeschminktheit – neben der Flurbereinigung ging es vornehmlich um die Atomkraft – wohl in ihrer Subjektivität zu objektiv erschienen. Die Kontrolleure schützten natürlich das letztlich nie in definitorisch klares Licht zu tauchende Wort »Qualitätsmängel« vor: »Aneinandergereihte Äußerungen von Menschen, die Verhältnisse in der Vergangenheit und in der Gegenwart beklagen, machen noch keinen sendefähigen Film aus«. Den bei Gladitz vermißten »ordnenden Aspekt« werden dafür sicherlich die Zuschauer in der die objektive Interessenlage widerspiegelnden Sendung »Drei Tage vor der Wahl«, in der sich vier Spitzenpolitiker ihre botmäßigen Formeln von Mund zu Mund reichten, eindeutig gefunden haben. Wenn objektiv vornehmlich die Maßgabe der Mächtigen ist, dann war dies eine höchst objektive Diskussionsrunde im Oktober 1980.

Wo die Verflechtung von politischer Argumentation und Werkzeugcharakter der elektronischen Massenmedien nicht so einfach herzustellen ist, wo Interessen-Objektivität und deren Zwillingsschwester, die Ausgewogenheit, nicht offensichtlich als einzuklagendes Ziel festzumachen sind, dort immerhin haben die Rundfunkanstalten mehr Luft. Abseits von Nachrichten und Dokumentation, von politischer Diskussionsrunde und Magazin-Waagen (die subjektiven Hintergründe müssen sich auspendeln) gibt es ja noch den (in der Regel als folgenlos angenommenen und deshalb weitgehend ungestörten) Freiraum von Kunst und Unterhaltung. Ziel von Angriffen eher dann, wenn wieder eindeutig Politisch-Ökonomisches benannt wird; in Ruhe gelassen aber sonst eigentlich nur, weil dem Bild, der Fabel, der Metapher, der spielerischen Andeutung, der direkt das Mögliche reflektierenden Spekulation, dem hintergründigen Witz, dem träumenden Voraussehen und dem analytischen Spiel keine Kraft des Wirklichen zugestanden wird.

Die Potenz der Herrschaft kann sich, so steht bei dieser großzügigen Enthaltsamkeit zu vermuten (die Künstler und Narr immer zusammendenkt), allein am eigenen Urbild von Kraft beweisen, ist nicht in der Lage, die potentiell den Status quo der Macht viel bedrohendere Freiheitsgesten der Kunst wahrzunehmen. Kritik an Fernsehspiel und an Neutönern, am radiophonen Kunst-Stück und am Auftritt einer Anarcho-Gruppe pegelt sich eher an Marken der großen Münzen ein. Das Wechselgeld darauf brauchen die Anstalten argumentativ nicht schuldig zu bleiben: Kein Politiker wird sich ernstlich – sofern er nicht in den Ruf eines provinziellen Possenreißers geraten will – beispielsweise am experimentierfreudigen und radikalen »Kleinen Fernsehspiel« des ZDF vergreifen wollen. Das Glück der Kunstformen, auch der elektronischen, ist, daß sie auf dem vorbegrifflichen Verstehen bestehen, daß ihre Sprache sich den herrschenden Begriffen verweigert, so sie wahrhaftig sein will. Damit sind sie nicht im tödlichen Sinne dingfest zu machen, rutscht die Forderung nach Objektivität ab, mit dem erleichterten Zugeständnis, daß Kunst ja subjektiv sei. Hier gebiert die Verkennung noch einen Schutzraum, eine Schonfrist: beides ist vom Rundfunk zu nutzen, mit diesem Pfunde läßt sich noch wuchern.

Weil die Aufgabe eines »idealen Senders« – hier sei nochmals Dirks zitiert mit seiner Wunschbeschreibung aus dem Jahre 1946: »...dem Hörer helfen, daß er seine eigene Existenz von außen und von innen immer besser versteht und sein Leben in seine Hand bekommt, statt von den Umständen und Konventionen gelebt zu werden«[11] – ständig bedroht ist, von der nachdrücklichen Kontrolle der eigentlich zu Kontrollierenden verengt zu werden, ist ständige publizistische Kritik gegenüber der öffentlich-rechtlichen Publizität unerläßlich. Allein, die Besonderheit der treuhänderischen Konstruktion dieser großen Apparate findet, was die Pflicht zur Information betrifft, keine Entsprechung in einer speziellen Aufforderung. Nur die Behörden sind in den Landespressegesetzen dem Informationsrecht der Presse unterworfen (mit starken Einschränkungen allenthalben, die z. B. überwiegendes öffentliches oder schutzwürdiges privates Interesse der allgemeinen freien Erörterung entziehen). Bremen allerdings zog eine Lehre aus diesem Mangel (übrigens war diskutiert worden, in die bundesdeutsche Verfassung das Recht, »bei politischen Vertretungen, Behörden und allen sonstigen vom Volk bestellten Organen Auskünfte zu verlangen«, die der Unterrichtung dienen) und verpflichtet in seinem Landespressegesetz auch Körperschaften des öffentlichen Rechts zur Auskunft. Keine unbillige Sache; auch keine überflüssige. Denn der Rundfunk, der doch dem Volk gehören soll (so wird es in schönen Intendantenreden gesagt), neigt immer stärker dazu, sich in den einzelnen Apparaten auf uneinnehmbare Plattformen zurückzuziehen, die prinzipielle Offenheit zurückzunehmen. Diese »Verdunkelung und Abschottung«, wie sie der Medienkritiker Rupert Neudeck den »administrativ strukturierten Betrieben«, die sich in Organisationsrecht, Tarifordnungen und allgemein institutionellen Trägheiten eingesessen hätten, vorhielt, ist für den Pressechef des WDR, Michael Schmid-Ospach (»insinuierende Dämonisierung«) auch ein Zeichen von »Selbstschutz oder gar Notwehr.« Die Anstalten nämlich hätten ihre Offenheit teuer bezahlt: jeder noch so kleine Vorgang in den Häusern und um die Programme habe in den Print-Medien Beachtung gefun-

den; in oft maßloser Weise. Der Schluß daraus: gestiegen sei
der Bedarf an unverfälschter Selbstdarstellung.

In der praktischen Konsequenz heißt solche unverfälschte
Selbstdarstellung beispielsweise: »Die seit Januar 1974 täglich
von 19.05 bis 21.00 Uhr in WDR 2 gesendete Wort-Musik-
Sendereihe ›Radiothek‹ wird in den nächsten Tagen überwiegend als reine Musiksendung weitergeführt. Über die zukünftige Konzeption der Wortsendungen in der ›Radiothek‹ soll
Ende nächster Woche anhand neuer Programmvorschläge entschieden werden, an deren Erarbeitung Hörfunkdirektor Manfred Jenke alle Programmbereiche des WDR-Hörfunks, einschließlich der Redaktion ›Radiothek‹, beteiligen wird.« So die
unverfälschende erste WDR-Presseerklärung, offizielles Signal
für das Ende einer radikal demokratischen Hörfunk-Reihe, die
unverfälschtes Sprechen als stolzes und respektiertes Signum
im Schilde führte.

Das Ende der »Radiothek« und die Behandlung aller damit
verbundenen Problemkreise ist auch ein Beispiel dafür, wie
steter politischer Druck (»Rotfunk« und »Radiothek« waren
fast synonym) anstaltsintern von oben nach unten durchschlägt,
bis schließlich eine Redaktion pflichtschuldigst und selbstkri-
tisch das Handtuch wirft, ohne daß der Wurf in seiner Entstehung nach außen getragen werden darf. Intendanten wollen
wiedergewählt werden, Direktoren möchten in ihren zeitlich
befristeten Ämtern bestätigt werden, Hauptabteilungsleiter
möchten Direktoren werden, Redakteure streben hinan zu
Höherem: was liegt näher, wo Gremiengunst von zuförderst
politischer Provenienz über solche Pläne befindet, als zu Stichworten wie Selbstschutz und Notwehr zu greifen. Wenn das
Selbst des Apparates in Gefahr ist, muß er sich wehren, das ist
klar. Darum muß er sich auch gegen die wehren, die ihm helfen
wollen – all die publizistischen Verteidiger des öffentlich-
rechtlichen Systems, die diese Form der elektronischen Ge-
waltenteilung immer noch für besser halten als den Markt als
oberste Machtinstanz über die laufenden Bilder auf dem kleinen Schirm und die kecken Spots aus der Röhre.

Woher die Angst, die nach Schutz verlangt und Wahrhaftigkeit,
diese Angst, die uns Medienjournalisten wiederum Angst
macht: ein Ergebnis der Zeit, oder ein zeitweiliges Eingehen
auf das Trachten der Herrschaft, sich Kritik gefügig zu machen,
um sie dafür mit der Versicherung der weiteren Existenz zu
belohnen? Es wäre eine geborgte Existenz; keine öffentlich-
rechtliche mehr, sondern eine satte parteiliche um den Preis der

politischen Ankettung. Herr und Knecht sind, wie Diderot in »Jacques le Fataliste« es zeigt, aneinander gebunden. Noch hat der öffentlich-rechtliche Rundfunk die Chance, der Fessel, die auch den Namen Objektivität trägt, zu entgehen. Doch bedarf es dazu eines radikalen Bekenntnisses – zur uneingeschränkten Freiheit der Kritik. Zersetzend und heilend.

Anmerkungen

1 »Nichtkommerzielles US-Fernsehen gab saudi-arabischem Protest nicht nach«, in: epd/Kirche und Rundfunk Nr. 39/80 v. 21.5.1980, S. 10 f.; vgl. auch epd/Kirche und Film Nr. 11-12/80

2 »Gunther Witte: ›Kein Fall Degenhardt‹ im WDR«, in: epd/Kirche und Rundfunk Nr. 7/80 v. 26.1.1980

3 Friedrich Schiller, Über die ästhetische Erziehung des Menschen in einer Reihe von Briefen, in: Sämtliche Werke, Bd. 5, München [4] 1967, S. 592

4 Vgl. Walter Dirks und Eugen Kogon, Die Rolle der Publizisten, in: Frankfurter Hefte, H. 12/1947, Faksimile-Ausgabe, Frankfurt 1978, S. 1185–1199

5 Robert Musil, Der Mann ohne Eigenschaften, Sonderausgabe, Hamburg 1970, S. 379

6 Eberhard Stammler, Evangelische »Pressepolitik«, in: Frankfurter Hefte, H. 5/1950, Faksimile-Ausgabe, Frankfurt 1978, S. 467

7 Walter Dirks und Eugen Kogon, Die Rolle der Publizisten, in: Frankfurter Hefte, H. 12/1947, Faksimile-Ausgabe, S. 1193

8 Vgl. Walter Schulz, Philosophie in der veränderten Welt, Pfullingen 1972, S. 831–840

9 Norbert Schneider, Vorwort in: Herrschaft und Kritik. Probleme der Rundfunkfreiheit, Medium Dokumentation Bd. 5, Frankfurt 1974, S. 7

10 Norbert Schneider, ebda., S. 7

11 Walter Dirks, Der ideale Sender, in: Frankfurter Hefte, H. 4/1946, Faksimile-Ausgabe, Frankfurt 1978, S. 14

KLAUS STAECK

Prädikat ausgewogen

Am 17. Oktober 1980 bestätigt Frau Schoel, die in einer deutschen Großstadt zu Hause sein soll oder tatsächlich ist, zur besten Sendezeit im ZDF mit dem vielen Laiendarstellern eigenen spröden Scharm, daß es »ganz objektiv gesehen« nun weißer nicht mehr gehe. Es ging um Dash. Jenes Gemeinschaftsprodukt der chemischen und Werbeindustrie, nach dem Hausfrauen schon immer verzweifelt gesucht hatten und das sie für nichts auf der Welt wieder hergeben würden. Auch eintauschen würden sie es nicht. Weder gegen Ariel noch gegen Persil oder Mustang, nicht einmal gegen den Weißen Riesen, jenem stillen Freund so vieler frustrierter deutscher Hausfrauen, dieser wunderbaren Symbiose von Potenz und Sauberkeit. Damit sich unsere Werbemuttis aber nicht als gar zu große Dummerchen präsentieren, lassen sie die Werbestrategen ganz beiläufig noch etwas von »objektiv« plappern. Schließlich sollen auch die einfältigsten Zuschauer noch mitbekommen, daß sie ohne Chance sind, sollten sie auf die Idee kommen, andere Waschmittel für ebenso wirksam, wenn nicht gar für wirksamer zu halten. Zum Dressurakt gehört es deshalb, daß Frau Schoel, die so hilflos menschlich wie du und ich über Probleme der Sauberkeit plaudert, sich für einen kurzen Augenblick gleichsam als Wissenschaftlerin ausgibt. Als Expertin, die hier einem Millionenpublikum das Ergebnis jahrelanger wissenschaftlicher Analysen mitteilt: »Objektiv« gibt es nichts Besseres, wirklich.

Das war Werbefernsehen, von einer Firma für viel Geld gekauft. Vielleicht hatte Frau Schoel uns Wichtigeres mitzuteilen als den Unsinn über ein Waschmittel. Ihre Chancen stehen schlecht, noch jemals in ihrem Leben eine vergleichbar große Menschenmenge anzusprechen. Im Werbespot war sie nur Objekt eines ausgeklügelten Meinungsbeeinflussungsapparates, vorgeführt über ein Massenmedium, um anderen Menschen etwas vorzumachen.

Wollten wir »objektiv« so definieren, daß sich Menschen

freiwillig durch die Faszination oder die Macht des Mediums zum Objekt machen lassen, brauchten wir uns um die Objektivität in den Medien keine Sorgen mehr zu machen. Preisverdächtig wären all jene meist gestaffelt sitzenden Besucher von Sport-, Musik- und anderen Studios, die immer artig pünktlich applaudieren: lebende Kulissen, Staffage als Volksersatz. Kürzlich war ich unter den Gästen jener so selten gewordenen Fernsehlife-Veranstaltungen. Da es um Literatur ging, wurde künstlich eine Caféhausatmosphäre geschaffen. Dicht gedrängt wartete ein Zufallspublikum auf einen kurzen Schwenk der zahlreichen Kameras über das eigene Antlitz. Als aber einige Besucher ob des Gesagten leisen Widerspruch anmelden wollten, wurden sie barsch von den übrigen zurechtgewiesen. Die meisten schien es keineswegs zu beunruhigen, als lebende Dekoration benutzt zu werden. Keiner der Besucher kam zu Wort. Der größte Teil wollte es wohl auch nicht. Die Intendanten könnten also insoweit viel mehr Mut zur Schau tragen.

Objektivität in den Medien kann wohl nur bedeuten, möglichst unvoreingenommen und vielseitig zu informieren, kontroverse Meinungen vorzustellen, ohne zu bevormunden. Abstrakt klingt so etwas recht gut, stößt aber in der Praxis zunehmend auf Schwierigkeiten. Nicht erst, seitdem Frau Noelle-Neumann aus Allensbach glaubte, repräsentativ ermittelt zu haben, daß Wahlen durch das Fernsehen entschieden würden, sind die Medien einer ständigen Zerreißprobe ausgesetzt. Mehr und mehr wird der schillernde Begriff der Ausgewogenheit zur Waffe, mit der man gerade eine – soweit vorhandene – Ausgewogenheit in traditionellem Sinne abzuschaffen versucht. So wird eine Gespensterschlacht um einen Rotfunk geführt, nur weil unter Hunderten von Medienarbeitern noch ein schwaches Dutzend gemäßigt sozialdemokratische Positionen vertritt. Da die Forderung nach Ausgewogenheit fast ausschließlich aus der rechten Ecke kommt, werden Reste von Meinungsvielfalt immer mehr beseitigt. Dabei wäre Ausgewogenheit im Bayerischen Rundfunk beispielsweise ein durchaus erstrebenswertes Ziel. Auch bei den Eigentumsverhältnissen, etwa auf dem Zeitungssektor, wäre Ausgewogenheit eine recht sympathische Vorstellung. Getreu dem Grundsatz »Bitte, unterlassen Sie alles, was meiner Karriere schaden könnte«, finden dagegen auch die unsinnigsten Anwürfe jederzeit offene Ohren, bereit zu jeder Selbstbeschneidung. Das mag auch damit zusammenhängen, daß es in kaum einem Beruf soviel Unsicherheit bei gleichzeitiger Selbstüberschätzung gibt wie unter Journalisten.

Vergleichbare Verhältnisse trifft man in der Werbebranche an. Schließlich bescheinigen sich die Leute von BILD ebenso die Berufsbezeichnung Journalist wie die seriösen Rechercheure der Frankfurter Rundschau. Auch die wirtschaftliche Unsicherheit spielt sicher eine Rolle. Seitdem vor allem die Sozialdemokraten systematisch ihre eigenen Medien verantwortungslos zerschlagen haben, gibt es in der Praxis kaum noch berufliche Alternativen für Journalisten.

In dieser durch eine vergiftete Atmosphäre gekennzeichneten Lage sind Begriffe wie Objektivität, Ausgewogenheit, Sachlichkeit nur Schlagworte im Kampf um die totale Inbesitznahme vor allem der noch öffentlich-rechtlich organisierten Medien. Natürlich geht es dem CSU-Generalsekretär in Wahrheit nicht um objektive Berichterstattung, wenn er seine Beschwerdebriefe routinemäßig schreibt, sondern um die Okkupation der Anstalt durch seine Partei. Objektiv ist alles, was seiner und seiner Parteifreunde Meinung entspricht. Ergo ist der Bayerische Rundfunk aus dieser Sicht der objektivste Sender. Weil man nur noch die in Bayern regierende Mehrheitsmeinung duldet, wird jede davon abweichende Meinung nach dreimaliger Abmahnung aus »politischen Gründen« vertrieben. Die Auseinandersetzung um die Sendereihe »Notizbuch« ist ein trauriges Beispiel für diese Praxis. Andere Sender können es sich nicht leisten, gar so plump vorzugehen. Sie strukturieren um und schließlich weg. Die Vertreibung der Radiothek im WDR ist nur eines dieser Beispiele. Bayerische Verhältnisse sind beileibe nicht mehr auf Bayern beschränkt. Fast überflüssig zu erwähnen, daß fürstlich entlohnte Proporzfunktionäre dabei sind, die »Objektivität« unter sich aufteilen. Da der Hunger der politischen Rechten seit jeher unstillbar ist, die Gegenwehr schwach bis nicht vorhanden, wird mittelfristig alles darauf hinauslaufen, daß ARD-weit nur noch als objektiv gelten wird, was die Herren Strauß, Stoiber, Albrecht, Windelen, Schwarz-Schilling für objektiv erklären. So einfach ist das leider. Auch die Anhänger des Prinzips Hoffnung können in dieser düsteren Lage wenig Trost spenden. Es besteht wenig Aussicht, daß vor allem die Medienfürsten wenigstens ihren Beruf wieder ernst nehmen. Eine neue Crux: Viele sind schon gar keine Journalisten mehr.

Bei all dem Gerede um Ausgewogenheit geht es nur vordergründig um die Frage der Objektivität. Was abläuft, ist eine Verunsicherungskampagne großen Stils. Ziel ist vor allem, die öffentlich-rechtlichen Medien sturmreif zu schießen für eine

Übernahme durch die Privatwirtschaft. Durch die Forderung nach Ausgewogenheit in des Wortes moderner perverser Bedeutung wird vor allem eines erreicht: Langeweile. Mit steigendem Desinteresse der Hörer und Zuschauer schwindet aber auch deren Bereitschaft, sich für ihren Sender einzusetzen. Diese Wechselwirkung liegt im Interesse der Jäger.

Ist die Privatisierung erst einmal vollzogen, fragt ohnehin keiner mehr nach der Objektivität. Bei der Presse haben wir längst gelernt, daß objektiv immer nur das ist, was die Verleger so für objektiv halten. Man blicke unter diesem Gesichtspunkt nur einmal etwa in den Trierischen Volksfreund, das Westfalenblatt, die Bonner Rundschau, die Aachener Volkszeitung, die neue Bildpost. Auch beim Stern schlug die Stunde der Wahrheit, als ein ausführlicher Bericht über die wirtschaftlichen Verflechtungen deutscher Kapitalanleger ins Blatt genommen wurde. Sofort wurde der stellvertretende Chefredakteur fristlos davongejagt. In der ZEIT erschien zehn Tage vor der Strauß-Schmidt-Wahl ein ganzseitiges Plädoyer für »den besseren Mann« Strauß. Darüber kann sich nur wundern, wer die politischen Verschiebungen hinter den Kulissen dieser Zeitung ein gutes Jahr zuvor nicht mitbekommen hat. Geht es um die eigenen Kapitalinteressen, werden sie alle sehr diskret und öffentlichkeitsscheu. Ist es schon so gut wie unmöglich, gelegentlich einen Leserbrief in ein Blatt zu bringen, der sich gegen die Zeitung selbst richtet, so herrscht totales Schweigen, wenn es um die wirtschaftlichen Verflechtungen dieser Medien geht. In den erwähnten Auseinandersetzungen um den Stern berichtete immerhin die Frankfurter Rundschau lange Zeit tapfer über die internen Kämpfe. Diese offene Diskussion wurde jedoch zur Verblüffung der Leser plötzlich abrupt beendet durch einen langen Kommentar voller Verständnis für das Vorgehen der Eigentümer des Stern. Verfasser war der Chef vom Dienst der ZEIT. Medienverbund nennt man so etwas wohl heute.

Keine beneidenswerte Alternative: Was objektiv ist, bestimmen entweder die Parteien oder private Kapitaleigner. Eine bescheidene Gegenöffentlichkeit darf – unter dem Damoklesschwert der Kriminalisierung – hin und wieder kleine Korrekturen anbringen und den Einheitsbrei ein wenig versalzen.

Die in der Praxis gebräuchlichste Methode, objektive Berichterstattung zu be- und verhindern, besteht vor allem im Weglassen von Tatsachen, Umständen, Meinungen. So finden ganze Themen und Ereignisse in den Medien keinen Niederschlag mehr. Wer jemals eine Großveranstaltung im Einzugsgebiet einer Zeitung organisiert hat, wo von vornherein feststeht, daß weder vorher noch hinterher mit einer Zeile über das Ereignis berichtet wird, egal, wie erfolgreich sie auch war, kennt das Maß an Verbitterung. Die Frage nach der Objektivität wird hier bestenfalls noch als Hohn verstanden. Nur wenige Beispiele sollen das verdeutlichen.

Im Mai 1980 singt im Kulturhaus Lübbecke eine Liedermacherin vor 900 Zuhörern. Die sich anschließende Diskussion geht mit Strauß nicht unbedingt freundlich um. Der Hausmeister bestätigt, daß es während seiner Amtszeit die größte Veranstaltung in dieser Halle war. In der Lokalzeitung – einem Ableger des Westfalenblattes – erscheint keine Zeile, bis auf eine Art kommentierender Erklärung der Jungen Union Preußisch-Oldendorf. Die Erklärung strotzt nur so von kriminellen Unterstellungen. So seien die Veranstalter einer kurz zuvor stattgefundenen gewalttätigen Demonstration in Bremen und die des Abends in Lübbecke identisch. Die Junioren von SPD und FDP hätten zusammen mit den örtlichen Kommunisten gezeigt, daß die Verteufelung von Strauß lediglich ein Feindbild errichten solle, hinter dem die linksradikalen Kräfte das Land weiter in die Ohnmacht treiben könnten. Alle Versuche einer Gegendarstellung scheitern.

Ein harmloseres Beispiel: Kurz vor der Wahl erscheint in der Westdeutschen Allgemeinen Zeitung (WAZ) ein sehr ausführlicher Überblick über die im Wahlkampf engagierten Wählerinitiativen. Nach der Lektüre stellte der halbwegs informierte Leser fest, daß die größte Initiative »Freiheit statt Strauß« mit keinem Wort erwähnt wurde. Stattdessen findet man einen Seitenhieb auf die angeblich einzelkämpferischen Aktivitäten des Initiators und dessen Geschäftstüchtigkeit.

Eine andere Zeitung wiederum berichtet sachlich über die einzelnen Initiativen. Die Überschrift stellt allerdings die Objektivität des ganzen Artikels wieder jäh in Frage. »An der Schmutzfront des Wahlkampfes« heißt es da. Der Artikel begründet diese Unterstellung mit keinem Wort. Jeder, der sein demokratisches Recht auf Mitgestaltung und Einmischung wahrnimmt, kämpft also an einer Schmutzfront zum Schaden der Demokratie.

In dieser Situation liegt die Versuchung nahe, die Medien nur noch als Transportmittel für eigene politische Ziele zu benutzen. Jüngstes Beispiel ist die Vermarktung der Ausstellung »Politische Grafik gegen die Menschenwürde« im Bonner

Konrad-Adenauer-Haus der CDU. Mit dieser kleinen Schau sollte pünktlich zum Auftakt der heißen Phase des Bundestagswahlkampfes anhand von Plakaten und Karrikaturen der Nachweis erbracht werden, daß Kandidat Strauß von den Linken in gleicher Weise verfolgt werde wie seinerzeit die Juden durch die Nazis. Dieses Spektakel war nur für die Medien inszeniert worden. Das wurde auch deutlich, als der Hauptbetroffene unter Androhung einer Anzeige wegen Hausfriedensbruches am Betreten der Ausstellung gehindert wurde. Trotzdem funktionierten noch nicht alle Medien gemäß dem Strategiekonzept der Veranstalter. Besonders die überregionalen Zeitungen rochen den schwarzen Braten und wollten sich nicht als Transporteure infamer Wahlkampfpolemik mißbrauchen lassen. Beim Fernsehen sah es schon etwas anders aus. Keine der verbliebenen kritischen Sendereihen wagte sich an das Thema heran. So blieb die breite Berichterstattung über Behauptungen der CDU in den aktuellen Sendungen so gut wie unwidersprochen, obwohl eine Pressekonferenz der Betroffenen durchaus Gelegenheit zur »Ausgewogenheit« geboten hätte. Die dpa-Meldung über die Ereignisse war objektiv. Sie hatte nur einen Schönheitsfehler: Sie bestand aus drei kurzen Absätzen und einem Foto. Erst Absatz drei enthielt die Gegenargumente aus der Sicht des Betroffenen. Wie zu erwarten, brachten fast alle Regionalzeitungen nur Absatz eins und zwei und das Foto. Natürlich aus Platzgründen. Kurz zuvor hatte sich dpa immerhin ganz geweigert, in dieser Sache eine Solidaritätserklärung zehn bekannter Persönlichkeiten zu erwähnen. Nachdem die Unionsparteien eine objektive Darstellung in den Medien weitgehend nicht mehr zu fürchten brauchen, werden sich Unternehmungen dieser Art für sie immer mehr auszahlen. Durch die tätige Mithilfe vieler Medienmitarbeiter konnte die Wahlkampfkasse geschont werden. Die jahrelangen Einschüchterungskampagnen gegen kritische Journalisten tragen inzwischen reiche Früchte. Aus dem vielbeschworenen Wächteramt der Presse droht ein Nachtwächteramt zu werden.

Objektivität, sprich Ausgewogenheit, wird vor allem in den elektronischen Medien immer einseitiger ausgelegt. Immerhin hat uns ein Intendant erst kürzlich vorgeführt, daß Sendesekunden sich nicht wesentlich von Fliegenbeinen unterscheiden: Beide kann man auszählen. Sagt ein sich links der Mitte bewegender Zeitgenosse etwas, wird natürlich ein rechtes Kirchenlicht um seine geschätzte Meinung gebeten. Umgekehrt gilt das noch lange nicht. Kürzlich durfte ich mich in der

Gegenrede der Sendereihe Monitor gegen den Vorwurf verteidigen, daß ich in Wahrheit ein Faschist sei. Für meinen kurzen Auftritt wurde extra mit einer Tradition dieser Sendeform gebrochen. Gegen die bis dahin geltende Regelung kam diesmal auch der Ankläger, CSU-Generalsekretär Stoiber, mit seinen Vorwürfen ausführlich zu Wort. Die Mediengewaltigen wären natürlich empört, wollte ich jetzt verlangen, künftig zu jedem Stoiber-Auftritt gehört zu werden. Trotz Ausgewogenheit handelten sich die Redakteure Schelte ein. Ein CDU-Abgeordneter beklagte sich, daß ich öfter gefragt worden sei als sein Freund Stoiber.

Nicht zu vergessen bleibt, daß es für die Einlader schon an Mut grenzte, überhaupt noch die Chance einer Verteidigung gegen öffentliche Vorwürfe via Fernsehen eingeräumt zu bekommen. Hatte doch schon vor Jahren CSU-Landesgruppenchef Zimmermann nach einem winzigen Auftritt in einer Sendung zum Thema Radikalenerlaß in einem Schreiben an das ZDF gefordert, als Diffamierer vom Dienst dürfe mir keinerlei Gelegenheit mehr gegeben werden, sich über öffentlich-rechtliche Medien zu äußern.

In seinem Stammland Bayern konnte Medienfreund Zimmermann seine Vorstellungen von Ausgewogenheit inzwischen voll verwirklichen. Die bayerische Interpretation von Ausgewogenheit konnte ich schon 1975 kennenlernen. Der Bayerische Rundfunk hatte einen kurzen Streifen über ein spektakuläres Ereignis in London gedreht, ausgelöst durch einen CSU-Abgeordneten. Kurz vor der Sendung wurde der Film ohne Begründung gekippt. Recherchen ergaben, daß ein Verhältnis zwei zu eins für die CSU immer noch als Einseitigkeit für mich ausgelegt würde und somit der Film nicht sendefähig sei. Chefredakteur Mühlfenzl – der in Sachen Medien gelegentlich auch schon mal am Kabinettstisch sitzt – begründete schließlich die Absetzung des in den Programmzeitschriften angekündigten Beitrages mit der entwaffnenden Feststellung: »Es ist nur nicht zur Sendung gekommen.« Und weiter: »Das BR-Fernsehen könne Staeck für seine politische Agitation kein Forum bieten.« Die Programmverantwortlichen haben sich in der Zwischenzeit objektiv an diese Empfehlung gehalten.

Erst kürzlich beklagte sich ein kluger Kopf aus Michelstadt in einem Leserbrief bitterlich über einen fortschreitenden Linksdrall, den er ausgerechnet in der Frankfurter Allgemeinen Zeitung ausgemacht haben will. Differenzierend beruhigte er sich aber gleich selbst mit der Feststellung, daß er diese in der

Tat bedenkliche Entwicklung erfreulicherweise nur erst als partielle Erscheinung zu beklagen habe, »denn die Leitartikel Ihrer Mitarbeiter zeichnen sich noch immer überwiegend durch besondere Objektivität aus.« Bei objektiver Betrachtung sind die meisten Leitartikel dieser Zeitung nun aber gerade nicht objektiv.

Diese wenigen Beispiele zeigen, daß eine Begriffsbestimmung des Objektiven in der Praxis auf fast unüberwindliche Schwierigkeiten stößt. So fordert der Bayernkurier ständig eine objektivere Berichterstattung – außerhalb Bayerns. Schreitet die Einschüchterung der Medienarbeiter fort, wie bisher, wird Objektivität mehr und mehr zur Worthülse, bald belächelt wie das Wort Wiedervereinigung. Widerstand aller Beteiligten wird zur Notwendigkeit, wenn die Demokratie nicht an einer empfindlichen Stelle getroffen werden soll. Es geht immerhin um die Öffentlichkeit. In der sogenannten großen Politik konnte die bayerische Krankheit in ihren Folgen räumlich begrenzt werden. In den Medien droht sie sich dagegen epidemisch auszubreiten. Das bleibt leider vorerst eine objektive Zustandsbeschreibung.

Textanhang

Nachstehend sind die wichtigsten Auszüge zum Objektivitäts-problem im »Pressekodex«, den Pressegesetzen sowie den Rundfunkgesetzen und Rundfunksatzungen zusammenge-stellt.

A) Pressekodex

(Auszug) Die im Grundgesetz der Bundesrepublik verbürgte Pressefreiheit schließt die Unabhängigkeit und Freiheit der Information, der Meinungsäußerung und der Kritik ein. Ver-leger, Herausgeber und Journalisten müssen sich bei ihrer Arbeit der Verantwortung gegenüber der Öffentlichkeit und ihrer Verpflichtung für das Ansehen der Presse bewußt sein. Sie nehmen ihre publizistische Aufgabe nach bestem Wissen und Gewissen, unbeeinflußt von persönlichen Interessen und sach-fremden Beweggründen, wahr.
Diese publizistischen Grundsätze dienen der Wahrung der Berufsethik; sie stellen keine rechtlichen Haftungsgründe dar.
1. Achtung vor der Wahrheit und wahrhaftige Unterrichtung der Öffentlichkeit sind oberstes Gebot der Presse.
2. Zur Veröffentlichung bestimmte Nachrichten und Informa-tionen in Wort und Bild sind mit der nach den Umständen gebotenen Sorgfalt auf ihren Wahrheitsgehalt zu prüfen. Ihr Sinn darf durch Bearbeitung, Überschrift oder Bildbeschrif-tung weder entstellt noch verfälscht werden. Dokumente müs-sen sinngetreu wiedergegeben werden. Unbestätigte Meldun-gen, Gerüchte und Vermutungen sind als solche erkennbar zu machen. Bei Wiedergabe von symbolischen Fotos muß aus der Unterschrift hervorgehen, daß es sich nicht um ein dokumenta-risches Bild handelt.
3. Veröffentlichte Nachrichten oder Behauptungen, die sich

nachträglich als falsch erweisen, hat das Publikumsorgan, das sie gebracht hat, unverzüglich von sich aus in angemessener Weise richtigzustellen.

4. Bei der Beschaffung von Nachrichten, Informationsmaterial und Bildern dürfen keine unlauteren Methoden angewandt werden.

5. Jede in der Presse tätige Person wahrt das Berufsgeheimnis, macht vom Zeugnisverweigerungsrecht Gebrauch und gibt Informationen ohne deren ausdrückliche Zustimmung nicht preis.

6. Die Verantwortung der Presse gegenüber der Öffentlichkeit gebietet, daß redaktionelle Veröffentlichungen nicht durch private oder geschäftliche Interessen Dritter beeinflußt werden. Verleger und Redakteure wehren derartige Versuche ab und achten auf eine klare Trennung zwischen redaktionellem Text und Veröffentlichungen zu werblichen Zwecken. Werbetexte, Werbefotos und Werbezeichnungen sind als solche kenntlich zu machen.

7. Die Presse achtet das Privatleben und die Intimsphäre des Menschen. Berührt jedoch das private Verhalten eines Menschen öffentliche Interessen, so kann es auch in der Presse erörtert werden. Dabei ist zu prüfen, ob durch eine Veröffentlichung Persönlichkeitsrechte Unbeteiligter verletzt werden.

8. Es widerspricht journalistischem Anstand, unbegründete Beschuldigungen, insbesondere ehrverletzender Natur, zu veröffentlichen.

9. Veröffentlichungen in Wort und Bild, die das sittliche oder religiöse Empfinden einer Personengruppe nach Form und Inhalt wesentlich verletzen können, sind mit der Verantwortung der Presse nicht zu vereinbaren.

10. Auf eine unangemessen sensationelle Darstellung von Gewalt und Brutalität soll verzichtet werden. Der Schutz der Jugend ist in der Berichterstattung zu berücksichtigen.

11. Niemand darf wegen seiner Zugehörigkeit zu einer rassischen, religiösen oder nationalen Gruppe diskriminiert werden.

12. Die Berichterstattung über schwebende Ermittlungs- und Gerichtsverfahren muß frei von Vorurteilen erfolgen. Die Presse vermeidet deshalb vor Beginn und während der Dauer eines solchen Verfahrens in Darstellung und Überschrift jede einseitige oder präjudizierende Stellungnahme. Ein Verdächtiger darf vor einem gerichtlichen Urteil nicht als Schuldiger hingestellt werden. Bei Straftaten Jugendlicher sind mit Rück-

sicht auf die Zukunft der Jugendlichen möglichst Namensnennung und identifizierende Bildveröffentlichungen zu unterlassen, sofern es sich nicht um schwere Verbrechen handelt. Über Entscheidungen von Gerichten soll nicht ohne schwerwiegende Rechtfertigungsgründe vor deren offizieller Bekanntgabe berichtet werden.

13. Bei Berichten über medizinische Themen ist eine unangemessen sensationelle Darstellung zu vermeiden, die unbegründete Befürchtungen oder Hoffnungen beim Leser erwecken könnte. Forschungserkenntnisse, die sich in einem frühen Stadium befinden, sollten nicht als abgeschlossen oder nahezu abgeschlossen dargestellt werden.

14. Die Annahme und Gewährung von Vorteilen jeder Art, die geeignet sein könnten, die Entscheidungsfreiheit von Verlag und Redaktion zu beeinträchtigen, sind mit dem Ansehen, der Unabhängigkeit und der Aufgabe der Presse unvereinbar. Wer sich für die Verbreitung oder Unterdrückung von Nachrichten bestechen läßt, handelt unehrenhaft und berufswidrig.

15. Es entspricht fairer Berichterstattung, vom Deutschen Presserat öffentlich ausgesprochene Rügen abzudrucken, insbesondere in den betroffenen Publikationsorganen.

B) Pressegesetze

In fast allen Länderpressegesetzen ist ein Paragraph zur Sorgfaltspflicht der Presse enthalten, der nahezu überall gleich lautet. Deshalb werden hier nur zwei Formulierungen wiedergegeben. Auf die Wiedergabe von Paragraphen, die die Objektivitätsproblematik nur berühren (z. B. Gegendarstellungsanspruch) wird verzichtet.

1. Baden-Württemberg

Gesetz über die Presse (Landespressegesetz)
Vom 14. 1. 1964 (GBl. S. 11) Zuletzt geändert durch Gesetz vom 3. 3. 1976 (GVBl. S. 216)
§ 6 Sorgfaltspflicht der Presse
Die Presse hat alle Nachrichten vor ihrer Verbreitung mit der nach den Umständen gebotenen Sorgfalt auf Wahrheit, Inhalt und Herkunft zu prüfen. Die Verpflichtung, Druck-

werke von strafbarem Inhalt freizuhalten oder Druckwerke strafbaren Inhalts nicht zu verbreiten (§ 20 Abs. 2), bleibt unberührt.

2. *Schleswig-Holstein*

Gesetz über die Presse (Landespressegesetz)
Vom 19. 6. 1964 (GVOBl. S. 71). Zuletzt geändert durch Gesetz vom 9. 12. 1974 (GVOBl. S. 453)
§ 6 Sorgfaltspflicht der Presse
Die Presse hat alle Nachrichten vor ihrer Verbreitung mit der nach den Umständen gebotenen Sorgfalt auf Wahrheit, Inhalt und Herkunft zu prüfen. Die Verpflichtung, Druckwerke von strafbarem Inhalt freizuhalten, bleibt unberührt.

C) Verfassung des Freistaates Bayern

Vom 1. 12. 1946 (BayBS I S. 3)
Geändert durch Gesetz vom 19. 7. 1973 (GVBl. S. 389)
Art. 111
(1) Die Presse hat die Aufgabe, im Dienst des demokratischen Gedankens über Vorgänge, Zustände und Einrichtungen und Persönlichkeiten des öffentlichen Lebens wahrheitsgemäß zu berichten.

D) Rundfunkgesetze, Rundfunksatzungen, Senderichtlinien, Staatsverträge etc.

1. *Gesetz über die Errichtung von Rundfunkanstalten des Bundesrechts vom 29. 11. 1960 (BGBl. I S. 862)*

§ 23: Gestaltung der Sendungen
Die Sendungen müssen in ihrer Gesamtheit der freiheitlich-demokratischen Grundordnung entsprechen. Sie dienen einer unabhängigen Meinungsbildung und dürfen nicht einseitig eine Partei, eine Religionsgemeinschaft, einen Berufsstand oder eine Interessengemeinschaft unterstützen; die sittlichen und religiösen Empfindungen der Rundfunkteilnehmer sind zu achten.

§ 24: Berichterstattung
(1) Die Berichterstattung soll umfassend, wahrheitsgetreu und sachlich sein. Herkunft und Inhalt der zur Veröffentlichung bestimmten Berichte sind sorgfältig zu prüfen.
(2) Nachrichten und Kommentare sind zu trennen; Kommentare sind als persönliche Stellungnahme zu kennzeichnen.

2. Gesetz über den Hessischen Rundfunk

Vom 2. 10. 1948 (GVBl. Hess. S. 123)
§ 3: Verbindliche Grundsätze für Sendungen
...
(4) Die Berichterstattung muß wahrheitsgetreu und sachlich sein. Nachrichten und Stellungnahmen dazu sind deutlich voneinander zu trennen. Zweifel an der Richtigkeit sind auszudrücken, Kommentare zu den Nachrichten müssen unter Nennung des Namens des dafür verantwortlichen Verfassers als solche gekennzeichnet werden.

3. Entwurf eines Gesetzes zu dem Staatsvertrag über den Norddeutschen Rundfunk vom 28. 8. 1980

§ 7: Programmgestaltung
(1) Der NDR ist in seinen Sendungen zur Wahrheit verpflichtet. Er hat sicherzustellen, daß
1. die bedeutsamen politischen, weltanschaulichen und gesellschaftlichen Kräfte und Gruppen im Sendegebiet im Gesamtprogramm des NDR angemessen zu Wort kommen können,
2. das Programm nicht einseitig einer Partei oder Gruppe, einer Interessengemeinschaft, einem Bekenntnis oder einer Weltanschauung dient, und
3. in seiner Berichterstattung die Auffassungen der wesentlich betroffenen Personen, Gruppen oder Stellen angemessen und fair berücksichtigt werden.
Wertende und analysierende Einzelbeiträge haben dem Gebot journalistischer Fairneß und in ihrer Gesamtheit der Vielfalt der Meinungen zu entsprechen. Ziel aller Informationssendungen ist es, sachlich und umfassend zu unterrichten und damit zur selbständigen Urteilsbildung der Bürger beizutragen.
(2) Alle Sendungen mit Bedeutung für die Information und Meinungsbildung sind gründlich und gewissenhaft zu recherchieren. Tatsachenbehauptungen sind zu überprüfen. Die

Nachrichtengebung muß allgemein, unabhängig und objektiv sein. Kommentare sind deutlich von Nachrichten zu trennen und unter Nennung des Verfassers als solche zu kennzeichnen.

4. Gesetz über die Errichtung und die Aufgaben einer Anstalt des öffentlichen Rechts – »Radio Bremen« vom 18. 6. 1979 (GBl. Brem. S. 245)

§ 2: Aufgaben und Programmgrundsätze
(1) Die Sendungen von Radio Bremen dienen durch Information, Bildung und Unterhaltung der gesamten Bevölkerung. Sie sollen von kulturellem Verantwortungsbewußtsein zeugen und die künstlerische Aufgabe des Rundfunks deutlich werden lassen. Die Sendungen des Rundfunks sollen von demokratischer Gesinnung und unbestechlicher Sachlichkeit getragen sein. Der Rundfunk hat sich mit allen Kräften für Frieden, Freiheit und Gerechtigkeit, Wahrheit, Duldsamkeit und Achtung vor der einzelnen Persönlichkeit einzusetzen.
. . .
(5) Alle Nachrichten müssen nach Inhalt, Stil und Wiedergabe wahrheitsgetreu und sachlich sein. Bei Nachrichtenübermittlung ist nur solches Material zu benutzen, das aus Nachrichtenagenturen und Quellen stammt, die in Beurteilung und Wiedergabe einen objektiven Standpunkt erkennen lassen. Ist diese Gewähr nicht gegeben, dann ist dies unmißverständlich zum Ausdruck zu bringen. Nachrichten und Kommentare sind zu trennen. Kommentare sind als solche zu kennzeichnen. Wertende und analysierende Einzelbeiträge haben dem Gebot journalistischer Fairneß zu entsprechen.
(6) Der Rundfunk hat das Recht, sachlich begründete Kritik an gesellschaftlichen Mißständen, an Einrichtungen und Personen des öffentlichen Lebens zu üben.

5. Gesetz Nr. 806 über die Veranstaltung von Rundfunksendungen im Saarland (GVRS)

Vom 2. 12. 1964 (ABl Saar, S. 1111) i. d. F. der Bekanntmachung vom 1. 8. 1968 (ABl Saar, S. 558)
§ 10: Grundsätze für Sendungen
(1) Der Saarländische Rundfunk hat seine Sendungen im Rahmen der verfassungsmäßigen, freiheitlichen und demokratischen Ordnung zu gestalten. Die Sendungen sollen eine unabhängige Meinungsbildung ermöglichen und dürfen nicht

einseitig einer Partei, einem Bekenntnis, einer Weltanschauung, einem Berufsstand, einer Interessengemeinschaft oder einer sonstigen Gruppe dienen. Sie haben den religiösen, sittlichen und kulturellen Belangen der Bevölkerung des Saarlandes Rechnung zu tragen.

(2) Der Saarländische Rundfunk soll die internationale Verständigung fördern, zum Frieden und zur sozialen Gerechtigkeit mahnen, die demokratischen Freiheiten verteidigen und nur der Wahrheit verpflichtet sein.

6. Satzung der Rundfunkanstalt »Sender Freies Berlin«

Anlage zum Gesetz über die Errichtung einer Rundfunkanstalt Vom 12. 11. 1953 (GVBl Berl. S. 1400) in der Fassung der Bekanntmachung vom 5. 12. 1974 (GVBl Berl. 1975, S. 146)

§ 3: Grundsätze und Richtlinien für Sendungen, Verbreitungspflicht.

(1) Die Sendungen des Senders Freies Berlin müssen von demokratischer Gesinnung und Treue zu dem Grundgesetz für die Bundesrepublik Deutschland und der Verfassung von Berlin, von kulturellem Verantwortungsbewußtsein und vom Willen zur Sachlichkeit getragen sein. Sie sollen für Freiheit, Gerechtigkeit und Wahrheit wirken und eine unabhängige Meinungsbildung ermöglichen. Die Anstalt darf nicht Werkzeug einer Regierung, einer Gruppe oder einer einzelnen Persönlichkeit sein. Darüber hinaus muß die Gesamtheit der Sendungen der einzelnen Programmsparten des Hörfunks und des Fernsehens diesen Grundsätzen entsprechend inhaltlich ausgewogen sein.

7. Satzung für den »Süddeutschen Rundfunk« in Stuttgart

Anlage zum Gesetz Nr. 1096, Rundfunkgesetz, vom 21. 11. 1950 (RegBl Württ.-B. 1951, S. 1)

§ 2: Grundsätze und Richtlinien für Sendungen

(1) Auf dem Wege zur Schaffung eines freien, demokratischen und friedlichen Deutschlands, das wiederum seinen Platz in der Familie der Nationen als geachtetes und sich selbst achtendes Mitglied einnehmen wird, muß das deutsche Rundfunkwesen mit allen Kräften bemüht sein, ohne Kompromisse sich der Förderung der menschlichen Ideale von Wahrheit, Toleranz, Gerechtigkeit, Freiheit und Achtung vor den Rechten der individuellen Persönlichkeit zu widmen.

...

(4) Der »Süddeutsche Rundfunk« hat deshalb bei der Veranstaltung seiner Rundfunkdarbietungen folgende Richtlinien zu beachten:

...

6. die ganze Berichterstattung auf ein hohes Niveau wahrheitsgetreuer Objektivität an Inhalt, Stil und Wiedergabe einzustellen und bei Nachrichtensendungen jede offenbare oder versteckte Kommentierung zu unterlassen;

7. bei Nachrichtenübermittlung nach bester Möglichkeit objektives Material, das aus freien und unabhängigen Quellen stammt, zu benützen;

8. Staatsvertrag über den Südwestfunk vom 27. 8. 1951

§ 5: Grundsätze für Sendungen

(1) Die Programme des Südwestfunks müssen vom Geiste demokratischer Freiheit und der Verständigung unter den Völkern getragen sein.

(2) Der Südwestfunk darf nicht einseitig in den Dienst einer Regierung, politischer Partei, Kirche, religiösen Gemeinschaft, weltanschaulichen Richtung, eines Berufsstandes oder Interessenverbandes treten.

(3) Nachrichten und Berichte müssen im Inhalt wahrheitsgetreu und in der Wiedergabe sachlich sein. Zweifel an der Zuverlässigkeit einer Nachricht sind zum Ausdruck zu bringen. Nachrichten sind von Kommentaren und Stellungnahmen zu trennen.

9. Satzung des Südwestfunks vom 20. 6. 1952 (BAnz 138, S. 157)

in der Fassung vom 7. 5. 1974 (BAnz. 1975, Nr. 24, S. 7)
Art. 5: Bindende Bestimmungen für Sendungen
...

(3) Der Südwestfunk hat das Recht zu angemessener und sachlicher Kritik am öffentlichen Leben; Hörfunk- und Fernsehsendungen müssen in Wort und Bild über den Gegensatz in seinem objektiven Zusammenhang und die darüber bestehenden wesentlichen Meinungen hinreichend unterrichten. Dabei darf der Südwestfunk nicht einseitig in den Dienst einer Regierung, politischen Partei, Kirche, religiösen Gemeinschaft, weltanschaulichen Richtung, eines Berufsstandes oder Interessenverbandes treten. Die eigenen Sprecher, Kommentatoren oder

Mitarbeiter des Südwestfunks haben in Sendungen, in denen sie mitwirken, einen überparteilichen Standpunkt zu wahren. Sie dürfen hierbei keine persönlichen Interessen vertreten oder verfolgen.

10. Gesetz über den »Westdeutschen Rundfunk Köln«

Vom 25. 5. 1954 (GV. NW. S. 151)

§ 4: Grundsätze für Sendungen

Der Westdeutsche Rundfunk Köln hat seine Sendungen im Rahmen der verfassungsmäßigen Ordnung zu halten. Er hat die weltanschaulichen, wissenschaftlichen und künstlerischen Richtungen zu berücksichtigen. Die sittlichen und religiösen Überzeugungen der Bevölkerung sind zu achten. Der landsmannschaftlichen Gliederung des Sendegebiets soll Rechnung getragen werden. Die Nachrichtengebung muß allgemein, unabhängig und objektiv sein.

Der Westdeutsche Rundfunk soll die internationale Verständigung fördern, zum Frieden und zur sozialen Gerechtigkeit mahnen, die demokratischen Freiheiten verteidigen und nur der Wahrheit verpflichtet sein. Er darf nicht einseitig einer politischen Partei oder Gruppe, einer Interessengemeinschaft, einem Bekenntnis oder einer Weltanschauung dienen.

11. Staatsvertrag über die Errichtung der Anstalt des öffentlichen Rechts »Zweites Deutsches Fernsehen«

Vom 6. 6. 1961

§ 2: Gestaltung der Sendungen

In den Sendungen soll den Fernsehteilnehmern in ganz Deutschland ein objektiver Überblick über das Weltgeschehen, insbesondere ein umfassendes Bild der deutschen Wirklichkeit vermittelt werden.

Diese Sendungen sollen vor allem auch der Wiedervereinigung Deutschlands in Frieden und Freiheit und der Verständigung unter den Völkern dienen. Sie müssen der freiheitlich-demokratischen Grundordnung entsprechen und eine unabhängige Meinungsbildung ermöglichen.

§ 3: Berichterstattung

(1) Die Berichterstattung soll umfassend, wahrheitsgetreu und sachlich sein. Herkunft und Inhalt der zur Veröffentlichung bestimmten Berichte sind sorgfältig zu prüfen.

(2) Nachrichten und Kommentare sind zu trennen; Kommentare sind als persönliche Stellungnahme zu kennzeichnen.

12. *Richtlinien für die Sendungen des »Zweiten Deutschen Fernsehens« vom 11. 7. 1963*

I. Wahrung von Menschenwürde und Wahrhaftigkeit

...

(4) Die Berichterstattung muß von vorbehaltlosem Willen zur Wahrhaftigkeit und Sachlichkeit bestimmt sein.

...

III. Politische Grundsätze

...

(3) Das Programm soll über die deutsche Wirklichkeit umfassend informieren und einen objektiven Überblick über das Weltgeschehen bieten. Hierzu gehören Darstellungen der deutschen Geschichte, des geschichtlichen Weges des deutschen Volkes, der Mannigfaltigkeit der deutschen Stämme, Länder und Kulturkreise.

(4) Die Informationssendungen müssen durch Unterbreitung der wesentlichen Materialien der eigenen Meinungsbildung dienen. Sie dürfen dabei nicht durch Weglassen wichtiger Tatsachen, durch Verfälschung oder durch Suggestivmethoden die persönliche Entscheidung zu bestimmen versuchen.

(5) Die Anstalt ist zur Überparteilichkeit verpflichtet. Die Ausgewogenheit des Gesamtprogramms bedingt jedoch nicht Überparteilichkeit in jeder Einzelsendung. Sendungen, in denen bei strittigen Fragen ein Standpunkt allein oder überwiegend zur Geltung kommt, bedürfen eines entsprechenden Ausgleichs. Wenn in Einzelsendungen zu strittigen Fragen eine bestimmte Meinung vertreten wird, so ist in ihnen möglichst auf die ergänzende(n) Sendung(en) hinzuweisen.

13. *Grundsätze für die Zusammenarbeit im ARD-Gemeinschaftsprogramm »Deutsches Fernsehen«*

Vom 9. 7. 1971

...

2. Gebot der Vielfalt; Informationspflicht.

Das Gebot der Vielfalt gilt besonders für informierende und meinungsbildende Sendungen. Profilierte politische Aussagen und Analysen sind ebenso wesentliche Bestandteile des Programms wie die Information über bisher unbekannte Zusammenhänge.

Auch die Berichterstattung über nicht verfassungskonforme Meinungen, Ereignisse oder Zustände gehört zur Informationspflicht; dabei ist auch die Wiedergabe solcher Auffassungen – seien sie journalistisch, literarisch oder künstlerisch formuliert – möglich, soweit sie für eine Urteilsbildung nötig ist. Die selbstverständliche Anerkennung der vom Grundgesetz festgelegten freiheitlich-demokratischen Verfassungsordnung schließt die kritische Auseinandersetzung mit dem geltenden Recht nicht aus. Keinesfalls darf jedoch durch das Programm zur gewaltsamen Veränderung dieser Verfassungsordnung oder zu strafbaren Handlungen aufgefordert werden.

3. Meinungsäußerungen im Programm

Im Programm vertretene Meinungen sind nicht die Meinungen der Rundfunkanstalten, sondern Meinungsäußerungen der Autoren; sie müssen als solche erkennbar sein. In Berichten und in Beiträgen, in denen sowohl berichtet als auch gewertet wird, dürfen keine Tatbestände unterdrückt werden, die zur Urteilsbildung nötig sind.

4. Journalistische Sorgfaltspflicht

Zur journalistischen Sorgfaltspflicht gehört, daß Tatsachenbehauptungen überprüft werden; Vermutungen sind als solche zu kennzeichnen. Sind für eine kritisch-analytische Sendung Tatsachenbehauptungen vorgesehen, die sich gegen eine Person oder Institution richten, so gehört es zur sorgfältigen Vorbereitung der Sendung, die Betroffenen nach Möglichkeit zu hören und deren Auffassung nicht außer acht zu lassen.

5. Änderungsverbot bei Interviews und Statements

Bei der Wiedergabe von Interviews und Statements darf der Sinn der Aussage nicht verändert oder verfälscht werden. Das gilt insbesondere bei Kürzungen und bei der Verwertung von Archivmaterial. Personen, die um Mitwirkung an einer Sendung gebeten werden, dürfen über Art und Zweck ihrer Mitwirkung nicht getäuscht werden.

6. Tagesschau; Kommentar

Die Sendungen der Tagesschau dürfen keine Meinungsäußerungen der Redaktion enthalten; in Korrespondentenberichten sind Meinungsäußerungen zulässig. Kommentare im Rahmen der Tagesschau müssen von den Nachrichten deutlich abgegrenzt sein. Auf die für den Kommentar verantwortliche Rundfunkanstalt ist hinzuweisen.

Quellen

Presserecht. Pressegesetze der Länder und andere presserechtliche
  Vorschriften. 4. völlig neu bearbeitete Auflage.
  Stand 1. 8. 1976. München: Verlag C. H. Beck
Das gesamte Recht der Publizistik (1979)
  2. neugestaltete Auflage. Hrsg. von Ludwig Delp
  Neuwied und Darmstadt: Luchterhand (Sammlung Delp)

Auswahlbibliographie

(Die Literaturangaben und Anmerkungen zu den einzelnen Beiträgen
befinden sich jeweils am Schluß des Artikels)

ABEND, Michael (1974), »Die Tagesschau: Zielvorstellungen und Produktionsbedingungen«. In: Rundfunk und Fernsehen.« 2, 1974,
S. 166–187.

ABEND, Michael (1977), »Überlegungen zur ›Berufsethik‹ des Nachrichtenjournalisten.« In: Politische Medienkunde, Bd. 3, S. 36–53.

ALBRECHT, Gerd (1975), »Möglichkeiten und Grenzen publizistischer
Manipulation.« In: Saxer, Ulrich (Hrsg.) (o. O., o. J.), S. 106–119.

ANDRÉN, Gunnar/Pertti Hemánus/Olga Linné/Dan Lundberg/Eric
Nordahl Svendsen/Kjeld Veirup (Hrsg.) (1979), Loyalitet mod
virkligheden. Objektivitetet og journalistisk formidling. Copen-
hagen: Gyldendahl.

ARENS, Karlpeter (1971), Manipulation. Kommunikationspsychologi-
sche Untersuchungen mit Beispielen aus den Zeitungen des Sprin-
ger-Konzerns. Berlin: Spieß.

AUFERMANN, Jörg/Karsten Renckstorf (Hrsg.) (1977), Thema: Ausge-
wogenheit. Beiträge zur Klärung eines Kommunikationspolitischen
Konzepts. Mit Beiträgen von Jörg Aufermann, Hansjörg Bessler,
Gert Börnsen, Claus Eurich, Ernst Heinsen, Arthur Rathke, Diet-
rich Schwarzkopf, Jutta Simon, Martin Stock. Medien 1, 1977.
Berlin: Spiess.

BÄUERLEIN, Heinz (1956), Die Problematik der Objektivität in der
Presse-Berichterstattung. Diss. München.

BAUERMEISTER, Herbert (1974), »Nachrichtensprache. Einige Bemerkungen zu Anspruch und Wirklichkeit von Nachrichtensendungen.«
In: Politische Medienkunde, Bd. 2, S. 180–196.

BAUMANN, Adolf (1975), »Manipulation durch Kultur und Unterhaltung.« In: Saxer, Ulrich (Hrsg.) (o. O., o. J.), S. 84–94.

BAUMGARTNER, Hans Michael (1975), »Narrative Struktur und Objektivität. Wahrheitskriterien im historischen Wissen.« In: Rüsen, Jörn
(Hrsg.) (1975), S. 48–67.

BECK, Ulrich (1974), Objektivität und Normativität. Die Theorie-
Praxis-Debatte in der modernen deutschen und amerikanischen
Soziologie. Reinbeck: Rowohlt.

BECKER, Werner/Kurt Hübner (Hrsg.) (1976), Objektivität in den Natur- und Geisteswissenschaften. Hamburg: Hoffmann u. Campe.

BENTELE, Günter (Hrsg.) (1981), Semiotik und Massenmedien. München: Ölschläger.

BERGER, Hartwig (1974), Untersuchungsmethode und soziale Wirklichkeit. Eine Kritik an Interview und Einstellungsmessung in der Sozialforschung. Frankfurt/M.: Suhrkamp.

BERGSTRÖM, Lars (1972), Objektivitet. En undersökning av innebörden, möjligheten och önskvärdheten av objektivitet i samhällsvetenskaperna. Vänersborg.

BISMARCK, Klaus von (1970), »Die Nachricht und die Wirklichkeit.« In: Publizistik, 15. Jg., 4, S. 284–294.

BLAUM, Verena (1979), Journalistikwissenschaft in der DDR. Inst. für Gesellschaft u. Wissenschaft an der Universität Erlangen-Nürnberg. Erlangen: IGW.

BOHRMANN, Hans/Josef Hackforth/Hendrik Schmidt (Hrsg.) (1979), Informationsfreiheit Free flow of Information. München: Ölschläger.

BRENDLER, Gerhard (1972), »Zum Prinzip der Parteilichkeit in der marxistisch-leninistischen Geschichtswissenschaft.« In: Zeitschrift für Geschichtswissenschaft 20. Jg. 1972, S. 277–301.

BRUCKER, Herbert (1973), Communication is Power. Unchanging Values In A Changing Journalism. New York.

BUDZISLAWSKI, Hermann (1966), Sozialistische Journalistik. Leipzig: Bibliogr. Institut.

BURGER, Harald (1975), »Die fragwürdige Suggerierung von Objektivität. Radionachrichten aus der Sicht des Sprachwissenschaftlers.« In: Neue Zürcher Zeitung 23. 5. 1975.

CAREY, James (1969), »The Communication Revolution and the Professional Communicator.« In: Halmos, Paul (Hrsg.). The Sociology of Mass Media Communicators. Keele, S. 23–38.

COULMAS, P. (1974), »Schlechte Nachrichten.« In: Journalist 24. Jg. 1974, 1.

CRUMP, Spencer (1974), Fundamentals in Journalism. New York.

CUNNINGHAM, Frank (1973), Objectivity in social science. Toronto and Buffalo: University of Toronto Press.

DENCKER, Klaus Peter (1975), »Der subjektive Blick durch Objektiv.« In: Straßner, Erich (Hrsg.) (1975), S. 151–164.

DÖHN, Lothar/Klaus Klöckner (1979), Medienlexikon. Kommunikation in Gesellschaft und Staat. (Stichwort »Objektivität«). Baden-Baden: Signal.

DONNER, Wolf (1971), »Die öffentlich-rechtliche Huldigung. Über das tägliche Erscheinungsbild der Politik im Fernsehen.« In: Die Zeit (18. 6. 1971), S. 13.

DORSCH, Petra E. (1980), »Objektivität durch Subjektivität? Ein Gespräch mit dem Reporter Herbert Riehl-Heise.« In: Langenbucher, Wolfgang R. (Hrsg.) (1980), S. 97–106.

DOVIFAT, Emil (1931), Zeitungslehre 1. Theoretische und rechtliche

Grundlagen Nachricht und Meinung. Sprache und Form. Berlin: de Gruyter (Sammlung Göschen).

DRÖGE, Franz (1967), »Theorie und Erkenntnistheorie in der Publizistikwissenschaft.« In: Publizistik, Jg. 12, S. 219 ff.

DRÖGE, Franz (1972), Wissen ohne Bewußtsein. Materialien zur Medienanalyse der Bundesrepublik Deutschland. Frankfurt/M.: Fischer.

DURKHEIM, Emile (1911), »Werturteile und Wirklichkeitsurteile.« dt. in: Durkheim, Emile (1976) Soziologie und Philosophie. Mit einer Einleitung von Theodor W. Adorno. Frankfurt: Suhrkamp, S. 137 bis 157.

FABRIS, Hans Heinz (o. J.), Objektivität und Parteilichkeit in den Sozialwissenschaften und im Journalismus. Salzburg: unveröffentl. Manuskript.

FABRIS, Hans Heinz (1979), Journalismus und bürgernahe Medienarbeit. Formen und Bedingungen der Teilhabe an gesellschaftlicher Kommunikation. Salzburg: Wolfgang Neugebauer.

FAULSTICH Werner (1979), »Zum Schein des Objektiven als Problem der Fernseh-Nachrichten.« In: Zeitschrift für Literaturwissenschaft u. Linguistik (Lili) 29. 8. Jg.

Fernsehen in Deutschland II (1969), Die Bundestagswahl 1969 als journalist. Aufgabe. (Zus. gestellt von Christian Longolius). Mainz v. Hase & Koehler.

FISCHER, Alois (1979), Die Objektivität des Berichtens in Fernsehnachrichtensendungen – Ein Problem intersubjektiver Verständigung. Staatsexamensarbeit, Tübingen.

FREY, Siegfried (1951), Wahrheit und Objektivität in der Information. Habilitationsschrift Bern.

FRIEDEBURG, Ludwig von (1969), »Meinungsbildung durch aktuelle Magazinsendungen des Fernsehens.« In: Publizistik 1969, 2, S. 162 ff.

FUNKE, Hans-Jürgen (1978), Die Haupt- und Spätausgabe der »Tagesschau«. Ein inhaltsanalytischer Vergleich ihrer Inlandsberichterstattung. Berlin: Spiess.

GALTUNG, Johan/Mari H. Ruge (1970), »The structure of Foreign News. The Presentation of the Congo, Cuba und Cyprus Crises in Four Foreign Newspapers.« In: Tunstall, Jeremy (ed.) (1970), Media Sociology, S. 259 ff

GATTWINKEL, Karl-Wilhelm (1971), »Manipulation?« In: Media 8. Jg. 1971.

GEYER, Michael (1973), »Nachrichten und gesellschaftliche Interessen – Überlegungen zu einer öffentlich-rechtlichen Misere.« In: Pätzold, Ulrich/Hendrik Schmidt (Hrsg.) (1973), S. 77–88.

GROTH, Otto (1928), Die Zeitung. Mannheim/Berlin/Leipzig: J. Bensheimer.

HABERMAS, Jürgen (1973), »Wahrheitstheorien.« In: Fahrenbach, Helmut (Hrsg.) (1973) Wirklichkeit und Reflexion. Walter Schulz zum 60. Geburtstag. Pfullingen, S. 211–265.

HEMÁNUS, Pertti (1976), »Objectivity in News Transmission.« In: Journal of Communication, 26, 4, S. 102–107.

HEMÁNUS, Pertti (1979), »Objectivity in Mass Communication.« In: The Democratic Journalist 10, S. 7–11.

HEMÁNUS, Pertti/Ilkka Tervonen (1980), Objektiivinen joukkotiedotus. Helsinki: Otava.

HEUN, Manfred (1975), »Die Subjektivität der öffentlich-rechtlichen Nachrichten.« In: Straßner, Erich (Hrsg.) (1975) S. 66–82.

HEUN, Manfred (1977), »Die Subjektivität der öffentlich-rechtlichen Nachrichten. Thesen zur Gewinnung eines brauchbaren Objektivitätsbegriffs.« In: Politische Medienkunde, Bd. 3 S. 34–35.

HOFFMANN, Alexander von (1976), »Für bessere Fernsehnachrichten – Ein Plädoyer.« In: Kötterheinrich, Manfred (u. a.) (Hrsg.) (1976). Rundfunkpolitische Kontroversen. Zum 80. Geburtstag von F. Eberhardt. Frankfurt a. M.: EVA, S. 161–179.

HOISS, Josef/Hans Tschech (1975), »Die Arbeit des Nachrichtenredakteurs im Rundfunk.« In: Straßner, Erich (Hrsg.) (1975), S. 206–217.

HOPPENKAMPS, Herrmann (1979), Medium Zeitung. Modelle für den Deutsch- und Politikunterricht. Düsseldorf: Schwann.

HORKHEIMER, Max (1968), »Zum Problem der Wahrheit.« In: Horkheimer, Max (1968), Kritische Theorie. Eine Dokumentation, Bd. I hrsg. von Alfred Schmidt. Frankfurt/M.: S. Fischer.

HUTH, Lutz (1977), »Ereignis, Objektivität und Präsentation in Fernsehnachrichten.« In: Politische Medienkunde, Bd. 3, S. 103–123.

HUTIN, Francois-Xavier (1968), »Pour une information objective.« In: Etudes 329, 1968, S. 194–206.

HÜBNER, Heinz Werner (1975), »Politische Interessen und Fernsehobjektivität.« In: Saxer, Ulrich (Hrsg.) (o. O., o. J.), S. 73–80.

JANSSEN, Karl-Heinz (1970), »Soweit wie möglich: objektiv. Nachrichtensendungen im Fernsehen.« In: Die Zeit (6. 11. 1970), S. 26.

JENKE, Manfred (1969), »Die Panorama-Kontroverse – ein Lehrstück?« In: Fernsehen in Deutschland (1969), S. 65–80.

JOURNALIST (1976), Blätter zur Berufskunde. Bd. 2. 6. Aufl. 1976.

KATZ, Elihu (1977), »Das Verstehen von Nachrichten.« In: Publizistik 22, 4, S. 359–370.

KISKER, Klaus-Peter (1971), »Public relations statt objektiver Berichterstattung.« In: Spoo, Eckart (Hrsg.) (1971), Die Tabus der bundesdeutschen Presse. München: Hanser.

KOSCHWITZ, Hansjürgen (1971), »Zum Problem der Objektivität in der Informationspolitik der Massenmedien.« In: Stimmen der Zeit, 188. Bd. S. 337–350.

KOSELLECK, Reinhart/Wolfgang J. Mommsen/Jörn Rüsen (Hrsg.) (1977), Objektivität und Parteilichkeit in der Geschichtswissenschaft. Beiträge zur Historik, Bd. 1, München.

KOSZYK, Kurt/Karl H. Pruys (Hrsg.) (1976), Wörterbuch zur Publizistik (Stichwort »Objektivität«). München: Deutscher Taschenbuch Verlag (4. Auflage).

KREUZER, Helmut/Karl Prümm (Hrsg.) (1979), Fernsehsendungen und ihre Formen. Typologie, Geschichte und Kritik des Programms in der Bundesrepublik Deutschland. Stuttgart: Reclam.

KRUMBACH, Josef H. (1935), Grundfragen der Publizistik. Die Wesenselemente des publizistischen Prozesses, seine Mittel und Ergebnisse. Berlin/Leipzig: Walter de Gruyter.

KÜBLER, Hans-Dieter (1979), »Die Aura des Wahren oder die Wirklichkeit der Fernsehnachrichten.« In: Kreuzer, Helmut/Karl Prümm (Hrsg.) Fernsehsendungen und ihre Formen. Typologie, Geschichte und Kritik des Programms in der Bundesrepublik Deutschland. Stuttgart: Reclam, S. 249–289.

KÜCHENHOFF, Erich, u. a. (1972), Bild-Verfälschungen. Analyse der Berichterstattung der »Bild«-Zeitung über Arbeitskämpfe, Gewerkschaftspolitik, Mieten, Sozialpolitik. Frankfurt/M.: EVA, 2 Bd.

KUNZE, Christine (1978), Journalismus in der UdSSR. Eine Untersuchung über Aufgaben und Funktionen sowjetischer Journalisten unter besonderer Berücksichtigung der Struktur der Massenmedien in der UdSSR und der Diskussion des Berufsbildes in der Zeitung »Zurnalist«. München/New York: Verlag Dokumentation Saur KG.

LA ROCHE, Walther von (1978), Einführung in den praktischen Journalismus. Mit genauer Beschreibung aller Ausbildungswege Deutschland Österreich Schweiz. München: List (4. bearbeitete Auflage).

LANGENBUCHER, Wolfgang R. (Hrsg.) (1974), Zur Theorie der politischen Kommunikation. München: Piper.

LANGENBUCHER, Wolfgang R. (1974a), »Die politische Funktion der Fernsehnachrichten im öffentlich-rechtlichen Mediensystem.« In: Politische Medienkunde, Bd. 2, S. 197–211.

LANGENBUCHER, Wolfgang R. (Hrsg.) (1980), Journalismus & Journalismus. Plädoyers für Recherche und Zivilcourage. München: Ölschläger.

LANGENBUCHER, Wolfgang R. (1980a), »Vom notwendigen Wandel des Journalismus.« In: Langenbucher, Wolfgang R. (Hrsg.) (1980), S. 9–20.

LETTAU, Reinhard (1972), »Nachrichtensendungen im Fernsehen. Sendung des WDR/Westdeutsches Fernsehen (mit Diskussion) vom 1. 12. 1971.« In: Rundfunk und Fernsehen 22, 2, S. 231–253.

LINDLAU, Dagobert (1980), »Die Exekution der Wirklichkeit – oder: wider die falsche Objektivität.« In: Langenbucher, Wolfgang R. (Hrsg.) (1980), S. 41–47.

LOJEWSKI, Günther von (1975), »Journalisten, Menschen wie du und ich.« In: Straßner, Erich (Hrsg.) (1975), S. 165–179.

LONGOLIUS, Christian (Hrsg.) (1967), Fernsehen in Deutschland – Gesellschaftspolitische Aufgaben und Wirkungen eines Mediums. Mainz: v. Hase & Koehler.

LORENZ, Konrad (1975), Die Rückseite des Spiegels. Versuch einer Naturgeschichte des Erkennens. München: Piper (1. Auflage 1973).

MACRORIE, Ken (1959), »Objectivity: Dead or Alive?« In: Journalism Quarterly, Vol. 36, No. 2, S. 145–150.

MCREYNOLDS, John W. (1950), »Some Reflections on the Dogma of Objectivity.« In: Journalism Quarterly Vol. 27, 1.

MAQUET, J. (1964), »Objectivity in Anthropology.« In: Current Anthropology, H. 5 (1964).

Die MASSENMEDIEN der DDR (1979), Presse, Rundfunk, Fernsehen u. Literaturbetrieb im Dienste der SED. Hrsg. von der Friedrich-Ebert-Stiftung. Bonn: Verlag Neue Gesellschaft.

MERILL, John C./Ralph L. Lowenstein (1971), Media, Messages and Men – New Perspectives in Communication. New York.

MEYER, Werner (1979), Journalismus von heute (Hrsg. von Jürgen Frohner). Percha/Kepfenhausen: Verlag R. S. Schulz.

MYRDAL, Gunnar (1971), Objektivität in der Sozialforschung. Frankfurt/M.: Suhrkamp.

Nachrichten im Fernsehen (1977), Themenheft: Publizistik, 22. Jg., H. 4 (1977).

NORDENSTRENG, Kaarle (ed.) (1974), Informational Mass Communication. A Collection of essays. Helsinki.

NIPPERDEY, Thomas (1979), »Kann Geschichte objektiv sein?« In: Geschichte in Wissenschaft und Unterricht 30, 1979, S. 329–342.

OBJEKT und Objektivität in der Wissenschaft. (1960), Mainzer Universitätsgespräche, WiSem. 59/60. Vortragsprotokolle zusammengefaßt von Dr. O. Büthe, G. Eifler, J. Lindner. Mainz: Hanns Krach.

PACZENSKY, Gerd von (1965), »Lügt die Tagesschau?« In: Deutsches Panorama (Hamburg) 1, Nr. 1–2, S. 8–18, Nr. 3, S. 21–28.

PÄTZOLD, Ulrich/Hendrik Schmidt (Hrsg.) (1973), Solidarität gegen Abhängigkeit. Auf dem Weg zur Mediengewerkschaft. Darmstadt u. Neuwied: Luchterhand.

PÄTZOLD, Ulrich (1973), »Wie objektiv können Nachrichten sein?« In: Gewerkschaftliche Monatshefte, Heft 8, 24. Jg. S. 488–495.

PÄTZOLD, Ulrich (1974), »Nachrichten – von wem für wen? Beispiel: ARD – Tagesschau.« In: Politische Medienkunde, Bd. 2, S. 212 bis 255.

PÄTZOLD, Ulrich (1975), »Fernsehnachrichten im politischen System der Bundesrepublik Deutschland.« In: Rundfunk u. Fernsehen, 23, 1–2, S. 75 ff

PADRUTT, Christian (1975), »Objektivität als institutionelle Forderung.« In: Saxer, Ulrich (Hrsg.) (o. O., o. J.), S. 26–36.

PERELMAN, Chaim (1971), »A propos de l'objectivité de l'information.« In: Publics et techniques de la diffusion collective. Etudes offertes á Roger Clausse. Bruxelles.

Politische Medienkunde, Bd. 1 (1973), Politische Prägung durch Unterhaltung. Zus. gestellt von Hans Friedrich (Akademie für Politische Bildung Materialen und Berichte). Tutzing.

Politische Medienkunde Bd. 2 (1974), Politische Orientierung durch Fernsehnachrichten. Zus. gestellt von Hans Friedrich (Akademie für Polit. Bildung Materialien und Berichte) Tutzing. (2. Auflage).

Politische Medienkunde, Bd. 3 (1977), Kommunikationsprobleme bei

Fernsehnachrichten. Zus. gestellt von Hans Friedrich (Akademie für Polit. Bildung Materialien und Berichte). Tutzing.

Politische Studien. Zweimonatszeitschrift für Zeitgeschehen und Politik. Medienpolitik-Medienpädagogik. Nr. 250, 31. Jahrgang, März/April 1980. (Hrsg. Hanns-Seidel-Stiftung e. V.).

POPPER, Karl R. (1966), Logik der Forschung. 2. erw. Auflage. Tübingen: Mohr.

POPPER, Karl R. (1974), Objektive Erkenntnis. Ein evolutionärer Entwurf. Hamburg: Hoffmann u. Campe (2. Aufl.).

PROKOP, Dieter (Hrsg.) (1977), Massenkommunikationsforschung. 3. Produktanalysen. Frankfurt/M.: Fischer Taschenbuch Verlag.

PROSKE, Rüdiger (1967), »Über die Fragwürdigkeit der Objektivität: Anmerkungen zum Thema Dokumentarsendungen.« In: Longolius, Christian (Hrsg.) (1967).

PROSS, Harry (1971), Die meisten Nachrichten sind falsch. Für eine neue Kommunikationspolitik. Stuttgart: Kohlhammer.

RAGER, Günther (1973), »Das Problem der Objektivität in politischen Nachrichten.« In: Rhetorik, Ästhetik, Ideologie. Aspekte einer kritischen Kulturwissenschaft. Stuttgart Metzler, S. 237–257.

RAGER, Günther (1977), »Nachrichten im Fernsehen. Viele Antworten und noch mehr Fragen.« In: Publizistik 22, 4, S. 513–522.

RANDSDELL, Joseph (1979), »Semiotic Objectivity.« In: Semiotica. Vol. 26 – no. 3/4 (1979). S. 261–288.

RATHKE, Arthur (1977), »Zum Thema Ausgewogenheit.« In: epd/Kirche und Rundfunk, Nr. 78 (8. 10. 77), S. 1–6.

RECK, Oskar (1975), »Politische Folgen von Fernsehmanipulation.« In: Saxer, Ulrich (Hrsg.) (o. O., o. J.), S. 80–83.

RENCKSTORF, Karsten (1980), Nachrichtensendungen im Fernsehen (1). Zur Wirkung von Vorstellungsformen in Fernsehnachrichten. Berlin: Spiess.

RENCKSTORF, Karsten/Lutz Roland (1980), Nachrichtensendungen im Fernsehen (2). Absichten, Interessen und Muster der Medienzuwendung – Konturen des aktiven Publikums. Berlin: Spiess.

RIKLIN, Franz (1975), »Juristische Aspekte der Objektivitätsproblematik.« In: Saxer, Ulrich (Hrsg.) (o. O., o. J.) S. 37–46.

RINGS, Werner (1975), »Die Objektivität der Bildinformation.« In: Saxer, Ulrich (Hrsg.) (o. O., o. J.) S. 47–55.

ROEGELE, Otto B. (1977), »Überlegungen des Zeitungswissenschaftlers zur Nachricht.« In: Politische Medienkunde, Bd. 3, S. 9–26.

RONNEBERGER, Franz (1977), »Ausgewogenheit publizistischer Aussagen.« In: Publizistik, 22, 2, S. 138–149.

RUOFF, Robert (1978), »Was ist Objektivität?« In: Basler Magazin. Politisch kulturelle Beilage der Basler Zeitung, 20. Mai 1978.

RUOFF, Robert (1978a), »Engagement an der Wirklichkeit. Anmerkungen zu einem Dokumentarfilm – Seminar.« In: Der Dokumentarfilm – ein Modell-Seminar. Hrsg.: Freunde der deutschen Kinemathek. Red.: Wilhelm Roth. Berlin.

RÜSEN, Jörn (Hrsg.) (1975), Historische Objektivität. Aufsätze zur Geschichtstheorie. Göttingen: Vandenhoek.

RÜSEN, Jörn (1980), »Zum Problem der historischen Objektivität.« In: Geschichte in Wissenschaft und Unterricht. Jg. 31, Heft 3 März 1980, S. 188–198.

SALZMANN, Friedrich (1975), »Möglichkeiten und Grenzen publizistischer Objektivität.« In: Saxer, Ulrich (Hrsg.) (o. O., o. J.), S. 18–25.

SAXER, Ulrich (1973), »Fernsehen und Objektivität.« In: Prokop, Dieter (Hrsg.) (1973), S. 425–453.

SAXER, Ulrich (1974), »Die Objektivität publizistischer Information.« In: Langenbucher, Wolfgang (Hrsg.) (1974), S. 206–235.

SAXER, Ulrich (Hrsg.) (o. O., o. J.), Fernsehen: Stichwort Objektivität. Bd. I der Schriftenreihe der Pressestelle des Fernsehens der deutschen und der rätoromanischen Schweiz (1975).

SAXER, Ulrich (1975a), »Zum Stichwort ›Objektivität‹.« In: Saxer, Ulrich (Hrsg.) (o. O., o. J.), S. 7–17.

SAXER, Ulrich (1975b), »Fernsehen und Objektivität.« In: Saxer, Ulrich (Hrsg.), (o. O., o. J.), S. 120–134.

SCHARF, Wilfried (1980), Objektivität oder Parteilichkeit in der Berichterstattung. Die Auswirkungen des Prinzips der Trennung von Nachricht und Meinung auf die Nachrichtengebung der ›Tagesschau‹ und die Auswirkungen des marxistisch-leninistischen Prinzips der Parteilichkeit auf die Nachrichtengebung der ›Aktuellen Kamera‹. Diss. Göttingen.

SCHARF, Wilfried (1981), »Objektivität oder Parteilichkeit. Empirischer Vergleich der Berichterstattung von aktueller Kamera (DDR) und Tagesschau.« In: Media Perspektiven 1/1981, S. 55–61.

SCHATZ, Heribert (1971), »›Tagesschau‹ und ›Heute‹ – Politisierung des Unpolitischen?« In: Zoll, Ralf (Hrsg.) (1971), S. 109–123.

SCHILLER, Dan (1977), »Realism, Photography and Journalistic Objectivity in 19th Century America.« In: Studies in the Anthropology of Visual Communication« 4 (2), 1977, S. 86–98.

SCHILLER, Dan (1979), »An historical Approach to Objectivity and Professionalism in America News.« In: Journal of Communication, Vol. 29, No. 4.

SCHILLER, Dan (1978), An Exploration of the Origins of Objectivity in America News Reporting. Unpublished Ph. D. dissertation, University of Pennsylvania, 1978.

SCHLAPPNER, Martin (1975), »Die Kamera ist objektiv – Es gibt keine objektive Kamera.« In: Saxer, Ulrich (Hrsg.) (o. O., o. J.), S. 56–64.

SCHLESINGER, Philip (1978), Putting »reality« Together. BBC news. London: Constable.

SCHMIDT, Michael-Andreas (1977), Tagesberichterstattung in Zeitung und Fernsehen. Untersuchung zur Komplementarität konkurrierender Medien. Berlin: Spiess.

SCHMIDT, Robert H. (1966), »Thesen zur Wissenschaftstheorie der Publizistikwissenschaft.« In: Publizistik, 11. Jg., S. 404–434.

SCHMIDT, Michael-Andreas (1979), Tagesberichterstattung in Zeitung und Fernsehen. Untersuchung zur Komplementarität konkurrierender Medien. Berlin: Spiess. Hochschul-Skripten: Medien 3.

SCHNEIDER, Wolf (1979), Wörter machen Leute. Magie und Macht der Sprache. Reinbek bei Hamburg: Rowohlt.

SCHÖNBACH, Klaus (1977), Trennung von Nachricht und Meinung. Empirische Untersuchung eines journalistischen Qualitätskriteriums. Freiburg (Breisgau) und München: Alber.

SCHULZ, Edmund/Karlheinz Röhr (1964), »Zum Problem der journalistischen Information und des journalistischen Genres Nachricht.« In: Wissenschaftliche Zeitschrift der Karl-Marx-Universität Leipzig, 13. Jg., Gesellschafts- und sprachwissenschaftl. Reihe, Heft 5, S. 1031–1040.

SCHULZ, Winfried (1976), Die gesellschaftliche Konstruktion von Realität in den Nachrichtenmedien. Freiburg (Breisgau) und München: Alber.

SCHUMANN, Hans-Gerd (1975), »Ideologische Probleme der Nachrichtensprache.« In: Straßner, Erich (Hrsg.) (1975), S. 127–136.

SETZEN, Karl M. (1971) Objektivität und Manipulation. Heidenheim a. d. Brenz.

SHORT, John (1976), »The Myth of Objectivity.« In: The Media Reporter. Autumn 1976.

SONTHEIMER, Kurt (1969), »Politische Berichterstattung im Fernsehen und gesellschaftliche Kontrolle.« In: Publizistik, 1969, 2, S. 154 ff.

STACHOWIAK, Herbert (1975), Denken und Erkennen im kybernetischen Modell. Wien/New York: Springer (2. Aufl.).

STAUB, Hans O. (1975), »Die Objektivität von Sendung und Programm.« In: Saxer, Ulrich (Hrsg.) (o. O., o. J.), S. 65–72.

STIELER, Kaspar (1969), Zeitungs Lust und Nutz. Vollständiger Nachdruck der Originalausgabe von 1695. Hrsg. von Gert Hagelweide. Bremen: Schünemann.

STRASSNER, Erich (Hrsg.) (1975), Nachrichten. Entwicklungen – Analysen – Erfahrungen. München: Fink.

STRASSNER, Erich (1975a), »Produktions- und Rezeptionsprobleme bei Nachrichtentexten.« In: Straßner, Erich (Hrsg.) (1975), S. 83–111.

»Streit um Panorama« (1969), Eine Diskussion über Meinungsfreiheit im Fernsehen. Wortlaut der Sendung vom 27. 8. 1969 und des Beitrags »Taktik um die NPD« aus Panorama vom 11. 8. 1969. In: Fernsehen in Deutschland II (1969), S. 305–330.

STURM, Herta (1975), »Der Zuschauer als Manipulation.« In: Saxer, Ulrich (Hrsg.) (o. O., o. J.), S. 95–105.

SÜLZER, Rolf (1973), »Sozialgeschichte als Aspekt der Medientheorie.« In: Aufermann, Jörg/Rolf Sülzer (Hrsg.) (1973), S. 207–235.

TUCHMANN, Gaye (1972), »Objectivity as strategic ritual: newsmen's notions on objectivity.« In: American Journal of Sociology, Vol. 77, 4.

WAGNER, Hans (1978), Kommunikation und Gesellschaft Teil I. Einführung in die Zeitungswissenschaft. München: Olzog.

WALTHER, Willy (1968), Journalistik und Philosophie. Methodologische und erkenntnistheoretische Probleme der Journalistik. Mühlhausen.

WEBER, Max (1968), »Die ›Objektivität‹ sozialwissenschaftlicher und sozialpolitischer Erkenntnis.« In: Weber, Max (1968). Gesammelte Aufsätze zur Wissenschaftslehre, hrsg. von Johann Winckelmann. Tübingen: Mohr.

WEBER, Max (1968a), »Der Sinn der ›Wertfreiheit‹ der soziologischen und ökonomischen Wissenschaften.« In: Weber, Max (1968), Gesammelte Aufsätze zur Wissenschaftslehre. Hrsg. von Johann Winckelmann. Tübingen: Mohr.

WEMBER, Bernward (1972), Objektiver Dokumentarfilm? Modell einer Analyse und Materialien für den Unterricht. Berlin: Colloquium.

WEMBER, Bernward (1976), Wie informiert das Fernsehen? Ein Indizienbeweis. München: List.

WESTERSTÅHL, Jörgen (1970), »Objectivity is measurable.« In: EBU-Review 121 B (May 1970), Genf: European Broadcasting Union.

WESTERSTÅHL, Jörgen (1972), Objektiv nyhetsförmidling. Stockholm.

WIESAND, Andreas Johannes (1977), Journalisten-Bericht, Berufssituation – Mobilität – Publizistische »Vielfalt«. Berlin: Spiess.

WÖRTERBUCH der sozialistischen Journalistik (1973), (hrsg. von Emil Dusiska), Karl-Marx-Universität Leipzig, Sektion Journalistik

ZIMMERMANN, Uwe (1974), »Nachrichten im Fernsehen. Das Ganze der Vorstellung ist nicht die Vorstellung des Ganzen.« In: Rundfunk u. Fernsehen, 22, 3–4, S. 357–378.

ZOLL, Ralf (Hrsg.) (1971), Manipulation der Meinungsbildung. Zum Problem hergestellter Öffentlichkeit. Opladen: Westdeutscher Verlag.

Kurzvita

ABEND, Michael, geb. 1939, 1960/61 Volontär und Redakteur bei dpa, seit 1974 leitender Redakteur bei der Tagesschau in Hamburg. Mitbegründer der Tutzinger Fortbildungsseminare für Fernsehnachrichtenredakteure. Lehraufträge in Dortmund und Hamburg, Seminare für Fernsehnachrichtenredakteure.
Mehrere Fachzeitschriftenveröffentlichungen zur Tagesschau und Nachrichtenproblemen.

ALT, Franz, Dr. phil., geb. 1938 in Untergrombach b. Bruchsaal. Handelsschule und Humanistisches Gymnasium. Studium in Freiburg und Heidelberg: Politische Wissenschaften, Geschichte, Theologie und Philosophie. Promotion 1967 in Heidelberg mit einer Dissertation über Konrad Adenauer. Seit 1968 Redakteur und Reporter beim Südwestfunk in Baden-Baden. Seit 1972 Leiter und Moderator des politischen Fernsehmagazins »Report«. 1978 Bambi. 1979 Adolf-Grimme-Preis. 1980 Goldene Kamera.

AUFERMANN, Jörg, Dr. phil., geb. 1940. Studium der Publizistik, Soziologie und Japanologie an der FU Berlin, 1970 Promotion, 1971–72 Ass. Prof., 1972 Habilitation und Prov. Doz. an der FU Berlin, 1974 Gastdozentur an der Ruhr-Universität Bochum, 1974 Berufung auf den Lehrstuhl für Publizistik- und Kommunikationswissenschaft der Universität Göttingen.
Veröffentlichungen u. a.: Kommunikation und Modernisierung. München/Berlin 1971; Pressekonzentration. München/Berlin 1970 (zus. mit P. Heilmann et al.); Ausbildungswege zum Journalismus. Opladen 1975 (Hrsg. zus. mit E. Elitz); Gesellschaftliche Kommunikation und Information. 2 Bd. Frankfurt 1973 (Hrsg. zus. mit H. Bohrmann und R. Sülzer); Fernsehen und Hörfunk für die Demokratie. Wiesbaden 1979 (Hrsg. zus. mit W. Scharf und O. Schlie).

BYSTŘINA, Ivan, Dr. jur., geb. 1924, Jurastudium an der Karls-Universität Prag, danach in Moskau, Turin und Brüssel. 1955 Gründung des Instituts für Staats- und Rechtswissenschaften der Tschechoslowakischen Akademie der Wissenschaften in Prag, dort tätig bis 1969. Ab 1968 Gastprofessor an den Universitäten Mannheim, Heidelberg, Bochum und Berlin. Seit 1971 Professor für Kommunikationswissenschaft am Institut für Publizistik- und Dokumentationswissenschaft der FU Berlin. Zahlreiche Veröffentlichungen, u. a.: Rechtsanschauungen und Rechtsinstitutionen (tschech. 1954), Die Volksdemokratie in der Tschechoslowakei (russ. 1961), Die gesellschaftliche und wirtschaftliche Steuerung und die Rolle des Rechts (tschech. 1968), Semiotik. Grundlagen und Probleme (zus. mit G. Bentele 1978); demnächst erscheinen die Aufsätze »Ritus, Mythos, Ideologie: Entstehen und Vergehen von Codes«; »Kulturelle und filmische Codes«.

FAECKE, Peter, geb. 1940 in Grundwald/Schlesien; Studium der Germanistik und Romanistik in Göttingen, Berlin, Hamburg und Paris. Seit 1965 Redakteur des WDR, Köln. Buchveröffentlichungen u. a.: Die Brandstifter, Roman; Der Rote Milan, Roman; Postversand, Roman; Gemeinsam gegen Abriß – ein Lesebuch aus Arbeitersiedlungen und ihren Initiativen; Die Erfindung des Glücks, Roman, Erstes Buch. Daneben Hörspiele, Reportagen, Aufsätze.

HANO, Horst, Dr. phil., geb. 1937, Studium in München, Münster und Berlin von 1958 bis 1963. Dissertation »Die Taktik der deutschen Pressepropaganda in den Jahren 1943–45«. Seit 1964 Fernsehreporter. 1964–70 bei Report München, 1971–74 bei Panorama Hamburg, 1974–79 Korrespondent in Madrid, seit 1979 NDR-Zeitgeschehen. 1980 Grimme-Preis für die Berichterstattung von der iberischen Halbinsel.

HEIDENREICH, Gert, geb. 1944, veröffentlichte Prosa, Aufsätze, Gedichte, Kinderlieder und -geschichten in zahlreichen Anthologien, Taschenbüchern und Zeitschriften. Zugleich tätig als freier Journalist für Rundfunkanstalten und Zeitungen.
Publikationen u. a.: die Stücke »Die gestiefelte Nachtigall« (1976), »Abriß – eine Operette in Grund und Boden« (1978), »Strafmündig« (1979, Schweden 1980), »Siegfried – Karriere eines Deutschen« (1980). Als Herausgeber: »Berthold Viertel: Schriften zum Theater« (1970), »Das Kinderlieder Buch« (1981). In Vorbereitung: »Seid Sand im Getriebe! Texte wider die Resignation« (Herbst 1981).

KAMMANN, Uwe, geb. 1948 in Bünde/Westfalen; nach Zeitungsvolontariat Studium der Germanistik und Romanistik (M. A.), 1977 Lokalredakteur bei der Rheinischen Post/Düsseldorf. Seit 1978 Redakteur beim Informationsdienst epd/Kirche und Rundfunk in Frankfurt.

KELLNER, Hella, geb. in Kassel. Studium der Soziologie, Psychologie und Politologie in Marburg, Göttingen und Frankfurt/M. Abschluß mit dem Diplom für Soziologie bei Prof. Theodor W. Adorno und Prof. Max Horkheimer. Von 1964 bis 1981 Medienwissenschaftlerin in der Abteilung Medienforschung beim Zweiten Deutschen Fernsehen; seit 1973 stellvertretende Abteilungsleiterin. Gestorben am 30. 8. 1981.
Zahlreiche wissenschaftliche Arbeiten und Veröffentlichungen zu Medienwirkungsfragen, Neuen Medien sowie Problemen des Bürgerzugangs zum Fernsehen.

KÜNZLER, Jan, geb. 1949 in Berlin; Ausbildung beim Berliner Union Film, danach Fachschule für Optik und Fototechnik, freier Kameraassistent und Tontechniker. 1971 festangestellt beim ZDF, seit 1978 Mitarbeit in der Aus- und Fortbildung/Produktion im ZDF.

MATTHES, Günter, geb. 1920 in Leipzig, Journalist seit 1948. 1950 Ressortleiter für Kommunalpolitik und Lokales beim Berliner »Kurier«. Seit 1952 in gleicher Funktion beim Tagesspiegel, Gelegentliche Mitarbeit in Funk, Fernsehen und Wochenzeitschriften. Buchveröffentlichungen: Glossarsammlung »Am Rande bemerkt« (3 Auflagen 1960–1963), »Berliner Spitzen« (1976/77; Teil II, 1980).

PROSS, Harry, Dr. phil. geb. 1923, seit 1945 Journalist, u. a. Deutsche Rundschau, Chefredakteur Radio Bremen. Seit 1968 Professor für Publizistik an der FU Berlin. Zwanzig Bücher zur Zeitgeschichte und Kommunikationstheorie, darunter »Die Zerstörung der Deutschen Politik 1870–1933 (Frankfurt 1959), »Moral der Massenmedien« (Köln 1967), »Publizistik – Thesen zu einem Grundcolloquium« (Darmstadt/Neuwied 1970), »Politische Symbolik. Theorie und Praxis der öffentlichen Kommunikation« (Stuttgart usw. 1974), »Politik und Publizistik in Deutschland seit 1945. Zeitbedingte Positionen.« (München 1980). In Vorbereitung: Kritik der symbolischen Gewalt.

RITZ, Andreas geb. 1961. Abiturient, z. Z. Zivildienstleistender. Von 1979 bis 1980 Chefredakteur der Schülerzeitung »Klenzissimus« des Klenze-Gymnasiums in München (der »Klenzissimus« wurde zur besten Schülerzeitung Deutschlands des Jahres 1979 von der Jugendzeitschrift »Junge Zeit« gewählt).

SCHWARZKOPF, Dietrich geb. 1927. 1948–1954 Studium der Rechtswissenschaft, der Zeitungswissenschaft und der Politischen Wissenschaft. 1951 Redakteur des Berliner »Tagesspiegel«. 1955 Bonner Korrespondent dieses Blattes. 1962 Leiter des Bonner Büros des Deutschlandfunks. 1966 Fernsehprogrammdirektor des Norddeutschen Rundfunks. 1974–1978 Stellvertretender Intendant des Norddeutschen Rundfunks. Seither Programmdirektor Deutsches Fernsehen. Veröffentlichungen u. a. »Chancen für Deutschland« (mit Olaf v. Wrangel) 1964; »Atomherrschaft« 1969; zahlreiche Aufsätze zur Medienpolitik.

SIMEON, Thomas, geb. Krüger geb. 1949, Studium der Publizistikwissenschaft, Germanistik, Soziologie und Religionswissenschaften in Mainz und Berlin. Assistent am Institut für Publizistik der Freien Universität Berlin. Mitbegründer der »tageszeitung«.
Mitautor von Wie links können Journalisten sein? Pressefreiheit und Profit, Reinbeck 1972;
Bestrafte Solidarität. Drucker und Journalisten im gewerkschaftlichen Kampf, Berlin 1972; Presse im Druckerstreik. Eine Analyse der Berichterstattung zum Tarifkonflikt 1976, Berlin 1978; Redakteure der Jugendpresse. Arbeitsbedingungen und Zielsetzungen, Berlin 1979. Verschiedene Zeitschriftenaufsätze.

STAECK, Klaus geb. 1938 in Pulsnitz/Kreis Kamenz (Bezirk Dresden), 1956 Übersiedlung nach Heidelberg. 1957/58 bis 1962 Jura-Studium in Heidelberg, Hamburg und Berlin. Seit 1960 erste Postkarten und künstlerische Aktivitäten. 1969 Zulassung als Rechtsanwalt in

Heidelberg und Mannheim. 1970 Zille-Preis. 1971 Erste Plakataktion zum Dürerjahr in Nürnberg. 1979 Kritikerpreis. Seit 1969 über 2000 Einzelausstellungen in Museen, Galerien, Universitäten, Schulen, Gewerkschaftshäusern, Theatern etc.
Veröffentlichungen:
Zahlreiche Buchveröffentlichungen, darunter: Karst, Ingeborg (Hrsg.)/Klaus Staeck, (1973), Die Reichen müssen noch reicher werden, Reinbeck; Staeck, Klaus/Dieter Adelmann (1976), Die Kunst findet nicht im Saale statt, Reinbeck; Duve, Freimut/Heinrich Böll/Klaus Staeck (Hrsg.) (1978), Briefe zur Verteidigung der Republik, Reinbeck; Duve, Freimut / Heinrich Böll / Klaus Staeck (Hrsg.) (1980), Kämpfen für die Sanfte Republik, Reinbeck. Zahlreiche Buch- und Zeitschriftenaufsätze sowie Buchillustrationen.

STRUVE, Günter geb. 1940. 1960–1964 Studium. 1964–1965 Büro Willy Brandt. 1966/67 Auswärtiges Amt, Bonn. 1967/73 Leiter des Büros Regierender Bürgermeister von Berlin. 1972/73 Beauftragter des Senats von Berlin für den Reise- und Besucherverkehr. 1973/77 Sprecher des Senats von Berlin, jetzt Senatsdirektor für Kulturelle Angelegenheiten, Berlin.
Veröffentlichungen:
Herausgeber von Brandt, Willy (1966), Draußen. München: Kindler Verlag; Struve, Günter (1971), Kampf um die Mehrheit. Köln: Verlag Wissenschaft und Politik.

THADDEN, Dietrich von geb. 1933 in Berlin, Abitur 1953 in Berlin. Studium an der Deutschen Hochschule für Politik in Berlin bis 1957. Volontariat beim Sender Freies Berlin, in Schweinfurt und beim KURIER in Berlin. Seit 1959 Redakteur für Innenpolitik beim KURIER, später Ressortleiter Vermischtes. Ab 1963 Nachrichtenredakteur bei RIAS Berlin, seit 1970 Dienstleiter Nachrichten. Seit Herbst 1969 Mitglied der CDU, seit 1970 nebenberuflich Redaktionsmitglied der CDU-Zeitschrift »Berliner Rundschau«.

TROELLER, Gordian 1942 bis 1945 Kriegsberichterstatter bei den Alliierten, 1946 bis 1948 Korrespondent in Spanien (für französische, skandinavische und kanadische Zeitungen), 1949 bis 1952 Korrespondent in Italien, von 1952 bis 1959 Korrespondent im Vorderen Orient (Sitz in Teheran und Damaskus). 1960 bis 1970 Reporter beim »stern«, seit 1971 freier Filmemacher.
Hauptarbeiten: die entwicklungspolitische Reihe »Im Namen des Fortschritts« (ARD – 17 Beiträge) Jetzt: eine kulturpolitische Reihe: »Frauen der Welt« (bisher wurden 6 Beiträge ausgestrahlt).
Veröffentlichungen: »Persien ohne Maske«, Safari-Verlag 1960; »Yemen 62–69« De la révolution sauvage à la trêve des guerries. Robert Lafont, Paris 1969.

WICHMANN, Johann-Heinrich geb. 1939 in Berlin, Hörfunk-Journalist, Redakteur des NDR. Politischer Redakteur bei den »Stuttgarter Nachrichten«, Lokalredakteur zwischen Buxtehude und Nürnberg. Seit 1972 beim NDR, zunächst als freier Mitarbeiter, dann als Redakteur für Regionales im Hörfunk.